ÉTABLISSEMENTS

INSALUBRES

INCOMMODES ET DANGEREUX

LÉGISLATION, INCONVÉNIENTS DE CES ÉTABLISSEMENTS
ET CONDITIONS D'AUTORISATION ORDINAIREMENT PROPOSÉES PAR
LES CONSEILS D'HYGIÈNE ET DE SALUBRITÉ

PAR

H. BUNEL

ARCHITECTE, INGÉNIEUR CIVIL

Membre de la Société centrale des architectes, de la Société des ingénieurs civils,
du Conseil de la Société d'encouragement pour l'industrie nationale, etc.

PARIS

BERTHOUD FRÈRES, ÉDITEURS

45, QUAI DES AUGUSTINS. 45

1876

ÉTABLISSEMENTS

INSALUBRES

INCOMMODES ET DANGEREUX

SCEAUX. — IMPRIMERIE M. ET P.-E. CHARAIRE.

ÉTABLISSEMENTS

INSALUBRES

INCOMMODES ET DANGEREUX

LÉGISLATION, INCONVÉNIENTS DE CES ÉTABLISSEMENTS
ET CONDITIONS D'AUTORISATION ORDINAIREMENT PROPOSÉES PAR
LES CONSEILS D'HYGIÈNE ET DE SALUBRITÉ

PAR

H. BUNEL

ARCHITECTE, INGÉNIEUR CIVIL.

Membre de la Société centrale des architectes, de la Société des ingénieurs civils.
du Conseil de la Société d'encouragement pour l'industrie nationale, etc.

PARIS

BERTHOUD FRÈRES, ÉDITEURS

45, QUAI DES AUGUSTINS. 45

1876

Les décrets qui régissent les établissements insalubres, incommodes ou dangereux, n'indiquent pas d'une manière spéciale les prescriptions qui sont généralement imposées à ces établissements, et sauf l'annexe A à la circulaire ministérielle du 15 octobre 1852, sauf les décrets du 9 février 1867 sur les usines à gaz, et du 19 mai 1873 sur les huiles et essences de pétrole, aucune instruction détaillée n'a été donnée aux préfets sur les conditions à insérer dans les arrêtés d'autorisation. On peut donc dire qu'il n'existe pas en France de réglementation technique des établissements classés.

Les conseils d'hygiène et de salubrité créés par le décret du 15 décembre 1848 sont, il est vrai, consultés par les préfets, mais les prescriptions qu'ils proposent d'imposer aux industriels ne sont pas connues des intéressés ; elles varient d'ailleurs d'un département à un autre, et les rapports généraux publiés tous les ans par les secrétaires de ces conseils ne sont pas dans le domaine public.

Quant à la collection complète de ces documents si précieux pour ceux qui s'occupent de la législation des établissements classés, elle n'existe même pas dans les bibliothèques des conseils d'hygiène et nous savons, pour notre part, la difficulté que nous avons eue à nous les procurer.

Le but que nous nous sommes proposé est donc de remédier à cette absence de documents et d'indiquer sommairement, en suivant la nomenclature annexée aux décrets, les inconvénients (dangers, causes d'insalubrité et d'incommodité) et les prescriptions qui sont généralement insérées dans les arrêtés d'autorisation. Nous avons consulté non-seulement les rapports du Conseil d'hygiène publique et de salubrité du département de la Seine, rapports si complets et si bien rédigés par MM. Trébuchet et Lasnier, secrétaires de ce conseil, les arrêtés d'autorisation de ces dernières années, les rapports si intéressants des Conseils d'hygiène et de salubrité des départements de la Gironde, du Nord, de la Moselle, de la Meuse, du Tarn, etc., le savant *Traité d'assainissement industriel* de M. Ch. de Freycinet, mais encore les ouvrages techniques et spéciaux à l'industrie dont nous traitons.

Dans la première partie, nous avons résumé l'historique de la législation des établissements classés et rappelé les lois, ordonnances et décrets en vigueur.

Dans la deuxième partie, nous indiquons les inconvénients de chaque industrie et les conditions d'autorisation ordinairement proposées par les conseils d'hygiène et de salubrité ; et dans des notes nous renvoyons aux rapports de ces conseils et aux ouvrages à consulter sur la matière.

Enfin dans la troisième partie, en appendice, nous reproduisons les arrêtés particuliers à quelques départements et les lois et ordonnances qui, comme la loi sur le travail des enfants dans les manufactures, le décret du 25 mars 1865 relatif aux chaudières à vapeur, l'ordonnance de police du 15 janvier 1875 sur les incendies, forment pour ainsi dire le complément de la législation des établissements classés.

Qu'il nous soit permis en terminant de témoigner ici toute notre reconnaissance à nos professeurs honorés de l'École centrale : MM. Péligot, Payen, Salvétat, Cahours, à M. Lasnier, membre et secrétaire du conseil d'hygiène et de salubrité de la Seine, qui a bien voulu mettre à notre disposition les nombreux documents dont il disposait ; enfin à M. Paliard, architecte en chef de la Préfecture et membre du conseil, qui nous a communiqué, sur les établissements classés, les notes nombreuses qu'il avait rassemblées depuis de longues années.

PREMIÈRE PARTIE

LÉGISLATION

La législation des établissements dangereux, insalubres ou incommodes ne date réellement que du décret
du 15 octobre 1810 ; jusqu'à cette époque, des édits, des
arrêts du parlement, des règlements du Conseil du roi
et des ordonnances du lieutenant de police [1] réglemen-
tèrent, mais d'une manière tout à fait arbitraire, les
ateliers et les manufactures.

En l'an XIII, le ministre de l'intérieur, ému des plaintes nombreuses qui lui étaient adressées journellement
contre les fabriques de produits chimiques, les fonderies
de suif, les tanneries, etc., s'adressa à la classe des
sciences physiques et mathématiques de l'Institut et lui

---

[1]. Édit du prévôt de Paris du 4 novembre 1486 sur les potiers de
terre.

Règlement du Conseil du roi du 4 février 1567 concernant les tueries,
écorcheries, tanneries, mégisseries, corroieries, etc.

Ordonnance de police du 10 juin 1701 contre les chiffonniers.

Décret du 13 novembre 1791.

Arrêté du préfet de police Dubois, du 18 messidor an VIII, qui crée
près de la Préfecture de police un Conseil de salubrité chargé de la visite,
de l'examen et des rapports concernant les boissons, les épizooties, ainsi
que les manufactures, ateliers et autres établissements du même
genre, etc., etc.

demanda un projet de réglementation des fabriques qui,
par leur voisinage, pouvaient être nuisibles à la santé.
Les commissaires délégués par la classe, pénétrés de
l'urgence et de la nécessité de mettre un frein à l'arbitraire qui, jusqu'alors, avait régi les établissements les
plus utiles et entravé souvent l'essor de l'industrie française, rédigèrent un rapport remarquable, conçu dans un
esprit vraiment libéral et dont les passages suivants
sont à citer :

« Nous avons vu successivement les fabriques d'a-
« cide, de sel ammoniac, de bleu de Prusse, de bière, et
« les préparations de cuir reléguées hors de l'enceinte
« des villes, et chaque jour ces établissements sont en-
« core dénoncés à l'autorité par des voisins inquiets ou
« par des concurrents jaloux.

« Tant que le sort de ces fabriques ne sera pas as-
« suré, tant qu'une législation purement arbitraire aura
« le droit d'interrompre, de suspendre, de gêner le
« cours d'une fabrication ; en un mot, tant qu'un simple
« magistrat de police tiendra dans ses mains la fortune
« ou la ruine du manufacturier, comment concevoir
« qu'il puisse porter l'imprudence jusqu'à se livrer à
« des entreprises de cette nature? Comment a-t-on pu
« espérer que l'industrie manufacturière s'établît sur
« des bases aussi fragiles? Cet état d'incertitude, cette
« lutte continuelle entre le fabricant et ses voisins, cette
« indécision éternelle sur le sort d'un établissement
« paralysent, rétrécissent les efforts du manufacturier et
« éteignent peu à peu son courage et ses facultés. Il est
« donc de première nécessité, pour la prospérité des
« arts, qu'on pose enfin des limites qui ne laissent plus
« rien à l'arbitraire du magistrat, qui tracent au manu-
« facturier le cercle dans lequel il peut exercer son in-
« dustrie librement et sûrement, et qui garantissent au

« propriétaire voisin qu'il n'y a danger ni pour sa santé
« ni pour les produits de son sol.

    « Pour arriver à la solution de ce problème impor-
« tant, il nous paraît indispensable de jeter un coup
« d'œil sur chacun des arts qui, jusqu'à ce moment, ont
« excité le plus de réclamations. Pour y parvenir, nous
« les diviserons en deux classes : la première com-
« prendra [1]... »

Le premier jalon était posé et le 12 février 1806 le
préfet de police Dubois, s'appuyant sur les arrêts, édits
et ordonnances antérieurs, sur les articles 2 et 23 de
l'arrêté du gouvernement du 12 messidor an VIII [2], ren-
dit une ordonnance défendant d'établir dans Paris, sans
son autorisation, aucun atelier, manufacture ou laboratoire qui pourraient compromettre la salubrité ou occasionner un incendie. Un plan figuré des lieux devait
être joint à la demande. Cette ordonnance portait aussi
qu'il serait procédé par des gens de l'art, assistés d'un
commissaire de police, à la visite des lieux et qu'il serait
dressé procès-verbal d'enquête de *commodo* et *incommodo*.

Jusqu'en 1810, le rapport du 26 frimaire de la classe
des sciences physiques et mathématiques de l'Institut
servit de règle au ministre de l'intérieur et aux préfets
pour statuer sur les demandes en autorisation ou en
suppression des ateliers, manufactures ou laboratoires.

En 1809, le ministre de l'intérieur, ne trouvant plus
suffisant le premier rapport de l'an XIII qui n'offrait

1. Extrait des registres de la classe des sciences physiques et mathématiques de l'Institut du 26 frimaire an XIII.
    2. « ART. 23. Il assurera la salubrité de la ville :
    « En surveillant les échaudoirs, fondoirs, salles de dissection.
    « En empêchant d'établir dans l'intérieur de Paris des ateliers, ma-
nufactures, laboratoires qui doivent être hors de l'enceinte des villes
selon les lois et règlements. »

d'ailleurs que des données générales et était susceptible de différentes interprétations, demanda à la section
de chimie de l'Institut un nouveau rapport. La division
en trois classes fut alors proposée et une nomenclature
des établissements à classer fut annexée à la réponse
adressée au ministre. Les deux rapports de l'Institut sont
joints à l'exposé des motifs présenté à l'empereur, et le
15 octobre 1810 fut enfin signé le décret qui, pour tout
l'Empire, réglementa d'une manière précise et uniforme
les manufactures et ateliers répandant une odeur insalubre ou incommode.

Dans la suite, plusieurs ordonnances royales classè-
rent de nouveaux établissements, mais n'apportèrent
aucune modification à la législation.

Le décret du 15 décembre 1848 institua dans chaque
arrondissement un conseil d'hygiène et de salubrité, et
au chef-lieu de la préfecture [1] un conseil central; par
l'article 11 de ce décret, ces conseils sont consultés sur
les demandes en autorisation ou en révocation des établissements dangereux, insalubres ou incommodes.

Le décret du 25 mars 1852 sur la décentralisation
administrative confère aux préfets le droit de statuer
sur les demandes en autorisation des établissements
de première classe, avec les recours existant pour
les établissements de deuxième classe, droit réservé
jusqu'alors par le décret de 1810 au ministre de l'intérieur.

La science, par ses progrès rapides, faisant naître
chaque jour de nouvelles industries et diminuant les
inconvénients des industries anciennes, une nouvelle
nomenclature fut annexée à un décret en date du 31 décembre 1866. Sur la proposition du Comité des arts et
manufactures, un grand nombre d'établissements furent

1. Décret du 15 décembre 1851 pour le département de la Seine.

déclassés et rentrèrent dans le droit commun ; plus de quatre-vingts descendirent de classe.

Le 9 février 1867, un décret spécial réglemente les établissements d'éclairage par le gaz.

Le 31 janvier 1872 paraît un décret ajoutant treize établissements nouveaux à la nomenclature annexée au décret du 31 décembre 1866.

Les huiles de pétrole, de schiste, les essences et autres hydrocarbures, régis par les décrets du 18 avril 1866, du 31 décembre 1866 et du 27 janvier 1872, sont actuellement réglementés par le décret du 19 mai 1873.

En résumé, le décret de 1810 et l'ordonnance royale de 1815 modifiés par le décret du 25 mars 1852 sur la décentralisation administrative régissent encore aujourd'hui les établissements insalubres, incommodes ou dangereux ; les autres décrets et ordonnances royales qui ont suivi n'ont que changé les tableaux annexés, en classant des industries nouvelles ou en faisant descendre d'une classe des industries déjà classées.

DÉCRET

RELATIF AUX MANUFACTURES ET ATELIERS QUI RÉPANDENT
UNE ODEUR INSALUBRE OU INCOMMODE.

Au palais de Fontainebleau, le 15 octobre 1810.

NAPOLÉON, etc.

Sur le rapport de notre ministre de l'intérieur ;

Vu les plaintes portées par différents particuliers contre les manufactures et ateliers dont l'exploitation donne lieu à des exhalaisons insalubres ou incommodes ;

Le rapport fait sur ces établissements par la section de chimie de la classe des sciences physiques et mathématiques de l'Institut ;

Notre Conseil d'État entendu ;

NOUS AVONS DÉCRÉTÉ ET DÉCRÉTONS ce qui suit :

ARTICLE PREMIER. — A compter de la publication du présent décret, les manufactures et ateliers qui répandent une odeur insalubre ou incommode ne pourront être formés sans une permission de l'autorité administrative : ces établissements seront divisés en trois classes.

La première classe comprendra ceux qui doivent être éloignés des habitations particulières ;

La seconde, les manufactures et ateliers dont l'éloignement des habitations n'est pas rigoureusement nécessaire, mais dont il importe néanmoins de ne permettre la formation qu'après avoir acquis la certitude que les opérations qu'on y pratique sont exécutées de manière à ne pas incommoder les propriétaires du voisinage, ni à leur causer des dommages ;

Dans la troisième classe seront placés les établissements qui peuvent rester sans inconvénient auprès des habitations, mais doivent rester soumis à la surveillance de la police.

ART. 2. — La permission nécessaire pour la formation des manufactures et ateliers compris dans la première classe sera accordée avec les formalités ci-après par un décret rendu en notre Conseil d'État ;

Celle qu'exigera la mise en activité des établissements compris dans la seconde classe le sera par les préfets, sur l'avis des sous-préfets.

Les permissions pour l'exploitation des établissements placés dans la dernière classe seront délivrées par les sous-préfets, qui prendront préalablement l'avis des maires.

ART. 3. — La permission pour les manufactures et fabriques de première classe ne sera accordée qu'avec les formalités suivantes :

La demande en autorisation sera présentée au préfet, et affichée par son ordre dans toutes les communes, à 5 kilomètres de rayon.

Dans ce délai [1], tout particulier sera admis à présenter ses moyens d'opposition.

Les maires des communes auront la même faculté.

ART. 4. — S'il y a des oppositions, le Conseil de préfecture donnera son avis, sauf la décision du Conseil d'État.

ART. 5. — S'il n'y a pas d'opposition, la permission sera accordée, s'il y a lieu, sur l'avis du préfet et le rapport de notre ministre de l'intérieur.

ART 6. — S'il s'agit de fabriques de soude, ou si la fabrique doit être établie dans la ligne des douanes, notre directeur général des douanes sera consulté.

ART. 7. — L'autorisation de former des manufactures et ateliers compris dans la seconde classe ne sera accordée qu'après que les formalités suivantes auront été remplies :

1. Délai d'un mois par décision du ministre de l'intérieur.

L'entrepreneur adressera d'abord sa demande au sous-préfet de son arrondissement, qui la transmettra au maire de la commune dans laquelle on projette de former l'établissement, en le chargeant de procéder à des informations de *commodo* et *incommodo*. Ces informations terminées, le sous-préfet prendra sur le tout un arrêté qu'il transmettra au préfet. Celui-ci statuera, sauf le recours à notre Conseil d'État par toutes les parties intéressées.

S'il y a opposition, il y sera statué par le Conseil de préfecture, sauf le recours au Conseil d'État.

ART 8. — Les manufactures et ateliers ou établissements portés dans la troisième classe ne pourront se former que sur la permission du préfet de police, à Paris, et sur celle du maire, dans les autres villes [1].

S'il s'élève des réclamations contre la décision prise par le préfet de police ou les maires, sur une demande en formation de manufacture ou d'atelier compris dans la troisième classe, elles seront jugées au Conseil de préfecture.

ART. 9. — L'autorité locale indiquera le lieu où les manufactures et ateliers compris dans la première classe pourront s'établir, et exprimera sa distance des habitations particulières. Tout individu qui ferait des constructions dans le voisinage de ces manufactures et ateliers, après que la formation en aura été permise, ne sera plus admis à en solliciter l'éloignement.

ART. 10. — La division en trois classes des établissements qui répandent une odeur insalubre ou incommode aura lieu conformément au tableau annexé au présent décret. Elle servira de règle, toutes les fois qu'il sera question de prononcer sur des demandes en formation de ces établissements.

ART. 11. — Les dispositions du présent décret n'auront point d'effet rétroactif : en conséquence, tous les établissements qui sont aujourd'hui en activité continueront à être exploités librement, sauf les dommages dont pourront être passibles les entrepreneurs de ceux qui préjudicient aux pro-

1. Modifié par l'art. 3 de l'ordonnance royale du 14 janvier 1815.

priétés de leurs voisins ; les dommages seront arbitrés par les tribunaux.

ART. 12. — Toutefois, en cas de graves inconvénients pour la salubrité publique, la culture ou l'intérêt général, les fabriques et ateliers de première classe qui les causent pourront être supprimés, en vertu d'un décret rendu en notre Conseil d'État, après avoir entendu la police locale, pris l'avis des préfets, reçu la défense des manufacturiers ou fabricants.

ART. 13. — Les établissements maintenus par l'art. 11 cesseront de jouir de cet avantage, dès qu'ils seront transférés dans un autre emplacement ou qu'il y aura une interruption de six mois dans leurs travaux. Dans l'un et l'autre cas, ils rentreront dans la catégorie des établissements à former, et ils ne pourront être remis en activité qu'après avoir obtenu, s'il y a lieu, une nouvelle permission.

ART. 14. — Nos ministres de l'intérieur et de la police générale sont chargés, chacun en ce qui le concerne, de l'exécution du présent décret, qui sera inséré au *Bulletin des lois*.

Signé : NAPOLÉON.

ORDONNANCE DU ROI

CONTENANT

RÈGLEMENT SUR LES MANUFACTURES, ÉTABLISSEMENTS ET ATELIERS QUI RÉPANDENT UNE ODEUR INSALUBRE OU INCOMMODE.

Au château des Tuileries, le 14 janvier 1815.

LOUIS, etc.

Sur le rapport de notre ministre secrétaire d'État de l'intérieur ;

Vu le décret du 15 octobre 1810, qui divise en trois classes les établissements insalubres ou incommodes dont la formation ne peut avoir lieu qu'en vertu d'une permission de l'autorité administrative ;

Le tableau de ces établissements qui y est annexé ;

L'état supplémentaire arrêté par le Ministre de l'intérieur, le 22 novembre 1811 ;

Les demandes adressées par plusieurs préfets, à l'effet de savoir si les permissions nécessaires pour la formation des établissements compris dans la troisième classe seront délivrées par les sous-préfets ou par les maires;

Notre Conseil d'État entendu ;

Nous avons ordonné et ordonnons ce qui suit :

Article premier. — A compter de ce jour, la nomenclature jointe à la présente ordonnance servira seule de règle pour la formation des établissements répandant une odeur insalubre ou incommode.

Art. 2. — Le procès-verbal d'information de *commodo* et *incommodo*, exigé par l'art. 7 du décret du 15 octobre 1810, pour la formation des établissements compris dans la seconde classe de la nomenclature, sera pareillement exigible, en outre de l'affiche de demande, pour la formation de ceux compris dans la première classe.

Il n'est rien innové aux autres dispositions de ce décret.

Art. 3. — Les permissions nécessaires pour la formation des établissements compris dans la troisième classe seront délivrées, dans les départements, conformément aux art. 2 et 8 du décret du 15 octobre 1810, par les sous-préfets, après avoir pris préalablement l'avis des maires et de la police locale.

Art. 4. — Les attributions données aux préfets et aux sous-préfets par le décret du 15 octobre 1810, relativement à la formation des établissements répandant une odeur insalubre ou incommode, seront exercées par notre directeur général de la police dans toute l'étendue du département de la Seine, et dans les communes de Saint-Cloud, de Meudon et de Sèvres, du département de Seine-et-Oise.

ART. 5. — Les préfets sont autorisés à faire suspendre la formation ou l'exercice des établissements nouveaux qui, n'ayant pu être compris dans la nomenclature précitée, seraient cependant de nature à y être placés. Ils pourront accorder l'autorisation d'établissement pour tous ceux qu'ils jugeront devoir appartenir aux deux dernières classes de la nomenclature, en remplissant les formalités prescrites par le décret du 15 octobre 1810, sauf, dans les deux cas, à rendre compte à notre directeur général des manufactures et du commerce.

ART. 6. — Notre ministre secrétaire d'État de l'intérieur est chargé de l'exécution de la présente ordonnance, qui sera insérée au *Bulletin des lois*.

Donné en notre château des Tuileries, le 14 janvier de l'an de grâce 1816, et de notre règne le vingtième.

Signé : LOUIS.

ORDONNANCE

CONCERNANT LES ÉTABLISSEMENTS DANGEREUX, INSALUBRES
OU INCOMMODES.

Paris, 30 novembre 1837.

NOUS, CONSEILLER D'ÉTAT, PRÉFET DE POLICE,

Vu : 1° les art. 2 et 23 de l'arrêté du gouvernement du 12 messidor an VIII, et l'art. 1er de celui du 3 brumaire an IX ;

2° Le décret du 15 octobre 1810 et l'ordonnance royale du 14 janvier 1815 ;

3° Les ordonnances royales des 29 juillet 1818, 25 juin et 29 octobre 1823, 20 août 1824, 9 février 1825, 5 novembre 1826, 7 mai et 20 septembre 1828, 23 septembre 1829,

25 mars 1830, 31 mai 1833, 5 juillet 1834, 30 octobre 1836 et 27 janvier 1837, portant classification des diverses industries comprises dans le tableau annexé à la présente ordonnance;

Ordonnons ce qui suit :

Article premier. — Le décret du 15 octobre 1810 et l'ordonnance royale du 14 janvier 1815 précités seront de nouveau publiés et affichés dans le ressort de notre préfecture.

Art. 2. — Toute personne qui voudra établir, dans le ressort de notre préfecture, des manufactures ou ateliers compris dans l'une des trois classes de la nomenclature annexée à la présente ordonnance, devra nous adresser une demande en autorisation, conformément aux art. 3, 7 et 8 du décret du 15 octobre 1810 et à l'art. 4 de l'ordonnance du 14 janvier 1815 précités.

Art. 3. — Aucune demande en autorisation d'établissements classés ne sera instruite, s'il n'y est joint un plan en double expédition, dessiné sur une échelle de cinq millimètres par mètre, et indiquant les détails de l'exploitation, c'est-à-dire la désignation des fours, fourneaux, machines ou chaudières à vapeur, foyers de toute espèce, réservoirs, ateliers, cours, puisards, etc., qui devront servir à la fabrique. Ce plan devra indiquer les tenants et aboutisssants aux ateliers.

Lorsque la demande aura pour objet l'autorisation d'ouvrir un établissement compris dans la première classe, il devra être produit par le pétitionnaire, indépendamment du plan ci-dessus indiqué, un second plan, également en double expédition, dressé sur une échelle de vingt-cinq millimètres pour cent mètres, et qui donnera l'indication de toutes les habitations situées dans un rayon de huit cents mètres au moins.

Art. 4. — Il ne pourra être fait aucun changement dans un établissement classé et autorisé, sans une autorisation nouvelle.

Tout établissement dans lequel on aura fait des changements à l'état des lieux désignés sur le plan joint à la demande et dans l'autorisation pourra être fermé.

Art. 5. — Tout propriétaire d'établissements classés, qui

n'est pas pourvu de l'autorisation exigée par le décret du 15 octobre 1810 précité devra, dans le délai d'un mois à compter du jour de la publication de la présente ordonnance, nous adresser la demande pour obtenir, s'il y a lieu, la permission qui lui est nécessaire.

ART. 6. — Les sous-préfets des arrondissements de Saint-Denis et de Sceaux, les maires des communes rurales du ressort de la Préfecture de police, le chef de la police municipale, les commissaires de police, l'architecte-commissaire de la petite voirie, l'ingénieur en chef des mines du département de la Seine, l'inspecteur des établissements classés, et les préposés de la Préfecture de police, sont chargés, chacun en ce qui le concerne, de tenir la main à l'exécution de la présente ordonnance.

Le conseiller d'État, préfet de police,
Signé : G. DELESSERT.

Annexe A

A LA

CIRCULAIRE MINISTÉRIELLE

Du 15 octobre 1852

CONDITIONS A INSÉRER DANS LES ARRÊTÉS D'AUTORISATION DE CERTAINS ÉTABLISSEMENTS, RANGÉS DANS LA PREMIÈRE CATÉGORIE DES ATELIERS DANGEREUX, INSALUBRES OU INCOMMODES.

---

§ 1er. *Fabriques d'acide sulfurique.*

1° Élever la cheminée de l'usine servant au dégagement du gaz à une hauteur convenable, qui sera déterminée d'après l'examen de la localité ;

2

2° Condenser complétement les vapeurs ou gaz odorants ou nuisibles.

§ 2. *Fabriques d'allumettes chimiques.*

1° N'employer dans la confection des allumettes ni chlorate de potasse ni aucun autre sel rendant les mélanges explosibles ;

2° Broyer à sec et séparément les matières premières dont on fait usage ;

3° Ne jamais préparer à la fois au delà d'un titre de matières mélangées de phosphore, lesquelles devront être conservées à la cave, dans un vase plongé dans l'eau ;

4° Se livrer à cette fabrication dans un atelier légèrement construit, plafonné et non planchéié, et isolé de toute construction ;

5° Recouvrir en plâtre tous les bois apparents dans les pièces où l'on confectionne les allumettes ;

6° Déposer les objets fabriqués dans un local séparé, qui ne présente aucun danger sous le rapport du feu ;

7° Opérer le transport des allumettes fabriquées dans des boîtes en métal, tel que fer-blanc, zinc, etc.

Se conformer, en outre, à toutes les dispositions des règlements existants, et à toutes celles qui pourraient être prescrites ultérieurement sur le fait des fabriques d'allumettes chimiques.

N. B. L'autorisation devra être limitée à cinq ans.

§ 3. *Fabriques d'amorces fulminantes.*

1° Se conformer à toutes les dispositions prescrites par les ordonnances des 25 juin 1823 et 30 octobre 1836, pour les fabriques de poudre ou matières fulminantes ;

2° Construire le séchoir et l'atelier de tamisage en matériaux légers, et la poudrière en maçonnerie ; séparer les diverses parties de l'établissement par des talus en terre, de 3 mètres de hauteur ;

3° Établir en dehors des talus les fourneaux du séchoir, pour l'élévation de la température duquel il ne sera employé que la vapeur ou l'eau chaude.

N. B. L'autorisation devra être limitée à cinq ans.

§ 4. *Artificiers.*

1° Établir la poudrière au-dessus du niveau du sol, et la couvrir d'une toiture légère ;

2° Ne jamais avoir en dépôt plus de 4 à 5 kilogrammes de poudre à la fois pour les besoins de la fabrication.

N. B. L'autorisation devra être limitée à cinq ans.

§ 5. *Boyauderies.*

1° Tenir l'atelier dans un grand état de propreté au moyen de fréquents lavages, soit à l'eau pure, soit à l'eau chlorurée :

2° Ne recevoir que des menus convenablement préparés ou nettoyés ;

3° Ne conserver aucun des résidus susceptibles de fermenter ou de se putréfier ;

4° Donner un écoulement rapide aux eaux de lavage.

§ 6. *Calcination des os.*

1° Clore l'établissement de murs ;

2° Apporter les os dans l'établissement complétement décharnés, et limiter les approvisionnements aux besoins de la fabrication ;

3° Opérer la calcination des os dans des vases clos, et diriger la fumée des fours dans une cheminée commune, construite en briques et élevée de 10 mètres au-dessus du sol.

§ 7. *Ateliers d'équarrissage et de cuisson de débris d'animaux.*

1° Clore l'établissement de murs et l'entourer d'arbres ;

2° Paver les cours intérieures, daller les caves à abattre les animaux, et y opérer de fréquents lavages ;

3° Garnir de dalles cimentées à la chaux hydraulique, jusqu'à 1 mètre de hauteur, le pourtour de l'atelier d'abattage et celui des ateliers de cuisson ;

4° Recevoir les matières liquides résultant du travail de l'équarrissage dans des citernes voûtées et closes ; soumettre les chairs et les autres matières animales à une dessiccation suffisante pour qu'elles ne soient plus sujettes à se corrompre ;

5° Ne faire dans l'établissement aucune accumulation d'os ou de résidus ;

6° Faire la cuisson des chairs à vases clos, dans les vingt-quatre heures de l'abattage ;

7° Ne transporter les animaux morts à l'équarrissage que dans des voitures couvertes et munies d'une plaque indiquant leur destination.

§ 8. *Dépôts d'engrais, de poudrette, etc.*

1° Désinfecter les matières fécales dans les fosses d'aisances, et les transporter au moyen de tonneaux hermétiquement fermés ;

2° Déposer les matières dans des fosses recouvertes de hangars, et les couvrir de charbon afin d'éviter toute émanation désagréable ;

3° Construire les fosses destinées à recevoir les matières fécales en maçonnerie, et les cimenter de façon à empêcher le liquide de filtrer à travers les terres et d'infecter les puits ou citernes ;

4° Déposer sous les hangars, et à l'abri de l'humidité, les matières converties en engrais.

§ 9. *Fonderies de suif.*

1° Recouvrir la chaudière dans laquelle la graisse est mise en fusion d'une hotte en planches parfaitement jointes ;

2° Mettre cette hotte en communication avec la cheminée de tirage, et luter les joints de manière à forcer les vapeurs de se rendre dans le tuyau d'appel.

§ 10. *Gaz d'éclairage.*

Se reporter aux conditions prescrites par le décret du 9 février 1867, portant règlement sur les usines et les établissements d'éclairage par le gaz.

N. B. L'extension que prennent la plupart de ces usines exige *qu'elles soient éloignées le plus possible des habitations, et même qu'elles soient établies hors des villes.*

§ 11. *Fabrique de toiles cirées, de cuirs vernis, de vernis.*

1° Faire construire l'étuve en matériaux incombustibles ;

2° Construire en plâtre et moellons le local où l'on fait cuire les huiles, et surmonter les chaudières d'une hotte avec un tuyau pour le dégagement des vapeurs.

DÉCRET IMPÉRIAL

CONCERNANT

LES ÉTABLISSEMENTS RÉPUTÉS INSALUBRES, DANGEREUX OU INCOMMODES.

Du 31 décembre 1866.

NAPOLÉON, PAR LA GRACE DE DIEU ET LA VOLONTÉ NATIONALE, EMPEREUR DES FRANÇAIS,

A tous présents et à venir, SALUT.

Sur le rapport de notre ministre secrétaire d'État au département de l'agriculture, du commerce et des travaux publics ;

Vu le décret du 15 octobre 1810, l'ordonnance royale du

14 janvier 1815, et le décret du 25 mars 1852 sur la décentralisation administrative [1] ;

Vu les ordonnances dés 29 juillet 1818, 25 juin 1823, 20 août 1824, 9 février 1825, 5 novembre 1826, 20 septembre 1828, 31 mai 1833, 5 juillet 1834, 30 octobre 1836, 27 janvier 1837, 25 mars, 15 avril et 27 mai 1838, 27 janvier 1846, et les décrets des 6 mai 1849, 19 février 1853, 21 mai 1862, 26 août 1865 et 18 avril 1866, portant addition ou modification aux classements des établissements réputés insalubres, dangereux ou incommodes ;

Vu les avis du Comité consultatif des arts et manufactures ;

Notre Conseil d'État entendu ;

Avons décrété et décrétons ce qui suit :

Article premier. — La division en trois classes des établissements réputés insalubres, dangereux ou incommodes, aura lieu conformément au tableau annexé au présent décret. Elle servira de règle toutes les fois qu'il sera question de prononcer sur les demandes en formation de ces établissements.

Art. 2. — Notre ministre secrétaire d'État au département de l'agriculture, du commerce et des travaux publics, est chargé de l'exécution du présent décret, qui sera inséré au *Bulletin des lois.*

Signé : NAPOLÉON.

Par l'empereur :

Le ministre secrétaire d'État
au département de l'agriculture, du commerce
et des travaux publics,

Signé : Armand BÉHIC.

1.   *Extrait du décret du 25 mars 1852.*

§ 2. Les préfets statueront également, sans l'autorisation du ministre de l'intérieur, sur les divers objets concernant les subsistances, les encouragements à l'agriculture, l'enseignement agricole et vétérinaire, les affaires commerciales et la police sanitaire et industrielle dont la nomenclature est fixée par le tableau B.

Tableau B.

§ 8. Autorisation des établissements insalubres de première classe, dans les formes déterminées par cette nature d'établissements, et avec les recours existant aujourd'hui pour les établissements de deuxième classe.

NOMENCLATURE

DES

ÉTABLISSEMENTS INSALUBRES, DANGEREUX

OU INCOMMODES

ANNEXÉE AU DÉCRET CI-DESSUS

DÉSIGNATION DES INDUSTRIES	INCONVÉNIENTS	CLASSES
Abattoir public.	Odeur et altération des eaux.	1re
Absinthe. (Voir *Distillerie*).		
Acide arsénique (Fabrication de l') au moyen de l'acide arsénieux et de l'acide azotique :		
1º Quand les produits nitreux ne sont pas absorbés	Vapeurs nuisibles.	1re
2º Quant ils sont absorbés.	*Idem*.	2º
Acide chlorhydrique (Production de l') par décomposition des chlorures de magnésium, d'aluminium et autres :		
1º Quand l'acide n'est pas condensé. .	Émanations nuisibles. . . .	1re
2º Quand l'acide est condensé.	Émanations accidentelles. .	2º
Acide muriatique. (Voir *Acide chlorhydrique*.)		
Acide nitrique	Émanations nuisibles. . . .	3e
Acide oxalique (Fabrication de l') :		
1º Par l'acide nitrique :		
a. Sans destruction des gaz nuisibles.	Fumée	1re
b. Avec destruction des gaz nuisibles.	Fumée accidentelle	3º
2º Par la sciure de bois et la potasse. .	Fumée.	2º
Acide picrique :		
1º Quand les gaz nuisibles ne sont pas brûlés	Vapeurs nuisibles.	1re
2º Avec destruction des gaz nuisibles. .	*Idem*.	3º
Acide pyroligneux (Fabrication de l') :		
1º Quand les produits gazeux ne sont pas brûlés.	Fumée et odeur.	2e

DÉSIGNATION DES INDUSTRIES	INCONVÉNIENTS	CLASSES
2° Quand les produits gazeux sont brûlés.	Idem.	3e
Acide pyroligneux (Purification de l').	Odeur.	2e
Acide stéarique (Fabrication de l') :		
1° Par distillation.	Odeur et danger d'incendie.	1re
2° Par saponification.	Idem.	2e
Acide sulfurique (Fabrication de l') :		
1° Par combustion du soufre et des pyrites.	Émanations nuisibles.	1re
2° De Nordhausen par la décomposition du sulfate de fer.	Idem.	3e
Acide urique. (Voir Murexide.)		
Acier (Fabrication de l').	Fumée.	3e
Affinage de l'or et de l'argent par les acides.	Émanations nuisibles.	1re
Affinage des métaux au fourneau. (Voir Grillage des minerais.)		
Albumine (Fabrication de l') au moyen du sérum frais du sang.	Odeur.	3e
Alcali volatil. (Voir Ammoniaque.)		
Alcools autres que le vin, sans travail de rectification.	Altération des eaux	3e
Alcools. (Distillerie agricole).	Altération des eaux	3e
Alcool (Rectification de l').	Danger d'incendie.	2e
Agglomérés ou briquettes de houille (Fabrication des) :		
1° Au brai gras.	Odeur, danger d'incendie.	2e
2° Au brai sec.	Odeur.	3e
Aldéhyde (Fabrication de l').	Danger d'incendie.	1re
Allumettes (Fabrication des) avec matières détonantes et fulminantes.	Danger d'explosion et d'incendie.	1re
Alun. (Voir Sulfate d'alumine.)		
Amidouneries :		
1° Par fermentation.	Odeur, émanations nuisibles et altération des eaux.	1re
2° Par séparation du gluten et sans fermentation	Altération des eaux.	2e
Ammoniaque (Fabrication en grand de l') par la décomposition des sels ammoniacaux.	Odeur.	3e
Amorces fulminantes (Fabrication des).	Danger d'explosion	1re
Appareils de réfrigération :		
1° A ammoniaque.	Odeur.	3e
2° A éther ou autres liquides volatiles et combustibles.	Danger d'explosion et d'incendie.	3e
Arcansons ou résines de pin. (Voir Résines, etc.)		

DÉSIGNATION DES INDUSTRIES	INCONVÉNIENTS	CLASSES
Argenture sur métaux. (Voir *Dorure et argenture*).		
Arséniate de potasse (Fabrication de l') au moyen du salpêtre :		
1° Quand les vapeurs ne sont pas absorbées.	Émanations nuisibles. . . .	1re
2° Quand les vapeurs sont absorbées. .	Émanations accidentelles. .	2e
Artifices (Fabrication des pièces d').	Danger d'incendie et d'explosion.	1re
Asphaltes, bitumes, brais et matières bitumineuses solides (Dépôts d')	Odeur, danger d'incendie. .	3e
Asphaltes et bitumes (Travail des) à feu nu.	*Idem*	2e
Ateliers de construction de machines et wagons. (Voir *Machines* et *Wagons*.)		
Bâches imperméables (Fabrication des) :		
1° Avec cuisson des huiles.	Danger d'incendie.	1re
2° Sans cuisson des huiles.	*Idem*	2e
Baleine (Travail des fanons de). (Voir *Fanons de baleines*.)		
Baryte (Sulfate de) (Décoloration du) au moyen de l'acide chlorhydrique à vases ouverts.	Émanations nuisibles. . . .	2e
Battage, cardage et épuration des laines, crins et plumes de literie.	Odeur et poussière.	3e
Battage des cuirs (Marteaux pour le). . . .	Bruit et ébranlement. . . .	3e
Battage et lavage (Ateliers spéciaux pour les) des fils de laine, bourres et déchets de filature de laine et de soie dans les villes.	Bruit et poussière.	3e
Battage de tapis en grand.	*Idem*	2e
Batteurs d'or et d'argent.	Bruit.	3e
Battoir à écorces dans les villes.	Bruit et poussière.	3e
Benzine (Fabrication et dépôts de). (Voir *Huile de pétrole, de schiste*, etc.)		
Bitumes et asphaltes (Fabrication et dépôts de). (Voir *Asphaltes, bitumes*, etc.)		
Blanc de plomb. (Voir *Céruse*).		
Blanc de zinc (Fabrication de) par la combustion du métal.	Fumées métalliques.	3e
Blanchiment :		
1° Des fils, des toiles et de la pâte à papier par le chlore.	Odeur, émanations nuisibles.	2e
2° Des fils et tissus de lin, de chanvre et de coton par les chlorures (hypochlorites) alcalins.	Odeur, altération des eaux.	3e

DÉSIGNATION DES INDUSTRIES	INCONVÉNIENTS	CLASSES
3° Des fils et tissus de laine et de soie par l'acide sulfureux.	Émanations nuisibles. . . .	2e
Bleu de Prusse (Fabrication de). (Voir *Cyanure de potassium.*)		
Boues et immondices (Dépôts de) et voiries.	Odeur.	1r
Bougies et paraffine et autres d'origine minérale (Moulage des).	Odeur, danger d'incendie. .	3e
Bougies et autres objets en cire et en acide stéarique.	Danger d'incendie.	3e
Bouillon de bière (Distillation de). (Voir *Distilleries.*)		
Bourre. (Voir *Battage.*)		
Boutonniers et autres emboutisseurs de métaux par moyens mécaniques.	Bruit	3e
Boyauderies. (Travail des boyaux frais pour tous usages).	Odeur, émanations nuisibles.	1re
Boyaux et pieds d'animaux abattus (Dépôts de). (Voir *Chairs et débris.*)		
Brasseries.	Odeur.	3e
Briqueteries avec fours non fumivores. . . .	Fumée	3e
Briquettes ou agglomérés de houille. (Voir *Agglomérés.*)		
Brûleries des galons et tissus d'or ou d'argent. (Voir *Galons.*)		
Buanderies	Altération des eaux.	3e
Café (Torréfaction en grand du).	Odeur et fumée.	3e
Caillettes et caillous pour la confection des fromages. (Voir *Chairs et débris, etc.*)		
Cailloux (Fours pour la calcination des). .	Fumée	3e
Calcination des cailloux. (Voir *Cailloux.*)		
Carbonisation du bois :		
1° A l'air libre dans des établissements permanents et autre part qu'en forêt.	Odeur et fumée	2e
2° En vase clos { 2° avec dégagement dans l'air des produits gazeux de la distillation	*Idem*	2e
2° avec combustion des produits gazeux de la distillation. .	*Idem*	3e
Carbonisation des matières animales en général	Odeur.	1re
Caoutchouc (Travail du) avec emploi d'huiles essentielles ou de sulfure de carbone. . .	Odeur, danger d'incendie. .	2e
Caoutchouc (Application des enduits du). .	Danger d'incendie.	2e

DÉSIGNATION DES INDUSTRIES	INCONVÉNIENTS	CLASSES
Cartonniers.	Odeur.	3e
Cendres d'orfévre (Traitement des) par le plomb.	Fumées métalliques.	3e
Cendres gravelées :		
1° Avec dégagement de la fumée au dehors.	Fumée et odeur.	1re
2° Avec combustion ou condensation des fumées.	*Idem*	2e
Céruse ou blanc de plomb (Fabrication de la).	Émanations nuisibles. . . .	3e
Chairs, débris et issues (Dépôts de) provenant de l'abattage des animaux.	Odeur.	1re
Chamoiseries.	*Idem*	2e
Chandelles (Fabrication des).	Odeur, danger d'incendie. .	3e
Chantiers de bois à bruler dans les villes. .	Émanations nuisibles, danger d'incendie.	3e
Chanvre (Teillage et rouissage du) en grand. (Voir aux mots *Teillage* et *Rouissage*.)		
Chanvre imperméable. (Voir *Feutre goudronné.*)		
Chapeaux de feutre (Fabrication de). . . .	Odeur et poussière	3e
Chapeaux de soie ou autres préparés au moyen d'un vernis (Fabrication de). . . .	Danger d'incendie.	2e
Charbons agglomérés. (Voir *Agglomérés*).		
Charbon animal (Fabrication ou revivification du). (Voir *Carbonisation des matières animales.*)		
Charbon de bois dans les villes (Dépôts ou magasins de).	Danger d'incendie.	3e
Charbons de terre. (Voir *Houille* et *Coke.*)		
Chaudronnerie. (Voir *Forges de grosses œuvres.*		
Chaux (Fours à) :		
1° Permanents.	Fumée, poussière	2e
2° Ne travaillant pas plus d'un mois par an	*Idem*	3e
Chiens (Infirmeries de).	Odeur et bruit.	1re
Chiffons (Dépôts).	Odeur.	3e
Chlore (Fabrication du).	*Idem*	2e
Chlorure de chaux (Fabrication du)		
1° En grand.	*Idem*	2u
2° Dans des ateliers fabricant au plus 300 kilogrammes par jour.	*Idem*	3e
Chlorures alcalins, eau de javelle (Fabrication des).	*Idem*	2e
Chromate de potasse (Fabrication du). . . .	*Idem*	3e

DÉSIGNATION DES INDUSTRIES	INCONVÉNIENTS	CLASSES
Chrysalides (Ateliers pour l'extraction des parties soyeuses des)	Odeur.	1re
Cire à cacheter (Fabrication de la).	Danger d'incendie.	3e
Cochenille ammoniacale (Fabrication de la).	Odeur.	3e
Cocons :		
1° Traitement des frisons de cocons.	Altération des eaux.	2e
2° Filature de cocons. (Voir *Filature*.)		
Coke (Fabrication du) :		
1° En plein air ou en fours non fumivores.	Fumée et poussière.	1re
2° En fours fumivores.	Poussière.	2e
Colle forte (Fabrication de la).	Odeur, altération des eaux.	1re
Combustion des plantes marines dans les établissements permanents.	Odeur et fumée.	1re
Construction (Ateliers de). (Voir *Machines et wagons*.)		
Cordes à instruments en boyaux (Fabrication de). (Voir *Boyauderies*.)		
Corroieries.	Odeur.	2e
Coton et coton gras (Blanchisserie des déchets de).	Altération des eaux.	3e
Cretons (Fabrication de).	Odeur et danger d'incendie.	1re
Crins (Teinture des). (Voir *Teintureries*.)		
Crins en soies de porc (Préparation des) sans fermentation.	Odeur et poussière.	2e
(Voir aussi *Soies de porc par fermentation*.)		
Cristaux (Fabrication de). Voir *Verreries*, etc.)		
Cuirs vernis (Fabrication de).	Odeur et danger d'incendie.	1re
Cuirs verts et peaux fraîches (Dépôts de).	Odeur.	2e
Cuivre (Dérochage du) par les acides.	Odeur, émanations nuisibles.	3e
Cuivre (Fonte du). (Voir *Fonderies*, etc.)		
Cyanure de potassium et bleu de Prusse (Fabrication de) :		
1° Par la calcination directe des matières animales avec la potasse.	Odeur.	1re
2° Par l'emploi de matières préalablement carbonisées en vases clos.	*Idem*	2e
Cyanure rouge de potassium ou prussiate rouge de potasse.	Émanations nuisibles.	3e
Débris d'animaux (Dépôts de). (Voir *Chairs*, etc.)		
Déchets de matières filamenteuses (Dépôts de) en grand dans les villes.	Danger d'incendie.	3e
Dégras ou huile épaisse à l'usage des chamoiseurs et corroyeurs (Fabrication de).	Odeur, danger d'incendie.	1re

DÉSIGNATION DES INDUSTRIES	INCONVÉNIENTS	CLASSES
Dégraissage des tissus et déchets de laines par les huiles de pétrole et autres hydrocarbures................	Danger d'incendie......	1re
Dérochage du cuivre. (Voir *Cuivre*.)		
Distilleries en général, eau-de-vie, genièvre, kirsch, absinthe et autres liqueurs alcooliques................	Idem.............	3e
Dorure et argenture sur métaux.......	Émanations nuisibles....	3e
Eau de Javelle (Fabrication d'). (Voir *Chlorures alcalins*.)		
Eau-de-vie. (Voir *Distilleries*.)		
Eau-forte. (Voir *Acide nitrique*.)		
Eaux grasses (Extraction, pour la fabrication du savon et autres usages, des huiles contenues dans les) :		
1° En vases ouverts...........	Odeur, danger d'incendie..	1re
2° En vases clos............	Idem...........	2e
Eaux savonneuses des fabriques. (Voir *Huiles extraites des débris d'animaux*.)		
Échaudoirs :		
1° Pour la préparation industrielle des débris d'animaux............	Odeur............	1re
2° Pour la préparation des parties d'animaux propres à l'alimentation....	Idem...........	3e
Émail (Application de l') sur les métaux..	Fumée............	3e
Émaux (Fabrication d') avec fours non fumivores................	Idem............	3e
Encre d'imprimerie (Fabrique d')......	Odeur, danger d'incendie..	1re
Engrais (Fabrication des) au moyen des matières animales.............	Odeur............	1re
Engrais (Dépôts d') au moyen des matières provenant de vidanges ou de débris d'animaux :		
1° Non préparés ou en magasin non couvert................	Odeur............	1re
2° Desséchés ou désinfectés et en magasin couvert, quand la quantité excède 25 000 kilogrammes......	Idem.............	2e
3° Les mêmes, quand la quantité est inférieure à 25 000 kilogrammes....	Idem.............	3e
Engraissement des volailles dans les villes (Établissement pour l')........	Idem.............	3e
Éponges (Lavage et séchage des)......	Odeur et altération des eaux.	3e
Équarrissage des animaux.........	Odeur, émanations nuisibles.	1re
Étamage des glaces............	Émanations nuisibles....	3e

DÉSIGNATION DES INDUSTRIES	INCONVÉNIENTS	CLASSES
Éther (Fabrication et dépôt d') [1]	Danger d'incendie et d'explosion.	1re
Étoupilles (Fabrication d') avec matières explosives.	Danger d'explosion et d'incendie.	1re
Faïence (Fabriques de) :		
1° Avec fours non fumivores.	Fumée.	2e
2° Avec fours fumivores.	Fumée accidentelle.	3e
Fanons de baleine (Travail des).	Émanations incommodes. .	3e
Farines (Moulins à) (Voir *Moulins.*)		
Féculeries.	Odeur, altération des eaux.	3e
Fer-blanc (Fabrication du).	Fumée.	3e
Feutres et visières vernies (Fabrication de).	Odeur, danger d'incendie. .	1re
Feutres goudronné (Fabrication du).	*Idem.*	2e
Filature des cocons (Ateliers dans lesquels la) s'opère en grand, c'est-à-dire employant au moins six tours.	Odeur, altération des eaux.	3e
Fonderie de cuivre, laiton et bronze.	Fumées métalliques.	3e
Fonderie en 2e fusion.	Fumée.	3e
Fonte et laminage du plomb, du zinc et du cuivre.	Bruit, fumée.	3e
Forges et chaudronneries de grosses œuvres employant des marteaux mécaniques. . .	Fumée, bruit.	2e
Formes en tôle pour raffinerie. (Voir *Tôles vernies.*)		
Fourneaux à charbon de bois. (Voir *Carbonisation du bois.*)		
Fourneaux (Hauts-).	Fumée et poussière.	2e
Fours pour la calcination des cailloux. (Voir *Cailloux.*)		
Fours à plâtre et fours à chaux. (Voir *Plâtre, Chaux.*)		
Fromages (Dépôts de) dans les villes.	Odeur.	3e
Fulminate de mercure (Fabrication du). . .	Danger d'explosion et d'incendie.	1re
Galipots ou résines de pin. (Voir *Résines.*)		
Galons et tissus d'or et d'argent (Brûleries en grand des) dans les villes.	Odeur.	2e
Gaz, goudrons des usines. (Voir *Goudrons.*)		
Gaz d'éclairage et de chauffage (Fabrication du) [2] :		
1° Pour l'usage public.	Odeur, danger d'incendie. .	2e
2° Pour l'usage particulier.	*Idem.*	3e

1. Les dépôts sont régis par le décret du 31 janvier 1872.
2. Réglementée par décret spécial du 9 février 1867.

DÉSIGNATION DES INDUSTRIES	INCONVÉNIENTS	CLASSES
Gazomètres pour l'usage particulier, non attenant aux usines de fabrication. . . .	Idem.	3e
Gélatine alimentaire et gélatines provenant de peaux blanches et de peaux fraîches non tannées (Fabrication de la).	Odeur.	3e
Générateurs à vapeur. (Régime spécial.)		
Genièvre. (Voir *Distilleries*.)		
Glaces (Étamage des). (Voir *Étamage*.)		
Glace. (Voir *Appareils de réfrigération*.)		
Goudrons (Usines spéciales pour l'élaboration des) d'origines diverses.	Odeur, danger d'incendie. .	1re
Goudrons (Traitement des) dans les usines à gaz où ils se produisent.	Idem.	2e
Goudrons et matières bitumineuses fluides (Dépôts de).	Idem..	2e
Goudrons et brais végétaux d'origines diverses (Élaboration des).	Idem..	1re
Graisse à feu nu (Fonte des).	Idem..	1r
Graisse pour voitures (Fabrication des). . .	Idem..	1re
Grillage des minerais sulfureux.	Fumée, émanations nuisibles.	1re
Guano (Dépôts de) :		
1° Quand l'approvisionnement excède 25 000 kilogrammes.	Odeur.	1re
2° Pour la vente au détail.	Idem..	3e
Harengs (Saurage des).	Idem..	3e
Hongroieries.	Odeur.	3e
Houille (Agglomérés de). (Voir *Agglomérés*.)		
Huiles de Bergues (Fabrique d'). (Voir *Dégras*.)		
Huiles de pétrole, de schiste et de goudron, essences et autres hydrocarbures employés pour l'éclairage, le chauffage, la fabrication des couleurs et vernis, le dégraissage des étoffes et autres usages [1] :		
1° Fabrication, distillation et travail en grand.	Odeur et danger d'incendie.	1re
2° Dépôts.		
a. Substances très-inflammables, c'està-dire émettant des vapeurs susceptibles de prendre feu [2] à une température de moins de 35 degrés :		

1. Réglementés par le décret du 19 mai 1873.
2. Au contact d'une allumette enflammée.

DÉSIGNATION DES INDUSTRIES	INCONVÉNIENTS	CLASSES
1° Si la quantité emmagasinée est, même temporairement, de 1 050 lit.[1] ou plus....................	Odeur et danger d'incendie.	1re
2° Si la quantité supérieure à 150 litres n'atteint pas 1 050 litres.........	*Idem*............	2e
b. Substances moins inflammables, c'est-à-dire n'émettant de vapeurs susceptibles de prendre feu[2] qu'à une température de 35 degrés et au-dessus :		
1° Si la quantité emmagasinée est, même temporairement, de 10 500 litres ou plus................	*Idem*............	1re
2° Si la quantité emmagasinée supérieure à 1 050 litres n'atteint pas 10 500 litres.............	*Idem*............	2e
Huile de pieds de bœuf (Fabrication d') :		
1° Avec emploi de matières en putréfaction..................	Odeur.............	1re
2° Quand les matières employées ne sont pas putréfiées..........	*Idem*............	2e
Huiles de poisson (Fabriques d').......	Odeur, danger d'incendie.	1re
Huile épaisse ou dégras. (Voir *Dégras*).		
Huiles de résine (Fabrication des)......	*Idem*............	1re
Huileries ou moulins à huile.........	*Idem*............	3e
Huiles (Épuration des).............	Odeur, danger d'incendie..	3e
Huiles essentielles ou essences de térébenthine, d'aspic et autres. (Voir *Huiles de pétrole, de schiste*, etc.)		
Huiles et autres corps gras extraits des débris des matières animales (Extraction des)....................	*Idem*............	1re
Huiles extraites des schistes bitumineux. (Voir *Huiles de pétrole, de schiste*, etc.)		
Huiles (Mélange à chaud ou cuisson des) :		
1° En vases ouverts............	*Idem*............	1re
2° En vases clos.............	*Idem*............	2e
Huiles rousses (Fabrication des) par extraction des cretons et débris de graisse à haute température...........	*Idem*............	1re
Impressions sur étoffes. (Voir *Toiles peintes*.)		
Jute (Teillage du). (Voir *Teillage*.)		

1. Le fût généralement adopté par le commerce pour les pétroles est de 150 litres; 1 050 litres représentent donc sept desdits fûts.
2. Au contact d'une allumette enflammée.

DÉSIGNATION DES INDUSTRIES	INCONVÉNIENTS	CLASSES
Kirsch. (Voir *Distilleries*.)		
Laine. (Voir *Battage*.)		
Laiteries en grand dans les villes	Odeur	2e
Lard (Atelier à enfumer le)	Odeur et fumée	3e
Lavage des cocons. (Voir *Cocons*.)		
Lavage et séchage des éponges. (Voir *Éponges*.)		
Lavoirs à houille	Altération des eaux	3e
Lavoirs à laine	*Idem*.	3e
Lignites (Incinération des)	Fumée, émanations nuisibles.	1r
Lin (Teillage en grand du). (Voir *Teillage*.)		
Lin (Rouissage du). (Voir *Rouissage*.)		
Liquides pour l'éclairage (Dépôts de) au moyen de l'alcool et des huiles essentielles	Danger d'incendie et d'explosion	2e
Liqueurs alcooliques. (Voir *Distilleries*.)		
Litharge (Fabrication de)	Poussière nuisible	3e
Machines et wagons (Ateliers de construction de)	Bruit, fumée	2e
Machines à vapeur. (Voir *Générateurs*.)		
Maroquineries	Odeur	3e
Massicot (Fabrication du)	Émanations nuisibles	3e
Mégisseries	Odeur	3e
Mélanges d'huiles. (Voir *Huiles mélanges*, etc.)		
Ménageries	Danger des animaux	1re
Métaux (Ateliers de) pour construction de machines et appareils. (Voir *Machines*.)		
Miniùm (Fabrication du)	Émanations nuisibles	3e
Morues (Sécheries des)	Odeur	2e
Moulins à broyer le plâtre, la chaux, les cailloux et les pouzzolanes	Poussière	3e
Moulins à huile. (Voir *Huileries*.)		
Murexide (Fabrication de la) en vase clos par la réaction de l'acide azotique et de l'acide urique du guano	Émanations nuisibles	2e
Nitrate de fer (Fabrication du) :		
1º Lorsque les vapeurs nuisibles ne sont pas absorbées ou décomposées . . .	Émanations nuisibles	1re
2º Dans le cas contraire	*Idem*.	3e
Nitro-benzine, aniline et matières dérivant de la benzine (Fabrication de la)	Odeur, émanations nuisibles, danger d'incendie . .	2e
Noir des raffineries et des sucreries (Revivification du)	Émanations nuisibles, odeur	2e

DÉSIGNATION DES INDUSTRIES	INCONVÉNIENTS	CLASSES
Noir de fumée (Fabrication du) par la distillation de la houille, des goudrons, bitumes, etc.	Fumée, odeur.	2e
Noir d'ivoire et noir animal (Distillation des os ou fabrication du) :		
1º Lorsqu'on n'y brûle pas les gaz. . .	Odeur.	1re
2º Lorsque les gaz sont brûlés.	*Idem*	2e
Noir minéral (Fabrication du) par le broyage des résidus de la distillation des schistes bitumineux.	Odeur et poussière.	3e
Oignons (Dessiccation des) dans les villes. .	Odeur.	2e
Olives (Confiserie des).	Altération des eaux.	3e
Olives (Tourteaux d'). (Voir *Tourteaux*.)		
Orseille (Fabrication de l') :		
1º En vases ouverts.	Odeur.	1re
2º A vases clos, et employant de l'ammoniaque à l'exclusion de l'urine. . .	*Idem*.	3e
Os (Torréfaction des) pour engrais :		
1º Lorsque les gaz ne sont pas brûlés.	Odeur et danger d'incendie.	1re
2º Lorsque les gaz sont brûlés.	*Idem*.	2e
Os d'animaux (Calcination des). (Voir *Carbonisation des matières animales*.)		
Os frais (Dépôts d') en grand.	Odeur, émanations nuisibles.	1re
Ouates (Fabrication des).	Poussière et danger d'incendie.	3e
Papiers (Fabrication de).	Danger d'incendie.	3e
Pâte à papier (Préparation de la) au moyen de la paille et autres matières combustibles.	Altération des eaux.	3e
Parchemineries.	Odeur.	3e
Peaux de lièvre et de lapin. (Voir *Secrétage*.)		
Peaux de mouton (Séchage des).	Odeur et poussière.	3e
Peaux fraîches. (Voir *Cuirs verts*.)		
Perchlorure de fer par dissolution du peroxyde de fer (Fabrication de).	Émanations nuisibles. . . .	3e
Pétrole. (Voir *Huiles de pétrole*, etc.)		
Phosphore (Fabrication de).	Danger d'incendie.	1re
Pileries mécaniques des drogues.	Bruit et poussière.	3e
Pipes à fumer (Fabrication des) :		
1º Avec fours non fumivores.	Fumée.	2e
2º Avec fours fumivores.	Fumée accidentelle.	3e
Plantes marines. (Voir *Combustion des plantes marines*.)		
Plâtres (Fours à) :		
1º Permanents.	Fumée et poussière.	2e

DÉSIGNATION DES INDUSTRIES	INCONVÉNIENTS	CLASSES
2° Ne travaillant pas plus d'un mois. .	Fumée et poussière.	3e
Plomb (Fonte et laminage du). (Voir *Fonte*, etc.)		
Poêliers fournalistes, poêles et fourneaux en faïence et-terre cuite. (Voir *Faïence*.)		
Poils de lièvre et de lapin. (Voir *Secrétage*.)		
Poissons salés (Dépôts de).	Odeur incommode.	2e
Porcelaine (Fabrication de).		
1° Avec fours non fumivores.	Fumée.	2e
2° Avec fours fumivores.	Fumée accidentelle.	3e
Porcheries.	Odeur, bruit.	1re
Potasse (Fabrication de) par calcination des résidus de mélasse.	Fumée et odeur.	2e
Potasse. (Voir *Chromate de potasse*.)		
Poteries de terre (Fabrication de) avec fours non fumivores.	Fumée	3e
Poudres et matières fulminantes (Fabrication de). (Voir aussi *Fulminate de mercure*.)	Danger d'explosion et d'incendie	1re
Poudrette (Fabrication de) et autres engrais au moyen de matières animales.	Odeur et altération des eaux.	1re
Poudrette (Dépôts de). (Voir *Engrais*.)		
Pouzzolane artificielle (Fours à).	Fumée	3e
Protochlorure d'étain ou sel d'étain (Fabrication du).	Émanations nuisibles. . . .	2e
Prussiate de potasse. (Voir *Cyanure de potassium*.)		
Pulpes de pommes de terre. (Voir *Fécules*.)		
Raffineries et fabriques de sucre.	Fumée, odeur.	2e
Résines, galipots et arcansons (Travail en grand pour la fonte et l'épuration des). .	Odeur, danger d'incendie. .	1re
Rogues (Dépôts de salaisons liquides connues sous le nom de).	Odeur.	2e
Rouge de Prusse et d'Angleterre.	Émanations nuisibles. . . .	1re
Rouissage en grand du chanvre et du lin. .	Émanations nuisibles et altération des eaux.	1re
Rouissage en grand du chanvre et du lin par l'action des acides, de l'eau chaude et de la vapeur.	*Idem*	2e
Sabots (Ateliers à enfumer les) par la combustion de la corne ou d'autres matières animales, dans les villes	Odeur et fumée.	1re
Salaison et préparation des viandes. . . .	Odeur.	3e
Salaisons (Ateliers pour les) et le saurage des poissons.	*Idem*.	2e
Salaisons (Dépôts de) dans les villes. . . .	*Idem*.	3e

DÉSIGNATION DES INDUSTRIES	INCONVÉNIENTS	CLASSES
Sang :		
1º Ateliers pour la séparation de la fibrine, de l'albumine, etc.	Odeur.	1re
2º (Dépôt de) pour la fabrication du bleu de Prusse et autres industries. .	Idem	1re
3º (Fabrique de poudre de) pour la clarification des vins.	Idem	1re
Sardines (Fabriques de conserves de), dans les villes.	Idem	2e
Saucissons (Fabrication en grand de). . . .	Idem	2e
Saurage des harengs. (Voir *Harengs*.)		
Savonneries.	Idem	3e
Schistes bitumineux. (Voir *Huiles de pétrole, de schiste*, etc.)		
Séchage des éponges. (Voir *Éponges*.)		
Sécheries des morues. (Voir *Morues*.)		
Secrétage des peaux ou poils de lièvre et lapin.	Odeur.	2e
Sel ammoniac et sulfate d'ammoniaque (Fabrication du) par l'emploi des matières animales	Odeur, émanations nuisibles.	2e
Sel ammoniac extrait des eaux d'épuration du gaz (Fabrique spéciale de).	Odeur.	2e
Sel de soude (Fabrication du) avec le sulfate de soude.	Fumée, émanations nuisibles.	3e
Sel d'étain. (Voir *Protochlorure d'étain*.)		
Sirops de fécule et glucose (Fabrication des).	Odeur.	3e
Soie. (Voir *Chapeaux*.)		
Soie. (Voir *Filature*.)		
Soies de porc (Préparation des) :		
1º Par fermentation.	Idem	1re
2º Sans fermentation. (Voir *Crins et soies de porc*.)		
Soude. (Voir *Sulfate de soude*.)		
Soudes brutes de varech (Fabrication des) dans les établissements permanents. . . .	Odeur et fumée.	1re
Soufre (Fusion ou distillation du).	Émanations nuisibles, danger d'incendie.	2e
Soufre (Pulvérisation et blutage du).	Poussière, danger d'incendie.	3e
Sucre. (Voir *Raffineries et fabriques de sucre*.)		
Suif brun (Fabrication du).	Odeur, danger d'incendie. .	1re
Suif en branches (Fonderies de) :		
1º A feu nu.	Idem	1re
2º Au bain-marie ou à la vapeur.	Odeur.	2e

DÉSIGNATION DES INDUSTRIES	INCONVÉNIENTS	CLASSES
Suif d'os (Fabrication du)............	Odeur, altération des eaux,	
Sulfate d'ammoniaque (Fabrication du) par le moyen de la distillation des matières animales...................	danger d'incendie.....	1re
Sulfate de baryte. (Voir *Baryte*).	Odeur............	1re
Sulfate de cuivre (Fabrication de) au moyen du grillage des pyrites............	Émanations nuisibles et fumée............	
Sulfate de mercure (Fabrication du) :		1re
1° Quand les vapeurs ne sont pas absorbées..................	Émanations nuisibles....	1re
2° Quand les vapeurs sont absorbées..	Émanations moindres....	2e
Sulfate de peroxyde de fer (Fabrication du) par le sulfate de protoxyde de fer et l'acide nitrique (nitro-sulfate de fer).....	Émanations nuisibles....	2e
Sulfate de protoxyde de fer ou couperose verte par l'action de l'acide sulfurique sur la ferraille (Fabrication en grand du).	Fumée, émanations nuisibles............	3e
Sulfate de soude (Fabrication du) :		
1° Par la décomposition du sel marin par l'acide sulfurique, sans condensation de l'acide chlorhydrique....	Émanations nuisibles....	1re
2° Avec condensation complète de l'acide chlorhydrique...........	*Idem*...........	2e
Sulfate de fer, d'alumine et alun (Fabrication par le lavage des terres pyriteuses et alumineuses grillées du)...........	Fumée et altération des eaux............	3e
Sulfure de carbone (Fabrication du).....	Odeur, danger d'incendie..	1re
Sulfure de carbone (Manufactures dans lesquelles on emploie en grand le).....	Danger d'incendie......	1re
Sulfure de carbone (Dépôts de). (Suivent le régime des huiles de pétrole.)		
Sulfures métalliques. (Voir *Grillage des minerais sulfureux*.)		
Tabacs (Manufactures de)...........	Odeur et poussière......	2e
Tabac (Incinération des côtes de)......	Odeur et fumée.......	1re
Tabatières en carton (Fabrication des)....	Odeur et danger d'incendie.	3e
Taffetas et toiles vernis ou cirés (Fabrication de)................	*Idem*.......	1re
Tan (Moulins à)...............	Bruit et poussière......	3e
Tanneries................	Odeur...........	2e
Teinturiers...............	Odeur et altération des eaux.	3e
Teintureries de peaux...........	Odeur...........	3e
Terres émaillées (Fabrication de) :		
1° Avec fours non fumivores......	Fumée...........	2e
2° Avec fours fumivores........	Fumée accidentelle.....	3e
Terres pyriteuses et alumineuses (Grillage des).................	Fumée, émanations nuisibles............	1re
Teillage du lin, du chanvre et du jute en grand.................	Poussière et bruit......	2e

DÉSIGNATION DES INDUSTRIES	INCONVÉNIENTS	CLASSES
Térébenthine (Distillation et travail en grand de la). Voir *Huiles de pétrole, de schiste*, etc.)		
Tissus d'or et d'argent (Brûleries en grand des). (Voir *Galons*.)		
Toiles cirées. (Voir *Taffetas et toiles vernis*.)		
Toiles (Blanchiment des). (Voir *Blanchiment*.)		
Toiles grasses pour emballage, tissus, cordes goudronnées, papiers goudronnés, cartons et tuyaux bitumés (Fabrique de) :		
1º Travail à chaud	Odeur, danger d'incendie.	2e
2º Travail à froid	*Idem.*	3e
Toiles peintes (Fabrique de)	Odeur.	3e
Toiles vernies (Fabrique de). (Voir *Taffetas et toiles vernis*.)		
Tôles et métaux vernis.	Odeur et danger d'incendie.	3e
Tonnellerie en grand opérant sur des fûts imprégnés de matières grasses et putrescibles.	Bruit, odeur et fumée.	2e
Torches résineuses (Fabrication de).	Odeur et danger du feu.	2e
Tourbe (Carbonisation de la) :		
1º A vases ouverts.	Odeur et fumée.	1re
2º En vases clos.	Odeur.	2e
Tourteaux d'olives (Traitement des) par le sulfure de carbone.	Danger d'incendie.	1re
Tréfileries.	Bruit et fumée.	3e
Triperies annexes des abattoirs.	Odeur et altération des eaux.	1re
Tueries d'animaux. (Voir aussi *Abattoirs publics*.)	Danger des animaux et odeur.	2e
Tuileries avec fours non fumivores.	Fumée.	3e
Urate (Fabrique d'). (Voir *Engrais préparés*.)		
Vacheries dans les villes de plus de 5 000 habitants.	Odeur et écoulement des urines.	3e
Varech. (Voir *Soude de varech*.)		
Vernis gras (Fabrique de).	Odeur et danger d'incendie.	1re
Vernis à l'esprit de vin (Fabrique de).	*Idem.*	2e
Vernis (Ateliers où l'on applique le) sur les cuirs, feutres, taffetas, toiles, chapeaux. (Voir ces mots.)		
Verreries, cristalleries et manufactures de glaces :		
1º Avec fours non fumivores.	Fumée et danger d'incendie.	2e
2º Avec fours fumivores.	Danger d'incendie.	3e
Viandes (Salaisons des). (Voir *Salaisons*.)		
Visières et feutres vernis (Fabrique de). (Voir *Feutres et visières*.)		
Voiries. (Voir *Boues et immondices*.)		
Wagons et machines (Construction de). (Voir *Machines*, etc.)		

ÉTABLISSEMENTS

DANGEREUX, INSALUBRES OU INCOMMODES

DÉCLASSÉS PAR LE DÉCRET DU 31 DÉCEMBRE 1866.

ÉTABLISSEMENTS DE LA PREMIÈRE CLASSE
DESCENDUS DANS LA DEUXIÈME

Acide nitrique (fabrication de l'). — Acide pyroligneux (fabrication de l'), quand les produits gazeux ne sont pas brûlés. — Chlorure de chaux (fabrication en grand du). — Chlorures alcalins (fabrication des). — Hauts-fourneaux. — Potasse (fabrication de la) par calcination des résidus de mélasse. — Sel ammoniac et sulfate d'ammoniaque (fabrication du) par l'emploi des matières animales. — Sel ammoniac extrait des eaux d'épuration du gaz (fabrication spéciale de). — Soufre (fusion et distillation du). — Tueries d'animaux. — Verreries, cristaux, émaux, etc. (fabrication de), avec fours non fumivores.

ÉTABLISSEMENTS DE LA PREMIÈRE CLASSE
DESCENDUS DANS LA TROISIÈME

Litharge (fabrication de). — Massicot (fabrication de). — Minium (fabrication du).

ÉTABLISSEMENTS DE LA SECONDE CLASSE
DESCENDUS DANS LA TROISIÈME

Acide pyroligneux (fabrication de l'), quand les produits gazeux sont brûlés. — Acier (fabrication de l'). — Asphaltes,

bitumes, brais et matières bitumineuses solides (dépôts de).—
Battoirs à écorces, dans les villes. — Blanchiment des toiles
par les chlorures alcalins. — Briqueteries avec fours non
fumivores. — Buanderies. — Cailloux (fours à calciner les).
— Cartonniers. — Cendres d'orfévre (traitement des). —
Céruse (fabrication de la). — Chandelleries. — Chantiers de
bois à brûler, dans les villes. — Chapeaux de feutre (fabrique
de). — Chiffons (dépôts de). — Chlorure de chaux (fabrica-
cation du), petite fabrication ne dépassant pas 300 kilogr.
par jour. — Cuivre (dérochage du). — Distilleries en général.
— Éponges (lavage et séchage des). — Filatures de cocons
(en grand). — Fonderies de cuivre, laiton et bronze. — Fonderies en deuxième fusion. — Fonte et laminage du plomb,
du zinc et du cuivre. — Harengs (saurage des). — Hongroi-
ries. — Huiles (épuration des). — Lard (ateliers à enfumer
le). — Lavoirs. — Maroquineries. — Mégisseries. — Moulins
à plâtre, à chaux, à cailloux et à pouzzolanes. — Salaisons
(préparation des). — Sulfate de protoxyde de fer par l'action
de l'acide sulfurique sur la ferraille. — Tabatières en carton (fabriques de). — Toiles et métaux vernis. — Tuileries
avec fours non fumivores.

ÉTABLISSEMENTS DE LA SECONDE CLASSE
DÉCLASSÉS

Blanc de baleine (raffineries de). — Châtaignes (dessiccation et conservation des). — Colle de peaux de lapin (fabrique
de). — Couverturiers. — Indigoteries. — Machines et chaudières à haute ou basse pression (régies maintenant par une
législation spéciale). — Moulins à farine dans les villes. —
Potiers d'étain.

ÉTABLISSEMENTS DE LA TROISIÈME CLASSE
DÉCLASSÉS

Acétate de plomb (fabrication de l'). — Acide acétique
(fabrication de l'). — Acide tartrique (fabrication de l'). —
Alcalis caustiques en dissolution (fabrication des). —Ardoises

artificielles (fabrication des). — Blanc d'Espagne (fabrication du). — Bois dorés (Brûleries de). — Borax artificiel (fabrication du). — Borax (raffinage). — Briquets phosphoriques et briquets oxygénés. — Camphre (préparation et raffinage du). — Caractères d'imprimerie (fabrication de). — Caramel en grand (fabrique de). — Cendres (laveurs de). — Cendres bleues et autres précipités du cuivre (préparation des). — Chicorée (préparation du café dit de). — Chromate de plomb (fabrication du). — Colle de parchemin et d'amidon (fabriques de). — Corne (travail de la). — Cristaux de soude (fabrication de). — Dégraisseurs. — Encre à écrire (fabriques d'). — Essayeurs. — Étain (fabrication des feuilles d'). — Laques (fabrication des). — Ocre jaune (calcination de l'). — Papiers peints (fabriques de). — Plomb de chasse (fabrication du). — Plombiers et fontainiers. — Salpêtre (fabrication et raffinage du). — Sel (raffineries de). — Sulfate de cuivre (fabrication du) au moyen de l'acide sulfurique et de l'oxyde ou du carbonate de cuivre. — Sulfate de potasse (raffinage du). — Verdet (fabrication de). — Vinaigre (fabrication du).

DÉCRET

Du 31 janvier 1872

LE PRÉSIDENT DE LA RÉPUBLIQUE FRANÇAISE,

Sur le rapport du ministre de l'agriculture et du commerce ;

Vu le décret du 15 octobre 1810, l'ordonnance du 14 janvier 1815 et le décret du 25 mars 1852 sur la décentralisation administrative ;

Vu le décret du 31 décembre 1866 ;

Vu les avis du Comité consultatif des arts et manufactures ;

La Commission provisoire chargée de remplacer le Conseil d'État entendue ;

Décrète :

Article premier. — Les établissements compris dans le tableau annexé au présent décret ne pourront être créés qu'après l'accomplissement des formalités prescrites pour les ateliers insalubres, dangereux ou incommodes.

Art. 2. — Le ministre de l'agriculture et du commerce est chargé de l'exécution du présent décret, qui sera inséré au *Bulletin des lois*.

Fait à Versailles, le 31 janvier 1872.

Signé : A. THIERS.

Le ministre de l'agriculture et du commerce,

Signé : Victor Lefranc.

Nomenclature supplémentaire des établissements insalubres, dangereux ou incommodes (addition à la nomenclature annexée au décret du 31 décembre 1866).

DÉSIGNATION DES INDUSTRIES	INCONVÉNIENTS	CLASSES
Amorces fulminantes pour pistolets d'enfants (Fabrications d').	Danger d'explosion.	2e
Bocards à minerais ou à crasses.	Bruit.	3e
Ciment (Fours à) :		
1° Permanents.	Fumée, poussière.	2e
2° Ne travaillant pas plus d'un mois par an.	Idem	3e
Déchets des filatures de lin, de chanvre et de jute (Lavage et séchage en grand des).	Odeur, altération des eaux.	2e
Éther (Dépôts d') :		
1° Si la quantité emmagasinée est, même temporairement, de 1 000 litres ou plus.	Danger d'incendie et d'explosion	1re
2° Si la quantité, supérieure à 100 litres, n'atteint pas 1 000 litres.	Idem	2e
Graisses de cuisine (Traitement des).	Odeur.	1re
Graisses et suifs (Refonte des).	Idem	3e
Huiles de ressence (Fabrication des).	Odeur, altération des eaux.	2e
Huiles lourdes créosotées (Injection des bois à l'aide des) :		
Ateliers opérant en grand et d'une manière permanente.	Odeur, danger d'incendie.	2e
Lavoirs à minerais en communication avec des cours d'eau.	Altération des eaux.	3e
Os secs en grand (Dépôts d').	Odeur.	3e
Peaux (Planage et séchage des)	Idem	2o
Superphosphate de chaux et de potasse (Fabrication du).	Émanations nuisibles.	2e

Vu pour être annexé au décret du 31 janvier 1872.

Le ministre de l'agriculture et du commerce,

Signé : Victor LEFRANC.

DÉCRET

Du 18 décembre 1848

SUR L'INSTITUTION DES CONSEILS D'HYGIÈNE

AU NOM DU PEUPLE FRANÇAIS,

Le président du Conseil des ministres, chargé du pouvoir exécutif, sur le rapport du ministre de l'agriculture et du commerce, le Conseil d'État entendu ;

ARRÊTE :

TITRE PREMIER

DES INSTITUTIONS D'HYGIÈNE PUBLIQUE ET DE LEUR ORGANISATION

ARTICLE PREMIER. — Dans chaque arrondissement, il y aura un Conseil d'hygiène publique et de salubrité.

Le nombre des membres de ce Conseil sera de sept au moins et de quinze au plus.

ART. 2. — Les membres du Conseil d'hygiène d'arrondissement seront nommés pour quatre ans par le préfet et renouvelés par moitié tous les deux ans.

ART. 3. — Des Commissions d'hygiène publique pourront être instituées dans les chefs-lieux de canton par un arrêté spécial du préfet, après avoir consulté le Conseil d'arrondissement.

ART. 4. — Il y aura au chef-lieu de la préfecture un Conseil d'hygiène publique et de salubrité de département.

Les membres de ce Conseil seront nommés pour quatre ans par le préfet et renouvelés par moitié tous les deux ans.

Il réunira les attributions des Conseils d'hygiène d'arrondissement aux attributions particulières qui sont énumérées à l'article 12.

Art. 5. — Chaque Conseil élira un vice-président et un secrétaire qui seront renouvelés tous les deux ans.

Art. 6. — Les Conseils d'hygiène et les Commissions se réuniront au moins une fois tous les trois mois, et chaque fois qu'ils seront convoqués par l'autorité.

Art. 7. — Les membres des Commissions d'hygiène de canton pourront être appelés aux séances du Conseil d'hygiène d'arrondissement ; ils ont voix consultative.

Art. 8. — Tout membre des Conseils ou des Commissions de canton qui, sans motifs d'excuse approuvés par le préfet, aura manqué de se rendre à trois convocations consécutives, sera considéré comme démissionnaire.

TITRE II

ATTRIBUTIONS DES CONSEILS ET DES COMMISSIONS D'HYGIÈNE PUBLIQUE

Art. 9. — Les Conseils d'hygiène d'arrondissement sont chargés de l'examen des questions relatives à l'hygiène publique de l'arrondissement qui leur seront renvoyées par le préfet ou le sous-préfet. Ils peuvent être spécialement consultés sur les objets suivants :

1° L'assainissement des localités et des habitations ;

2° Les mesures à prendre pour prévenir et combattre les maladies endémiques, épidémiques et transmissibles ;

3° Les épizooties et les maladies des animaux ;

4° La propagation de la vaccine ;

5° L'organisation et la distribution des secours médicaux aux malades indigents ;

6° Les moyens d'améliorer les conditions sanitaires des populations industrielles et agricoles ;

7° La salubrité des ateliers, écoles, hôpitaux, maisons d'aliénés, établissements de bienfaisance, casernes, arsenaux, prisons, dépôts de mendicité, asiles, etc. ;

8° Les questions relatives aux enfants trouvés ;

9° La qualité des aliments, boissons, condiments et médicaments livrés au commerce ;

10° L'amélioration des établissements d'eaux minérales appartenant à l'État, aux départements, aux communes et aux particuliers, et les moyens d'en rendre l'usage accessible aux malades pauvres ;

11° Les demandes en autorisation, translation ou révocation des établissements dangereux, insalubres ou incommodes ;

12° Les grands travaux d'utilité publique, constructions d'édifices, écoles, prisons, casernes, ports, canaux, réservoirs, fontaines, halles, établissements des marchés, routoirs, égouts, cimetières, la voirie, etc., sous le rapport de l'hygiène publique.

Art. 10. — Les Conseils d'hygiène publique d'arrondissement réuniront et coordonneront les documents relatifs à la mortalité et à ses causes, à la topographie et à la statistique de l'arrondissement, en ce qui touche la salubrité publique.

Ils adresseront régulièrement ces pièces au préfet, qui en transmettra une copie au ministre du commerce.

Art. 11. — Les travaux des Conseils d'arrondissement seront envoyés au préfet.

Art. 12. — Le Conseil d'hygiène publique et de salubrité du département aura pour mission de donner son avis :

1° Sur toutes les questions d'hygiène publique qui lui seront renvoyées par le préfet ;

2° Sur les questions communes à plusieurs arrondissements ou relatives au département tout entier.

Il sera chargé de centraliser et coordonner, sur le renvoi du préfet, les travaux des Conseils d'arrondissement.

Il fera chaque année au préfet un rapport général sur les travaux des Conseils d'arrondissement.

Ce rapport sera immédiatement transmis par le préfet, avec les pièces à l'appui, au ministre du commerce.

Art. 13. — La ville de Paris sera l'objet de dispositions spéciales.

Art. 14. — Le ministre de l'agriculture et du commerce est chargé de l'exécution du présent arrêté.

Fait à Paris, le 18 décembre 1848.

Signé : E. CAVAIGNAC.
Le ministre de l'agriculture et du commerce,
Signé : TOURRET.

ARRÊTÉ MINISTÉRIEL

Du 13 février 1849

SUR L'ORGANISATION DES CONSEILS D'HYGIÈNE PUBLIQUE ET DE SALUBRITÉ

———

Le ministre de l'agriculture et du commerce ;

Vu les articles 1er et 4 de l'arrêté du Chef du pouvoir exécutif, en date du 18 décembre 1848, sur l'organisation des Conseils d'hygiène publique et de salubrité ;

ARRÊTE :

ARTICLE PREMIER. — Le nombre des membres des conseils d'hygiène et de salubrité, tant de département que d'arrondissement, sera fixé conformément au tableau annexé au présent arrêté.

ART. 2. — Le nombre des médecins, pharmaciens ou chimistes et vétérinaires est fixé, pour chaque Conseil, dans la proportion suivante :

NOMBRE des MEMBRES	MÉDECINS (Docteurs en médecine, chirurgiens et officiers de santé).	PHARMACIENS ou CHIMISTES	VÉTÉRINAIRES
10	4	2	1
12	5	3	1
15	6	4	2

Les autres membres sont pris soit parmi les notables agriculteurs, commerçants ou industriels, soit parmi les hommes qui, à raison de leurs fonctions ou de leurs travaux habituels, sont appelés à s'occuper des questions d'hygiène.

Art. 3. — L'ingénieur des mines, l'ingénieur des ponts et chaussées, l'officier du génie chargé du casernement ou, à son défaut, l'intendant ou le sous-intendant militaire, l'architecte du département, les chefs de division ou de bureau de la préfecture dans les attributions desquels se trouveront la salubrité, la voirie et les hôpitaux, pourront, dans le cas où ils ne feraient pas partie du Conseil d'hygiène publique et de salubrité de leur résidence, être appelés à assister aux délibérations de ce Conseil avec voix consultative.

Art. 4. — Dans les cantons où il n'aura pas été établi de Commission d'hygiène publique, des correspondants pourront être nommés par le préfet, sur la proposition du Conseil d'arrondissement.

Art. 5. — Les préfets des départements sont chargés, chacun dans ce qui le concerne, de l'exécution du présent arrêté.

Paris, le 15 février 1849.

Signé : BUFFET.

DÉCRET

RELATIF A L'ORGANISATION DU CONSEIL DE SALUBRITÉ ÉTABLI PRÈS LA PRÉFECTURE DE POLICE ET A L'INSTITUTION DE COMMISSIONS D'HYGIÈNE PUBLIQUE ET DE SALUBRITÉ DANS LE DÉPARTEMENT DE LA SEINE.

Du 15 décembre 1851.

AU NOM DU PEUPLE FRANÇAIS.

Le Président de la République,

Sur le rapport du ministre de l'agriculture et du commerce ;

Vu l'article 13 de l'arrêté du pouvoir exécutif, en date du 18 décembre 1848, relatif à l'institution des conseils de salubrité et d'hygiène publique ;

Vu l'avis du préfet de police, en date du 23 janvier 1851 ;
Le Comité consultatif d'hygiène publique entendu ;

Décrète :

Article premier. — Le Conseil de salubrité établi près la Préfecture de police conserve son organisation actuelle ; il prendra le titre de *Conseil d'hygiène publique et de salubrité du département de la Seine.*

La nomination des membres du Conseil d'hygiène publique et de salubrité continuera d'être faite par le préfet de police, et d'être soumise à l'approbation du ministre de l'agriculture et du commerce.

Art. 2. — Il sera chargé en cette qualité, et dans tout le ressort de la Préfecture de police, des attributions déterminées par les art. 9, 10 et 12 de l'arrêté du 18 décembre 1848.

Art. 3. — Il sera établi dans chacun des arrondissements de la ville de Paris, et dans chacun des arrondissements de Sceaux et de Saint-Denis, une Commission d'hygiène et de salubrité, composée de neuf membres, et présidée à Paris par le maire de l'arrondissement, et, dans chacun des arrondissements ruraux, par le sous-préfet.

Les membres de ces Commissions seront nommés par le préfet de police, sur une liste de trois candidats présentés, pour chaque place, par le maire de l'arrondissement, à Paris ; par les sous-préfets de Sceaux et de Saint-Denis, dans les arrondissements ruraux.

Les candidats seront choisis parmi les habitants notables de l'arrondissement. Dans chaque Commission, il y aura deux médecins, un pharmacien, un vétérinaire reçu dans les écoles spéciales, un architecte, un ingénieur. S'il n'y a pas de candidats de ces trois dernières professions, les choix devront porter de préférence sur les mécaniciens, directeurs d'usines ou de manufactures.

Les membres des Commissions d'hygiène publique du département de la Seine sont nommés pour six ans, et renouvelés par tiers tous les ans. Les membres sortants peuvent être réélus.

Il sera établi pour les trois communes de Saint-Cloud, Sèvres et Meudon, annexées au ressort de la Préfecture de police par l'arrêté du 3 brumaire an IX, une Commission centrale d'hygiène et de salubrité, qui sera présidée par le plus âgé des maires de ces communes, et dont le siége sera au lieu de la résidence du président. Toutes les dispositions qui précèdent seront du reste applicables à cette Commission.

ART. 4. — La Commission dont il est question au dernier paragraphe de l'article précédent, et chacune des Commissions d'hygiène d'arrondissement, éliront un vice-président et un secrétaire qui seront renouvelés tous les deux ans.

Le pré et de police pourra, lorsqu'il le jugera utile, déléguer un des membres du Conseil d'hygiène publique du département auprès de chacune desdites Commissions, pour prendre part à ses délibérations avec voix consultative.

ART. 5. — Les Commissions d'hygiène publique et de salubrité se réuniront au moins une fois par mois, à la mairie ou au chef-lieu de la sous-préfecture, ou, pour ce qui concerne la Commission centrale des communes de Saint-Cloud, Sèvres et Meudon, à la mairie de la résidence de son président, et elles seront convoquées extraordinairement toutes les fois que l'exigeront les besoins du service.

ART. 6. — Les Commissions d'hygiène recueillent toutes les informations qui peuvent intéresser la santé publique dans l'étendue de leur circonscription. Elles appellent l'attention du préfet de police sur les causes d'insalubrité qui peuvent exister dans leurs arrondissements respectifs, et elles donnent leur avis sur les moyens de les faire disparaître.

Elles peuvent être consultées, d'après l'avis du Conseil d'hygiène publique et de salubrité du département, sur les mesures et dans les cas déterminés par l'art. 9 de l'arrêté du gouvernement du 18 décembre 1848.

Elles concourent à l'exécution de la loi du 13 avril 1850, relative à l'assainissement des logements insalubres, soit en provoquant, lorsqu'il y a lieu, dans les arrondissements ruraux, la nomination des Commissions spéciales qui peuvent être créées par les conseils municipaux en vertu de l'art. 1er de ladite loi, soit en signalant aux Commissions déjà instituées les logements dont elles auraient reconnu l'insalubrité.

En cas de maladies épidémiques, elles seront appelées à

4

prendre part à l'exécution des mesures extraordinaires qui peuvent être ordonnées pour combattre les maladies, ou pour procurer de prompts secours aux personnes qui en seraient atteintes.

Art. 7. — Les Commissions d'hygiène publique et de salubrité réuniront les documents relatifs à la mortalité et à ses causes, à la topographie et à la statistique de l'arrondissement, en ce qui concerne la salubrité.

Ces documents seront transmis au préfet de police et communiqués au Conseil d'hygiène publique, qui est chargé de les coordonner, de les faire compléter, s'il y a lieu, et de les résumer dans les rapports dont la forme et le mode de publication seront ultérieurement déterminés.

Art. 8. — Le Conseil d'hygiène et de salubrité du département de la Seine fera, chaque année, sur l'ensemble de ses travaux et sur l'ensemble des travaux des Commissions d'arrondissement, un rapport général qui sera transmis par le préfet de police au ministre de l'agriculture et du commerce.

Fait à l'Élysée national), le 15 décembre 1851.

Par le Président,

Louis-Napoléon BONAPARTE.

Le Ministre de l'agriculture et du commerce,

Signé : LEFEBVRE-DURUFLÉ.

DEUXIÈME PARTIE

NOMENCLATURE

DES

ÉTABLISSEMENTS CLASSÉS

—

NOMENCLATURE

DES

ÉTABLISSEMENTS CLASSÉS

INCONVÉNIENTS ET PRESCRIPTIONS ORDINAIREMENT IMPOSÉES SUR L'AVIS DES CONSEILS D'HYGIÈNE ET DE SALUBRITÉ.

ABATTOIRS PUBLICS [1]

Première classe.

INCONVÉNIENTS

Odeur et altération des eaux.

Odeur fade et nauséabonde, dont s'imprègnent les murs de ces établissements.

---

[1]. La formation d'un abattoir public entraîne de plein droit la suppression des tueries particulières situées dans la localité (ordonnance royale du 15 avril 1838, article 2). L'article 5 de cette ordonnance porte que toutes mesures relatives tant à l'approbation de l'emplacement qu'aux voies et moyens d'exécution devront être soumises aux ministres de l'intérieur, des travaux publics, de l'agriculture et du commerce. L'article 2 du décret du 22 mars 1852 n'a pas abrogé cette ordonnance : une circulaire ministérielle en date du 22 juin 1853 porte que les préfets doivent, comme par le passé, s'abstenir de statuer relativement aux abattoirs publics et communs.

Odeur et putrescibilité rapide du sang, des matières extraites des estomacs et des intestins.

Écoulement d'eaux sanguinolentes et chargées de détritus de toute sorte.

Dangers et inconvénients graves pour le voisinage, occasionnés par l'arrivage des animaux, leurs cris, la possibilité de leur évasion.

Fumée et danger d'incendie par les brûloirs à porcs.

PRESCRIPTIONS

N'autoriser les abattoirs publics qu'en dehors des villes, à une grande distance des établissements publics, églises, temples, hôpitaux, prisons, écoles, etc.

Distribuer l'eau en abondance dans toutes les parties de l'abattoir, établir des abreuvoirs pour les bestiaux.

Assurer un écoulement facile et souterrain des eaux de lavage, les recevoir dans un bassin de décantation, afin de les épurer avant de les envoyer aux égouts ou à la rivière.

Construire les murs en meulière et ciment ou autres matériaux analogues.

Revêtir de dalles ou d'enduits en ciment les murs des échaudoirs, des brûloirs, des triperies ; disposer le sol en cuvette, le daller ou le cimenter.

Peindre à l'huile les charpentes et les bois apparents, afin qu'ils ne s'imprègnent pas d'odeurs.

Construire en fer le comble des brûloirs et du fondoir, les couvrir en tuiles, les éloigner des magasins à fourrages, des bouveries et des bergeries.

Les portes des brûloirs seront en fer et s'ouvriront en deux parties.

Paver toutes les cours et rendre imperméable (paver, briqueter ou cimenter) le sol des bouveries, bergeries et porcheries.

Produire la mort par assommement, attacher à l'anneau scellé à cet effet dans chaque échaudoir les bœufs, vaches ou taureaux avant de les abattre.

Fermer les portes des brûloirs et des échaudoirs au moment de l'abattage et les établir à une certaine distance de la voie publique, afin de cacher la vue des opérations.

Ne laisser séjourner dans les échaudoirs aucuns suifs, graisses, ratis, panses et boyaux, cuirs en vert ou en manchon, salés ou non salés, amas de bourres, têtes ou pieds de bœufs ou de moutons ; ils devront être enlevés tous les jours, ainsi que les vidanges et autres résidus.

Enlever les fumiers tous les deux jours.

Renfermer le sang dans des futailles bien closes, les enlever de l'abattoir tous les jours pendant l'été, et dans le délai de trois jours pendant l'hiver.

Interdire l'entrée et la circulation dans les greniers à fourrages depuis le coucher jusqu'au lever du soleil.

Défendre de fumer dans les bouveries, bergeries et greniers à fourrages.

Défendre d'entrer la nuit dans les bouveries et bergeries ou toits à porcs avec des lumières, si elles ne sont pas renfermées dans des lanternes closes et à toiles métalliques.

Ne fondre les suifs qu'à la vapeur en vase clos ou par la méthode des acides ou des alcalis, jamais à feu nu.

Élever la cheminée du fondoir à 20 ou 30 mètres, suivant la localité.

Tenir dans le plus grand état de propreté l'atelier de cuisson des issues et des tripes.

Munir les chaudières de couvercles, les surmonter de larges hottes entraînant les buées à la cheminée.

Défendre de sortir de l'abattoir des issues qui n'aient pas été cuites ou au moins vidées et lavées.

Interdire toute fabrication d'engrais.

Consultez : Ordonnance concernant les mesures de salubrité à observer dans les abattoirs généraux, du 29 avril 1825. Id., du 25 mars
1830. — Ordonnance concernant l'ouverture de deux nouveaux abattoirs
à porcs, du 27 octobre 1848. — Ordonnance concernant l'ouverture et la
police de l'abattoir public et commun de la commune de Belleville,
du 12 avril 1841. — TRÉBUCHET. Rapp. du Cons. d'hyg. et de salub. de
la Seine de 1849 à 1858, pages 313 et suiv. — Id. de 1859 à 1861, pages 161
et suiv. — LASNIER. Id. de 1862 à 1866, pages 171 et suiv. — Dr DUMAS.
Rapp. du Cons. d'hyg. de l'Hérault de 1857 à 1859, page 370. — HENRIOT.
Rapp. du Cons. de la Meuse de 1860 à 1864, pages 36 et suiv. — Dr PILAT.
Rapp. du Cons. d'hyg. du Nord de 1874, page 5.
    Sur la construction des abattoirs, *consultez :* Études relatives à
l'art des constructions, par L. BRUYÈRE, insp. génér. des ponts et chaussées. — OPPERMANN. Annales de la construction, 1861. Abattoir d'Argen-
ton. — Id. 1864. Abattoir de Morlaix. — Id. 1867. Abattoir de la Villette,
par JANVIER, architecte.

ABSINTHE. Voir *Distilleries*.

ACIDE ARSÉNIQUE (FABRICATION DE L') AU MOYEN DE L'ACIDE ARSÉNIEUX ET DE L'ACIDE AZOTIQUE.

1o Quand les produits nitreux ne sont pas absorbés.
Première classe.

2o Quand ils sont absorbés.
Deuxième classe.

INCONVÉNIENTS

Vapeurs nuisibles.
    Dégagement de vapeurs nitreuses, délétères, ayant
une action nuisible sur la végétation environnante et
sur la santé des ouvriers.
    Danger d'empoisonnement pour les ouvriers em-
ployés à la fabrication, éruptions sur la peau, ulcéra-
tions aux mains.

PRESCRIPTIONS

Si les produits nitreux ne sont pas absorbés (1re classe), n'autoriser qu'à une grande distance des habitations et diriger les gaz dans une cheminée ayant au moins 30 à 40 mètres d'élévation.

Ou les absorber (2° classe) soit en leur faisant traverser des serpentins épurateurs remplis d'acide sulfurique, soit par injection de vapeur d'eau.

Rendre imperméable le sol des ateliers, les ventiler énergiquement en les surmontant de hautes cheminées d'aération.

Surmonter les cuves, cornues et appareils servant à la fabrication de larges hottes en communication avec la cheminée de la fabrique.

Ne pas écouler les eaux au ruisseau de la rue, mais à l'égout et après les avoir neutralisées.

Recommander aux ouvriers les plus grands soins de propreté.

Consultez : De Freycinet. Assain. indust., page 116. — Annales de chim. et de phys., tome XLVIII, page 106. — Em. Kopp. Journal de pharm., tome XLVI, page 269. — Dict. de chim. indust. de Barreswil et Girard, introd., page 128.

ACIDE CHLORHYDRIQUE (Production de l') par Décomposition des chlorures de magnésium, d'aluminium et autres.

1° Quand l'acide n'est pas condensé [1]. — Émanations nuisibles.
Première classe.

2° Quand l'acide est condensé. — Émanations accidentelles.
Deuxième classe.

1. En Angleterre, à la suite de l'enquête parlementaire de 1862 sur les vapeurs nuisibles, enquête présidée par lord Derby, fut rendue une loi (Alkali act de 1864), qui oblige les fabricants de soude à condenser 95 % de l'acide chlorhydrique produit.

INCONVÉNIENTS

Émanations nuisibles et corrosives.

Dégagement de chlore, d'acide sulfureux, d'acide arsénieux, mais en petite quantité.

Dommages causés aux propriétés voisines par son dégagement libre. (En général, les fabricants le condensent pour ne pas avoir à supporter les frais des dommages causés.)

PRESCRIPTIONS

Dans le premier cas, n'autoriser qu'à une grande distance des habitations et élever la cheminée au moins à 40 mètres. (Certaines cheminées, en Angleterre, atteignent 127 mètres.)

Rendre imperméable le sol des ateliers, les ventiler énergiquement.

Recouvrir les appareils d'une vaste hotte en communication avec la cheminée.

Luter les bonbonnes ou les cylindres de fonte avec de l'argile.

Ne faire usage de préférence que de fours dits à double moufle.

Condenser l'acide dans une série de bonbonnes avec circulation d'eau, en sens inverse de la production du gaz et dans les appareils à colonne de Clément et Gay-Lussac, ou dans des tours (système anglais).

Diriger à la cheminée les gaz non condensés.

Ne pas laisser écouler sur la voie publique les eaux acides, les neutraliser par de la chaux ou de la craie.

Consultez : Dr GINTRAC. Rapp. du Cons. de la Gironde, page 242. — Dr PILAT. Rapp. du Cons. d'hyg. du Nord, 1868, page 223. — Id. 1874, page 140. — DE FREYCINET. Assain. indust., page 207 et suivantes. — PAYEN. chim. indust., tome I, page 339. — WURTZ. Dict. de chim. Chlore, par P. SALET. — Dict. de chim. indust. de BARRESWIL et A. GIRARD.

Tome I. Acides minéraux, par A. GIRARD. — Chim. techn. de KNAPP, traduct. de DEBIZE et MÉRIJOT, tome II, page 450 et suiv.

ACIDE MURIATIQUE. (Voir *Acide chlorhydrique*.)

ACIDE NITRIQUE.

Troisième classe.

INCONVÉNIENTS

Émanations nuisibles.

Vapeurs délétères, dégagement de vapeurs nitreuses.

Émanations nuisibles à la santé des ouvriers en cas de fuite des appareils.

PRESCRIPTIONS

Rendre imperméable le sol des ateliers, les ventiler énergiquement en les surmontant de lanternons à lames de persiennes ou de larges trémies d'aération.

Paver les cours.

Luter les bonbonnes ou les cylindres avec un mélange de plâtre et d'argile.

Diriger à la cheminée les gaz non condensés, élever cette cheminée à 20 ou 30 mètres, suivant les localités.

Ne pas laisser écouler sur la voie publique ou à l'égout les eaux acides, les neutraliser préalablement.

(On obtient une condensation parfaite par la méthode de MM. Devers et Plisson : série de bonbonnes reliées par des tubes siphons formant fermeture hydraulique et terminées par des bonbonnes superposées remplies de fragments de ponce humectée.)

Consultez : PAYEN. Chim. ind., tome I, page 504. — Chimie technol. de KNAPP, trad. de DEBIZE et MÉRIJOT, tome II, page 407. — WURTZ. Dict. de chim. Acide azotique, par ED. WILLM. — Technologiste, tome XXVIII, nouveaux procédés de fabrication.

ACIDE OXALIQUE (FABRICATION DE L').

1º Par l'acide nitrique.

A. Sans destruction des gaz nuisibles. — Fumée.

Première classe.

B. Avec destruction des gaz nuisibles. — Fumée accidentelle.

Troisième classe.

2º Par la sciure de bois et la potasse. — Fumée.

Deuxième classe.

INCONVÉNIENTS

Dégagement libre d'une grande quantité d'acide carbonique et d'acide hypoazotique.

Vapeurs nitreuses, délétères, nuisibles à la santé des ouvriers et à la végétation environnante.

Écoulement d'eaux acides.

PRESCRIPTIONS

Dans le premier cas, n'autoriser qu'à une grande distance des habitations.

Rendre imperméable le sol des ateliers; les bien ventiler en les surmontant de lanternons à lames de persiennes.

Détruire les gaz nuisibles en transformant le bioxyde d'azote en acide azotique par un courant de chlore ou par les procédés de condensation employés pour l'acide sulfurique.

Écouler souterrainement à l'égout les eaux acides préalablement neutralisées.

2º Par la sciure de bois et la potasse (procédé ROBERTS, DALE et Cº).

INCONVÉNIENTS

Dégagement d'hydrocarbures, d'acide carbonique, buées abondantes.

Chaleur des fours à réverbère. Fumée.

PRESCRIPTIONS

Ventiler énergiquement les ateliers.

Brûler les gaz et les diriger dans une cheminée ayant au moins 30 mètres d'élévation.

Surmonter de hottes les chaudières à concentration.

Conduire les eaux souterrainement à l'égout.

Consultez : TRÉBUCHET. Rapp. du Cons. d'hyg. de la Seine, 1849 à 1858, page 405. — DE FREYCINET. Assain. indust., page 243. — WURTZ. Dict. de chim. Acide oxalique, par A. GAUTHIER. — Dict. de chim. indust. de BARRESWIL et A. GIRARD. Acide org., par A. GIRARD. — Technologiste, tomes XXV et XXVII.

ACIDE PICRIQUE.

1º Quand les gaz nuisibles ne sont pas brûlés.
Première classe.

2º Avec destruction des gaz nuisibles.
Troisième classe.

INCONVÉNIENTS

Vapeurs nuisibles et délétères ayant une action

grave sur la santé des ouvriers et sur la végétation environnante.

Dégagement d'acide carbonique et de bioxyde d'azote

Danger d'explosion et d'incendie.

Coloration en jaune des ongles chez les ouvriers.

PRESCRIPTIONS

Dans le premier cas, n'autoriser qu'à une grande distance des habitations et élever la cheminée à 30 mètres.

Ventiler énergiquement les ateliers, rendre leur sol imperméable.

Condenser les gaz en les dirigeant au moyen d'un courant de vapeur sur une colonne de coke imbibé d'acide sulfurique.

Surmonter les appareils de larges hottes, les luter avec le plus grand soin.

Élever la cheminée au moins à 20 ou 30 mètres, suivant les localités.

Conduire les eaux souterrainement à l'égout.

Pour l'emmagasinement des matières premières, huiles lourdes, phénol, etc., se conformer au décret du 19 mai 1873.

Consultez : GIRARDIN. Chim. appl. aux arts. — WURTZ. Dict. de chim. Phénol, par CH. GIRARD et G. DE LAIRE. — Dict. de chim. indust. DE BARRESWIL et A. GIRARD, tome I. Acid. organ., par A. GIRARD. — Technologiste, tome XXIV. Histoire et fabrication de l'acide picrique.

ACIDE PYROLIGNEUX (FABRICATION DE L').

1o Quand les produits gazeux ne sont pas brûlés.

Deuxième classe.

2o Quand les produits gazeux sont brûlés.

Troisième classe.

ACIDE PYROLIGNEUX (Purification de l').

Deuxième classe.

INCONVÉNIENTS

Odeur et fumée.

Dégagement de produits volatils à odeurs empyreumatiques et désagréables.

Fumée, odeurs pendant l'opération du frittage.

Danger d'incendie par l'emmagasinement d'une grande quantité de bois.

Écoulement d'eaux impures.

PRESCRIPTIONS

Éloigner le chantier de bois des ateliers de fabrication.

Emmagasiner le charbon sous des hangars en matériaux incombustibles.

Rendre imperméable le sol des ateliers, les ventiler énergiquement et les surmonter de lanternons à lames de persiennes.

Recouvrir de larges hottes communiquant avec une cheminée élevée à 30 mètres les chaudières où se fait l'opération du frittage et les chaudières à évaporation.

De préférence, enlever préalablement par voie humide la plus forte portion du goudron.

Recueillir tous les produits empyreumatiques dans des vases fermés.

Brûler les gaz et les vapeurs en les ramenant sous le foyer.

Écouler souterrainement à l'égout les eaux de lavage et les produits liquides de la distillation.

Consultez : Trébuchet. Rapp. du Cons. d'hyg. de la Seine de 1849 à 1858, page 408. Rapp. de M. Bouchardat du 17 août 1855. — Dr Pilat. Rapp. du Cons. d'hyg. du Nord, 1861, page 82. — De Freycinet. Assain. indust., page 277. — Dict. de chim. indust. de Barreswil et A. Girard, tome I, page 152 et suiv. — Dict. des arts et manufactures de Laboulaye.

ACIDE STÉARIQUE (Fabrication de l').

1° Par distillation.

Première classe.

2° Par saponification.

Deuxième classe.

INCONVÉNIENTS

Odeur et danger d'incendie.

Odeur nauséabonde produite pendant la fabrication même et par l'emmagasinement des matières premières et l'accumulation des résidus.

Dégagement d'acroléine dans le procédé par distillation.

Dégagement d'acide sulfureux si l'on saponifie par l'acide sulfurique.

Buées abondantes dans la saponification calcaire ou par l'eau sous pression.

Écoulement d'eaux de fabrication.

Danger d'incendie.

PRESCRIPTIONS

Construire les ateliers et les magasins en matériaux incombustibles avec combles en fer, éloigner les ateliers des magasins contenant les matières premières et les produits fabriqués, les ventiler énergiquement et rendre le sol imperméable.

Traiter les graisses et les huiles aussitôt leur arrivée à la fabrique, les emmagasiner dans des tonneaux enduits de coaltar.

Placer l'ouverture des foyers en dehors de l'atelier.

Surmonter les cuves à saponification de larges hottes entraînant les buées et les gaz à la cheminée de l'usine qui aura 20 ou 30 mètres d'élévation, suivant la localité.

Brûler les gaz infects, acroléine, acide sulfureux, entraînés pendant l'opération, en les dirigeant sous les foyers des fourneaux après leur avoir fait traverser des condenseurs.

Écouler souterrainement les eaux à l'égout, paver les cours.

Enlever tous les jours les résidus de fabrication, tourteaux, etc.

Ne brûler dans les foyers aucun résidu de fabrication ni débris de tonneaux ayant contenu des matières grasses.

Consultez : Trébuchet. Rapp. du Cons. d'hyg. de la Seine de 1849 à 1858, page 363. — Dr Gintrac. Rapp. du Cons. d'hyg. de la Gironde de 1864, page 193. — De Freycinet. Assain. industr., page 282. — Payen. Chim. ind., tome II, page 784. — Knapp. Chim. techn., traduct. de Debize et Mérijot, tome I, page 417. — Diction. de chim. de Barreswil et A. Girard, tome II, page 205. Ac. stéari., par A. Girard. — Wurtz. Dict. de chim. Acide stéarique, par J. Bouis. — Acide stéarique en Russie, par N. Sergueef. Société des Ingénieurs civils, mai 1876.

ACIDE SULFURIQUE (Fabrication de l').

1º Par combustion du soufre et des pyrites.

Première classe.

INCONVÉNIENTS

Émanations nuisibles.

Dégagement d'acide sulfureux, de gaz nitreux, vapeurs irritantes ayant une action nuisible sur la santé des ouvriers et sur la végétation environnante.

Danger de brûlures.

PRESCRIPTIONS

N'autoriser qu'à une grande distance des habitations.

Ventiler énergiquement les ateliers.

Brûler le soufre et les pyrites en vases clos.

Luter avec soin les chambres, les caisses et les cornues.

Condenser toutes les vapeurs et les gaz à la sortie des chambres de plomb, soit en leur faisant traverser le tambour dit de Gay-Lussac et une série de bonbonnes en grès dont la dernière communique avec la cheminée qui aura au moins 30 mètres d'élévation, soit par une injection de vapeur d'eau dans le condenseur.

Écouler à l'égout les eaux acides préalablement neutralisées [1].

---

1. Plusieurs accidents étant arrivés à des ouvriers occupés au nettoyage des chambres de plomb, une commission, nommée par le Conseil d'hygiène et de salubrité, rédigea une instruction qui, approuvée par le préfet de police le 14 février 1863, fut notifiée à tous les fabricants d'acide sulfurique du département de la Seine. (Voir appendice.)

2º De Nordhausen par la décomposition du sulfate de fer.

Troisième classe.

INCONVÉNIENTS

Émanations nuisibles.

Dégagement d'acide sulfureux.

Danger de brûlures.

PRESCRIPTIONS

Ventiler énergiquement les ateliers.

Luter les cornues avec soin.

Élever la cheminée des fours à 20 ou 30 mètres, suivant la localité.

Consultez : TRÉBUCHET. Rapp. du Cons. d'hyg. de 1859 à 1861, p. 181. — LASNIER. Id. de 1862 à 1866, page 266. — DE FREYCINET. Assainiss. indust., pages 237 et suiv. — DUMAS. Rapp. du Cons. de l'Hérault, 1857 à 1859, page 56. — PAYEN. Chim. indust., tome Ier, page 265. — Dict. de chim. indust. de BARRESWIL et A. GIRARD, introd. et tome Ier. — Chimie techn. de KNAPP, trad. de DEBIZE et MÉRIJOT, tome II, pages 291 et suiv. — WURTZ. Dict. de chim. Soufre, par G. SALET.

ACIDE URIQUE. (Voir *Murexide.*)

ACIER (FABRICATION DE L'.)

Troisième classe.

INCONVÉNIENTS

Fumée.

Danger d'incendie.

Bruit des machines soufflantes.

Odeur de l'huile chaude pendant le trempage.

Chaleur des foyers.

PRESCRIPTIONS

Élever les cheminées à 20 ou 30 mètres, suivant les localités.

Ventiler les ateliers en les surmontant de lanternons à lames de persiennes, placer les fours, cubilots, creusets et les machines soufflantes à une certaine distance des habitations [1], pour ne pas incommoder les voisins par la chaleur et par le bruit.

Placer les cuves de trempage sous de larges hottes avec cheminée d'appel, les éloigner des fours.

S'il y a marteaux-pilons... (Voir forges de grosses œuvres.)

Consultez : Trébuchet. Rapp. du Cons. d'hyg. de 1859 à 1861, p. 220. — Turgan. Les Grandes Usines. Forges aciéries Petin-Gaudet, tome IV. Aciéries Jakson, tome III. Fabrique d'acier fondu de Krupp à Essen, tome VI. — Rapp. à la Société des ingénieurs civils sur l'acier Bessemer aux États-Unis, par Jordan. 1873. — Acier Bessemer à l'usine de Neuberg (Styrie). Annales indust. Juin 1875. — Annales des mines, etc.

AFFINAGE de l'or et de l'argent par les acides.

Première classe.

INCONVÉNIENTS

Émanations nuisibles.

Dégagement de vapeurs nitreuses ou sulfureuses,

---

1. Se conformer aux prescriptions sur la distance des constructions, imposées par l'usage local, maintenu par l'art. 674 du code Napoléon. Coutume de Paris et du Mans : contre-mur de 33 centimètres et espace

suivant l'acide employé, ayant une action nuisible sur la santé des ouvriers.

Buées abondantes s'échappant des chaudières à précipiter et à évaporer.

Bruit causé par les bocards et les meules qui écrasent les creusets.

Écoulement d'eaux insalubres.

PRESCRIPTIONS

Ventiler énergiquement les ateliers par de larges trémies d'aération ou les surmonter de lanternons à lames de persiennes, rendre leur sol imperméable et écouler souterrainement à l'égout les eaux préalablement neutralisées.

Condenser les gaz et les vapeurs dans des chambres de plomb et les conduire à une cheminée centrale ayant 30 à 40 mètres d'élévation.

Opérer les dissolutions en vases clos.

Surmonter les appareils de hottes avec tabliers mobiles, en communication avec la cheminée centrale.

Éloigner les machines à broyer des murs mitoyens, pour ne pas incommoder les voisins par le bruit.

Construire le séchoir en matériaux incombustibles, avec porte en fer.

Consultez : TRÉBUCHET. Rapp. du Cons. d'hyg. de la Seine de 1848 à 1859, page 497. — DE FREYCINET. Traité d'assainissement indust., page 233. — LABOULAYE. Dict. des arts et manuf. Compl. Arts insalubres, par PH. GROUVELLE. — Dict. de chim. indust. de BARRESWIL et A. GIRARD. Affinage, tome III.

vide et non clos d'un sixième de mètre. L'usage de Nantes exige un espace vide de 33 centimètres, sans déterminer l'épaisseur du contre-mur. A Clermont, Nevers, contre-mur de 16 centimètres et demi. A Calais, à Reims, 33 centimètres; à Sedan, Troyes, 50 centimètres; à Bar, à Châlons, 66 centimètres. L'ancienne coutume de la Lorraine ne fixe pas l'épaisseur du contre-mur ; il doit être construit de telle sorte que le voisin ne puisse recevoir aucun dommage.

ALBUMINE (Fabrication de l') au moyen du sérum frais du sang.

Troisième classe.

INCONVÉNIENTS

Odeur. •
Odeur des vases, tonneaux ayant contenu le sang.
Danger d'incendie par l'étuve.

PRESCRIPTIONS

Ventiler les ateliers, rendre leur sol imperméable, revêtir de plâtre les bois apparents, pour qu'ils ne s'imprègnent pas d'odeur.

Enlever tous les jours les caillots de sang.

Faire de fréquents lavages à l'eau chlorurée du sol et des murs des ateliers, et des vases et tonneaux servant au transport du sang.

Construire l'étuve en matériaux incombustibles, avec porte en fer.

Consultez : Trébuchet. Rapp du Cons. d'hyg., 1849 à 1858, page 328. —Pilat. Rapp. du Cons. d'hyg. du Nord, 1869, page 133.—Technologiste, avril 1875. Expérience pratique sur l'albumine du sang, par Ed. Campe. — Id., tome XXVIII.

ALCALI VOLATIL. (Voir *Ammoniaque*.)

ALCOOLS autres que de vin sans travail de rectification.

ALCOOLS (DISTILLERIE AGRICOLE DES)

Troisième classe.

INCONVÉNIÉNTS

Altération des eaux.

Émanations par la fermentation, la concentration et l'incinération des moûts et vinasses.

Danger d'incendie.

PRESCRIPTIONS

(Distillerie de betteraves.)

Ventiler les ateliers, rendre leur sol imperméable, ainsi que le sol des cours.

Recevoir les eaux de lavage des betteraves dans une série de bassins de décantation construits en maçonnerie et placer des grilles dans les caniveaux pour arrêter les radicules et fragments de betteraves.

Produire la fermentation du jus de betteraves par l'acide chlorhydrique [1] et neutraliser par le carbonate de chaux.

Surmonter de larges hottes les cuves à fermentation.

Diriger les vinasses, après la distillation, dans une série de bassins d'épuration, les traiter par la chaux et les employer à l'irrigation des terres arables.

Curer les bassins tous les huit jours, et, pour ne pas entraver la marche de l'usine, avoir un deuxième système de bassins.

---

1. L'acide sulfurique produisant des sulfates qui par leur décomposition altèrent les cours d'eau.

Enlever les résidus dans des tonneaux bien fermés.

Séparer par un mur en maçonnerie l'atelier de distillation de la chambre à recevoir l'alcool.

Placer en dehors de l'atelier l'ouverture des foyers des appareils distillatoires, ou distiller à la vapeur.

Revêtir de plâtre ou de mortier tous les bois apparents, ou mieux construire les ateliers en matériaux incombustibles.

Éclairer l'atelier de distillation et la chambre à recevoir l'alcool au moyen de lampes placées en dehors et séparées de l'intérieur par des châssis dormants.

Ne pénétrer le soir dans ces locaux ainsi que dans les magasins à alcool qu'avec des lampes de sûreté.

Faire déboucher dans l'atelier un jet de vapeur avec robinet placé extérieurement, de manière à permettre, le cas échéant, l'extinction d'un commencement d'incendie par l'expansion de la vapeur.

Éloigner le magasin à alcool des autres ateliers, le construire en maçonnerie et le voûter.

Élever la cheminée à 20 ou 30 mètres, suivant la localité.

PRESCRIPTIONS

(Distillerie de grains.)

Les prescriptions sont les mêmes pour la construction et la disposition des ateliers de distillation.

Quant aux résidus de la distillation, ils sont généralement utilisés pour l'alimentation du bétail.

Consultez : TRÉBUCHET. Rapp. du Cons. d'hyg. de la Seine de 1849 à 1858, page 465. — Arrêté du préfet du Nord du 5 juillet 1855. — Dr PILAT. Rapp. du Cons. d'hyg. du Nord de 1860, page 64. Id. de 1861, p. 103. Id de 1867, page 55. Id. de 1869, page 42. Id. de 1870, page 31. Id. de 1874, page 52. — HENRIOT. Rapport du Cons. d'hyg. de la Meuse de 1864 à 1868, page 95. — Dr DUMAS. Rapp. de l'Hérault de 1857 à 1859, p. 418. — PAYEN. Chim. indust., tome II, pages 504 et suiv. — Dict. de chim. de BARRESWIL et GIRARD, tome IV. Alcool, par BARRAL. — Distillation des grains et des mélasses, des pommes de terre et des betteraves, par HOURIER et MALEPEYRE.

Voyez en appendice les prescriptions imposées dans le département du Nord et dans le département de l'Hérault.

ALCOOL (RECTIFICATION DE L').

Deuxième classe.

INCONVÉNIENTS

Danger d'incendie.

Odeur alcoolique et vapeurs aromatiques désagréables.

Danger d'incendie.

PRESCRIPTIONS

Construire les laboratoires en matériaux incombustibles, ou tout au moins revêtir de plâtre et de mortier les bois apparents, les isoler des magasins à esprit, les bien ventiler et les éclairer par la lumière du jour ou par des lampes placées extérieurement et séparées par un verre dormant.

Rendre le sol des laboratoires imperméable, le disposer en cuvette pour recueillir les liquides qui viendraient à se répandre.

Placer l'ouverture des foyers en dehors du laboratoire, ou distiller à la vapeur.

Séparer par un mur en maçonnerie l'atelier de distillation de la chambre à recevoir l'alcool.

Avoir en provision dans le laboratoire en cas d'incendie une quantité de sable proportionnée à l'importance de la distillerie ou disposer un jet de vapeur avec robinet placé extérieurement, afin de pouvoir, le cas échéant, éteindre un commencement d'incendie par l'expansion de la vapeur.

Isoler des laboratoires les magasins servant de dépôt aux alcools rectifiés, les construire en matériaux incombustibles, avec porte en fer et sol en cuvette, les éclairer par la lumière du jour, n'y pénétrer le soir que muni d'une lampe de sûreté.

(Voyez ci-dessus : *Alcools.*)

AGGLOMÉRÉS ou briquettes de houille (Fabrication des).

1º Au brai gras. — Odeur, danger d'incendie.
Deuxième classe.

2º Au brai sec. — Odeur.
Troisième classe.

INCONVÉNIENTS

Odeur pendant la fusion du brai et du goudron.
Fumée des fours à calcination.
Danger d'incendie.
Eaux de lavage des menus de houille.
Bruit occasionné par les machines à broyer et à concasser.
Poussières de charbon incommodes pour le voisinage et dangereuses pour la santé des ouvriers.

PRESCRIPTIONS

Construire les ateliers en matériaux incombustibles, les bien ventiler.
Construire les citernes à goudron en meulières et

ciment et prendre les dispositions nécessaires pour éviter la déperdition dans les terres, ou renfermer les goudrons dans des vases en métal fermés.

Munir les chaudières à brai de couvercles, les surmonter de hottes et ramener les vapeurs et les gaz sous les foyers.

Placer les ouvertures des foyers en dehors des ateliers.

Élever à 20 ou 30 mètres, suivant la localité, la cheminée des fours à moufle ou des fours à réchauffer la houille.

Si l'on fait le lavage des houilles, filtrer les eaux dans une série de déversoirs avant leur écoulement à la rivière.

Si l'on fabrique le charbon de Paris, faire l'opération du broyage et du tamisage à vase clos.

Construire les étuves en matériaux incombustibles, avec portes en fer.

Éloigner suffisamment des voisins, pour ne pas les incommoder par le bruit, les machines à broyer et à concasser la houille.

Consultez : Trébuchet. Rapp. du Cons. d'hyg. de la Seine, 1849 à 1858, page 27.— Id. 1859 à 1861, p. 533.— Rapp. du Cons. d'hyg. du Nord, 1863, pages 20 et 303 ; 1864, page 24. — Dr Levieux. Rapp. du Cons. d'hyg. de la Gironde, 57-59, page 114, et 53-55, page 245. — Martin-Barbet. Id., 1874, p. 108. — Payen. Chim. indust., tome II, page 923. — Knapp. Chim. technol., chap. IV, tome I. — Chim. indust. Barreswil et Girard, tome II. Charbon artificiel, par Colin. — Technologiste, tome XXII.

ALDÉHYDE (Fabrication de l').

Première classe.

INCONVÉNIENTS

Danger d'incendie et d'explosion.

Odeur vive et suffocante, dégagement d'acide sulfureux et d'ammoniaque si l'on prépare par l'aldéhydate d'ammoniaque.

PRESCRIPTIONS

Les mêmes que pour la fabrication de l'éther.

Pour le dépôt des produits fabriqués, prendre des dispositions analogues à celles prescrites par le décret du 19 mai 1873 pour les substances de la première catégorie. (L'aldéhyde bout à 21°.)

Consultez : Dict. de chim. indust. de BARRESWIL et A. GIRARD. Introd., page 240. — WURTZ. Dict. de chim. Hydrure d'acétyle, par E. GRIMAUX. — Id. Couleurs d'aniline, par A. NAQUET.

ALLUMETTES (FABRICATION DES) AVEC MATIÈRES DÉTONANTES ET FULMINANTES.

Première classe.

INCONVÉNIENTS

Danger d'explosion, d'incendie et d'empoisonnement.

Dégagement d'acide sulfureux et d'acide phosphoreux, d'hydrogène phosphoré.

Nécrose des os maxillaires chez les ouvriers employés dans ces établissements.

PRESCRIPTIONS

Construire tous les ateliers en matériaux incombustibles, ou tout au moins revêtir de plâtre tous les bois apparents.

Isoler les ateliers les uns des autres par une distance minima de 2^m,50.

Les foyers des chaudières destinées à la fusion du soufre, de la pâte phosphorée, auront leurs ouvertures en dehors de l'atelier.

Ventiler énergiquement les ateliers et les surmonter de lanternons à lames de persiennes, ou, s'il y a étage au-dessus, pratiquer de larges trémies d'aération montant jusqu'au-dessus du comble.

Surmonter les chaudières de larges hottes conduisant les vapeurs au-dessus du toit.

Recouvrir le sol des ateliers, des étuves, d'une couche de sable fin d'au moins cinq centimètres d'épaisseur.

Établir en fer les portes des ateliers, des étuves, des magasins.

Chauffer les étuves à la vapeur.

Conserver le phosphore sous l'eau dans une cave non surmontée d'étages.

Établir le dépôt des matières fulminantes ou détonantes, chlorate de potasse, etc., dans un local construit en matériaux légers, éclairé par la lumière du jour et isolé des autres ateliers.

Élever la cheminée à une hauteur de 20 à 30 mètres.

Opérer le transport des allumettes dans des boîtes en métal.

N'employer que des ouvriers ayant de bonnes dents et les gencives saines [1].

Avoir dans tous les ateliers des baquets d'eau et une provision de sable.

Consultez : TRÉBUCHET. Rapp. du Cons. d'hyg. de la Seine de 1840 à 1845, page 290. — Id. de 1849 à 1858, page 253. — Id. de 1859 à 1861, page 254. — LASNIER. Id. de 1862 à 1866, page 265. — Dr GINTRAC. Gironde, 1859 à 1861, pages 31 et suiv. — Dr PILAT. Nord, 1861, page 62. — Rapp. sur la fabrication des allumettes chimiques dans le départ. de la Moselle.

---

1. A la fabrique de MM. Block et Belle, à Stratford, les ouvriers trempeurs étaient munis d'une boîte de fer-blanc suspendue sur la poitrine et remplie d'essence de térébenthine ; mais le trempage se fait actuellement mécaniquement. (DE FREYCINET.)

par J.-B. GEHIN, secrétaire. 1863-66, pages 246 et suiv. — MARTIN-BARBET. Gironde, 1874, pages 31 et suiv. — DE FREYCINET. Assain. indust., pages 90 et suiv. — Rapport de M. H. PÉLIGOT à la Société d'encouragement et à la Société des ingénieurs civils sur la fabrication des allumettes chimiques. — PAYEN. Chim. indust., tome II, page 758. — KNAPP. Chim. techn., chap. VIII, p. 640, 1er vol.

AMIDONNERIES.

1o Par fermentation.

Première classe.

2o Par séparation du gluten sans fermentation.

Deuxième classe.

INCONVÉNIENTS

1o Par fermentation.

Odeur, émanations nuisibles et altération des eaux. Odeur infecte, dégagement d'ammoniaque, d'hydrogène sulfuré.

Altération des cours d'eau et rivières si l'on y déverse les eaux provenant de la fermentation et les eaux de lavage.

2o Sans fermentation.

Altération des eaux. Légère odeur.

Poussières pendant le tamisage, la pulvérisation et le blutage.

Danger d'incendie par les étuves.

PRESCRIPTIONS

Ventiler les ateliers, rendre leur sol imperméable, ainsi que le sol des cours, avec ruisseaux et pentes convenables pour l'écoulement des eaux de fermentation.

Surmonter les cuves de vastes hottes dirigeant les gaz et vapeurs sous les foyers de l'établissement.

Fermer les ouvertures des ateliers sur la voie publique.

Élever la cheminée à 20 ou 30 mètres, suivant la localité.

Construire les étuves en matériaux incombustibles, avec portes en fer.

Ne pas écouler d'eau sur la voie publique ni dans les cours d'eau, les répandre par drainage sur une grande surface de terres arables (procédé GÉRARDIN).

Enlever les résidus tous les jours.

Opérer le tamisage, le blutage et la pulvérisation en vases clos.

Sans fermentation, il y a moins d'odeur, les prescriptions sont les mêmes.

Consultez : TRÉBUCHET. Rapp. du Cons. d'hyg., 1849 à 1858, page 456. — Id. 1859 à 1861, page 244. — LASNIER. Id. 1862 à 1866, page 285. — Dr PILAT. Rapp. du Cons. du Nord, 1866, page 29. — HENRIOT. Rapp. du Cons. de la Meuse (60-64), page 80. — GEHIN. Moselle, 63-66, page 376. — PAYEN. Chim. indust., tome II, page 229. — Rapp. sur l'altér., la corruption, l'assain. des rivières, par A. GÉRARDIN. Impr. nat., 1874. — Dict. de chim. indust. de BARRESWIL et A. GIRARD, tome II, page 403. Amidon, par GIRARD. — Manuel de l'amidonnier, par MM. MORIN et F. MALEPEYRE.

AMMONIAQUE (FABRICATION EN GRAND DE L') PAR LA DÉCOMPOSITION DES SELS AMMONIACAUX.

Troisième classe.

INCONVÉNIENTS

Odeur.

Dégagement de gaz ammoniac par les fuites des appareils.

PRESCRIPTIONS

Ventiler énergiquement les ateliers.

Couvrir les appareils d'une hotte ayant un fort tirage.

Luter avec soin les chaudières en fonte et les tubes.

Condenser le gaz non dissous dans une dernière bonbonne contenant de l'acide sulfurique dilué.

Élever la cheminée à hauteur des souches des cheminées voisines. (Voyez *Sel ammoniac et sulfate d'ammoniaque.*)

AMORCES FULMINANTES (Fabrication des).

Première classe.

INCONVÉNIENTS

Danger d'explosion et d'incendie.

Danger pour les ouvriers qui préparent le fulminate de mercure, dégagement de vapeurs mercurielles et nitreuses, d'éthers, d'aldéhyde, etc.

PRESCRIPTIONS

Isoler les ateliers et les magasins les uns des autres, les construire en charpente de fer enveloppée seulement de toiles imperméables, et les couvrir en ardoises ou en feuilles de zinc de petite dimension.

Remplacer les vitres par des papiers opaques.

Entourer les ateliers et les magasins de talus en terre gazonnée de 3 mètres de hauteur.

Construire le séchoir de la même manière et le

chauffer par circulation d'eau chaude, recouvrir le sol d'une aire en plâtre.

Donner à la poudrière la forme circulaire, la faire précéder d'une petite pièce formant vestibule, établir un paratonnerre avec conducteur isolé; le sol sera recouvert de plomb.

Carreler le sol du laboratoire servant au broyage et à la filtration.

Le sol de l'atelier de grenage sera recouvert d'une aire en plâtre, celui de l'atelier servant à la préparation du fulminate sera en terre recouverte de sable.

Opérer la dissolution du mercure sous une hotte ayant un fort tirage et condenser tous les gaz et vapeurs.

Laver le précipité avec soin et recueillir ce qui reste dans les eaux mères.

Ne pas laisser sécher ce précipité dans les vases, l'enlever avec une éponge humide.

Conserver le fulminate, jusqu'à son emploi, dans de hauts baquets remplis d'eau.

Les bouteilles renfermant la charge de fulminate ne contiendront pas plus de cinq kilos; les envelopper avec du jonc et de la basane ou les matelasser de crin.

Faire le grenage à la main et non à l'aide d'une spatule, recouvrir de plomb la table sur laquelle se fait cette opération, l'entourer par un bouclier en tôle de onze centimètres d'épaisseur.

Faire le tamisage dans des tamis de crin dont la partie inférieure sera garnie de lames de plomb; l'ouvrier qui en sera chargé se tiendra en dehors de l'atelier.

Recouvrir d'une toile cirée au-dessus de laquelle seront placées plusieurs étoffes de laine la table sur laquelle on charge les capsules.

Séparer de l'appareil mécanique qui soutient et verse la poudre dans les capsules, par un bouclier en fer de 2 mètres au moins de hauteur et de 11 cen-timètres d'épaisseur, les ouvrières qui disposent les capsules dans les mains de fer, celles qui en opèrent la charge, et les ouvriers qui les transmettent sous la presse.

Disposer la presse de telle sorte que par explosion la main de fer ne puisse atteindre aucun des ouvriers.

Munir d'une hausse trempant dans un baquet d'eau le crible destiné à la décharge des capsules, afin que le pulvérin détaché par accident soit entraîné dans l'eau.

Nettoyer fréquemment avec une éponge mouillée les tables des ateliers de charge.

Renfermer les tourilles qui contiennent l'acide ni-trique et l'alcool dans un magasin isolé et éloigné des ateliers.

Limiter l'autorisation à cinq ans.

Consultez : Ordonnance du roi réglementant les fabriques de fulmi-nate de mercure, amorces fulminantes, du 30 octobre 1836. — Ordon-nance du préfet de police concernant le transport des capsules, du 21 mai 1838. — Id. concernant la conservation et la vente, du 21 mai 1838. — Prescriptions du cons. d'hyg. et de salubrité du département de la Seine de 1838, 1840, 1842, 1847, 1850, 1853, 1858, Trébuchet, secré-taire ; de 1864, Lasnier, secrétaire. — De Freycinet. Assain. indust., p. 99 et 102. — Artificiers, par A. D. et P. Vergnaud, première partie.

APPAREILS DE RÉFRIGÉRATION.

1º A ammoniaque [1].

Troisième classe.

INCONVÉNIENTS

Odeur.

Dégagement de gaz ammoniac, odeur irritante.

---

1. Procédé Carré.

Fumée produite par le foyer.

Écoulement d'eaux ammoniacales.

PRESCRIPTIONS

Ventiler énergiquement les ateliers en les surmontant de lanternons à lames de persiennes.

Luter avec le plus grand soin les appareils producteurs de la glace.

Condenser par l'acide sulfurique dilué le gaz ammoniac qui peut s'en échapper.

Ne pas déverser à l'égout les eaux ammoniacales.

Élever la cheminée à 20 ou 30 mètres, suivant la localité.

2º A éther ou autres liquides relatifs et combustibles [1].

INCONVÉNIENTS

Danger d'explosion et d'incendie, odeur en cas de fuite des appareils et dans le transvasement de l'éther et des liquides employés.

Fumée de la machine.

PRESCRIPTIONS

Construire les ateliers en matériaux légers, la toiture en ardoise ou en zinc de petite dimension, les ventiler énergiquement et les surmonter de lanternons à lames de persiennes, les éclairer par la lumière du jour et n'y jamais pénétrer avec une lumière. Ces ateliers n'auront qu'un rez-de-chaussée.

---

1. Éther sulfurique, éther méthylique, aldéhyde, etc., procédés Tellier et Harrison et Siebe.

Établir le foyer et la chaudière de la machine à vapeur dans un local isolé et éloigné des ateliers de fabrication.

Élever la cheminée à 20 ou 30 mètres, suivant les localités.

Ne pas déverser l'éther ou autres liquides inflammables dans les égouts.

Pour l'emmagasinement des liquides employés, se conformer aux prescriptions imposées pour les dépôts d'éther et prendre des dispositions analogues à celles prescrites par le décret du 19 mai 1873.

Consultez : Sur les machines à glace, Chim. techn. de KNAPP., traduct. de DEBIZE et MÉRIJOT, 1er vol., pages 120 et suiv. — Collection du Technologiste.

ARCANSONS ou RÉSINES DE PIN. (Voir *Résines.*)

ARGENTURE sur MÉTAUX. (Voir *Dorure et argenture.*)

ARSÉNIATE DE POTASSE (FABRICATION DE L') AU MOYEN DU SALPÊTRE [1].

1º Quand les vapeurs ne sont pas absorbées. — Émanations nuisibles.
Première classe.

2º Quand les vapeurs sont absorbées. — Émanations accidentelles.
Deuxième classe.

Mêmes inconvénients, mêmes prescriptions que pour la fabrication de l'acide arsénique.

---

1. M. Higgin, à Manchester, a assaini la fabrication de l'arséniate de soude en faisant dissoudre d'abord l'acide arsénieux dans la soude caus-

Consultez : Wurtz, Dict. de chimie. Arséniates.— De Freycinet. Assain. indust., page 256.

ARTIFICES (Fabrication des pièces d').

Première classe.

INCONVÉNIENTS

Danger d'incendie et d'explosion.

PRESCRIPTIONS

Les ateliers où se confectionnent les artifices seront tous placés dans de petits bâtiments, n'ayant qu'un étage de rez-de-chaussée et séparés les uns des autres par des espaces de 10 à 12 mètres. Ces espaces seront remplis par des cavaliers ou amas de terre gazonnés, d'au moins 2 mètres de hauteur. Quand cette disposition ne sera pas possible, on plantera dans ces espaces des arbres à basse tige n'ayant entre eux qu'un intervalle d'un mètre.

L'atelier où se préparent les artifices aura, au milieu de la pièce, une table divisée par compartiments, avec rebords relevés de 50 centimètres de tous côtés, afin d'isoler les ouvriers les uns des autres, et d'éviter que, dans le cas où une inflammation ou explosion partielle viendrait à se manifester, l'incendie ne se communiquât aux pièces d'artifices les plus rapprochées des ouvriers.

Les portes des ateliers, sauf celles des magasins

---

tique, puis ajoutant du nitrate de soude au mélange qu'on calcine au four à réverbère ; les gaz contiennent de l'ammoniaque et des vapeurs nitreuses, mais ils sont exempts d'arsenic.

où on conserve les artifices confectionnés, seront toutes battantes et sans fermeture et ouvrant en dehors, de manière à permettre, en cas d'accidents, une évacuation rapide.

On n'aura jamais, dans les ateliers, que la quantité de poudre et de pulvérin nécessaire au travail de la journée, et sous aucun prétexte on n'y conservera des artifices préparés. Aussitôt leur achèvement, on devra les porter au magasin ou dépôt destiné à les recevoir.

On aura soin que les ouvriers n'aient sur eux ni briquets, ni pipes, ni allumettes chimiques.

L'éclairage des ateliers devra se faire par des lampes à réflecteurs placées au dehors, et ils seront chauffés en hiver soit par de l'air chaud, soit par une circulation d'eau chaude.

Les mélanges pour les feux de couleurs attirant facilement l'humidité de l'air, on ne devra, autant que possible, les préparer qu'au fur et à mesure des besoins et avec des sels très-purs et parfaitement desséchés. Dans le cas où on aurait de ces mélanges à conserver, il faudrait les renfermer dans des flacons bien secs, bien bouchés et bien lutés, soit à la résine, soit au papier d'étain, et les fractionner par masses qui ne dépassent pas 1 kilogramme.

Les magasins où seront déposés les artifices confectionnés seront placés le plus loin possible des ateliers ; les fenêtres et ouvertures exposées aux rayons solaires seront garnies de stores en toile, et si elles sont à proximité d'une voie publique, d'un treillis métallique à mailles serrées.

L'arrêté d'autorisation fixera la quantité de poudre qui pourra être conservée en dépôt dans la fabrique.

Les clefs de la poudrière, du magasin aux feux de couleurs, du magasin aux matières chloratées et fulminantes, devront toujours être dans les mains du chef de l'établissement et du contre-maître qui le remplace.

Il devra y avoir toujours dans l'usine une pompe à incendie en bon état.

La toiture des ateliers et de tous les autres bâtiments, si elle est en métal, devra être recouverte, tous les deux ans, d'une forte couche de peinture à l'huile.

Dans le cas où des paratonnerres seraient jugés nécessaires, ils devront être établis suivant les principes contenus dans l'instruction adoptée par l'Académie des sciences; ils devront de plus être visités chaque année par MM. les inspecteurs des établissements classés, afin de s'assurer s'ils sont en bon état. Un rapport de cette visite sera envoyé à l'administration.

Consultez : TRÉBUCHET. Rapp. du Cons. d'hyg. et de salub. de la Seine de 1849 à 1858, pages 257 et suiv. — LASNIER. Id. de 1862 à 1866, pages 258 et suiv. — Dr GINTRAC. Rapp. du Cons. d'hyg. et de salub. de la Gironde de 1868, page 25. — Ordon. concernant les feux d'artifices, la vente et le tir sur la voie publique, du 7 juin 1856. — Ordon. du roi, relat. à la fabric. et au débit des poudres détonantes et fulminantes du 25 juin 1823. — Artificier, par A. D. et P. VERGNAUD, deuxième partie.

ASPHALTES, BITUMES, BRAIS ET MATIÈRES BITUMINEUSES SOLIDES (DÉPOTS DE).

Troisième classe.

ASPHALTES ET BITUMES (TRAVAIL DES) A FEU NU.

Deuxième classe.

INCONVÉNIENTS

Odeur, danger d'incendie.

Dégagement de produits volatils à odeur empyreumatique, d'ammoniaque, d'acide sulfureux, etc., nuisibles à la santé des ouvriers et à la végétation environnante.

Fumée des foyers.

PRESCRIPTIONS

Ventiler énergiquement les magasins et les ateliers par des cheminées d'appel, les construire en matériaux incombustibles avec combles en fer ou tout au moins revêtir de plâtre les bois apparents.

Placer en dehors de l'atelier l'ouverture des foyers des chaudières, les munir de couvercles et les surmonter de larges hottes conduisant les vapeurs sous les foyers ou à une cheminée ayant au moins 30 mètres d'élévation.

N'employer que des combustibles ne donnant ni mauvaise odeur ni fumée sensible.

Ne brûler aucun débris de tonneaux ayant contenu du brai ou du bitume.

Avoir en provision une certaine quantité de sable en cas d'incendie.

Consultez : Instructions du Conseil de salubrité de la Seine de 1838. — Trébuchet. Rapp. du Cons. de la Seine de 1849 à 1858, pages 388 et suiv. — Mines de Seyssel, par H. Fournel.

ATELIERS DE CONSTRUCTION DE MACHINES ET WAGONS.
(Voir *Wagons et machines*.)

BACHES IMPERMÉABLES (Fabrication des).

1º Avec cuisson des huiles.

Première classe.

2º Sans cuisson des huiles.

Deuxième classe.

INCONVÉNIENTS

Danger d'incendie.

Odeur désagréable, vive et pénétrante.

Fumée des foyers.

PRESCRIPTIONS

Construire les ateliers et les hangars en matériaux incombustibles, avec combles en fer, ou tout au moins revêtir de plâtre les bois apparents, les ventiler énergiquement en les surmontant de lanternons à lames de persiennes.

Placer extérieurement l'ouverture des foyers des chaudières, les munir de couvercles et les surmonter de larges hottes mobiles pouvant les recouvrir complétement.

Opérer de préférence la cuisson en vases clos dans des alambics et condenser les vapeurs en les dirigeant ainsi que les gaz dans un foyer d'appel de grande dimension (procédé PAYEN).

Construire les étuves en matériaux incombustibles, avec porte en fer, les bien ventiler, diriger les vapeurs qui s'en échappent à un foyer d'appel.

Garantir les conduites et bouches de chaleur chauffées à l'air chaud par des grillages ou toiles métalliques empêchant le contact direct des bâches à sécher avec ces conduites.

Appliquer l'enduit imperméable sous des hangars bien ventilés.

Élever la cheminée à 20 ou 30 mètres, suivant la localité.

Ne brûler aucun bois, ni débris de tonneaux, ni rognures de toiles imprégnés d'huiles ou d'essence.

Avoir en provision dans chaque atelier une quantité de sable en cas d'incendie..

Isoler et éloigner les uns des autres les divers ateliers, magasins et dépôts de matières premières et de produits fabriqués.

Si l'on fait usage d'huiles minérales, d'essences, etc., se conformer pour le dépôt de ces matières au décret du 19 mai 1873.

Consultez : Trébuchet. Rapp. du Cons. d'hyg. et de sal. de la Seine de 1849 à 1858, page 425. — Lasnier. Id. de 1862 à 1866, page 281. — Dr Pilat. Rapp. du Cons. d'hyg. du Nord de 1862, page 143. — Dr Levieux. Rapp. du Cons. d'hyg. de la Gironde de 1857 à 1859, page 49. — Martin-Barbet. Id. de 1870 à 1871, page 229.

BALEINE (Travail des fanons de).
(Voir *Fanons de baleine.*)

BARYTE (Décoloration du sulfate de) au moyen de l'acide chlorhydrique.

Deuxième classe.

INCONVÉNIENTS

Émanations nuisibles.

Dégagement d'acide chlorhydrique, d'acide sulfureux et d'acide carbonique.

Écoulement d'eaux acides.

PRESCRIPTIONS

Ventiler les ateliers, rendre leur sol imperméable.

Recouvrir les cuves de larges hottes et diriger les gaz non condensés à la cheminée qui aura 20 ou 30 mètres d'élévation.

Neutraliser les eaux de lavage et les écouler à l'égout.

Si l'on dessèche le sulfate de baryte, construire les étuves en matériaux incombustibles.

Consultez : Dict. de chim. indust. de BARRESWIL et A. GIRARD. — GIRARDIN. Chim. appliq. aux arts. — Comptes rendus de l'Acad. des sciences, tome XLVII, pages 403-464-674, procédé Kuhlmann pour la fabrication du sulfate de baryte.

BATTAGE, CARDAGE ET ÉPURATION DES LAINES, CRINS ET PLUMES DE LITERIE.

Troisième classe.

INCONVÉNIENTS

Odeur et poussière.

Bruit des machines à carder et à battre.

Poussières animales nuisibles à la santé des ouvriers et pour le voisinage. Danger d'incendie.

PRESCRIPTIONS

Ventiler énergiquement les ateliers par des ventilateurs mécaniques entraînant les poussières dans un foyer d'appel pour les brûler.

Garnir de toiles métalliques les ouvertures des ateliers pour protéger le voisinage.

S'il y a une machine à vapeur, éloigner les foyers des ateliers et des dépôts de laines, crins et plumes.

Paver ou bitumer le sol de l'atelier, peindre les murs à l'huile et faire de fréquents lavage à l'eau chlorurée ou additionnée d'acide phénique.

Éloigner suffisamment des murs mitoyens, pour ne pas incommoder le voisinage, les machines à battre et à carder.

Faire porter aux ouvriers un masque à mailles serrées, leur couvrant entièrement le visage.

Consultez : LASNIER. Rapp. du Cons. d'hyg. et de salub. de la Seine de 1862 à 1866, page 298. — Dᵣ LEVIEUX. Rapp. du Cons. d'hyg. de la Gironde de 1853 à 1855, page 284. — DE FREYCINET Assain. indust., page 31.

BATTAGE DES CUIRS (MARTEAUX POUR LE).

Troisième classe.

INCONVÉNIENTS

Bruit et ébranlement.
Incommodité pour le voisinage

PRESCRIPTIONS

Éloigner les marteaux à battre, des murs mitoyens, à une distance telle qu'ils ne puissent les ébranler ni incommoder le voisinage.

Si la distance n'est pas assez considérable pour ne pas causer d'ébranlement, établir ces marteaux sur des fondations descendues en contre-bas des fondations voisines et creuser autour une fosse isolante d'au moins un mètre de large, laisser cette fosse vide ou la

remplir de sciure de bois ou de toute autre matière isolante [1].

Consultez : Matériel des industries du cuir, par J.-P. DAMOURETTE, ancien élève de l'École polytechnique.

BATTAGE ET LAVAGE (ATELIERS SPÉCIAUX POUR LES) DES FILS DE LAINE, BOURRES ET DÉCHETS DE FILATURE DE LAINE ET DE SOIE DANS LES VILLES.

Troisième classe.

INCONVÉNIENTS

Bruit et poussière.

Bruit des machines à battre et à laver, ébranlement
du sol et des habitations voisines.

Poussières nuisibles à la santé des ouvriers et incommodes pour le voisinage.

Buée des cuves de bouillage et de lavage si l'opération se fait à chaud.

Danger d'incendie par le séchoir.

Écoulement d'eaux insalubres.

PRESCRIPTIONS

Faire l'opération du battage dans des ateliers bien
ventilés au moyen de ventilateurs mécaniques et en
vases clos; diriger les poussières et les brûler dans un
foyer d'appel.

Garnir les ouvertures des ateliers de toiles métalli-

---

1. Conditions généralement prescrites par le Conseil d'hygiène et de
salubrité de la Seine pour atténuer le bruit et l'ébranlement produits
par les marteaux-pilons.

ques, et fermer les ateliers sur la rue et du côté des voisins pour les garantir des poussières.

Éloigner suffisamment les machines à battre des constructions voisines, pour ne causer ni incommodité ni ébranlement.

Ventiler les ateliers de lavage, rendre leur sol imperméable, paver les cours.

Conduire souterrainement les eaux à l'égout ou les recueillir dans des tonneaux et les enlever tous les jours, ne jamais les déverser dans des cours d'eau destinés aux usages domestiques.

Munir les chaudières de couvercles et les surmonter de hottes entraînant les buées à la cheminée par un appel forcé.

Construire les étuves en matériaux incombustibles, avec portes en fer.

Placer les appareils de chauffage en dehors de l'étuve et ne pas faire usage de grilles dans l'intérieur de l'étuve.

Consultez : Arrêté du préfet du Nord (avril 1845). — Trébuchet. Rapp. du Cons. d'hyg. et de salub. de la Seine de 1849 à 1858, page 348. — Dr Gintrac. Rapp. du Cons. d'hyg. de la Gironde de 1869, page 77. — De Freycinet. Assain. ind., page 158.

BATTAGE DES TAPIS EN GRAND.

Troisième classe.

INCONVÉNIENTS

Bruit et poussières.

Poussières animales nuisibles à la santé des ouvriers et incommodes pour le voisinage.

PRESCRIPTIONS

Éloigner ces établissements de l'intérieur des villes et des habitations.

Fermer les ateliers sur la rue et du côté des voisins.

Ventiler les hangars et les ateliers du côté de la cour.

Paver ou bitumer le sol des ateliers, peindre les murs à l'huile et y faire de fréquents lavages à l'eau chlorurée ou additionnée d'acide phénique.

Consultez : TRÉBUCHET. Rapp. du Cons. d'hyg. de la Seine de 1859 à 1861, page 252. — LASNIER. Id. de 1862 à 1866, page 298. — Dr PILAT. Rapp. du Cons. d'hyg. du Nord de 1862, page 7. — Dr GINTRAC. Rapp. du Cons. d'hyg. de la Gironde de 1868, page 59 et suiv.

BATTEURS D'OR ET D'ARGENT.

Troisième classe.

INCONVÉNIENTS

Bruit incessant et très-incommode.
Ébranlement des maisons voisines.
Fumée du fourneau de fusion.

PRESCRIPTIONS

Éloigner suffisamment les pierres à battre des murs mitoyens, pour ne pas ébranler les habitations voisines ni incommoder leurs habitants; les établir sur terre-plein et s'il y a caves au-dessous les placer sur une pile isolée en maçonnerie.

Si ces précautions ne suffisent pas, creuser autour du massif une fosse remplie de matières isolantes, sciure de bois, sable, etc.

Placer au-dessous des pierres à battre des coussins, paillassons ou rondelles en caoutchouc d'une épaisseur suffisante pour atténuer les trépidations.

Limiter le nombre des pierres à battre.

Ne permettre le travail que pendant les heures réglementaires.

N'autoriser qu'autant qu'il n'y a pas d'étages au-
dessus habités par des tiers.

S'il y a des laminoirs et des presses, se conformer à
l'ordonnance du 24 mai 1801.

Surmonter le fourneau de fusion d'une hotte et élever la cheminée à 3 mètres au-dessus des cheminées
voisines.

Consultez : Trébuchet. Rapp. du Cons. d'hyg. de la Seine de 1849 à
1858, page 505. — Id. de 1859 à 1861, page 217. — Lasnier. Id. de 1862
à 1866, page 277. — Lettres patentes sur les laminoirs et presses du
28 juillet 1783. — Délibération des consuls de la République du 3 germinal an IX. — Ordonnance conc. l'usage et l'emploi des laminoirs,
moutons, presses, balanciers et coupoirs du 4 prairial an IX, 24 mai 1801.

BATTOIR A ÉCORCES DANS LES VILLES.

Troisième classe.

INCONVÉNIENTS

Bruit et poussière.

Bruit des meules et pilons.

Poussières nuisibles à la santé des ouvriers et incommodes pour le voisinage.

Danger d'incendie.

PRESCRIPTIONS

Ventiler énergiquement les ateliers, fermer les
ouvertures sur la voie publique et sur les propriétés
voisines, ou les garnir de toiles métalliques.

Éloigner des murs mitoyens les meules et pilons et
prendre les dispositions nécessaires pour ne pas incom-

moder les voisins par le bruit, opérer à vases clos et diriger les poussières par un ventilateur mécanique dans une cheminée d'appel ou dans des chambres de dépôt.

Éloigner le foyer de la machine des ateliers et des dépôts des matières premières et fabriquées.

Consultez : DE FREYCINET. Assain. ind., pages 43 et 124.

BENZINE (FABRICATION ET DÉPOTS DE). (Voir *Huiles de pétrole, de schiste*, etc.)

BITUMES ET ASPHALTES (*Fabrication et dépôt de*). (Voir *Asphaltes, bitume.*)

BLANC DE PLOMB. (Voir *Céruse.*)

BLANC DE ZINC (FABRICATION DE) PAR LA COMBUSTION DU MÉTAL.

Troisième classe.

INCONVÉNIENTS

Fumées métalliques.

Poussières d'oxyde de zinc nuisibles à la santé des ouvriers.

Buées abondantes si la lévigation se fait à l'eau bouillante.

Écoulement des eaux de lévigation.

PRESCRIPTIONS

Ventiler énergiquement les ateliers, les fermer au moyen de doubles portes pour éviter la dispersion de l'oxyde de zinc au dehors.

Fermer les ouvertures sur la rue et sur les voisins.

Élever la cheminée à 20 ou 30 mètres suivant la localité.

Dans le procédé de lévigation à l'eau bouillante, surmonter la chaudière d'une hotte et diriger les buées par un fort tirage dans la cheminée de l'usine.

Tamiser, recueillir et embariller l'oxyde de zinc en vases clos.

Écouler à l'égout les eaux de lévigation.

Consultez : TRÉBUCHET. Rapp. du Cons. d'hyg. de la Seine de 1849 à 1858, page 132. — PAYEN. Chim. ind., tome I, page 672. — GIRARDIN. Chim. appliq. aux arts, tome II. — BARRESWIL et GIRARD. Dict. de chim. ind., tome II, page 86.

BLANCHIMENT.

1° Des fils, des toiles et de la pâte à papier par le chlore.

Deuxième classe.

INCONVÉNIENTS

Odeur, émanations nuisibles.

Odeur vive, pénétrante et désagréable du chlore, s'échappant soit par des fuites, soit à l'ouverture des chambres ou des appareils dans lesquels se fait l'opération du blanchiment.

Action nuisible sur la santé des ouvriers et sur la végétation environnante.

Danger d'incendie par les étuves.

Écoulement d'eaux de lavage.

PRESCRIPTIONS

Ventiler les ateliers, fermer les ouvertures sur la voie publique.

Construire en maçonnerie les appareils, cuves et chambres, les enduire complétement en ciment et les luter avec du mastic de bitume.

Avant l'ouverture des chambres, chasser le chlore par des ventilateurs mécaniques sur un lait de chaux dans des appareils hermétiquement fermés et diriger les gaz non absorbés dans la cheminée qui aura 20 à 30 mètres, suivant la localité.

. Conduire à l'égout les eaux de lavage complétement neutralisées si, après le passage au chlore, les fils et tissus ont été lavés à l'eau additionnée d'acide sulfurique.

Rendre imperméable le sol des ateliers et des cours, pavé, dallé ou cimenté.

Construire les séchoirs en matériaux incombustibles, avec portes en fer.

Avoir dans l'atelier un appareil à ammoniaque pour annuler l'effet du chlore.

(Voyez aussi *Fabrication du chlore.*)

2° Des fils et tissus de lin, de chanvre et de coton par les chlorures. (*Hypochlorites alcalins.*)

Troisième classe.

INCONVÉNIENTS

Odeur, altération des eaux.

Dégagement de chlore, buées abondantes, écoulement d'eaux alcalines et acides.

PRESCRIPTIONS

Ventiler les ateliers, rendre leur sol imperméable ainsi que celui des cours, pavé, dallé ou cimenté.

Luter avec soin les cuves et les chambres dans lesquelles se fait le blanchiment.

Surmonter les cuves de lavages de hottes entraînant les buées au dehors.

Ne déverser les eaux à l'égout ou à la rivière qu'après les avoirs neutralisées, filtrées et traitées par la chaux dans des bassins de décantation.

Employer comme engrais les résidus insolubles et les résidus de chlorure de chaux.

Construire les étuves en matériaux incombustibles avec portes en fer.

Avoir dans l'atelier un appareil à ammoniaque pour neutraliser l'effet du chlore.

(Voyez *Fabrication du chlore et des hypochlorites.*)

3° Des fils et tissus de laine et de soie par l'acide sulfureux.
Deuxième classe.

INCONVÉNIENTS

Émanations nuisibles.

Dégagement d'acide sulfureux nuisible à la santé des ouvriers et à la végétation environnante.

Écoulement d'eaux de lavage.

Danger d'incendie par l'étuve et le soufroir.

PRESCRIPTIONS

Construire les soufroirs en matériaux incombustibles, avec portes en fer.

Avant d'y pénétrer, y établir un courant d'air énergique au moyen de ventilateurs mécaniques, diriger l'acide sulfureux dans des condenseurs, et de là à la cheminée qui devra avoir une hauteur de 20 à 30 mètres, suivant les localités.

Si l'on fait usage de l'acide sulfureux en dissolution (procédé CHEVREUL appliqué aux Gobelins), n'opérer qu'en vases clos.

Après le soufrage, diriger les eaux de lavage à l'égout, les neutraliser par la chaux.

Construire en matériaux incombustibles les séchoirs, rendre imperméable le sol des ateliers.

Consultez : TRÉBUCHET. Rapp. du Cons. d'hyg. de la Seine de 1849 à 1858, page 474. — Id. de 1859 à 1861, page 245. — Instruction de d'Arcet du 24 mai 1821 sur les soufroirs. — Dr PILAT. Rapp. du Cons. d'hyg. du Nord de 1860, page 41; de 1867, pages 23 et suiv.; de 1868, page 25; de 1869, page 24. — DE FREYCINET. Assain. ind., pages 158 et suiv. — KNAPP. Chim. techn., traduct. de DEBIZE et MÉRIJOT, tome II, page 698. WURTZ. Dict. de chim. Blanchiment, par CH. LAUTH. — LABOULAYE. Dict. des arts et manuf. Blanchiment, par SALVÉTAT. — ALCAN. Essai sur l'ind. des matières textiles. — BARRESWIL et GIRARD. Dict. de chim. Blanchiment, par TROOST.

BLEU DE PRUSSE (FABRICATION DE). (Voir *Cyanure de potassium.*)

BOUES ET IMMONDICES (DÉPOTS DE), VOIRIES.

Première classe.

INCONVÉNIENTS

Odeur.

Dégagement d'odeurs ammoniacales, d'hydrogène sulfuré.

Odeurs insalubres et nauséabondes produites par la fermentation et la décomposition des boues et immondices.

PRESCRIPTIONS

Éloigner les dépôts de boues et immondices à une distance d'au moins 200 mètres des habitations et 100 mètres des routes nationales, départementales, ainsi que des chemins vicinaux. (Dans le cas où ces chemins ne serviraient qu'à l'agriculture, ces distances pourront être réduites.)

Lors de l'emploi des boues et immondices à l'engrais des terres, étendre ces matières sur le sol dans les vingt-quatre heures qui suivront leur apport aux champs [1].

Désinfecter les matières aussitôt leur arrivée au dépôt et les entretenir constamment dans un état de désinfection.

Prescrire dans certains cas d'enclore de murs les terrains servant à ces dépôts et les entourer d'arbres.

Ne laisser séjourner en dehors du dépôt aucune voiture ni tonneau ou vase ayant servi au transport des boues et immondices.

Faire de fréquents lavages à l'eau chlorurée des voitures, tonneaux, tinettes, etc.

N'accorder que des autorisations temporaires.

(Voyez *Dépôts d'engrais*.)

Consultez : Ordonnance du 8 novembre 1839. — TRÉBUCHET. Rapp. du cons. d'hyg. de la Seine de 1849 à 1858, page 109; de 1859 à 1861, p. 250. — LASNIER. Id. de 1862 à 1866, page 204. — Dr LEVIEUX. Rapp. du cons. d'hyg. de la Gironde de 1853 à 1855, page 150. — Id. de 1861 à 1867, p. 102. — MARTIN-BARBET. Id. de 1873, page 47. — Dr PILAT. Rapp. du cons. du Nord de 1860, page 43. — DE FREYCINET. Assain. des villes.

---

1. Ordonnance du 8 novembre 1839. (Voyez Appendice.)

BOUGIES DE PARAFFINE ET AUTRES D'ORIGINE MINÉRALE (MOULAGE DES).

Troisième classe.

INCONVÉNIENTS

Odeur, danger d'incendie.

BOUGIES ET AUTRES OBJETS EN CIRE ET EN ACIDE STÉARIQUE.

Troisième classe.

INCONVÉNIENTS

Danger d'incendie.

PRESCRIPTIONS

Ventiler les ateliers et les construire en matériaux incombustibles.

Cimenter ou bitumer le sol, le couvrir de sciure de bois pour absorber les corps gras répandus.

Chauffer à la vapeur les cuves et les chaudières servant à la fonte de la paraffine, de la cire, de l'acide stéarique, les surmonter de larges hottes entraînant les gaz à la cheminée de l'établissement.

Placer l'ouverture des foyers en dehors de l'atelier de moulage.

(Voyez *Acide stéarique.*)

BOUILLON DE BIÈRE (DISTILLATION DE). (Voir *Distillerie.*)

BOURRE. (Voir *Battage*.)

BOUTONNIERS ET AUTRES EMBOUTISSEURS DE MÉTAUX PAR MOYENS MÉCANIQUES.
Troisième classe.

INCONVÉNIENTS

Bruit.

PRESCRIPTIONS

N'établir les moutons, presses, laminoirs, balanciers et coupoirs mus par machines que sur terre-plein ou fondations indépendantes des fondations de l'atelier, les éloigner des murs mitoyens et les disposer de telle sorte qu'ils ne puissent ébranler les constructions voisines ni incommoder le voisinage.

Les placer dans des ateliers à rez-de-chaussée sans étages au-dessus habités par des tiers.

Composer le massif des fondations d'une plate-forme en charpente reposant sur béton ou sur pilotis.

Creuser autour de ces fondations des fosses d'au moins un mètre de large et les remplir de sciure de bois ou de toute autre matière isolante.

Interposer entre les presses, moutons et balanciers, des coussins de paille ou de caoutchouc pour amortir le choc.

Limiter le poids et la course des moutons, la longueur des bras des balanciers, et n'autoriser que s'il ne peut y avoir aucune cause d'incommodité pour le voisinage.

Nota. — Les moutons, presses, laminoirs, balanciers mus à la main ne sont pas classés par le décret de 1866. Mais ils sont régis par l'ordonnance concernant l'usage et l'emploi des laminoirs, presses, moutons, balanciers et coupoirs du 4 prairial an IX (24 mai 1801). (Voir appendice.)

BOYAUDERIES. (Travail des boyaux frais pour tous usages.)

Première classe.

INCONVÉNIENTS

Odeur, émanations nuisibles.

Dégagement d'odeurs infectes, émanations nuisibles à la santé des ouvriers, incommodes pour le voisinage. Odeurs putrides des eaux de macération et des dépôts de rognures d'intestins.

PRESCRIPTIONS

Éloigner ces établissements des habitations.

N'autoriser que s'il y a écoulement des eaux à l'égout et une concession d'eau abondante.

Ne recevoir dans l'établissement que des boyaux préalablement lavés à l'abattoir et débarrassés de toute matière fécale, les désinfecter aussitôt leur arrivée à la fabrique.

Ventiler les ateliers par de larges trémies d'aération, rendre imperméable (dallé, bitumé ou cimenté) le sol des ateliers et des cours, et écouler toutes les eaux souterrainement à l'égout après les avoir désinfectées par du sulfate de zinc ou du sulfate de fer. Peindre à l'huile tous les murs et les bois apparents des ateliers, afin qu'ils ne s'imprègnent pas d'odeurs et qu'on puisse y faire de fréquents lavages à l'eau chlorurée ou additionnée d'acide phénique.

Enlever tous les jours les débris d'intestins frais ou en putréfaction.

Ne pas procéder par fermentation pour faciliter le ratissage, mais par le procédé Labarraque à l'hypochlorite de soude [1].

Ne pas fabriquer d'engrais ni fondre de suifs à moins d'autorisations spéciales.

Souffler les boyaux au moyen de chalumeaux desservis par un ventilateur.

Construire le soufroir en matériaux incombustibles, avec porte en fer, n'y pénétrer qu'après l'avoir bien ventilé et avoir chassé tout l'acide sulfureux.

Si l'on fait usage de cuves à eau chaude, les surmonter de hottes conduisant les buées au dehors.

Consultez : Ordonnance concernant les boyaudiers et les fabricants de cordes à instruments, du 14 avril 1819. — TRÉBUCHET. Rapp. du Cons. d'hyg. de la Seine de 1846 à 1848, page 40. — Id. de 1849 à 1858, page 339. — LASNIER. Id. de 1862 à 1866, page 182. — DUMAS. Rapp. du Cons. de l'Hérault de 1857 à 1859, page 61. — Dr GINTRAC. Rapp. du Cons. de la Gironde de 1861 à 1863, page 79. — Id. de 1864, pages 77 et suiv. — Dr PILAT. Rapp. du Cons. du Nord de 1874, page 21. — DE FREYCINET. Assain. ind., pages 127 et suiv.

BOYAUX ET PIEDS D'ANIMAUX ABATTUS (DÉPOTS DE).
(Voir *Chairs et Débris.*)

---

1. Les Conseils d'hygiène de la Gironde et du Nord rendent ce procédé obligatoire.

BRASSERIES.

Troisième classe.

INCONVÉNIENTS

Odeur et buées pendant l'ébullition du houblon.
Écoulement d'eaux contenant des matières fermentescibles.
Danger d'incendie par la touraille.
Danger d'asphyxie dans les germoirs.

PRESCRIPTIONS

Ventiler par une cheminée d'appel l'atelier des chaudières et l'atelier des tourailles.

Construire la touraille en matériaux incombustibles.

Rendre imperméable le sol des ateliers et des cours.

Munir les chaudières de couvercles, les surmonter de hottes conduisant les buées à la cheminée d'appel.

Protéger les murs mitoyens par des contre-murs.

Retenir par des grilles à mailles serrées les débris de matières végétales et diriger souterrainement à l'égout les eaux préalablement traitées par la chaux.

Enlever tous les jours les résidus, drèches et touraillons.

Prescrire dans certains cas l'usage exclusif du coke comme combustible.

Élever la cheminéé à 20 ou 30 mètres, suivant les localités.

N'employer, à l'exception des chaudières en cuivre, ni bac ni ustensiles de cuivre, de plomb ou de zinc.

Consultez : Arrêté du préfet du Nord du 5 décembre 1864, concernant la réglementation des brasseries. — TRÉBUCHET. Rapp. du Cons. d'hyg. de la Seine de 1849 à 1858, page 462. — LASNIER. Id. de 1862 à 1866, page 287. — Dʳ PILAT. Rapp. du Cons. d'hyg. du Nord de 1865 à 1869, page 10; de 1870, page 164; de 1874, page 22. — DE FREYCINET. Assain. ind. dans la Belgique, page 20. — LACAMBRE. Traité complet de la fabric. des bières. — PAYEN. Chim. ind., pages 419 et suiv. — WURTZ. Dict. de chim. Bière, par CH. LAUTH. — BARRESWIL et GIRARD. Dict. de chim., tome III, page 587.

BRIQUETERIES AVEC FOURS NON FUMIVORES.

Troisième classe.

INCONVÉNIENTS

Fumée, danger d'incendie, action nuisible de la fumée sur les céréales et les feuilles des arbres.

PRESCRIPTIONS

Éloigner les fours à une distance de 50 mètres des routes ou chemins et à 100 mètres des habitations, les entourer de toiles ou paillassons dépassant de 2 à 3 mètres le sommet du four [1].

N'allumer les feux qu'après juin s'il existe des récoltes en céréales dans le voisinage [1]; les éteindre pendant les mois de mai et juin, époque de la floraison, et du 15 août jusqu'aux vendanges [2].

Dans certains cas, couvrir les fours par des hangars fermés et surmontés d'une cheminée ou trémie portant la fumée à une grande hauteur.

---

1. Prescription imposée par le Conseil d'hygiène du Nord.
2. Prescription imposée par le Conseil d'hygiène de l'Hérault et du Tarn.

Éloigner les dépôts de combustibles, charbon, fagots, de la bouche des fours.

Proscrire l'emploi de houilles sulfureuses.

Consultez : TRÉBUCHET. Rapp. du Cons. d'hyg. de la Seine de 1849 à 1858, page 514. — LASNIER. Rapp. id. de 1862 à 1866, page 279. — Dr GINTRAC. Rapp. du Cons. d'hyg. de la Gironde de 1864, page 177. Dr PILAT. Rapp. du Cons. d'hyg. du Nord de 1860, page 51; de 1861, page 73; de 1870, page 7; de 1874, page 23. — DE FREYCINET. Assain. industr., page 266. — SALVÉTAT. Techn. céramique, etc.

BRIQUETTES OU AGGLOMÉRÉS DE HOUILLE.
(Voir *Agglomérés*.)

BRULERIES DES GALONS ET TISSUS D'OR OU D'ARGENT.
(Voir *Galons*.)

BUANDERIES.
Troisième classe.

INCONVÉNIENTS

Altération des eaux.

Odeurs insalubres par l'écoulement et l'altération des eaux savonneuses.

Fumée des fourneaux.

Humidité dans les maisons voisines.

Buées abondantes.

PRESCRIPTIONS

Ventiler ces établissements par des lanternons à lames de persiennes ou de larges trémies d'aération.

Ne pas ouvrir de jours sur les voisins ou sur la voie publique, si les buées doivent incommoder le voisinage.

Rendre le sol imperméable, et écouler souterrainement les eaux à l'égout ou à la rivière ; ou n'autoriser qu'à la condition que les ruisseaux de la rue sont en bon état, qu'ils ont une pente rapide, que l'égout ou la rivière sont proches et que l'écoulement de ces eaux ou leur stagnation n'incommodera pas les habitants des maisons devant lesquelles elles doivent couler.

Munir les cuves de couvercles et les surmonter de hottes conduisant les buées au dehors.

Élever la cheminée à hauteur des souches de cheminées voisines, dans un rayon de 50 mètres. S'il y a habitation mitoyenne, construire un contre-mur en briques ou en meulières hourdées en ciment, ou tout au moins enduire en ciment les murs mitoyens dans toute la hauteur de la buanderie.

S'il y a habitation au-dessus, construire le plancher haut en fer et le hourder plein.

LAVOIRS PUBLICS.

Ces établissements recevant le public et la chute des charpentes ayant souvent occasionné des accidents, les prescriptions suivantes leur sont imposées en outre des conditions ci-dessus :

Laisser toujours apparents sur toutes leurs faces les bois de charpente et les couvrir d'une peinture hydrofuge.

Assembler ces bois par des boulons en fer, et ne faire aucun assemblage à tenon et mortaise ou entailles affaiblissant ces bois.

Soulager par des corbeaux saillants en pierre ou en fer tous les scellements en mur.

Faire porter le plancher haut en plein sur les filets, ne jamais l'assembler.

Réserver à chaque laveuse une place de 1 mètre.

Établir des cabinets d'aisance pour les laveuses.

Si le lavoir est surmonté d'un séchoir à air libre, le plancher de ce séchoir devra être en fer et d'une très-grande solidité, la charge du linge accumulé étant souvent considérable.

Construire en matériaux incombustibles, avec porte en fer, le séchoir à air chaud.

Telles sont les prescriptions proposées pour les lavoirs par le service des architectes et adoptées par le Conseil d'hygiène publique et de salubrité du département de la Seine.

Consultez : TRÉBUCHET. Rapp. du Cons. d'hyg. de la Seine de 1849 à 1858, pages 468 et suiv. — Id. de 1858 à 1862, page 229. — LASNIER. Id. Rapp. de 1862 à 1866, pages 298 et suiv. — Rapports du Cons. d'hyg. de la Gironde sur les lavoirs et l'altération des cours d'eau, 1859 à 1861. Dr LEVIEUX, rapporteur. — Rapp. de M. HUMBERT sur le lavoir Napoléon. — Bains et lavoirs publics, par WYNAND-JANSSENS.

CAFÉ (TORRÉFACTION EN GRAND DU [1]).

Troisième classe.

INCONVÉNIENTS

Odeur et fumée incommodes pour le voisinage.

PRESCRIPTIONS

Revêtir de plâtre ou de mortier tous les bois apparents de l'atelier.

---

1. Industrie classée sur la proposition du Conseil d'hygiène du département du Nord, 6 octobre 1858.

Ne pas avoir d'ouvertures sur la voie publique ni sur les voisins.

Ventiler l'atelier par des ouvertures pratiquées au niveau du sol et le surmonter d'une haute trémie d'aération.

Placer les appareils à torréfaction sous des hottes conduisant les vapeurs dans une cheminée élevée à 5 mètres au-dessus des cheminées voisines dans un rayon de 50 mètres.

Faire l'opération du vannage sous des hangars fermés, construits en forme de hottes et surmontés d'une cheminée de ventilation.

Consultez : Dʳ PILAT. Rapp. du Cons. d'hyg. du Nord de 1867, page 32. Id. de 1868, page 156.

CAILLETTES ET CAILLONS POUR LA CONFECTION DES FROMAGES. (Voir *Chairs et Débris.*)

CAILLOUX (FOURS POUR LA CALCINATION DES).

Troisième classe.

INCONVÉNIENTS

Fumée incommode pour le voisinage.

PRESCRIPTIONS

Élever la cheminée à 20 ou 25 mètres, suivant la localité, ou tout au moins à la hauteur des cheminées voisines, dans un rayon de 100 mètres.

Éloigner le dépôt de bois et de charbon de la bouche des fours.

Si l'on fait usage des fours anglais en contre-bas du sol, éloigner ces fours à 100 mètres des habitations, à 50 mètres au moins des routes ou chemins.

Proscrire l'emploi de houilles sulfureuses.

Consultez : SALVÉTAT. Technologie céramique, tome II, pages 35 et suiv.

CALCINATION DES CAILLOUX. (Voir *Cailloux*.)

CARBONISATION DU BOIS.

1º A l'air libre dans des établissements permanents et autre part qu'en forêt.

Deuxième classe.

INCONVÉNIENTS

Odeur et fumée.

Dégagement d'acide carbonique et de gaz à odeurs empyreumatiques.

Danger d'incendie.

PRESCRIPTIONS

Éloigner ces établissements des habitations et ne les autoriser à proximité des champs en culture qu'autant que les récoltes sont rentrées, les entourer de toiles ou de claies pour garantir le voisinage de la fumée.

Limiter le cube de bois à brûler par opération.

Éloigner des fours le dépôt de bois.

Consultez : Trébuchet. Rapp. du Cons. d'hyg. de la Seine de 1849 à 1858, page 532.

2° En vases clos.

Mêmes inconvénients, mêmes prescriptions que pour la fabrication de l'acide pyroligneux.

CARBONISATION des matières animales en général[1].

Première classe.

INCONVÉNIENTS

Odeur.

Dégagement de vapeurs ammoniacales, d'acide sulfhydrique, d'acide carbonique, etc.

Odeurs fétides et désagréables.

PRESCRIPTIONS

Éloigner ces établissements des centres habités, ne les autoriser que s'ils sont complétement isolés.

Ventiler les ateliers par de larges trémies d'aération.

Désinfecter toutes les matières, aussitôt leur arrivée à l'établissement, soit par du sulfate de fer ou de zinc, soit par du savon commun ou de la chaux.

Recouvrir les os d'une couche de charbon de 10 centimètres d'épaisseur.

Opérer le mélange des matières à carboniser sur un sol imperméable et sous des hangars bien ventilés.

---

1. Calcination et carbonisation des os, du sang, des chairs et débris d'équarrissage, cornes, sabots, chiffons de laine, crins, bourres, vieux cuirs, etc

De préférence, carboniser en vases clos dans des cylindres en fonte parfaitement lutés, et brûler les gaz.

Traiter les eaux de condensation pour la fabrication des sels ammoniacaux, et ne les jeter ni dans les rivières ni à l'égout, mais les enlever tous les jours dans des tonneaux fermés.

Élever la cheminée à 25 ou 30 mètres, suivant la localité.

Dans certains cas, ne commencer la calcination qu'à partir de 9 heures du soir.

Si l'on fait le débouillage des os... (Voyez *Suif d'os.*)

Consultez : Trébuchet. Rapp. du Cons. d'hyg. de la Seine de 1849 à 1858, pages 349 et suiv. — Lasnier. Id. de 1862 à 1866, page 194. — Payen. Chim. ind., tome II, pages 618 et suiv.

CAOUTCHOUC (Travail du) avec emploi d'huiles essentielles ou de sulfure de carbone.

Deuxième classe.

INCONVÉNIENTS

Odeur, danger d'incendie.

Dégagement d'acide sulfureux et d'acide sulfhydrique, de sulfure de carbone, etc.

Buées abondantes.

Insalubrité pour les ouvriers employés à la vulcanisation, vapeurs délétères.

PRESCRIPTIONS

Construire les ateliers en matériaux incombustibles, avec sol imperméable, les bien ventiler par de larges trémies d'aération et *per descensum*, si l'on emploie le sulfure de carbone.

Fermer les ouvertures sur la voie publique et sur les propriétés voisines.

Opérer la dissolution et la vulcanisation du caoutchouc dans des chaudières munies de couvercles et surmontées de hottes mobiles s'abaissant jusque sur le fourneau. Faire communiquer ces hottes avec un tuyau dans lequel un jet de vapeur produira un courant d'air assez actif pour entraîner les vapeurs au dehors.

Élever ce tuyau à 5 mètres au-dessus des cheminées voisines, dans un rayon de 50 mètres.

Placer l'ouverture des foyers en dehors de l'atelier.

Les chaudières et cuves à tremper et à ramollir le caoutchouc seront placées sous des hottes entraînant les buées au dehors.

Avoir dans chaque atelier une provision de sable en cas d'incendie.

Conduire toutes les eaux souterrainement à l'égout.

Construire les étuves et séchoirs en matériaux incombustibles, avec porte en fer, et les chauffer à la vapeur.

Déposer le sulfure de carbone, les huiles essentielles, dans un local construit en matériaux incombustibles, isolé et éloigné des ateliers, et prescrire pour ce dépôt des dispositions analogues à celles imposées par le décret du 19 mai 1873.

Consultez : Trébuchet. Rapp. du Cons. d'hyg. de la Seine de 1859 à 1861, page 183. — Lasnier. Id. de 1862 à 1866, pages 282 et suiv. — Payen. Chim. ind., tome Ier, pages 186 et suiv. — Girardin. Chim. appl. aux arts.

CAOUTCHOUC (Application des enduits du).

Deuxième classe.

INCONVÉNIENTS

Danger d'incendie.
Odeur vive et pénétrante par l'évaporation des essences, vapeurs délétères.

PRESCRIPTIONS

Construire les ateliers et magasins en matériaux incombustibles, les bien ventiler et les éclairer par la lumière du jour ; n'y jamais pénétrer avec une lumière.

Placer l'ouverture des foyers en dehors de l'atelier si l'application de l'enduit se fait à chaud, munir les chaudières de couvercles et les surmonter de hottes s'abaissant jusque sur le fourneau ; activer le tirage par un jet de vapeur.

Construire les séchoirs et les étuves en matériaux incombustibles, avec portes en fer, et les chauffer à la vapeur.

Conduire dans la cheminée d'appel les vapeurs s'échappant de l'étuve, et élever cette cheminée à 20 ou 30 mètres, suivant les localités.

Ne brûler dans les foyers aucun débris ni rognures d'étoffes imprégnées de caoutchouc.

Isoler et éloigner des ateliers les magasins servant de dépôt aux matières premières et aux produits fabriqués.

Consultez : Trébuchet. Rapp. du Cons. d'hyg. de la Seine de 1849 à 1858, pages 378 et 423.

CARTONNIERS.

Troisième classe.

INCONVÉNIENTS

Odeur des vieux papiers et chiffons.

Buée produite par la macération et la cuisson de la pâte.

Danger d'incendie par l'étuve et par l'accumulation de matières combustibles, chiffons et papiers.

Écoulement d'eaux insalubres.

PRESCRIPTIONS

Ventiler les ateliers, rendre leur sol imperméable.

Construire en matériaux incombustibles les étuves, séchoirs, et les magasins servant de dépôt aux matières premières et aux produits fabriqués, les bien ventiler.

Surmonter les cuves à macération et les cuves à bouillir de hottes entraînant les buées dans la cheminée qui sera élevée à hauteur des cheminées voisines, dans un rayon de 50 mètres.

Conduire les eaux souterrainement à l'égout.

S'il y a des batteries de marteaux pour le déchiquetage des chiffons, ne les autoriser que si le bruit ne peut incommoder le voisinage, sinon prescrire l'emploi de cylindres.

Si l'on fait le blanchiment des pâtes ou la préparation au moyen de la paille... (Voyez ces mots.)

Consultez : TRÉBUCHET. Rapp. du Cons. d'hyg. de la Seine de 1849 à 1858, page 479. — LASNIER. Id. Rapp. de 1862 à 1866, page 291. — VERNOIS. Traité d'hyg., page 277.

CENDRES D'ORFÉVRE (Traitement des) par le plomb.

Troisième classe.

INCONVÉNIENTS

Fumées métalliques d'oxyde de plomb.

Incommodité par la chaleur du fourneau à coupelle.

PRESCRIPTIONS

Ventiler les ateliers et fermer les ouvertures sur la voie publique et sur les propriétés voisines.

Placer le fourneau à coupelle et les chaudières à affiner sous de vastes hottes conduisant les fumées, par un appel forcé, dans une cheminée élevée à 20 ou 30 mètres.

Établir un tuyau de fumée spécial, ne traversant pas de locaux habités.

Placer les fourneaux à la distance nécessaire des murs mitoyens, pour ne pas incommoder les voisins par la chaleur. (Conformément aux usages locaux, art. 674 du code Napoléon.)

Consultez : De Freycinet. Assain. ind., page 71. — Cahours. Chimie, tome II, pages 514 et suiv. — Wurtz. Dict. de chim. Argent, par Hautefeuille.

CENDRES GRAVELÉES.

1º Avec dégagement de la fumée au dehors.
Première classe.

2º Avec combustion ou condensation des fumées.
Deuxième classe.

INCONVÉNIENTS

Fumée et odeur.

Fumée épaisse, ayant une action nuisible sur la végétation environnante et incommode pour le voisinage.

Odeur désagréable, vapeurs âcres et piquantes.

PRESCRIPTIONS

Dans le premier cas, construire les fours à calciner les vinasses à une grande distance des habitations, ne les autoriser qu'à cette condition.

Si l'on calcine dans des fours fermés, brûler les gaz et les vapeurs en les ramenant sous les foyers et élever la cheminée à 25 ou 30 mètres, suivant les localités.

Surmonter les chaudières à évaporation des vinasses de larges hottes dirigeant les vapeurs sous les foyers ou à une haute cheminée d'appel.

Écouler les eaux à l'égout et enlever les résidus comme engrais.

Consultez : TRÉBUCHET. Rapp. du Cons. d'hyg. de la Seine de 1849 à 1858, page 419. — Dr DUMAS. Rapp. du Cons. d'hyg. de l'Hérault de 1857 à 1859, page 180. — Dr MARCHANT. Rapp. du Cons. d'hyg. de la Gironde de 1845 à 1846, page 13. — Dr GINTRAC. Id. de 1859 à 1861, page 115 ; de 1861 à 1863, page 62. — KNAPP. Chim. tech., trad. de DEBIZE et MÉRIJOT, tome II, page 265.

CÉRUSE OU BLANC DE PLOMB (FABRICATION DE LA).

Troisième classe.

INCONVÉNIENTS

Émanations nuisibles.

Dégagement de poussières nuisibles, dans l'opération du battage des écailles, de la pulvérisation, du blutage, du tamisage et de l'embarillage.

Empoisonnement lent par absorption des sels de plomb, intoxication par la peau et l'appareil respiratoire.

Dégagement d'acide sulfhydrique dans le procédé hollandais au moyen du fumier.

Bruit des machines, meules, pilons, blutoirs.

PRESCRIPTIONS

Ventiler énergiquement les ateliers au moyen de ventilateurs mécaniques.

Employer le tan de préférence au fumier dans le procédé hollandais.

Faire toutes les opérations en vases clos et humecter les produits pour éviter la dispersion des poussières.

Surmonter d'une hotte la chaudière de fusion du plomb, élever la cheminée à 20 ou 30 mètres, suivant les localités.

Construire les séchoirs en matériaux incombustibles, ou tout au moins sans bois apparents.

Prescrire aux ouvriers qui manipulent la céruse de se couvrir la figure d'un masque, de porter des gants, d'avoir une blouse spéciale de travail, de se laver les mains avant chaque repas à l'eau additionnée d'acide sulfurique, et de faire usage de lait et de limonades sulfuriques.

Consultez : TRÉBUCHET. Rapp. du Cons. d'hyg. de la Seine de 1846, page 55; de 1847, page 98; de 1848, page 207; de 1849 à 1858, page 127. — LASNIER. Id. de 1862 à 1866, page 61. — D\u02b3 PILAT. Rapp. du Cons. d'hyg. du Nord de 1867, page 21. — DE FREYCINET. Assain. ind., pages 37, 72 et suiv. — PAYEN. Chim. ind., tome I\u1d49\u02b3, pages 658 et suiv. —WURTZ. Dict. de chim. Céruse, par P. SALET. —.BARRESWIL et GIRARD. Dict. de chim., tome II, page 78.

CHAIRS, DÉBRIS ET ISSUES (DÉPÔTS DE) PROVENANT DE L'ABATTAGE DES ANIMAUX. (Voyez *Engrais* et *Équarrissage*).

CHAMOISERIES.

Deuxième classe.

INCONVÉNIENTS

Odeur et émanations résultant du raclage des peaux et des eaux de macération, odeur des huiles.

Écoulement d'eaux insalubres.

Danger de feu par l'étuve.

Bruit occasionné par le foulage.

PRESCRIPTIONS

Ventiler les ateliers, rendre leur sol imperméable, ainsi que celui des cours.

Éloigner les pilons et le fouloir des habitations voisines, pour ne pas incommoder les habitants par le bruit.

Conduire les eaux souterrainement à l'égout et interposer des grilles pour recueillir les débris du raclage des peaux.

Enlever ces débris comme engrais tous les deux jours.

Construire l'étuve en matériaux incombustibles, avec porte en fer.

Ne brûler ni débris ni rognures de peaux.

Élever la cheminée à hauteur des souches de cheminées voisines, dans un rayon de 100 mètres.

Consultez : Trébuchet. Rapp. du Cons. de 1849 à 1858, page 336. — Barreswil et Girard. Dict. de chim., tome III, page 470.

CHANDELLES (Fabrication des).

Troisième classe.

INCONVÉNIENTS

Odeur, danger d'incendie.

PRESCRIPTIONS

Bien ventiler les ateliers, les construire en matériaux incombustibles ou tout au moins revêtir de plâtre les bois apparents, rendre leur sol imperméable et fermer les ouvertures sur la voie publique et sur les propriétés voisines.

N'employer que du suif en pains parfaitement épuré.

Ne jamais fondre à feu nu, mais à la vapeur ou au bain-marie.

Placer l'ouverture des foyers en dehors de l'atelier.

Munir les chaudières de couvercles et les surmonter de larges hottes entraînant les vapeurs dans une cheminée élevée de 3 mètres au-dessus des cheminées voisines, dans un rayon de 100 mètres.

Ne brûler ni suifs ni débris de tonneaux imprégnés de suif.

Ne faire l'étendage en plein air que pendant l'hiver.

Écouler les eaux à l'égout ou les recueillir dans des tonneaux et les enlever tous les jours, ainsi que les résidus.

Consultez : TRÉBUCHET. Rapp. du Cons. d'hyg. de la Seine de 1849 à 1858, page 366. — LASNIER. Id. de 1862 à 1866, page 192. — Dʳ DUMAS Rapp. du Cons. d'hyg. de l'Hérault de 1857 à 1859, page 61. — Dʳ DEMANGE. Rapp. du Cons. d'hyg. de la Meurthe de 1858 à 1859, page 15. — Dʳ GINTRAC. Rapp. du Cons. d'hyg. de la Gironde de 1864, page 201. — Dʳ PILAT. Rapp. du Cons. d'hyg. du Nord de 1868, page 9. — Id. de 1874, page 30. — Chandelier et Cirier, par LENORMAND et MALEPEYRE.

CHANTIERS DE BOIS A BRULER DANS LES VILLES.

Troisième classe.

INCONVÉNIENTS

Danger d'incendie.

Émanations nuisibles par l'accumulation de bois flottés, mouillés et souvent imprégnés de vase.

PRESCRIPTIONS

Paver le chantier pour faciliter l'écoulement des eaux.

N'emmagasiner que des bois lavés et séchés.

Entourer le chantier de murs en maçonnerie de 3 mètres de hauteur.

Éloigner les piles de bois à 2 ou 3 mètres des propriétés voisines, et limiter la hauteur de ces piles. La loi du 15 juillet 1845 impose une distance de 20 mètres des rails de chemins de fer.

Défendre de fumer et de faire du feu dans les chantiers.

Consultez : Ordonnance de police concernant les chantiers, du 30 germinal an X. — Id., du 1er septembre 1834. — Prescriptions du Conseil de salubrité de la Seine de 1843. — TRÉBUCHET. Rapp. du Cons. d'hyg. de la Seine de 1849 à 1858, page 528.

CHANVRE (Teillage et rouissage du) en grand. (Voir *Teillage et Rouissage.*)

CHANVRE IMPERMÉABLE. (Voir *Feutre goudronné.*)

CHAPEAUX DE FEUTRE (Fabrication de).

Troisième classe.

INCONVÉNIENTS

Odeur et poussières.

Buées abondantes, écoulement des eaux de lavage.

Bruit et dégagement de poussières mercurielles et insalubres pendant l'opération de l'arçonnage et du feutrage.

PRESCRIPTIONS

Ventiler les ateliers d'arçonnage et de feutrage, fermer les ouvertures sur la voie publique et sur les propriétés voisines, et garnir les châssis de toiles métalliques pour éviter la dispersion des poils au dehors.

. Rendre imperméable le sol des ateliers de foulage et d'apprêtage, surmonter les fourneaux et les bancs de foulage de larges hottes dirigeant les buées dans une cheminée d'aération.

Élever la cheminée à hauteur des souches de cheminées voisines.

Neutraliser les eaux acides avant leur écoulement à l'égout.

Construire l'étuve en matériaux incombustibles, avec porte en fer [1].

Consultez : TRÉBUCHET. Rapp. du Cons. d'hyg. de la Seine de 1849 à 1858, page 395. — LASNIER. Id. de 1862 à 1866, page 212. — Dr DUMAS. Rapp. du Cons. d'hyg. de l'Hérault de 1857 à 1859, page 85. — Dr CAUSSÉ. Rapp. du Cons. d'hyg. du Tarn de 1861 à 1866, pages 54 et suiv. — DE FREYCINET. Assain. indust., page 120. — LABOULAYE. Dict. des arts et manuf. — Fabricant de chapeaux, par CLUZ et J. DE FONTENELLE.

CHAPEAUX DE SOIE ET AUTRES PRÉPARÉS AU MOYEN D'UN VERNIS (FABRICATION DE).

Deuxième classe.

INCONVÉNIENTS

Danger d'incendie par l'étuve et par les fourneaux à fondre la gomme laque et les vernis.

Odeur du vernis, buées des cuves.

PRESCRIPTIONS

Ventiler les ateliers, rendre leur sol imperméable.

---

1. Si les voisins devaient être incommodés par le battage et l'arçonnage, on pourrait défendre ces opérations; mais aujourd'hui elles se font mécaniquement et à la vapeur, et offrent bien moins d'inconvénients que par les anciens procédés.

Recouvrir de hottes mobiles s'abaissant jusque sur le fourneau les chaudières servant à la préparation des apprêts, les munir de couvercles et placer l'ouverture des foyers en dehors de l'atelier.

Diriger les buées et les vapeurs dans une cheminée d'aération.

Conduire les eaux à l'égout.

Construire l'étuve en matériaux incombustibles, avec porte en fer et ouverture du foyer en dehors.

Emmagasiner le vernis, la gomme laque, l'alcool dans un local séparé de l'atelier, construit en matériaux incombustibles.

Élever la cheminée à hauteur des cheminées voisines.

Interdire la fabrication du vernis.

Consultez : TRÉBUCHET. Rapp. du Cons. d'hyg. de la Seine de 1849 à 1858, page 395. — LASNIER. Id. de 1862 à 1866, page 212. — Dr CAUSSÉ. Rapp. du Cons. d'hyg. du Tarn de 1861 à 1866, page 55. — Fabricant de chapeaux, par CLUZ et J. DE FONTENELLE.

CHARBONS AGGLOMÉRÉS. (Voir *Agglomérés.*)

CHARBON ANIMAL (FABRICATION OU REVIVIFICATION DU). (Voir *Carbonisation des matières animales.*)

CHARBON DE BOIS DANS LES VILLES. (*Dépôts ou magasins de*).

Troisième classe.

INCONVÉNIENTS

Danger d'incendie et poussières.

PRESCRIPTIONS

Dépôts. — Si le dépôt est important et dépasse 100 hectolitres, construire le magasin en matériaux incombustibles, avec comble et porte en fer.

Établir aussi en matériaux incombustibles les cases ou séparations et ne faire le tamisage que dans l'intérieur du magasin [1].

CHARBONS DE TERRE. (Voir *Houille et Coke.*)

---

1. A Paris, les débits de combustibles pour la vente au détail sont soumis aux conditions d'autorisation suivantes :

Les cloisons et planchers hauts, s'ils ne sont pas en matériaux incombustibles, seront recouverts en plâtre. Il en sera de même de tous bois de construction apparents.

Toute séparation avec une boutique, une échoppe ou un logement voisin sera solidement établie, revêtue de plâtre et sans aucune ouverture sur le local du pétitionnaire.

Le charbon de bois, même en sac, ne pourra être déposé que dans des cases dont les côtés et le dessus seront en matériaux incombustibles.

On ne pourra faire du feu dans la pièce affectée au magasin, et, si le débitant prépare des chaufferettes, il devra avoir à cet effet, dans une autre pièce, un foyer spécial, lequel sera muni de rideaux en tôle et d'un garde-cendres fixe. Son tuyau sera en maçonnerie.

On ne pourra emmagasiner le charbon de bois cuit à vases clos sans autorisation spéciale.

Le tamisage du charbon ne pourra avoir lieu qu'à l'intérieur du magasin et de manière à ce qu'il n'en résulte aucun inconvénient pour les habitants de la maison.

Tous les menus combustibles facilement inflammables, résineux, chimiques, sulfureux ou autres préparés pour l'allumage des feux, seront déposés dans des caisses solides et fermées, lesquelles seront réunies dans une partie spéciale du magasin et qui sera désignée à cet effet.

Le débitant devra exhiber sa permission aux agents de l'autorité et leur donner accès dans sa boutique à toute réquisition.

Il n'apportera aucun changement dans les dispositions du local qu'avec l'autorisation de l'administration.

Il est interdit à tout débitant de combustibles d'exercer un autre commerce dans le local affecté à son débit.

CHAUDRONNERIE. (Voir *Forges de grosses œuvres.*)

CHAUX (Fours a).

1° Permanents.
Deuxième classe.

2° Ne travaillant pas plus d'un mois par an.
Troisième classe.

INCONVÉNIENTS

Fumée et poussière.
Dégagement d'acide carbonique, de vapeur d'eau.
Fumée très-incommode pour le voisinage.
Poussières ayant une action nuisible sur la végétation environnante et la santé des ouvriers.

PRESCRIPTIONS

Éloigner les fours à 100 mètres environ des lieux habités et ne les autoriser que dans le cas où il n'en résultera aucune incommodité pour le voisinage. (1 000 mètres des forêts, art. 151 du Code forestier.)

Prescrire aussi une distance de 50 mètres des routes, sinon exiger un mur surmontant de 1m,50 le plateau dudit four destiné à le masquer du côté du chemin [1].

Tourner la bouche du four du côté opposé à la voie publique.

Recouvrir les fours de campagne de hangars fermés

---

1. Conseil d'hygiène du département du Nord.

et les surmonter d'une large cheminée ou trémie portant le gaz et la fumée à une grande hauteur.

Si l'on fait usage de fours fermés, élever la cheminée à 20 ou 30 mètres, suivant la localité.

Ne pas allumer les feux pendant les mois de mai et juin, époque de la floraison, et du 15 août jusqu'aux vendanges [1].

N'allumer les feux qu'après juin s'il existe des récoltes en céréales dans le voisinage [2].

Interdire l'emploi de houilles sulfureuses, et dans certains cas prescrire l'usage exclusif du coke comme combustible.

Enclore le terrain de murs de 3 mètres de hauteur [2]. (Voyez *Moulins à broyer le plâtre, la chaux*, etc).

Consultez : TRÉBUCHET. Rapp. du Cons. d'hyg. de la Seine de 1849 à 1858, page 516. — Id. de 1859 à 1861, page 253. — LASNIER. Id. de 1861 à 1866, page 279. — Dr DUMAS. Rapp. du Cons. d'hyg. de l'Hérault de 1857 à 1859, page 126. — AVENEL. Rapp. du Cons. d'hyg. de la Seine-Inférieure de 1863, page 154. — Dr GINTRAC. Rapp. du Cons. d'hyg. de la Gironde de 1869, page 47. — Dr PILAT. Rapp. du Cons. d'hyg. du Nord de 1868, page 274. — Id. de 1874, page 30. — CHEVALIER. Ann. d'hyg., tome XVIII, 2e série, page 345. — KNAPP. Chim. techn., trad. de DEBIZE et MÉRIJOT, tome II, page 881. — WURTZ. Dict. de chim. Chaux, par ED. WILLM. — Chaufournier, plâtrier, par M.-D. MAGNIER.

CHIENS (INFIRMERIE DE).

Première classe.

INCONVÉNIENTS

Odeur et bruit.

Cris et hurlements des chiens.

1. Conseils d'hygiène de l'Hérault et du Tarn.
2. Conseil d'hygiène du Nord.

PRESCRIPTIONS

Éloigner ces établissements des centres habités, les entourer de murs.

Rendre imperméable le sol des cours et des chenils avec ruisseaux et pente convenable pour l'écoulement des eaux à l'égout ou à une fosse étanche.

Séparer les fourneaux servant à la préparation des médicaments, des fourneaux destinés à la cuisson des aliments.

Ne jamais conserver d'aliments corrompus.

Renouveler fréquemment la paille des chiens et enlever les fumiers tous les jours.

Avoir un certain nombre de loges isolées et fermées de grilles.

Dans le cas d'emploi de bains sulfureux, dénaturer les eaux avant de les écouler dans le ruisseau.

Faire de fréquents lavages à l'eau chlorurée ou additionnée d'acide phénique.

Consultez : Trébuchet. Rapp. du Cons. d'hyg. de 1859 à 1861, page 175. — Lasnier. Id. de 1862 à 1866, page 533. — Dr Levieux. Rapp. du Cons. d'hyg. de la Gironde de 1853 à 1855, page 533. — Lettre du ministre de l'agriculture et du commerce relative aux infirmeries d'animaux, du 8 septembre 1854.

CHIFFONS (Dépôts de).

Troisième classe.

INCONVÉNIENTS

Odeur des vieux chiffons, papiers, os et peaux de lapins déposés dans ces établissements.

Danger d'incendie par l'accumulation de matières inflammables.

Poussières pendant le triage des chiffons.

PRESCRIPTIONS

Éloigner ces établissements des centres habités bourgeoisement.

Ventiler les ateliers de triage et les magasins par des châssis et des trémies d'aération.

Rendre imperméable le sol des cours, des magasins et ateliers.

Revêtir de plâtre tous les bois apparents, afin de diminuer les chances d'incendie et d'éviter qu'ils ne s'imprègnent d'odeurs.

Conserver les os dans des tonneaux fermés, les recouvrir de noir et les enlever tous les trois jours.

Ne recevoir que des peaux sèches.

Faire de fréquents lavages des murs et du sol à l'eau chlorurée.

Limiter la hauteur des tas de chiffons à 3 mètres, leur largeur à 2 mètres et les séparer par des espaces vides de 50 centimètres [1].

Consultez : THÉBUCHET. Rapp. du Cons. d'hyg. de la Seine de 1849 à 1858, page 351. — LASNIER. Id. de 1862 à 1866, page 297. — Dr DUMAS. Rapp. du Cons. d'hyg. de l'Hérault de 1857 à 1859, page 88. — HERBELIN. Rapp. de la Loire-Inférieure de 1873, page 13. — Dr DEMANGE. Rapp. du Cons. d'hyg. de la Meurthe de 1858 à 1859, page 19. — Dr PILAT. Rapp. du Cons. d'hyg. du Nord de 1868, page 10. — Dr GINTRAC. Rapp. du Cons. d'hyg. de la Gironde de 1869, page 67. — MARTIN-BARBET. Id. de 1874, page 115.

1. Prescription imposée par le Conseil d'hygiène et de salubrité du département de la Gironde.

CHLORE (Fabrication du).

Deuxième classe.

INCONVÉNIENTS

Odeur vive et pénétrante du chlore s'échappant soit ar les fuites, soit en cas de rupture des appareils.

Dégagement par la cheminée de chlore et d'acide hypochloreux non condensé ayant une action nuisible sur la végétation environnante et sur la santé des ouvriers.

Écoulement d'eaux, résidus de fabrication.

PRESCRIPTIONS

Ventiler énergiquement les ateliers, rendre leur sol imperméable, bitumé ou cimenté, paver les cours et fermer les ouvertures sur la voie publique et sur les propriétés voisines.

Faire traverser un lait de chaux ou une dissolution alcaline de soude ou de potasse au chlore non absorbé si on l'emploie à l'état gazeux, ou non condensé si l'on prépare des dissolutions de chlore.

Surmonter les appareils de larges hottes conduisant les gaz et les vapeurs dans les condenseurs et de là à une cheminée élevée à 20 ou 30 mètres, suivant les localités.

Luter avec soin tous les appareils : les bonbonnes en grès, les chaudières en plomb seront lutées à l'eau au moyen d'une cloche en plomb renversée formant fermeture hydraulique; les cylindres ou cuves en lave seront lutés avec du ciment.

Munir les appareils de tubes de sûreté.

Enlever les résidus tous les jours après les avoir neutralisés ou les transformer par les procédés divers employés depuis quelques années.

Conduire les eaux à l'égout.

Avoir toujours dans l'atelier un système prêt à émettre de l'ammoniaque, afin d'annuler l'odeur du chlore.

Tenir à la disposition des ouvriers incommodés par le dégagement du chlore du lait ou des œufs battus dans de l'eau sucrée [1].

Consultez : PAYEN. Chim. indust., tome 1er, page 444. — WURTZ. Dict. de chim. Chlore, par SCHUTZENBERGER. — KNAPP. Chim. tech., traduct. de DEBIZE et MÉRIJOT, page 534. — KUHLMANN. Compt. rend. de l'Acad. des sciences, tome XLVII. — DE FREYCINET. Assain. ind., pages 34 et 145.

CHLORURE DE CHAUX (FABRICATION DU).

1º En grand.
Deuxième classe.

2º Dans des ateliers fabriquant au plus 300 kilog. par jour.
Troisième classe.

INCONVÉNIENTS

Odeur.

Mêmes inconvénients que pour la fabrication du chlore. (Voyez ci-dessus.)

---

1. Moyen proposé par M. Payen.

PRESCRIPTIONS

Les mêmes que pour le chlore ; en outre : enduire de goudron les parois des chambres ou les vernir à l'asphalte.

Luter les portes des chambres avec du ciment ou de l'argile.

Ne laisser pénétrer les ouvriers dans les chambres que lorsqu'elles ont été bien ventilées.

Opérer le mélange et l'embarillage à vases clos. (Voyez *Blanchiment par le chlore.*)

CHLORURES ALCALINS, EAU DE JAVELLE (FABRICATION DES).

Deuxième classe.

(Voyez *Fabrication du chlore et du chlorure de chaux.*) Mêmes inconvénients, mêmes prescriptions.

Consultez : TRÉBUCHET. Rapp. du Cons. d'hyg. de la Seine de 1849 à 1858, page 478. — LASNIER. Id. de 1862 à 1866, page 269. — Id. Rapp. de M. BOUDET du 14 juillet 1865. — DE FREYCINET, pages 34 et 145.

CHROMATE DE POTASSE (FABRICATION DU).

Troisième classe.

INCONVÉNIENTS

Odeur.

Dégagement de gaz nitreux ayant une action nuisible sur la santé des ouvriers chargés de brasser le mélange dans les fours.

Fumée et chaleur des fours à réverbère.

Buées et vapeurs acides pendant la concentration du chromate.

Écoulement d'eaux acides.

La poussière de bichromate attaque énergiquement les membranes muqueuses et les ouvriers employés dans ces établissements sont souvent privés d'une partie des cartilages internes du nez.

PRESCRIPTIONS

Ventiler énergiquement les ateliers, rendre leur sol imperméable.

Condenser les gaz ou les porter dans l'atmosphère par une cheminée élevée à 20 ou 30 mètres.

Opérer la concentration dans des chaudières munies de couvercles et surmontées de larges hottes entraînant les buées à la cheminée.

Neutraliser les eaux avant de les déverser à l'égout, ne jamais jeter au ruisseau de la rue des eaux contenant des chromates en dissolution, ces sels étant vénéneux.

Consultez : TRÉBUCHET. Rapp. du Cons. d'hyg. de 1849 à 1858, page 417. — DELPECH et HILLAIRET. Mémoire sur les accidents auxquels sont soumis les ouvriers employés à la fabrication des chromates. — KNAPP. Chim. techn., trad. de DEBIZE et MÉRIJOT, page 680. — WURTZ. Dict. de chim. Chrome, par H. DEBRAY.

CHRYSALIDES (ATELIERS POUR L'EXTRACTION DES PARTIES SOYEUSES DES).

Première classe.

INCONVÉNIENTS

Odeur fétide et insupportable, occasionnée par l'agglomération des matières animales et la fermentation putride des chrysalides.

Émanations malsaines.

Poussières pendant le battage des cocons.

Écoulement d'eaux chargées de matières animales.

PRESCRIPTIONS

Ventiler énergiquement les ateliers de battage et de débourrage ainsi que les magasins servant de dépôt aux cocons, rendre leur sol imperméable.

Enlever tous les jours les chrysalides mortes et les résidus provenant de l'exploitation, et les transporter dans les terres à 300 mètres au moins des habitations, défendre d'en nourrir les animaux domestiques.

Écouler souterrainement les eaux à l'égout ou à la rivière ou les répandre dans les champs.

Consultez : DE FREYCINET. Assain. ind., page 156. — Dr DUMAS. Rapp. du Cons. d'hyg. de l'Hérault de 1857 à 1859, page 96.

CIRE A CACHETER (FABRICATION DE LA).

Troisième classe.

INCONVÉNIENTS

Danger d'incendie.

Odeur pendant la fusion des résines et des baumes employés pour parfumer la cire.

PRESCRIPTIONS

Construire l'atelier en matériaux incombustibles, ou tout au moins revêtir de plâtre ou de mortier les bois apparents, le bien ventiler.

Placer l'ouverture des foyers en dehors de l'atelier ; garnir les fourneaux d'un bord élevé pour retenir les produits liquéfiés qui pourraient s'échapper au moment de l'ébullition.

Munir les chaudières de couvercles et les surmonter de hottes mobiles, s'abaissant jusque sur le fourneau.

Isoler et éloigner de l'atelier de fabrication le magasin servant de dépôt aux produits fabriqués et aux matières premières, résines, colophane, gomme laque.

Élever la cheminée à 3 mètres au-dessus des cheminées voisines, dans un rayon de 50 mètres.

Consultez : Trébuchet. Rapp. du Cons. d'hyg. de la Seine de 1849 à 1858, page 379.

COCHENILLE AMMONIACALE (Fabrication de la).
Troisième classe.

INCONVÉNIENTS

Odeur.

Dégagement de gaz ammoniac pendant la concentration de la dissolution de cochenille dans l'ammoniaque.

PRESCRIPTIONS

Ventiler l'atelier, luter avec soin les vases contenant la cochenille moulue et l'ammoniaque.

Opérer la concentration en vases clos et placer les chaudières sous des hottes conduisant le gaz ammoniac dans une cheminée élevée à hauteur des souches des cheminées voisines, ou le condenser dans de l'acide sulfurique dilué.

COCONS.

1º Traitement des frisons de cocons.

Deuxième classe.

INCONVÉNIENTS

Altération des eaux.

Ecoulement des eaux de macération chargées de gomme et de matières animales.

Buées abondantes s'échappant des chaudières dans l'opération du dégommage.

PRESCRIPTIONS

Ventiler les ateliers, rendre leur sol imperméable.

Surmonter les chaudières de hottes conduisant les buées au dehors de l'atelier et prendre les dispositions nécessaires pour ne pas en incommoder le voisinage.

Conduire les eaux souterrainement à l'égout ou à la rivière.

Consultez : Dr DUMAS. Rapp. du Cons. d'hyg. de l'Hérault de 1857 à 1859, page 97. — DE FREYCINET. Assain. ind., page 156. — ALCAN. Essai sur l'industrie des matières textiles. — Technologiste, tome XXIV. Mode de traitement de la bourre et des déchets de soie.

2º Filature de cocons.

(Voir *Filatures.*)

COKE (Fabrication du).

1º En plein air ou en fours non fumivores.

Première classe.

INCONVÉNIENTS

Fumée et poussière.

Fumée épaisse et abondante, surtout au commencement de l'opération, dégagement d'acide sulfureux.

Poussières et buées abondantes au moment du déchargement des fours, surtout si l'on éteint le coke en plein air.

PRESCRIPTIONS

Si l'on opère par le procédé des meules ou dans des fours non fumivores, n'autoriser qu'à une grande distance des habitations et en rase campagne.

Conduire les gaz et les produits de la combustion à une cheminée centrale élevée à 30 ou 40 mètres de hauteur.

2º En fours fumivores.

Deuxième classe.

INCONVÉNIENTS

Poussière et buées abondantes au moment du déchargement des fours et lors de l'extinction du coke.

PRESCRIPTIONS

Élever la cheminée à 20 ou 30 mètres, suivant la localité.

Éteindre le coke en vases clos, dans des ateliers bien

ventilés, n'ayant pas d'ouvertures sur la voie publique ni sur les propriétés voisines.

Ne jamais éteindre le coke en plein air, si la poussière peut incommoder le voisinage.

Consultez : Lasnier. Rapp. du Cons. d'hyg. de 1862 à 1866, page 218. — Dr Dumas. Rapp. du Cons. d'hyg. de l'Hérault de 1857 à 1859, page 133. — Knapp. Chim. techn., trad. de Debize et Mérijot, tome Ier, page 265.

COLLE-FORTE (Fabrication de la).

Première classe.

INCONVÉNIENTS

Odeur, altération des eaux.

Odeur des matières premières employées, os, rognures et raclures de peaux, tendons de bœufs, etc.

Buées abondantes et émanations insalubres pendant la fabrication.

Odeur des résidus, marcs de colle.

Écoulement d'eaux insalubres.

PRESCRIPTIONS

Ventiler énergiquement les ateliers en les surmontant de lanternons à lames de persiennes, rendre leur sol imperméable, paver les cours.

Traiter par la chaux, dans les cuves à macération, les matières premières, aussitôt leur arrivée à la fabrique.

Construire ces cuves en maçonnerie et non en bois, les munir de couvercles.

Recouvrir de plâtre tous les bois apparents, pour qu'ils ne s'imprègnent pas d'odeur, et faire de fréquents lavages à l'eau chlorurée.

Munir les chaudières de couvercles et les surmonter de hottes entraînant les buées à la cheminée qui aura 20 ou 30 mètres d'élévation, suivant les localités.

Garnir les ruisseaux de grilles pour retenir les débris de toute nature et écouler souterrainement à l'égout les eaux tamisées et désinfectées par le chlorure de chaux ou le sulfate de fer.

Enlever tous les jours, et les porter aux fabriques d'engrais, les résidus de toute nature, marcs de colle, etc., après les avoir traités par la chaux ou le sulfate de fer pour les désinfecter.

Enfermer les os dans des tonneaux, les saupoudrer de charbon et les enlever deux fois par semaine.

Construire l'étuve en matériaux incombustibles, avec porte en fer.

Interdire toute fabrication d'engrais.

Consultez : TRÉBUCHET. Rapp. du Cons. d'hyg. de la Seine de 1849 à 1858, page 342. — LASNIER. Id. de 1862 à 1866, page 193. — Dr DEMANGE. Rapp. du Cons. d'hyg. de la Meurthe de 1858 à 1859, page 124. — GEHIN. Rapp. du Cons. d'hyg. de la Moselle de 1863 à 1866, page 295. — Dr PILAT. Rapp. du Cons. d'hyg. du Nord de 1860, page 63; de 1870, page 165. — MARTIN-BARBET. Rapp. du Cons. d'hyg. de la Gironde de 1874, page 80. — DE FREYCINET. Assain. ind., page 41.

COMBUSTION DES PLANTES MARINES DANS LES ÉTABLISSEMENTS PERMANENTS.

Première classe.

INCONVÉNIENTS

Odeur et fumée.

Dégagement de vapeurs d'iode, de brôme, d'acide sulfureux, ayant une action nuisible sur la végétation environnante.

Odeur et émanations des varechs pendant leur dessiccation.

Fumée épaisse, danger d'incendie.

PRESCRIPTIONS

N'autoriser ces établissements qu'à une grande distance des habitations et des dépôts de matières combustibles, surtout si l'on calcine dans des fosses ouvertes.

Si l'on opère la combustion dans des fosses fermées ou dans des cylindres (en vases clos), élever la cheminée à 30 ou 40 mètres, suivant la localité.

N'autoriser la calcination en fosses que lorsque les récoltes sont rentrées.

Entourer l'établissement de murs élevés, destinés à abriter les fosses de l'action du vent.

CONSTRUCTION (ATELIERS DE). (Voir *Machines et wagons.*)

CORDES A INSTRUMENTS EN BOYAUX (FABRICATION DE). (Voir *Boyauderies.*)

CORROIERIES.
Deuxième classe.

INCONVÉNIENTS

Odeur des dégras et émanations des eaux de macération.

Écoulement d'eaux insalubres.

Danger du feu par l'étuve.

Bruit des tables à rebrousser, incommode pour le voisinage.

PRESCRIPTIONS

Ventiler les ateliers, rendre leur sol imperméable, ainsi que le sol des cours.

Écouler les eaux de macération à l'égout en interposant des grilles pour recueillir les rognures de peaux.

Construire les cuves en maçonnerie, les enduire en ciment.

Enlever les rognures et les débris organiques tous les deux jours.

Éloigner les tables à rebrousser des murs mitoyens.

Construire l'étuve en matériaux incombustibles, avec porte en fer.

Ne brûler ni rognures de peaux ni débris de tonneaux ayant contenu des huiles ou des dégras.

Élever la cheminée à hauteur des cheminées voisines, dans un rayon de 100 mètres.

Ne pas fabriquer de dégras dans l'établissement.

Consultez : TRÉBUCHET. Rapp. du Cons. de 1849 à 1858, page 333. — LASNIER. Id. de 1862 à 1866, page 208. — Dr DUMAS. Rapp. du Cons. d'hyg. de l'Hérault de 1857 à 1859, page 145. — Dr PILAT. Rapp. du Cons. d'hyg. du Nord de 1867, page 39. — HERBELIN. Rapp. du Cons. d'hyg. de la Loire-Inférieure de 1873, page 12. — Corroyeur, par J. DE FONTENELLE et F. MALEPEYRE.

COTON et coton gras (Blanchisserie des déchets de).

Troisième classe.

INCONVÉNIENTS

Altération des eaux.

Écoulement des eaux de lavage.

Buées abondantes, odeur et danger d'incendie par l'amas de matières grasses.

PRESCRIPTIONS

Construire en matériaux incombustibles, ou tout au moins sans bois apparents, les magasins servant de dépôt aux déchets de coton, les ventiler par des cheminées d'aération.

Ventiler les ateliers de blanchissage, les disposer en forme de hotte et diriger les buées au dehors ou dans une cheminée d'aération, rendre leur sol imperméable et conduire souterrainement les eaux de savon à l'égout, ou les recueillir dans des tonneaux fermés si l'on doit en extraire les huiles et les matières grasses. Ne jamais les déverser dans les cours d'eau servant aux usages domestiques.

Construire l'étuve en matériaux incombustibles, avec porte en fer.

(Voyez *Blanchiment*.

Voyez aussi *Sulfure de carbone et dégraissage*.)

CRETONS (Fabrication de). (Voyez *Suif en branches*.)

CRINS (Teinture des). (Voyez Prescriptions imposées aux teintureries.)

CRINS et soies de porc (Préparation des) sans FERMENTATION.

Deuxième classe.

INCONVÉNIENTS

Odeur des crins et soies souillés par des matières animales.

10

Poussières pendant le battage et le triage.

Buées abondantes et odorantes.

Danger d'incendie par l'étuve.

Écoulement d'eaux de lavage.

PRESCRIPTIONS

Ventiler énergiquement les ateliers, rendre leur sol imperméable, afin de faciliter les lavages et l'écoulement des eaux.

Opérer mécaniquement et en vases clos le battage des crins et diriger les poussières sur un foyer incandescent.

Fermer les ouvertures sur la voie publique et sur les propriétés voisines.

Surmonter les cuves de débouillage de larges hottes entraînant les buées à la cheminée élevée de 5 mètres au-dessus des cheminées voisines, dans un rayon de 100 mètres.

Construire l'étuve en matériaux incombustibles, avec porte en fer et foyer en dehors.

Conduire souterrainement à l'égout les eaux de lavage et de macération.

Ventiler par une cheminée d'appel les magasins servant de dépôt aux ballots de crin.

Consultez : TRÉBUCHET. Rapp. du Cons. d'hyg. de la Seine de 1849 à 1858, page 348. — Id. de 1859 à 1861. Rapp. du Dr VERNOIS sur les maladies des ouvriers brossiers, pages 78 et suiv.

CRISTAUX (FABRICATION DE). (Voir *Verreries*.)

CUIRS VERNIS (Fabrication de).

Première classe.

INCONVÉNIENTS

Odeur et danger d'incendie.
Poussières pendant l'apprêtage des peaux.
Odeur des cuirs et du vernis.
Danger d'incendie par l'étuve et par la cuisson des huiles et la préparation du vernis.

PRESCRIPTIONS

N'autoriser ces établissements qu'à une grande distance des habitations, surtout si l'on prépare le vernis.

Ventiler les ateliers de ponçage et d'apprêtage des peaux, rendre le sol imperméable.

Isoler l'étuve et l'éloigner des autres ateliers, la construire en matériaux incombustibles, avec porte en fer; recouvrir les conduites de chaleur de grillages métalliques et élever la cheminée d'aération de l'étuve à 20 ou 30 mètres.

Écouler les eaux à l'égout.

Isoler et éloigner des autres ateliers le magasin servant de dépôt aux vernis, le construire en matériaux incombustibles, le bien ventiler, l'éclairer par la lumière du jour, et disposer le sol en cuvette.

Si l'on fabrique le vernis, isoler l'atelier de fabrication, le construire en matériaux incombustibles, avec sol en cuvette, placer l'ouverture des foyers en dehors, munir les chaudières de couvercles et les surmonter de hottes mobiles pouvant s'abaisser jusque sur le fourneau.

Avoir une provision de sable en cas d'incendie.

Élever la cheminée à 20 ou 30 mètres, suivant la localité.

Dans certains cas, n'autoriser la cuisson des huiles et du vernis que la nuit.

Consultez : TRÉBUCHET. Rapp. du Cons. d'hyg. de la Seine de 1849 à 1858, page 390. — Id. de 1859 à 1861, page 248. — LASNIER. Id. de 1862 à 1866, page 207. — Fabricant de vernis, par RIFFAUD et VERGNAUD. — Technologiste, tome XXV, page 302.

CUIRS VERTS ET PEAUX FRAICHES (DÉPOTS DE).

Deuxième classe.

INCONVÉNIENTS

Odeur infecte et désagréable occasionnée par la fermentation et l'écoulement d'eaux sanguinolentes.

PRESCRIPTIONS

Ventiler par des cheminées d'aération les hangars ou magasins servant de dépôt aux cuirs, rendre leur sol imperméable, écouler souterrainement à l'égout les eaux sanguinolentes, ou les recueillir dans des vases étanches et les enlever tous les jours.

Préserver les murs mitoyens par des contre-murs ou des enduits en ciment. (Art. 674 du code Napoléon.)

Recouvrir de peinture ou de plâtre tous les bois apparents, pour qu'ils ne s'imprègnent pas d'odeur, et faire de fréquents lavages à l'eau chlorurée.

Placer au centre du magasin un vase rempli de chlorure de chaux.

Ne pas conserver de cuirs verts ou de peaux fraîches plus de 24 heures en été et 48 heures en hiver.

Consultez : Trébuchet. Rapp. du Cons. d'hyg. de 1849 à 1858, page 330. — Lasnier. Id. de 1862 à 1866, page 207. — Dr Pilat. Rapp. du Cons. d'hyg. du Nord de 1867, pages 43 et 192. — Dr Gintrac. Rapp. du Cons. d'hyg. de la Gironde de 1859 à 1861, page 166. — Martin-Barbet. Id. de 1870 à 1871, page 188.

CUIVRE (Dérochage du) par les acides.

Troisième classe.

INCONVÉNIENTS

Odeur et émanations nuisibles.
(Voir *Dorure et argenture.*)

CUIVRE (Fonte du). (Voir *Fonderies.*)

CYANURE DE POTASSIUM et bleu de prusse (Fabrication de).

1o Par la calcination directe des matières animales avec la potasse.

Première classe.

INCONVÉNIENTS

Odeur.
(Voir *Carbonisation des matières animales.*)
Mêmes inconvénients, mêmes prescriptions.

2° Par l'emploi de matières préalablement calcinées en vases clos.

Deuxième classe.

INCONVÉNIENTS

Odeur.

Dégagement d'ammoniac, émanations malsaines.
Buées et vapeurs pendant la cristallisation.
Écoulement d'eaux de fabrication.

PRESCRIPTIONS

Ventiler énergiquement les ateliers, rendre leur sol imperméable.

Condenser ou brûler tous les gaz qui s'échappent des cornues et des fours en les ramenant sous les foyers.

Munir de couvercles les chaudières servant à la concentration des lessives, les surmonter de hottes entraînant les gaz et les buées dans la cheminée qui aura 20 ou 30 mètres d'élévation, suivant la localité.

Écouler les eaux souterrainement à l'égout.

Enlever tous les jours les résidus provenant du lessivage.

Consultez : Trébuchet. Rapp. du Cons. de 1849 à 1858, page 420. — Id. de 1859 à 1861, page 177. — Wurtz. Dict. de chim. Cyanures de fer. — Knapp. Chim. technol., trad. de Debize et Mérijot, tome II, page 641.

CYANURE ROUGE DE POTASSIUM OU PRUSSIATE ROUGE DE POTASSE.

Troisième classe.

INCONVÉNIENTS

Émanations nuisibles.
Dégagement de chlore.

Buées et vapeurs pendant la concentration et la cristallisation, si l'on opère par voie humide.

Dangers d'empoisonnement.

PRESCRIPTIONS

Ventiler énergiquement les ateliers, rendre leur sol imperméable.

Opérer la réaction du chlore sur le prussiate jaune sous des hottes et condenser le chlore qui s'échappe des cuves.

Concentrer les dissolutions dans des chaudières munies de couvercles et diriger les buées à la cheminée.

Écouler les eaux à l'égout.

Si l'on opère par voie sèche, faire arriver le chlore dans des chambres closes et bien fermées, diriger le chlore non absorbé dans des condenseurs ou à une cheminée élevée de 20 ou 30 mètres.

Disposer dans l'atelier un appareil à ammoniac pour annuler l'effet du chlore.

Consultez : Dr PILAT. Rapp. du Cons. d'hyg. du Nord de 1863, page 147. — KNAPP. Chim. techn., trad. de DEBIZE et MÉRIJOT, tome II, page 685.

DÉBRIS D'ANIMAUX (DÉPOTS DE). (Voir *Chairs.*)

DÉCHETS DE MATIÈRES FILAMENTEUSES
(DÉPOTS DE) EN GRAND DANS LES VILLES.
Troisième classe.

INCONVÉNIENTS

Danger d'incendie.

Inflammation spontanée des produits emmagasinés.

PRESCRIPTIONS

Construire ces dépôts en matériaux incombustibles,
ou tout au moins revêtir de plâtre ou de mortier tous
les bois apparents, les bien ventiler au moyen de cheminées d'aération de 50 centimètres sur 30 centimètres
et élevées à 3 mètres au-dessus des souches de cheminées voisines, dans un rayon de 50 mètres [1].

Garnir les ouvertures et les cheminées d'aération de
toiles métalliques à mailles serrées.

Interdire le travail de nuit et défendre de pénétrer
le soir, sous aucun prétexte, dans lesdits magasins avec
de la lumière.

Consultez : Dr PILAT. Rapp. du Cons. d'hyg. du Nord de 1867, page
114; de 1868, page 152; de 1869, pages 31 et 33; de 1874, page 38.

DÉGRAS OU HUILE ÉPAISSE A L'USAGE DES CHAMOISEURS ET CORROYEURS (FABRICATION DE).

Première classe.

INCONVÉNIENTS

Danger d'incendie.

Odeur des matières premières emmagasinées, suif
brun, huile de poisson, etc., et des buées et vapeurs
s'échappant des chaudières.

---

1. Condition proposée par le Conseil d'hygiène et de salubrité du
département du Nord.

PRESCRIPTIONS

Construire les ateliers en matériaux incombustibles, ou tout au moins revêtir de plâtre ou de mortier les bois apparents, les bien ventiler en les surmontant de lanternons à lames de persiennes, rendre leur sol imperméable.

Placer l'ouverture des foyers en dehors des ateliers.

Munir les chaudières de couvercles et les surmonter de larges hottes dirigeant les buées et les vapeurs à la cheminée qui aura 20 ou 30 mètres d'élévation, suivant la localité.

Ne brûler dans les foyers aucun résidu ni débris de tonneaux ayant contenu des matières grasses.

Enlever les résidus tous les jours.

Emmagasiner les matières premières et les produits fabriqués dans un local isolé et séparé des ateliers.

Consultez : TRÉBUCHET. Rapp. du Cons. d'hyg. de la Seine de 1849 à 1858, page 371. — Dr PILAT. Rapp. du Cons. d'hyg. du Nord de 1869, page 34.

DÉGRAISSAGE DES TISSUS ET DÉCHETS DE LAINE PAR LES HUILES DE PÉTROLE ET AUTRES HYDROCARBURES.

Première classe.

INCONVÉNIENTS

Odeur, danger d'incendie et d'explosion.
Vapeurs très-inflammables et délétères.

PRESCRIPTIONS

Dans le cas du nettoyage à sec des tissus par un

trempage dans la benzine, opérer sous des hangars bien ventilés et construits en matériaux incombustibles, avec sol en cuvette pour recueillir les liquides répandus dans une citerne étanche.

Placer les cuves de trempage sous de larges hottes, les munir de couvercles et les fermer hermétiquement quand l'opération du trempage est terminée.

Ne jamais pénétrer avec une lumière dans les ateliers.

Pour l'emmagasinement des matières premières, se conformer au décret du 19 mai 1873.

Si l'on fait la rectification de la benzine... (Voyez *Distillation des hydrocarbures.*)

Le dégraissage des déchets de laine, déchets de filature, se fait par des procédés analogues à l'extraction des graisses par le sulfure de carbone. Voici du reste les conditions proposées récemment (1874) par le conseil d'hygiène et de salubrité du département du Nord pour un établissement de cette nature à Tourcoing :

Le bâtiment de l'usine sera isolé, établi à 8 mètres du mur de clôture et entièrement construit en matériaux incombustibles.

Le générateur sera placé à 5 mètres au moins du bâtiment de l'usine.

Les appareils extracteurs et distillatoires seront en métal épais et entretenus toujours parfaitement étanches.

Ils plongeront dans d'autres vases en tôle plus grands, contenant de l'eau et fermés au-dessus.

Tous les appareils porteront à la partie inférieure un tuyau fermé par une soupape fusible à 100 degrés et communiquant avec une citerne située au dehors de l'atelier.

Cette citerne devra toujours être remplie d'acide carbonique, être en tôle, entourée d'une maçonnerie cimentée.

L'éclairage de l'atelier se fera par des lampes placées en dehors, et séparées de l'intérieur par des châssis dormants.

Les eaux de condensation du générateur pourront seules s'écouler au dehors.

Pour la réserve de la benzine, on se conformera aux sept paragraphes de l'art. 5 du décret du 19 mai 1873, qui régit la matière, avec obligation expresse, pour les demandeurs, de conserver l'hydrocarbure dans des vases en métal.

Consultez : Henniot. Rapp. du Cons. d'hyg. de la Meuse de 1864 à 1868, page 57. — Dr Pilat. Rapp. du Cons. d'hyg. du Nord de 1874, page 39.

DÉROCHAGE DU CUIVRE. (Voir *Dorure et Argenture.*)

DISTILLERIES EN GÉNÉRAL, EAU-DE-VIE, GENIÈVRE, KIRSCH, ABSINTHE ET AUTRES LIQUEURS ALCOOLIQUES.

Troisième classe.

INCONVÉNIENTS

Danger d'incendie.
Odeurs et vapeurs alcooliques.

PRESCRIPTIONS

Éloigner le laboratoire des magasins à liqueurs et à esprit, le bien ventiler, le construire en matériaux incombustibles, rendre le sol imperméable et le disposer en cuvette avec seuil élevé pour éviter la dispersion au dehors des liquides répandus.

Placer en dehors du laboratoire l'ouverture des foyers ou tout au moins les éloigner des réfrigérants.

Conduire souterrainement les eaux à l'égout et enlever les résidus comme engrais dans des tonneaux fermés.

Éclairer le laboratoire par la lumière du jour, n'y jamais pénétrer avec une lumière.

Élever la cheminée à hauteur des cheminées voisines dans un rayon de 100 mètres.

Construire en matériaux incombustibles le magasin aux alcools et aux liqueurs fabriqués, l'éclairer par la lumière du jour et n'y jamais pénétrer avec une lumière. Avoir en provision une certaine quantité de sable en cas d'incendie.

Les liquoristes sont souvent autorisés à établir leur laboratoire dans une arrière-boutique, à la condition de n'avoir qu'un ou deux alambics. La cloison séparative peut être vitrée dans la partie supérieure, mais à hauteur de 1 mètre du sol; elle doit être en matériaux incombustibles et le sol doit toujours être en cuvette avec seuil élevé de 15 à 20 centimètres, le laboratoire bien ventilé, les eaux conduites souterrainement à l'égout et les bois apparents revêtus de plâtre ou de mortier.

Consultez : TRÉBUCHET. Rapp. du Cons. d'hyg. de la Seine de 1849 à 1858, page 465. — Dr GINTRAC. Rapp. du Cons. d'hyg. de la Gironde de 1859 à 1861, page 127. — Id. de 1861 à 1863, page 160.

DORURE ET ARGENTURE SUR MÉTAUX.

Troisième classe.

INCONVÉNIENTS

Émanations nuisibles et dégagement de vapeurs nitreuses pendant l'opération du dérochage; écoulement d'eaux acides.

Si l'on fait la dorure au mercure, émanations nuisibles et dangereuses pour la santé des ouvriers.

PRESCRIPTIONS

Ventiler l'atelier de dérochage, fermer les ouvertures sur la voie publique et sur les propriétés voisines, rendre le sol imperméable et écouler les eaux souterrainement à l'égout après les avoir neutralisées par du carbonate de chaux.

Faire l'opération du dérochage sous une hotte dont le tirage sera activé par un fourneau d'appel et fermer la hotte par un rideau vitré s'abaissant jusque sur le fourneau.

Élever le tuyau d'évacuation des gaz à 3 mètres en contre-haut des cheminées voisines, dans un rayon de 100 mètres.

Dorure au mercure. — Recouvrir les fourneaux d'amalgamation et de volatilisation du mercure d'une hotte munie d'un châssis mobile, et communiquant avec une cheminée d'appel élevée en contre-haut de 5 mètres des cheminées voisines, dans un rayon de 100 mètres.

Faire porter aux ouvriers des gants en caoutchouc ou en gutta-percha.

Dorure à la pile. — Placer les piles sous une hotte fermée en communication avec une cheminée d'appel.

Surmonter de larges hottes les cuves de trempage.

Consultez : TRÉBUCHET. Rapp. du Cons. d'hyg. de la Seine de 1849 à 1858, page 504. — LASNIER. Id. de 1862 à 1866, page 272. — LABOULAYE. Dict. des arts et manuf. complém. Arts insalubres, par GROUVELLE. — Dorure et argenture sur métaux, par MATHEY et MAIGNE. — DE FREYCINET. Assain. ind., page 114.

EAU DE JAVELLE (Fabrication d'). (Voir *Chlorures alcalins.*)

EAU-DE-VIE. (Voir *Distilleries*).

EAU-FORTE (Voir *Acide nitrique.*)

EAUX GRASSES (Extraction, pour la fabrication du savon et autres usages, des huiles contenues dans les).

1º En vases ouverts.

Première classe.

2º En vases clos.

Deuxième classe.

INCONVÉNIENTS

Odeur, danger d'incendie.

Odeur des eaux grasses et pendant la fonte des graisses en vases ouverts.

Buées abondantes et nauséabondes.

Dégagement d'acide sulfureux par la saponification à l'acide sulfurique.

Écoulement d'eaux insalubres.

Moins d'inconvénients en vases clos par la vapeur surchauffée.

PRESCRIPTIONS

Si l'on n'opère pas en vases clos, éloigner ces établissements à une grande distance des habitations.

Construire les ateliers en matériaux incombustibles, les bien ventiler, rendre le sol imperméable.

Traiter les eaux grasses aussitôt leur arrivée à l'établissement.

Munir les chaudières de couvercles et les surmonter de larges hottes entraînant les buées et les vapeurs dans une cheminée élevée à 20 ou 30 mètres, suivant la localité.

Placer l'ouverture des foyers en dehors de l'atelier.

Déverser à l'égout les eaux de décantation ou les enlever tous les jours, ainsi que les résidus.

Ne brûler ni résidus ni débris de tonneaux imprégnés de graisse.

Si l'on opère en vases clos, mêmes prescriptions, mais l'établissement peut être plus rapproché des habitations.

Si l'on fait la distillation des graisses... (Voyez *Préparation de l'acide stéarique par distillation.*)

Consultez : TRÉBUCHET. Rapp. du Cons. d'hyg. de la Seine de 1849 à 1858, page 361. — Dict. de chim. ind. de BARRESWIL et GIRARD, tome II, page 214.

EAUX SAVONNEUSES DES FABRIQUES. (Voir *Huiles extraites des débris d'animaux.*)

ÉCHAUDOIRS.

1° Pour la préparation industrielle des débris d'animaux.

Première classe.

INCONVÉNIENTS

Odeur occasionnée par l'amoncellement de débris de toute nature, os, pieds, têtes, peaux, etc.

Buées abondantes et nauséabondes.

Écoulement d'eaux sanguinolentes et putrescibles.

Odeur des eaux grasses.

PRESCRIPTIONS

Ventiler énergiquement les ateliers, rendre le sol imperméable, dallé, bitumé ou cimenté, paver les cours avec ruisseaux et pente convenable pour l'écoulement souterrain des eaux à l'égout.

Peindre à l'huile ou recouvrir de plâtre les bois apparents, afin qu'ils ne s'imprègnent pas d'odeurs.

Daller, ou enduire les murs en ciment à hauteur de 2 mètres.

Traiter les matières premières aussitôt leur arrivée à l'établissement pour en séparer les os, les cornes, le poil et la peau.

Faire la cuisson dans des chaudières munies de couvercles et surmontées de larges hottes entraînant les buées et les vapeurs à une cheminée élevée à 20 ou 30 mètres, suivant la localité.

Construire en matériaux incombustibles, avec porte en fer, les séchoirs pour la laine et les os sortant du débouillage.

Déposer les os préalablement séchés dans un endroit sec et les recouvrir de noir. Ne brûler dans les foyers ni os, ni corne, ni débris d'aucune sorte.

Enlever fréquemment les peaux traitées par l'eau de chaux pour la séparation de la laine, les os, les cornes, les viandes cuites, les eaux grasses, etc.

Avoir l'eau en abondance, faire de fréquents lavages du sol des ateliers et des cours à l'eau chlorurée.

2º Pour la préparation des parties d'animaux propres à l'alimentation.

Troisième classe.

INCONVÉNIENTS

Odeur.

Écoulement des eaux de lavage.

PRESCRIPTIONS

Ne recevoir que des abats frais ayant subi à l'abattoir une première préparation et débarrassés de toutes les parties impropres à l'alimentation.

Bien ventiler les ateliers par des cheminées d'aération, rendre leur sol imperméable, dallé ou cimenté, ainsi que le sol des cours.

Enduire les murs en ciment à une hauteur de $1^m,50$ à 2 mètres, ou les revêtir de dalles.

Peindre à l'huile les bois apparents.

Écouler souterrainement les eaux à l'égout et avoir l'eau en abondance pour faire de fréquents lavages.

Munir les chaudières de couvercles et les surmonter de larges hottes entraînant les buées à la cheminée qui sera élevée à hauteur des cheminées voisines dans un rayon de 50 mètres.

11

Enlever tous les jours les os, les déchets et les eaux grasses.

(Voyez à l'Appendice l'ordonnance concernant les débits de triperie dans Paris.)

Consultez : TRÉBUCHET. Rapp. du Cons. d'hyg. de 1849 à 1858, page 324. — Id. de 1859 à 1861, page 173. — LASNIER. Id. de 1862 à 1866, page 175.

ÉMAIL (APPLICATION DE L') SUR LES MÉTAUX.

Troisième classe.

ÉMAUX (FABRICATION D') AVEC FOURS NON FUMIVORES.

Troisième classe.

INCONVÉNIENTS

Fumée produite par les fours et les moufles, danger d'incendie.

Poussières vénéneuses et bruit pendant le broyage du silex et des émaux.

PRESCRIPTIONS

Élever la cheminée à 5 mètres en contre-haut des cheminées voisines, dans un rayon de 100 mètres.

Prescrire dans certains cas l'usage exclusif du coke et la construction d'un tambour en tôle pour retenir les flammèches et les escarbilles.

Avoir un tuyau de fumée spécial pour les moufles, et prendre les dispositions nécessaires pour ne pas incommoder par la chaleur les habitants des étages traversés par ce conduit: l'établir de préférence à l'extérieur.

Faire le broyage du silex, du feldspath, des émaux en vases clos ou sous l'eau.

Appliquer la poussière d'émail sous l'eau ou sous des hottes vitrées au moyen de tamis couverts.

Ventiler les ateliers de haut en bas.

Placer les meules et les pilons à une assez grande distance des habitations voisines pour ne pas incommoder le voisinage par le bruit et la poussière.

Aérer l'atelier des fours, afin que les ouvriers ne soient pas incommodés par la chaleur, et prendre les précautions d'usage pour éviter tout danger d'incendie.

Consultez : TRÉBUCHET. Rapp. du Cons. d'hyg. de la Seine de 1849 à 1858, pages 313 et suiv. — DE FREYCINET. Assain. ind., pages 49 et 86. — SALVÉTAT. Chim. techn. — Claudius POPELIN. L'Art de l'émail. — Peinture sur émail, par REBOULLEAU et MAGNIER.

ENCRE D'IMPRIMERIE (FABRIQUES D').

Première classe.

INCONVÉNIENTS

Odeur, danger d'incendie.

Mêmes prescriptions que pour la cuisson des huiles en vases ouverts.

Consultez : TRÉBUCHET. Rapp. du Cons. d'hyg. de la Seine de 1849 à 1858, page 392. — LABOULAYE. Dict. des arts et manuf. — Fabricant d'encre, par DE CHAMPOUS et MALEPEYRE. — Technologiste, tomes XXIV et XXIX.

ENGRAIS (FABRICATION DES) AU MOYEN DES MATIÈRES ANIMALES.

Première classe.

INCONVÉNIENTS

Odeur.

Expansion au loin d'exhalaisons insalubres.

Décomposition et fermentation putride des matières animales, dégagement d'ammoniac, d'hydrogène sulfuré, etc.

PRESCRIPTIONS

N'autoriser ces établissements qu'à une grande distance des habitations.

Clore la fabrique de murs et l'entourer d'arbres.

Désinfecter les matières premières aussitôt leur arrivée à la fabrique, suivant la nature de ces matières, soit par les résidus des fabriques de produits chimiques, soit par le sulfate de fer ou de zinc, soit par le chlorure de chaux, la chaux, le charbon, etc.

Convertir de suite les matières en engrais en les associant à des proportions convenables de terreau, de sumac ou d'autres matières absorbantes plus ou moins fertilisantes.

Faire les mélanges et les manipulations sous des hangars fermés et ventilés par de hautes cheminées d'aération ou par des lanternons à lames de persiennes, rendre imperméable le sol des ateliers, paver les cours et construire les fosses en matériaux imperméables, les enduire en ciment.

Faire de fréquents lavages à l'eau chlorurée du sol des ateliers et des vases et tonneaux ayant servi au transport des matières premières.

Conduire les eaux souterrainement à l'égout.

Élever la cheminée à 30 mètres.

Consultez : Trébuchet. Rapp. du Cons. d'hyg. du départ. de la Seine de 1849 à 1858, page 110. — Id. de 1859 à 1861, page 248. — Lasnier. Id. de 1862 à 1866, page 199. — Dr Levieux. Rapp. du Cons. d'hyg. de la Gironde de 1855, page 32. — Dr Gintrac. Id. de 1863, page 105. — Martin-Barbet. Id. de 1872, page 32. — Dr Pilat. Rapp. du Cons. d'hyg. du Nord de 1874, page 60.

ENGRAIS (Dépots d') au moyen des matières provenant de vidanges ou de débris d'animaux.

1º Non préparés ou en magasin non couvert.
Première classe.

2º Desséchés ou désinfectés et en magasin couvert, quand la quantité excède 25 000 kilogrammes.
Deuxième classe.

3º Les mêmes, quand la quantité est inférieure à 25 000 kilogrammes.
Troisième classe.

INCONVÉNIENTS

Odeur, expansion au loin d'exhalaisons insalubres, décomposition et fermentation putride des matières animales, dégagement d'ammoniaque, d'hydrogène sulfuré, etc.

PRESCRIPTIONS

Dans le premier cas, n'autoriser qu'à une très-grande distance des habitations, clore le dépôt de murs ou de palissades, l'entourer d'arbres.

Si l'engrais est liquide, le déposer dans des bassins en matériaux imperméables ; s'il est solide, sur un sol imperméable, afin d'empêcher l'infiltration des eaux dans les terres.

Mélanger des matières désinfectantes, suivant la nature de l'engrais en dépôt.

Dans le second cas, recouvrir les bassins par des

hangars clos et surmontés de larges trémies d'aération plus ou moins élevées, suivant la localité.

Si la quantité est inférieure à 25 000 kilogrammes, rendre imperméable le sol des magasins servant de dépôt, fermer les ouvertures sur la voie publique et sur les voisins, ventiler le dépôt par des cheminées d'aération montant à hauteur des cheminées voisines dans un rayon de 100 mètres, et pratiquer des ouvreaux en bas des murs.

S'il y a habitation mitoyenne, construire un contre-mur ou tout au moins enduire le mur mitoyen en ciment. (Art. 188 de la coutume de Paris, art. 674 du code Napoléon.)

Enfermer l'engrais dans des sacs ou des tonneaux et ne se livrer à aucune manipulation dans l'intérieur du dépôt.

Consultez : TRÉBUCHET. Rapp. du Cons. d'hyg. de la Seine de 1849 à 1858, page 109. — Id. de 1859 à 1861, page 250. — LASNIER. Id. de 1862 à 1866, page 204. — Dᵣ LEVIEUX. Rapp. du Cons. d'hyg. de la Gironde de 1857 à 1859, page 19. — GINTRAC. Id. de 1861 à 1863, page 99. Rapp. de M. JEANNEL sur le classement des dépôts de guano du 11 décembre 1861, approuvé par lettre ministérielle du 15 février 1862. — Id. de 1864, page 141; de 1867, page 78. — MARTIN-BARBET. Id. de 1874, page 61. — Dᵣ PILAT. Rapp. du Cons. d'hyg. du départ. du Nord de 1870, page 15: de 1874, page 64.

ENGRAISSEMENT DES VOLAILLES DANS LES VILLES (ÉTABLISSEMENTS POUR L').

Troisième classe.

INCONVÉNIENTS

Odeur produite par les déjections des volailles et les matières fermentescibles destinées à l'alimentation.

Écoulement d'eaux insalubres.

Cris des animaux.

PRESCRIPTIONS

Limiter le nombre des volailles, suivant le voisinage.

Avoir l'eau en abondance et faire de fréquents lavages des cours et des poulaillers.

Écouler les eaux à l'égout.

Enlever les fumiers tous les jours.

Ne pas nourrir les animaux avec des matières animales en putréfaction.

Consultez : Trébuchet. Rapp. du Cons. d'hyg. et de salub. de la Seine de 1859 à 1861, pages 53 et suiv.

ÉPONGES (Lavage et séchage des).

Troisième classe.

INCONVÉNIENTS

Odeur et altération des eaux.

Odeur produite par la fermentation des matières gélatineuses.

Écoulement d'eaux fétides.et chargées de chaux.

PRESCRIPTIONS

Ventiler l'atelier de battage et de lavage, rendre imperméable le sol et diriger les eaux souterrainement à l'égout.

Désinfecter par le chlorure de chaux les eaux de macération ; si les eaux sont acides, les neutraliser avant leur écoulement à l'égout.

Construire le séchoir en matériaux incombustibles, avec portes en fer et foyer extérieur.

Si l'on fait usage du chlore... (Voyez *Blanchiment par le chlore.*)

Consultez : TRÉBUCHET. Rapp. du Cons. d'hyg. et de salub. de la Seine de 1849 à 1858, page 474. — Rapp. du Cons. d'hyg. des Bouches-du-Rhône de 1840, page 84. — LABOULAYE. Dict. des arts et manufactures.

EQUARRISSAGE DES ANIMAUX.

Première classe.

INCONVÉNIENTS

Odeur et émanations nuisibles.

Putréfaction rapide des matières animales, odeurs fétides, buées des chaudières à macération.

Écoulement d'eaux sanguinolentes.

Danger pour les ouvriers chargés de dépecer des animaux atteints de la morve, du charbon, du farcin.

PRESCRIPTIONS

Clore l'établissement de murs et l'entourer d'arbres.

Paver les cours, rendre imperméable, dallé ou cimenté, le sol des hangars servant à l'abattage des ateliers de cuisson, ainsi que les murs, jusqu'à hauteur de $1^m,50$.

Ventiler énergiquement les ateliers en les surmontant de lanternons à lames de persiennes.

Établir une citerne parfaitement étanche et voûtée pour recevoir, à l'aide de rigoles et de pentes convenables, les liquides provenant de l'abattage et les eaux de lavage.

Faire usage de désinfectants, afin qu'aucune odeur incommode ou malsaine ne puisse se répandre au dehors.

Soumettre immédiatement à la cuisson la chair des animaux abattus.

Opérer la cuisson et la macération dans des chaudières autoclaves et chauffées à la vapeur.

Dessécher les chairs dans un four fermé et diriger les gaz et les vapeurs dans un foyer pour les brûler.

Élever la cheminée à 20 ou 30 mètres, suivant la localité.

Faire de fréquents lavages à l'eau chlorurée.

Opérer l'enlèvement des engrais liquides au moyen d'une pompe et dans des tonneaux fermés.

Les peaux et les os, les tendons, les cornes ne pourront être amoncelés ; ils seront étendus en couches minces sur un sol imperméable ou enlevés tous les jours dans des voitures parfaitement recouvertes.

Transporter les animaux morts dans des voitures couvertes dont le fond sera doublé en zinc, afin d'empêcher l'écoulement des liquides au dehors.

Avoir l'eau en abondance pour suffire aux fréquents lavages du sol et des ateliers.

Si l'on fabrique des engrais, enterrer les débris d'animaux dans des fosses profondes de 70 centimètres au moins, les désinfecter et les recouvrir d'une couche de terre épaisse de 50 centimètres au moins en tous sens, de manière que les exhalaisons gazeuses ne puissent se répandre au dehors.

Ne déterrer les matières enfouies qu'après leur désorganisation complète et leur transformation en terreau.

Consultez : Ordonnance concern. les équarrisseurs, du 15 septembre 1842. — Trébuchet. Rapp. du Cons. d'hyg. de la Seine de 1849 à 1858, page 353. — Lasnier. Id. de 1862 à 1866, page 178. — Dr Pilat. Rapp. du Cons. d'hyg. du Nord de 1861, page 370 ; de 1867, page 188 ; de 1874, page 188. — Dr Levieux. Rapp. du Cons. d'hyg. de la Gironde de 1853 à 1855, page 111. — Dr Gintrac. Id. de 1859 à 1861, page 49. — Martin-Barbet. Id. de 1873, page 28. — Dr Demange. Rapp. du Cons. d'hyg. de la Meurthe de 1858 à 1859, pages 84 et suiv. — Henriot. Rapp. du Cons. d'hyg. de la Meuse de 1864 à 1868, pages 30 et 37.

ÉTAMAGE DES GLACES.

Troisième classe.

INCONVÉNIENTS

Émanations nuisibles.

Vapeurs mercurielles, ayant une action nuisible à la santé des ouvriers, salivation, chute des dents, tremblement nerveux.

PRESCRIPTIONS

Ventilation constante des ateliers.

Exiger les plus grands soins de propreté, lavage des mains, bains, etc.

Ne faire travailler les ouvriers que pendant un certain nombre d'heures, et faire suspendre le travail à tout ouvrier pris d'un commencement de salivation [1].

Consultez : TRÉBUCHET. Rapp. du Cons. d'hyg. et de salub. de la Seine de 1849 à 1858, page 507. — VERNOIS. Traité d'hygiène, tome Ier, page 627. — LABOULAYE. Dict. des arts et manufactures. Étamage, par BARRAL.

ÉTHER (FABRICATION DE L') ET DÉPOTS D').

Première classe.

INCONVÉNIENTS

Danger d'incendie et d'explosion.

Odeur de l'éther, dégagement d'acide sulfureux.

---

1. A Saint-Gobain, les ouvriers n'étament que deux fois la semaine, trois fois au plus, de six heures du matin à midi.

PRESCRIPTIONS

N'opérer la fabrication et la rectification que dans un atelier spécial, complétement isolé des autres ateliers et des habitations.

Construire cet atelier en matériaux incombustibles, avec toiture légère, le bien ventiler par de larges trémies d'aération et par des ouvertures pratiquées au pied des murs.

Rendre le sol imperméable, dallé ou cimenté, et le disposer en cuvette afin de recueillir les liquides qui s'échapperaient.

La fabrication et la rectification se feront dans des vases en métal lutés et fermés avec le plus grand soin, et l'usage de vases ou récipients en verre ou en grès sera interdit.

Chauffer les appareils à la vapeur ou au bain de sable, et placer l'ouverture des foyers en dehors de l'atelier.

Éclairer les ateliers par la lumière du jour, n'y jamais pénétrer le soir que muni d'une lampe de sûreté.

Avoir toujours en provision une certaine quantité de sable pour éteindre un commencement d'incendie.

(Pour les dépôts, voyez *Établissements classés par le décret du 31 janvier* 1872.)

Consultez : TRÉBUCHET. Rapp. du Cons. d'hyg. et de salub. du département de la Seine de 1849 à 1858, page 424. — LASNIER. Id. de 1862 à 1866, pages 228 et suiv. — Dr PILAT. Rapp. du Cons. d'hyg. et de salub. du Nord de 1866, page 295 ; de 1869, page 70 ; de 1874, page 85. — Dict. de chim. de BARRESWIL et GIRARD, tome II, pages 354 et suiv. — WURTZ. Dict. de chim. Oxyde d'éthyle.

ÉTOUPILLES (Fabrication d') avec matières explosives.

Première classe.

Mêmes inconvénients, mêmes prescriptions que pour la fabrication des pièces d'artifice. (Voyez ce mot.)

FAÏENCE (Fabriques de).

1° Avec fours non fumivores.
Deuxième classe.

Fumée.

2° Avec fours fumivores.
Troisième classe.

Fumée accidentelle.

INCONVÉNIENTS

Fumée, danger d'incendie.
Poussière et bruit pendant le broyage du silex et des émaux.

PRESCRIPTIONS

Élever la cheminée à une hauteur de 20 à 30 mètres, s'il y a des habitations voisines et si l'on ne brûle pas la fumée.
Avoir un conduit spécial pour les moufles et les fours, et si ce tuyau traverse des étages habités, pren-

dre les dispositions nécessaires pour ne pas incommoder les habitants par la chaleur.

Prescrire dans certains cas l'usage exclusif de coke et la construction d'un tambour en tôle pour retenir les escarbilles et les flammèches.

Si l'on broie le silex, le feldspath, les émaux, faire ce broyage à vases clos ou sous l'eau dans un atelier bien ventilé.

Placer les meules, les pilons et les blutoirs à une assez grande distance des habitations voisines pour ne pas incommoder le voisinage par le bruit ou la poussière.

Éloigner les fours et les moufles de tout dépôt de matières combustibles.

Construire le séchoir ou l'étuve en matériaux incombustibles, avec porte en fer.

Aérer l'atelier des fours, afin que les ouvriers ne soient pas incommodés par la chaleur, et prendre les précautions d'usage pour éviter tout danger d'incendie.

Consultez : TRÉBUCHET. Rapp. du Cons. d'hyg. et de salub. du département de la Seine de 1849 à 1858, pages 511 et suiv. — LASNIER. Id., pages 278 et suiv. — SALVÉTAT. Chim. technol. Porcelainier, faïencier, par MAGNIER.

FANONS DE BALEINE (TRAVAIL DES).

Troisième classe.

INCONVÉNIENTS

Émanations incommodes.

Odeur incommode pour le voisinage des dépôts de fanons et des cuves à macération.

Dégagement de vapeurs ammoniacales.

Odeur de corne brûlée pendant le travail à chaud des fanons.

PRESCRIPTIONS

Ventiler énergiquement les ateliers, rendre leur sol imperméable.

Couvrir les cuves à macération, renouveler souvent l'eau de ces cuves et les placer sous des hottes surmontées d'une cheminée d'appel

Munir les chaudières de couvercles et les surmonter de hottes conduisant les vapeurs et les buées à la cheminée.

Faire l'aplatissage, le percement au fer rouge sous des hottes, où mieux à la vapeur.

Conduire souterrainement à l'égout les eaux de macération.

Ne recevoir que des fanons dépouillés de toute matière animale susceptible de se putréfier.

Ne brûler dans les foyers ni débris ni résidus, les enlever deux fois par semaine.

Laver et désinfecter les cuves au moyen du chlorure de chaux.

Consultez : TRÉBUCHET. Rapp. du Cons. d'hyg. et de salub. de la Seine de 1849 à 1858, pages 211 et suiv. — LASNIER. Id. de 1862 à 1866, page 247. — LABOULAYE. Dict. des arts et manufactures. Baleine, corne.

FARINES (MOULINS A). (Voir *Moulins*.)

FÉCULERIES.

Troisième classe.

INCONVÉNIENTS

Odeur, altération des eaux.

(Voyez *Amidonneries*. Mêmes prescriptions.)

Consultez : Trébuchet. Rapp. du Cons. d'hyg. et de salub. de la Seine de 1849 à 1858, page 458. — Id. 1859 à 1861, page 245. — Lasnier. Id. de 1862 à 1866, page 287. — Payen. Chim. indust., tome II, page 111. — Dict. de chim. de Barreswil et Girard, tome II, page 413. Fécule, par Aimé Girard. — Annales industrielles, avril 1875. Fabrique de fécule à Neu-Straschitz (Bohême).

FER-BLANC (Fabrication du).

Troisième classe.

INCONVÉNIENTS

Fumée.

Odeur du suif et de la graisse en fusion.

Dégagement de gaz pendant le décapage, de buées et vapeurs pendant l'opération du trempage.

Danger d'incendie par le suif en fusion.

PRESCRIPTIONS

Placer les cuves à décaper, les creusets à tremper et les chaudières à suif sous de vastes hottes communiquant avec une cheminée d'appel très-élevée (à 20 ou 30 mètres).

Ventiler les ateliers en les surmontant de lanternons à lames de persiennes.

N'écouler les eaux acides ayant servi au dérochage qu'après les avoir neutralisées.

Munir de couvercles les chaudières à suif et placer l'ouverture des foyers en dehors de l'atelier.

Élever la cheminée des fours à réchauffer à une hauteur de 20 ou 30 mètres, suivant la localité.

Consultez : Laboulaye. Dict. des arts et manufact. — Arts insalubres, par Grouvelle. — Id. Étamage, par Barral. — Dict. de chim. indust. de Barreswil et Girard. Fer-blanc, par H. Bouilhet, page 149. tome II.

FEUTRES et visières vernis (Fabrication de).

Première classe.

INCONVÉNIENTS

Odeur, danger d'incendie.

Odeur du vernis et danger d'incendie par l'étuve et par la préparation du vernis.

Poussières insalubres si l'on fabrique le feutre.

PRESCRIPTIONS

Si l'on fabrique le feutre, ventiler énergiquement les ateliers de feutrage, fermer les ouvertures sur la voie publique et sur les propriétés voisines et garnir les châssis de toiles métalliques, pour éviter la dispersion des poils au dehors,

Construire en matériaux incombustibles les ateliers et les étuves, et les fermer par des portes en fer.

Recouvrir les conduites de chaleur de grillages métalliques et élever la cheminée d'aération de l'étuve à 20 ou 30 mètres.

Isoler et éloigner les uns des autres les ateliers et les magasins et les éclairer par la lumière du jour, n'y jamais pénétrer avec une lumière.

Placer l'ouverture des foyers en dehors des ateliers et des étuves et ne brûler ni rognures de cuir ni débris de feutre imprégnés de vernis.

Si l'on fabrique le vernis... (Voyez ce mot.)

FEUTRE GOUDRONNÉ (Fabrication du).

Deuxième classe.

INCONVÉNIENTS

Odeur, danger d'incendie.

Dégagement de produits volatils très-inflammables et à odeur empyreumatique.

PRESCRIPTIONS

Construire en matériaux incombustibles l'atelier où se fait la fusion du goudron, l'imprégnation et le pressage des feutres.

Ventiler ces ateliers en les surmontant de lanternons à lames de persiennes et les éloigner les uns des autres, ainsi que les magasins servant de dépôt au goudron et aux matières premières et fabriquées.

Placer l'ouverture des foyers en dehors des ateliers.

Éclairer ces ateliers par la lumière du jour, n'y jamais pénétrer avec une lumière et ne presser que pendant le jour, l'approche d'un corps en ignition pouvant déterminer la combustion instantanée des gaz hydrocarburés répandus dans l'atelier.

Recouvrir l'appareil de la presse d'une hotte qui la dépasse de 50 centimètres et qui descende assez bas pour absorber les gaz et vapeurs et les conduire à la cheminée du fourneau.

Élever cette cheminée à 5 mètres au-dessus des cheminées voisines, dans un rayon de 100 mètres.

Ne jamais brûler dans les foyers ni rognures de feutre ni débris de tonneaux imprégnés de goudron.

Consultez : Trébuchet. Rapp. du Cons. d'hyg. de la Seine de 1849 à 1858, page 388. — Dr Gintrac. Rapp. du Cons. d'hyg. de la Gironde de 1861 à 1863, page 121. — Id. de 1869, page 55.

FILATURE DES COCONS (Ateliers dans lesquels la)
s'opère en grand, c'est-a-dire employant au moins six tours.

Troisième classe.

INCONVÉNIENTS

Odeur, altération des eaux.

Putréfaction des chrysalides par l'action de l'humidité et de la chaleur.

Odeur fétide et désagréable des eaux d'immersion des cocons.

Altération des cours d'eaux dans lesquels elles sont déversées.

PRESCRIPTIONS

Ventiler les ateliers et renouveler l'air tous les matins et tous les soirs en hiver, et deux fois au 'moins vers le milieu du jour en été.

Rendre le sol imperméable.

Avoir l'eau en abondance et renouveler fréquemment l'eau des bassines, les chauffer à la vapeur et les surmonter de hottes conduisant les buées à la cheminée de l'établissement.

Placer un robinet d'eau froide à la disposition des ouvrières employées au dévidage.

Écouler les eaux souterrainement à l'égout, ne jamais les déverser dans les cours d'eau destinés aux usages domestiques ou à l'alimentation du bétail; s'il n'y a pas d'égout, les répandre sur les terres comme engrais.

Enlever quatre fois par jour, hors de l'atelier de dévidage, les chrysalides et les transporter tous les jours dans les champs dans des tonneaux fermés.

Limiter le nombre de bassines.

Consultez : Dr ROBERT. Rapp. du Cons. d'hyg. des Bouches-du-Rhône de 1840, page 86. — TRÉBUCHET. Rapp. du Cons. d'hyg. de la Seine de 1849 à 1858, page 86. — Dr DUMAS. Rapp. du Cons. d'hyg. de l'Hérault de 1857 à 1859, page 96. — De FREYCINET. Assain. ind., page 156. — Dr POTTON. Recherches et observations sur le mal des vers à soie ou mal des bassines qui attaque exclusivement les fileuses de vers à soie.

FONDERIES DE CUIVRE, LAITON ET BRONZE.

Troisième classe.

INCONVÉNIENTS

Fumées métalliques, nuisibles à la santé des ouvriers.

Fumée des foyers, incommode pour le voisinage.

Danger d'incendie.

PRESCRIPTIONS

Ventiler les ateliers en les surmontant de lanternons à lames de persiennes et prendre les précautions d'usage pour éviter tout danger d'incendie en isolant suffisamment les charpentes des foyers et des conduits de fumée et en les revêtissant de plâtre ou de mortier.

Fermer les ouvertures sur la voie publique et sur les propriétés voisines.

Paver ou daller le sol de l'atelier.

Construire en matériaux incombustibles, avec porte en fer, l'étuve destinée au séchage des moules et la surmonter d'une cheminée élevée, pour conduire les buées dans l'atmosphère.

Éloigner les fourneaux, les fours à réverbère à une distance d'au moins 0^m, 50 des murs mitoyens.

Surmonter les fourneaux pour la fonte au creuset d'une large hotte dépassant le fourneau d'au moins un mètre et activer le tirage de ces hottes par une cheminée d'appel.

Élever les cheminées à 5 mètres en contre-haut des cheminées voisines, dans un rayon de 100 mètres.

Éloigner suffisamment des murs mitoyens la machine soufflante pour ne pas incommoder les voisins par le bruit.

Prescrire dans certains cas l'usage exclusif du coke, si l'emploi de la houille doit incommoder le voisinage.

Consultez : Trébuchet. Rapp. du Cons. d'hyg. et de salub. de la Seine de 1849 à 1858, pages 123 et 499. Rapport sur les maladies professionnelles : ouvriers fondeurs en bronze. — Lasnier. Id. de 1862 à 1866, page 274. — Henriot. Rapport du Cons. d'hyg. de la Meuse de 1864 à 1868, page 9. — Dr Pilat. Cons. d'hyg. du Nord de 1866, page 178 ; de 1870, page 39 ; de 1874, page 89. — De Freycinet. Assain. industr., pages 69 et 153.

FONDERIES EN DEUXIÈME FUSION.

Troisième classe.

INCONVÉNIENTS

Fumée.

Bruit des machines soufflantes, danger d'incendie.

Noir de fumée produit par le flambage des moules à la résine.

PRESCRIPTIONS

Ventiler les ateliers en les surmontant de lanternons à lames de persiennes.

Fermer les ouvertures sur la voie publique et sur les propriétés voisines.

Construire l'étuve en matériaux incombustibles, avec porte en fer et tuyau d'évaporation.

Éloigner les fourneaux et cubilots des murs mitoyens, pour ne pas incommoder les voisins par la chaleur.

Éloigner aussi la machine soufflante, pour ne pas les incommoder par le bruit.

Élever à 5 mètres en contre-haut des cheminées voisines les tuyaux des cheminées des cubilots, du fourneau de flambage à la résine, le tuyau d'évaporation de l'étuve.

Si les voisins peuvent être incommodés par le noir de fumée de l'atelier de flambage, faire rendre les fumées dans une chambre de dépôt d'au moins 16 mètres cubes. (Dép. du Nord.)

Prescrire l'usage exclusif du coke et par des plaques métalliques disposées en chicanes à la partie supérieure de la cheminée s'opposer à l'échappement des flammèches au dehors. (Dép. du Nord.)

Prendre les précautions d'usage pour éviter tout danger d'incendie en isolant suffisamment les charpentes ou en les recouvrant de plâtre ou de mortier.

Consultez : LASNIER. Rapp. du Cons. d'hyg. de la Seine de 1862 à 1866, page 275. — Dr DUMAS. Rapp. du Cons. d'hyg. de l'Hérault de 1857 à 1859, page 168. — Dr GINTRAC. Rapp. du Cons. d'hyg. de la Gironde de 1861 à 1863, page 122. — GÉLIN. Rapp. du Cons. d'hyg. de la Moselle de 1861 à 1863, page 122. — Dr PILAT. Rapp. du Cons. d'hyg. du Nord de 1866, page 177; de 1867, page 290; de 1870, page 39; de 1874, page 90.

FONTE ET LAMINAGE DU PLOMB, DU ZINC ET DU CUIVRE.

Troisième classe.

INCONVÉNIENTS

Bruit, fumée.

Fumées métalliques nuisibles à la santé des ouvriers.

Fumée incommode pour le voisinage, odeur si l'on fond de vieux métaux.

Bruit des laminoirs et des marteaux.

PRESCRIPTIONS

Ventiler les ateliers en les surmontant de lanternons à lames de persiennes.

Fermer les ouvertures sur la voie publique et sur les propriétés voisines.

Paver ou daller le sol de l'atelier.

Surmonter les chaudières et les fourneaux de larges hottes dépassant de 1 mètre et activer le tirage par un fourneau d'appel ou diriger les fumées métalliques dans des cheminées traînantes avant de les diriger à la cheminée.

Établir autour de la hotte un rideau vitré descendant jusqu'au niveau du fourneau, pour empêcher la dispersion des fumées métalliques. (*Fonte du plomb et du zinc.*)

Construire l'étuve en matériaux incombustibles, avec porte en fer et cheminée d'évaporation élevée à la hauteur des cheminées de la fonderie.

Élever ces cheminées à 5 mètres en contre-haut des cheminées voisines, dans un rayon de 100 mètres.

Éloigner les fourneaux à une distance d'au moins 50 centimètres des murs mitoyens.

Éloigner des murs mitoyens les laminoirs, les presses, etc., et prendre les dispositions nécessaires pour ne pas incommoder le voisinage par le bruit.

Prescrire dans certains cas l'usage exclusif du coke, si l'emploi de la houille doit incommoder le voisinage.

Limiter les heures de travail suivant les ordonnances locales.

Consultez : Ordonnance du 4 prairial an IX (24 mai 1801), concernant l'usage et l'emploi des laminoirs, moutons, presses et coupoirs. — Dʳ Pilat. Rapp. du Cons. d'hyg. du Nord de 1860, page 148; de 1869, page 85; de 1874, page 148. — De Freycinet. Assain. ind., pages 69 et 153. — Derniers rapports du Cons. d'hyg. de la Seine, 1873 et 1874.

FORGES ET CHAUDRONNERIES de grosses œuvres
EMPLOYANT DES MARTEAUX MÉCANIQUES
Deuxième classe.

INCONVÉNIENTS

Fumée, bruit.
Fumée des forges.
Bruit des marteaux-pilons, ébranlement du sol et des habitations voisines.
Bruit des machines soufflantes.
Danger d'incendie, chaleur des fours à réchauffer.

PRESCRIPTIONS

Ventiler les ateliers en les surmontant de lanternons à lames de persiennes, fermer les ouvertures sur la voie publique et sur les propriétés voisines.

Éloigner suffisamment des murs mitoyens les forges et les machines soufflantes pour ne pas incommoder les voisins par la chaleur et par le bruit.

Limiter, suivant les localités, la hauteur de course, le poids des marteaux-pilons, et selon le système employé dans l'établissement, à simple ou à double effet ou à ressort.

Descendre les fondations sur un bon sol, en contrebas des fondations des habitations voisines, donner à la chabotte un grand poids (10 à 20 fois le poids du marteau).

Disposer cette chabotte sur pilotis si le poids du marteau n'est pas trop considérable et creuser autour de ces fondations une fosse assez large pour les isoler complétement.

Établir le marteau-pilon le plus loin possible des murs mitoyens et au centre de l'atelier.

Recueillir par des hottes les fumées des feux de forges et élever les cheminées à 5 mètres en contre-haut des cheminées voisines dans un rayon de 100 mètres.

Prescrire dans certains cas l'usage exclusif du coke ou par des chicanes en fonte établies à la partie supérieure des cheminées empêcher la dispersion des flammèches au dehors.

Limiter les heures de travail suivant les ordonnances locales.

Consultez : TRÉBUCHET. Rapp. du Cons. d'hyg. de la Seine de 1849 à 1858, page 496. — LASNIER. Id. de 1862 à 1866, page 306. — Derniers rapp. du Cons. de la Seine non publiés. — HENRIOT. Rapp. du Cons. d'hyg. de la Meuse de 1864 à 1868, pages 22 et 33. — Dr PILAT. Rapp. du Cons. d'hyg. du Nord de 1869, page 118. — HERBELIN. Rapp. du Cons. d'hyg. de la Loire-Inférieure de 1873, page 12.

FORMES EN TÔLE POUR RAFFINERIE. (Voir *Tôles vernies.*)

FOURNEAUX a charbon de bois. (Voir *Carbonisation du bois.*)

FOURNEAUX (Hauts-).

Deuxième classe.

INCONVÉNIENTS

Fumée et poussière.

Fumée si les gaz ne sont pas utilisés.

Poussière nuisible à la végétation environnante.

Bruit des machines soufflantes, danger d'incendie.

PRESCRIPTIONS

N'autoriser les hauts-fourneaux qu'à une assez grande distance des lieux habités, surtout si les gaz ne sont pas utilisés.

Prendre les dispositions nécessaires pour que le voisinage ne soit pas incommodé par le bruit des machines soufflantes.

Consultez : La loi du 21 avril 1810 sur les mines et minières. — Herbelin. Rapp. du Cons. d'hyg. de la Loire-Inférieure de 1873, page 40. — Rapp. du Cons. d'hyg. de la Meuse. — Dr Pilat. Rapp. du Cons. d'hyg. du Nord de 1874, page 95.

FOURS pour la calcination des cailloux.
(Voyez *Cailloux.*)

FOURS A PLATRE ET FOURS A CHAUX. (Voyez *Plâtre et chaux.*)

FROMAGES (DÉPÔTS DE) DANS LES VILLES.

Troisième classe.

INCONVÉNIENTS

Odeur désagréable d'acide butyrique.

Écoulement des eaux de lavage.

PRESCRIPTIONS

N'autoriser ces dépôts que dans des locaux bien ventilés par une cheminée d'appel d'au moins 25 centimètres de côté, montant à 3 mètres au-dessus des souches des cheminées voisines, dans un rayon de 50 mètres.

Si le dépôt est en cave, fermer les soupiraux sur la rue.

Rendre imperméable le sol du dépôt.

Écouler les eaux de lavage à l'égout.

Fermer la porte de la cave par une porte à ressort.

Les dépôts de fromages secs ont moins d'inconvénients.

Consultez : Dr PILAT. Rapp. du Cons. d'hyg. et de salub. du départ. du Nord de 1861, page 190; de 1868, page 73; de 1874, page 91.

FULMINATE DE MERCURE (Fabrication du).
Première classe.

INCONVÉNIENTS

Danger d'explosion et d'incendie.
(Voyez *Amorces fulminantes*).

GALIPOTS ou résines de pin. (Voir *Résines*.)

GALONS et tissus d'or et d'argent (Bruleries en grand des) dans les villes.
Troisième classe.

INCONVÉNIENTS

Odeur.
Vapeurs métalliques, émanations désagréables provenant de la combustion de matières animales et végétales.

PRESCRIPTIONS

Ventiler énergiquement les ateliers et fermer les
ouvertures sur la voie publique et sur les voisins.
Opérer la combustion sous de larges hottes dont le
tirage sera activé par un fourneau d'appel.
Élever la cheminée à 5 mètres au-dessus des cheminées voisines, dans un rayon de 50 mètres.
(Voyez *Affinage de l'or et de l'argent*.)

GAZ (Goudrons des usines). (Voir *Goudron*.)

GAZ D'ÉCLAIRAGE ET DE CHAUFFAGE
(FABRICATION DU).

1º Pour l'usage public.

Deuxième classe.

2º Pour l'usage particulier.

Troisième classe.

INCONVÉNIENTS

Odeur, danger d'incendie.

Odeur des goudrons, dégagement de gaz ammonia-caux, d'acide sulfureux, d'hydrogène sulfuré, etc.

Infiltration d'eaux ammoniacales et goudronnées.

Odeur des résidus ayant servi à l'épuration du gaz.

Ces établissements, régis par le décret du 27 janvier 1846, puis classés dans la deuxième et la troisième classe par le décret de 1866, sont maintenant réglementés par décret spécial en date du 9 février 1867. Nous reproduisons ci-dessous ce décret et la lettre ministérielle concernant les instructions pour l'exécution.

INSTRUCTIONS
POUR L'EXÉCUTION DU DÉCRÉT DU 9 FÉVRIER 1867.

Paris, le 28 février 1867.

Monsieur le préfet, la nomenclature des établissements réputés insalubres, dangereux ou incommodes, annexée au décret impérial du 31 décembre 1866, a rangé dans la deuxième classe la fabrication du gaz d'éclairage et de chauffage pour l'usage public, et dans la troisième classe la même fabrication pour l'usage particulier, ainsi que les gazomètres pour l'usage particulier non attenants aux usines de fabrication.

Ce classement est à peu près le maintien de celui qei existait antérieurement; mais ce qui concerne le gaz est soumis, en outre, à des conditions spéciales, prescrites par l'ordonnance royale du 27 janvier 1846, et il a paru convenable de réviser ce régime en tenant compte des progrès réalisés.

Tel est l'objet du décret impérial du 9 février 1867, rendu après examen du Comité consultatif des arts et manufactures et sur l'avis du Conseil d'État, décret dont vous trouverez le texte à la suite de la présente circulaire et dont je dois vous faire connaître l'esprit et la portée.

Il convient de remarquer d'abord que l'ordonnance de 1846 s'appliquait indistinctement à la fabrication du gaz pour les usages publics et pour les usages privés, tandis que le nouveau décret, qui le remplace en l'abrogeant, n'a plus jugé nécessaire de réglementer d'une manière spéciale que les usines fabriquant pour l'usage public; les appareils destinés aux besoins privés ne devant plus, dès lors, être soumis qu'aux conditions particulières de l'acte administratif qui en aura autorisé l'établissement.

En second lieu, vous reconnaîtrez, monsieur le préfet, qu'on s'est attaché à retrancher de la réglementation spéciale tout ce qui pouvait être une gêne trop grande pour le développement d'une industrie dont la nécessité est chaque jour plus démontrée.

Déjà l'administration, désireuse de hâter le développement de cette industrie en lui laissant toutes les facilités compatibles avec la sécurité publique, avait accueilli favorablement les réclamations qui lui avaient été adressées au sujet de la prohibition contenue dans l'article 6 de l'ordonnance de 1846, lequel interdisait l'emploi de toute substance animale pour la fabrication du gaz, et un décret en date du 17 mai 1865 a rapporté cette prohibition. Le règlement nouveau, s'inspirant du même esprit, supprime tout ce qui, dans l'ordonnance de 1846 (art. 17 et 24) était relatif à la construction, à l'emploi du gazomètre et aux épreuves que devaient subir les récipients portatifs pour le gaz. Il a été reconnu, en effet, que les dispositions dont il s'agit n'avaient plus aujourd'hui leur raison d'être et n'étaient plus en harmonie avec les progrès accomplis dans cette industrie depuis vingt ans.

Le nouveau règlement dispense, en outre, les usiniers de l'obligation que leur imposait l'article 14 de l'ordonnance, d'être pourvus de deux ou plusieurs gazomètres, selon l'importance de leur fabrication ; il supprime également l'obligation qui leur était imposée de surmonter de tuyaux et cheminées toutes les ouvertures des ateliers ; enfin il réserve à chaque fabricant, moyennant certaines conditions, la possibilité de traiter, dans son usine même, les eaux de condensation pour en extraire les sels ammoniacaux qu'elles peuvent contenir.

Ces simples indications suffisent pour faire ressortir les avantages que, dans son ensemble, la nouvelle réglementation présente aux industriels. J'y ajouterai seulement quelques explications sur les principales dispositions du décret.

Aux termes de l'article 2 : 1° les usines à gaz devront être entourées d'un mur ou d'une clôture solide en bois, de 3 mètres de hauteur au moins ; 2° les ateliers de fabrication, ainsi que les gazomètres, devront être séparés des habitations voisines par une distance d'au moins 30 mètres.

Il est bien entendu que la condition d'éloignement des habitations ne concerne que les usines qui se formeraient à l'avenir. S'il en était autrement, en effet, certains établissements actuellement existants se trouveraient frappés d'une sorte de suppression qui ne saurait être dans les intentions du règlement. Vous devrez donc seulement, monsieur le préfet, n'autoriser désormais les usines à gaz qu'en les obligeant à satisfaire à la condition d'éloignement exigée par le décret.

Quant à la première partie de cet article et à l'ensemble des autres dispositions du décret, l'application en principe doit en être immédiate. Mais, avant de formuler des prescriptions à cet égard pour chaque établissement, vous devrez vous faire rendre un compte exact de la situation de l'usine, de son emplacement, de la possibilité ou de l'impossibilité qu'il y aurait de construire le mur ou la clôture exigés. Vous aurez aussi, avant d'ordonner l'exécution de ces travaux, à tenir compte de la difficulté qu'ils pourraient rencontrer, soit au point de vue de la situation existante, soit au point de vue de la dépense qu'ils occasionneraient, et, vous pourrez, suivant les circonstances, user momentanément de tolérance, en accordant, pour la réalisation de ces travaux, les délais que vous jugeriez convenables.

C'est l'article 9 qui, comme je l'ai déjà indiqué, laisse aux propriétaires d'usines à gaz, et sous certaines conditions, la faculté de traiter, dans leur établissement même, les eaux de condensation qu'ils peuvent recueillir pour en extraire les sels ammoniacaux. Vous devrez, monsieur le préfet, veiller à ce que les conditions qu'impose cet article soient convenablement observées, surtout en ce qui concerne les exhalaisons nuisibles et l'écoulement des eaux, de manière à sauvegarder les intérêts de la salubrité publique et ceux des habitations voisines.

Les articles 3, 4, 5, 6, 7, 8, 10, 11 et 12 renferment, sauf ce qui a été indiqué ci-dessus, à peu près les mêmes dispositions que les articles correspondants de l'ordonnance de 1846.

Ces diverses prescriptions ne peuvent être l'objet d'aucun embarras, d'aucune gêne sérieuse pour les propriétaires d'usines à gaz, pourvu que l'on tienne compte des recommandations qui précèdent touchant les ménagements qu'il convient d'apporter à l'application de l'article 2 du nouveau règlement.

Je compte beaucoup, du reste, monsieur le préfet, sur votre sollicitude éclairée pour faciliter la transition du régime ancien au régime inauguré par le nouveau décret; mais si vous rencontriez dans l'application quelques difficultés qui vous fissent désirer d'avoir l'avis du Comité consultatif des arts et manufactures, vous pourriez m'en référer, et vous me trouverez disposé à vous faciliter la solution des questions que vous auriez à résoudre au début de ce nouveau régime pour l'industrie du gaz.

Veuillez m'accuser réception de cette circulaire.

Recevez, monsieur le préfet, l'assurance de ma considération la plus distinguée.

Le ministre de l'agriculture, du commerce
et des travaux publics,
Signé : DE FORCADE.
Pour expédition,
Le Directeur.

DÉCRET

—

NAPOLÉON, par la grâce de Dieu et la volonté nationale, empereur des Français,

A tous présents et à venir, salut.

Sur le rapport de notre ministre, secrétaire d'État au département de l'agriculture, du commerce et des travaux publics ;

Vu l'ordonnance royale du 27 janvier 1846, concernant les établissements d'éclairage par le gaz hydrogène ;

Vu le décret du 31 décembre 1866 ;

Vu l'avis du Comité consultatif des arts et manufactures ;

Notre conseil d'État entendu ;

AVONS DÉCRÉTÉ ET DÉCRÉTONS CE QUI SUIT :

ARTICLE PREMIER. — Les usines et ateliers de fabrication du gaz d'éclairage et de chauffage pour l'usage public, et les gazomètres qui en dépendent, sont soumis aux conditions ci-après.

ART. 2. — Les usines sont fermées par un mur d'enceinte ou une clôture solide en bois, de trois mètres de hauteur au moins ; les ateliers de fabrication et les gazomètres sont à la distance de 30 mètres au moins des maisons d'habitation voisines.

ART. 3. — Les ateliers de distillation et tous les bâtiments y attenant seront construits et couverts en matériaux incombustibles.

ART. 4. — La ventilation desdits ateliers doit être assurée par des ouvertures suffisamment larges et nombreuses, ménagées dans les parois latérales et à la partie supérieure du toit.

ART. 5. — Les appareils de condensation sont établis en plein air, ou dans des bâtiments dont la ventilation est assurée comme celle des ateliers de distillation.

ART. 6. — Les appareils d'épuration sont placés vers le centre de l'usine, en plein air ou dans des bâtiments dont la ventilation est assurée comme celle des ateliers de distillation et de condensation.

ART. 7. — Les eaux ammoniacales et les goudrons produits par la distillation, qu'on n'enlèverait pas immédiatement, seront recueillis dans des citernes exactement closes et qui devront être parfaitement étanches.

ART. 8. — L'épuration sera pratiquée et conduite avec les soins et précautions nécessaires pour qu'aucune odeur incommode ne se répande en dehors de l'enceinte de l'usine. La chaux ou les laits de chaux, s'il en est fait usage, seront enlevés, chaque jour, dans des vases ou tombereaux fermant hermétiquement, et transportés dans une voirie ou dans un local désigné par l'autorité municipale.

ART. 9. — Les eaux de condensation peuvent être traitées dans l'usine elle-même pour en extraire les sels ammoniacaux qu'elles contiennent, à la condition que les ateliers soient établis vers la partie centrale de l'usine et qu'il n'en sorte aucune exhalaison nuisible ou incommode pour les habitants du voisinage, et que l'écoulement des eaux perdues soit assuré sans inconvénient pour le voisinage.

ART. 10. — Les goudrons ne pourront être brûlés dans les cendriers et dans les fourneaux qu'autant qu'il n'en résultera, à l'extérieur, ni fumée ni odeur.

ART. 11. — Les bassins dans lesquels plongent les gazo-

13

mètres seront complétement étanches ; ils seront construits en pierres ou briques à bain de mortier hydraulique, en tôle ou en fonte.

ART. 12. — Les gazomètres seront établis à l'air libre ; la cloche de chacun d'eux sera maintenue entre des guides fixes, solidement établis, de manière que, dans son mouvement, son axe ne s'écarte pas de la verticale. La course ascendante en sera limitée, de telle sorte que, lorsque la cloche atteindra cette limite, son bord inférieur soit encore à un niveau inférieur de $0^m,30$ au moins au bord du bassin ou cuve.

La force élastique du gaz dans l'intérieur du gazomètre sera toujours maintenue au-dessus de la pression atmosphérique. Elle sera indiquée par un manomètre très-apparent.

ART. 13. — Les usines et appareils mentionnés ci-dessus pourront, en outre, être assujettis aux mesures de précautions et dispositions qui seraient reconnues utiles dans l'intérêt de la sûreté et de la salubrité publiques, et qui seraient déterminées par un règlement d'administration publique.

ART. 14. — Les usines et ateliers régis par le présent décret seront soumis à l'inspection de l'autorité municipale, chargée de veiller à ce que les conditions prescrites soient observées.

ART. 15. — Les dispositions de l'ordonnance du 27 janvier 1846 sont et demeurent rapportées.

ART. 16. — Notre ministre, secrétaire d'État au département de l'agriculture, du commerce et des travaux publics, est chargé de l'exécution du présent décret, qui sera inséré au *Bulletin des lois.*

Fait au palais des Tuileries, le 9 février 1867.

Signé : NAPOLÉON.

Par l'empereur :

Le ministre secrétaire d'État
au département de l'agriculture, du commerce
et des travaux publics,

Signé : DE FORCADE.

GAZOMÈTRES POUR L'USAGE PARTICULIER, NON ATTENANT AUX USINES DE FABRICATION.

Troisième classe.

INCONVÉNIENTS

Odeur, danger d'incendie et d'explosion.
Infiltration d'eaux ammoniacales.

PRESCRIPTIONS

Éloigner suffisamment le gazomètre des habitations et des ateliers, l'établir dans une cour bien aérée et non couverte.

Construire la fosse en matériaux imperméables, l'enduire en ciment et la rendre complétement étanche.

Limiter la capacité du gazomètre et se conformer pour sa construction aux prescriptions imposées par le décret du 9 février 1867, le munir d'un robinet facilement accessible permettant d'envoyer le gaz dans les régions supérieures si un incendie venait à se déclarer dans le voisinage.

Consultez : TRÉBUCHET. Rapp. du Cons. d'hyg. de la Seine de 1849 à 1858, page 446. — Dr PILAT. Rapp. du Cons. d'hyg. du Nord de 1860, page 86.

GÉLATINE ALIMENTAIRE ET GÉLATINES PROVENANT DE PEAUX BLANCHES ET DE PEAUX FRAICHES NON TANNÉES (FABRICATION DE LA).

Troisième classe.

INCONVÉNIENTS

Odeur des matières premières et des résidus.

Buées abondantes.

Écoulement des eaux de macération et de lavage.

Ventiler les ateliers, rendre leur sol imperméable avec ruisseaux et pente convenable pour l'écoulement des eaux à l'égout.

Traiter les matières premières aussitôt leur arrivée à la fabrique, passer préalablement au lait de chaux les peaux fraîches pour empêcher leur décomposition.

Chauffer de préférence les chaudières à la vapeur et les surmonter de larges hottes communiquant à la cheminée ainsi que les cuves à macération.

Construire l'étuve en matériaux incombustibles, avec porte en fer.

Enlever de suite les résidus retirés de la chaudière, les employer comme engrais ou les mélanger avec de la chaux vive pour empêcher leur corruption.

Peindre les bois à l'huile ou les recouvrir de plâtre pour qu'ils ne s'imprègnent pas d'odeur.

Élever la cheminée à hauteur des cheminées voisines, dans un rayon de 50 mètres.

Dans aucun cas, ne traiter les résidus pour en extraire les graisses ou fabriquer de la colle forte.

Consultez : TRÉBUCHET. Rapp. du Cons. d'hyg. de la Seine de 1849 à 1858, page 342. — Dr PILAT. Rapp. du Cons. d'hyg. du Nord de 1861, page 385 ; de 1874, page 33. — DE FREYCINET. Assain. indust., page 278. — BARRESWIL et GIRARD. Dict. de chim. Gélatine, par BARRESWIL. — WURTZ. Dict. de chim. Gélatine, par CH. LAUTH.

GÉNÉRATEURS A VAPEUR. (RÉGIME SPÉCIAL.) (Voyez, en Appendice, *Décret du 25 janvier* 1865.)

GENIÈVRE. (Voyez *Distilleries.*)

GLACES (ÉTAMAGE DES). (Voyez *Étamage.*)

GLACE. (Voyez *Appareils à réfrigération.*)

GOUDRONS D'ORIGINES DIVERSES (USINES SPÉCIALES POUR L'ÉLABORATION DES).

GOUDRONS ET BRAIS VÉGÉTAUX D'ORIGINES DIVERSES (ÉLABORATION DES).

Première classe.

INCONVÉNIENTS

Odeur, danger d'incendie.

Dégagement d'hydrogène sulfuré et de produits volatils très-inflammables à odeur empyreumatique, désagréable et incommode.

Écoulement d'eaux ammoniacales et sulfureuses.

PRESCRIPTIONS

Construire en matériaux incombustibles, avec combles en fer, les magasins et les ateliers de distillation et de condensation, les bien ventiler et les éclairer par la lumière du jour ou par des lampes placées extérieurement et séparées par un verre dormant. N'y jamais pénétrer avec une lumière.

Éloigner ces ateliers et magasins les uns des autres, rendre leur sol imperméable, le disposer en forme de cuvette et diriger par des caniveaux les liquides répandus dans une citerne étanche.

Renfermer les goudrons dans des tonnes en métal ou des fûts en bois cerclés de fer ou dans des citernes parfaitement étanches, en extraire les goudrons au moyen de pompes et les conduire directement aux appareils distillatoires.

Opérer mécaniquement le lavage et le mélange avec les agents chimiques dans des cuves doublées de plomb et fermées hermétiquement.

Placer en dehors des ateliers de distillation les foyers des alambics ou des chaudières, et les disposer de telle sorte qu'en cas de rupture d'un appareil on puisse fermer instantanément l'arrivée de l'air aux foyers et étouffer tout commencement d'incendie [1].

Établir les condenseurs dans des locaux séparés des ateliers de distillation par un mur en maçonnerie.

Condenser en vases clos et porter très-haut dans l'atmosphère les gaz non condensés ou les recueillir dans un gazomètre et s'en servir comme gaz d'éclairage, ou les brûler sous les foyers après leur avoir fait traverser des toiles métalliques.

Extraire le brai des chaudières par une pompe ou par un robinet débouchant à l'extérieur des ateliers et placer le bassin sous une hotte qui mènera les vapeurs

---

1. A l'usine Debaynin, dans le département du Nord, la distillation se fait à la vapeur employée extérieurement comme chauffage et intérieurement en barbottage. Une pompe pneumatique maintient le vide dans les appareils. Tout danger d'incendie est ainsi écarté.

(DE FREYCINET.)

dans la cheminée qui sera élevée à 20 ou 30 mètres, suivant la localité.

Ne pas écouler d'eaux à la voie publique, mais à l'égout, et après les avoir neutralisées.

Pour le dépôt des produits fabriqués, se conformer au décret du 19 mai 1873.

Consultez : TRÉBUCHET. Rapp. du Cons. d'hyg. de 1849 à 1858, p. 383. — LASNIER. Id. de 1862 à 1866, page 221. — Dr PILAT. Rapp. du Cons. d'hyg. du Nord de 1869, page 51. — Id. de 1867, page 50. — Id. 1867, page 287. — Id. 1861, page 428. — DE FREYCINET. Assain. indust., p. 269. — PAYEN, tome II, page 877. — WURTZ. Dict. de chim. Goudrons, par CH. LAUTH. — KNAPP. Chim. technolog., traduc. de DEBIZE et MÉRIJOT, tome Ier, pages 451 et suiv. — Technologiste.

GOUDRONS (TRAITEMENT DES) DANS LES USINES A GAZ OU ILS SE PRODUISENT. (Voyez ci-dessus, *Décret du 9 février* 1867.)

GOUDRONS ET MATIÈRES BITUMINEUSES FLUIDES (DÉPOTS DE).

Deuxième classe.

INCONVÉNIENTS

Odeur, danger d'incendie.

PRESCRIPTIONS

Renfermer les goudrons dans des tonnes en métal ou dans des fûts cerclés de fer, et les déposer dans des magasins construits en matériaux incombustibles, bien ventilés par des trémies d'aération, et éclairés par la lumière du jour.

Disposer le sol de ces magasins en cuvette, afin que

les liquides répandus puissent s'écouler à une citerne étanche.

Ne jamais pénétrer dans les magasins avec une lumière.

Si les goudrons sont renfermés dans une citerne, construire cette citerne en matériaux complétement imperméables, avec enduit en ciment, et la ventiler par une haute cheminée d'aération.

Opérer au moyen de pompes le transvasement des liquides.

Avoir, en cas d'incendie, une provision de sable proportionnée à l'importance du dépôt.

GRAISSES A FEU NU (FONTE DES).

Première classe.

INCONVÉNIENTS

Odeur, danger d'incendie.

Odeur des matières premières et des résidus, vapeurs âcres et fétides.

Buées abondantes et nauséabondes.

Écoulement d'eaux infectes.

PRESCRIPTIONS

Ventiler énergiquement les ateliers et les magasins, les construire en matériaux incombustibles, ou tout au moins revêtir de plâtre ou de mortier les bois apparents.

Rendre leur sol imperméable et paver les cours avec ruisseaux et pente convenable pour l'écoulement des eaux à l'égout.

Placer l'ouverture des foyers en dehors de l'atelier.

Munir les chaudières de couvercles, les surmonter de larges hottes et diriger les gaz et les vapeurs sous les foyers pour les brûler après leur avoir fait traverser un condenseur.

Isoler des magasins l'atelier servant à la fonte des graisses.

Traiter les matières aussitôt leur arrivée à la fabrique.

Élever la cheminée à 20 ou 30 mètres, suivant la localité, et activer le tirage par un foyer d'appel.

Faire de fréquents lavages à l'eau chlorurée.

Enlever les résidus et les tourteaux tous les deux jours.

Ne brûler dans les foyers aucun résidu ni débris de tonneaux imprégnés de graisses.

Ne pas fabriquer d'engrais.

Dans certains cas, ne fondre que la nuit.

Consultez : TRÉBUCHET. Rapp. du Cons. d'hyg. de la Seine de 1849 à 1861, page 359. — LASNIER. Id. de 1862 à 1866, page 184. — Dᵣ LEVIEUX. Rapp. du Cons. d'hyg. de la Gironde de 1853 à 1855, page 72. — Dᵣ PILAT. Rapp. du Cons. d'hyg. du Nord de 1861, page 111; de 1866, page 206; de 1874, page 136. — DE FREYCINET. Assain. ind., page 279. — Corps gras, par CHATEAU.

GRAISSES POUR VOITURES (FABBRICATION DES).

Première classe.

INCONVÉNIENTS

Odeur, danger d'incendie.

Les graisses à voitures sont obtenues par un mélange à chaud d'huiles lourdes, de résines avec des graisses. Les inconvénients et les prescriptions sont les mêmes que pour la fonte des graisses à feu nu. (Voyez ci-dessus.) Le danger d'incendie est plus grand et les ateliers doivent toujours être construits en matériaux incombustibles, les foyers placés extérieurement, et les chaudières surmontées de hottes pouvant s'abaisser jusque sur le fourneau. Le couvercle des chaudières sera muni d'un tuyau ramenant les gaz et les vapeurs sous les foyers. (Voyez aussi *huiles de résine*, si on fabrique ces huiles dans l'établissement.)

GRILLAGE DES MINERAIS SULFUREUX.

Première classe.

INCONVÉNIENTS

Fumée, émanations nuisibles.

Dégagement abondant d'acide sulfureux, de vapeurs arsénicales ou plombeuses, si l'on grille des sulfures contenant de l'arsenic ou de la galène.

Dommages causés aux propriétés voisines par le dégagement libre de l'acide sulfureux, surtout si l'on brûle en tas ou dans des fours ouverts.

PRESCRIPTIONS

N'autoriser le grillage à l'air libre qu'exceptionnellement et à une très-grande distance des habitations.

Si l'on fait usage de fours fermés, ne diriger les gaz à la cheminée qu'après en avoir condensé la plus grande partie, et élever la cheminée à 30 ou 40 mètres. Employer de préférence des fours à moufles ou des fours à courant d'air forcé, ascendant, et transformer la plus grande partie de l'acide sulfureux en acide sulfurique, ou condenser l'acide sulfureux soit dans l'eau, soit par réaction sur des oxydes métalliques, avec injection de vapeur d'eau.

L'acide arsénieux et les vapeurs plombeuses peuvent être retenus, en leur faisant traverser de longues cheminées traînantes et de grandes chambres de condensation divisées par des cloisons forçant les fumées à circuler alternativement de haut en bas et de bas en haut.

Consultez : PILAT. Rapp. du Cons. d'hyg. du département du Nord, 1869, page 81. — DE FREYCINET. Assain. industr., pages 225, 255, 267. — Annales des mines. — Dict. de chim. de BARRESWIL et A. GIRARD. — K.-F. PLATTNER. Traité des procédés métallurgiques de grillage, traduct. de FÉTIS. — RIVOT. Métallurgie du cuivre et du plomb.

GUANO (DÉPOTS DE).

1° Quand l'approvisionnement excède 25 000 kilogrammes.
Première classe.

2° Pour la vente au détail.
Troisième classe.

INCONVÉNIENTS

Odeur produite par la fermentation des guanos.

PRESCRIPTIONS

N'autoriser qu'à une grande distance des habitations, dans des magasins couverts, ventilés par des lanternons à lames de persiennes, clos de toute part et ayant un sol imperméable.

Pour la vente au détail, clore complétement le magasin servant de dépôt, le ventiler par une haute cheminée de ventilation ou par des lanternons à lames de persiennes et par des ouvreaux pratiqués en bas des murs.

Rendre imperméable le sol du dépôt et construire un contre-mur au mur mitoyen ou tout au moins l'enduire en ciment. (Art. 674. du code Napoléon.)

Limiter le nombre de sacs emmagasinés et interdire toute manipulation dans l'intérieur du dépôt.

Consultez : Dr LEVIEUX. Rapp. du Cons. d'hyg. de la Gironde de 1857 à 1859, page 19. — Dr GINTRAC. Id. de 1861 à 1863, page 99. — Rapp. de M. JEANNEL sur le classement des dépôts de guano, du 17 décembre 1861, approuvé par lettre du ministre du 4 février 1862. — Dr GINTRAC. Id. de 1864, page 141.

HARENGS (SAURAGE DES).

Troisième classe.

INCONVÉNIENTS

Odeur et fumée.

PRESCRIPTIONS

(Voyez *Ateliers pour les salaisons et le saurage des poissons.*)

HONGROIERIES.

Troisième classe.

INCONVÉNIENTS

Odeur des cuirs et du suif en fusion.
Écoulement d'eaux de lavage.

Danger de feu par l'étuve.

Si l'on fait le travail de rivière, épilage, écharnage et rinçage des peaux... (Voyez *Tanneries.*)

PRESCRIPTIONS

Ventiler les ateliers, rendre leur sol imperméable ainsi que le sol des cours.

Écouler les eaux à l'égout en retenant par des grilles les rognures et débris de peaux.

Enlever ces débris tous les deux jours.

Construire l'étuve en matériaux incombustibles, avec porte en fer, placer l'ouverture des foyers en dehors.

Fondre le suif dans une chaudière munie d'un couvercle et surmontée d'une hotte entraînant les vapeurs dans la cheminée qui sera élevée à 20 ou 25 mètres, suivant la localité ; placer l'ouverture du foyer en dehors.

Ne brûler ni rognures de peaux ni débris de tonneaux ayant contenu des graisses.

Consultez : TRÉBUCHET. Rapp. du Cons. d'hyg. du départ. de la Seine de 1849 à 1858. — LASNIER. Id. de 1862 à 1866, page 208. — AVENEL. Rapp. du Cons. d'hyg. de la Seine-Inférieure de 1863, page 21. — GEHIN. Rapp. du Cons. d'hyg. de la Moselle de 1863 à 1866, page 118. — Étude sur l'hyg. des ouvriers peaussiers du départ. de l'Hérault, par MM. PÉCHOLIER et SAINT-PIERRE. — Hongroyeur, par J. DE FONTENELLE et F. MALEPEYRE. — Matériel des industries du cuir, par J.-P. DAMOURETTE, anc. élève de l'École polytech.

HOUILLE (AGGLOMÉRÉS DE). (Voyez *Agglomérés.*)

HUILES DE BERGUES (FABRIQUE D'). (Voyez *Dégras.*)

HUILES DE PÉTROLE, DE SCHISTE ET DE GOUDRON, ESSENCES ET AUTRES HYDROCARBURES EMPLOYÉS POUR L'ÉCLAIRAGE, LE CHAUFFAGE, LA FABRICATION DES COULEURS ET VERNIS, LE DÉGRAISSAGE DES ÉTOFFES ET AUTRES USAGES.

1º Fabrication, distillation et travail en grand.

Première classe.

INCONVÉNIENTS

Odeur, danger d'incendie et explosion.

Odeur empyreumatique désagréable et incommode.

Dégagement d'acide sulfureux, d'hydrogène sulfuré et de produits volatils très-inflammables.

PRESCRIPTIONS

Construire les ateliers et les magasins en matériaux incombustibles, avec combles en fer, les ventiler énergiquement par des lanternons à lames de persiennes, les éclairer par la lumière du jour et n'y jamais pénétrer avec une lumière.

Rendre imperméable, dallé, carrelé ou cimenté, le sol de ces ateliers et magasins, le disposer en cuvette avec pentes et rigoles pour amener les liquides répandus accidentellement dans une ou plusieurs citernes étanches, ayant la capacité suffisante pour contenir le liquide emmagasiné ou traité dans les appareils distillatoires.

Isoler et éloigner d'au moins 10 mètres des autres ateliers et magasins l'atelier de distillation, et le séparer de l'atelier de condensation par un mur en maçonnerie dépassant le rampant du comble.

Recueillir les produits de la distillation dans des vases fermés, et terminer en siphon l'extrémité du serpentin ; diriger les gaz et les vapeurs non condensés dans des laveurs, et de là au-dessus des toits ou dans la cheminée à la hauteur nécessaire pour qu'ils ne puissent être enflammés par des flammèches.

Amener les liquides aux appareils distillatoires sans transvasement à la main, mais mécaniquement et au moyen de pompes étanches.

Chauffer à la vapeur les appareils de distillation et de rectification des essences et des huiles légères, et éloigner les générateurs à 10 mètres au moins des ateliers.

Disposer un jet de vapeur avec robinet placé extérieurement, afin de pouvoir, le cas échéant, éteindre un commencement d'incendie.

Pour la distillation des pétroles bruts et des huiles lourdes, où l'on ne peut employer la vapeur, placer l'ouverture des foyers en dehors de l'atelier et les disposer de telle sorte qu'on puisse, en cas de rupture d'un appareil, fermer instantanément l'ouverture des foyers et étouffer tout commencement d'incendie.

Protéger le fond des chaudière du contact direct du foyer par une voûte en briques réfractaires.

Fixer à la partie inférieure des chaudières et des alambics un tuyau de vidange avec robinet ou soupape débouchant à l'extérieur de l'atelier, pour l'extraction des résidus de la distillation.

Opérer le lavage des pétroles bruts et le mélange avec les agents chimiques dans des cuves doublées de plomb fermant hermétiquement, et conduire par un tuyau les gaz qui s'en échappent à la cheminée ou dans des condenseurs.

Diriger un jet de vapeur dans les réservoirs, cuves et appareils pour les laver et diriger les gaz et vapeurs à la cheminée ou aux condenseurs.

Ne laisser pénétrer les ouvriers dans les réservoirs pour les réparer que lorsque toute odeur a disparu ; ne les y laisser séjourner que quelques minutes, et avoir soin de les attacher.

Élever la cheminée à 30 mètres.

2° Dépôts.

Les dépôts sont régis par le décret du 19 mai 1873.

DÉCRET

CONCERNANT LES

HUILES DE PÉTROLE, DE SCHISTE, ESSENCES ET AUTRES HYDROCARBURES.

————

Le Président de la République française,

Sur le rapport du ministre de l'agriculture et du commerce ;

Vu les lois des 22 décembre 1789, janvier 1790 (section III, art. 2) et 16-24 août 1790 (titre XI, art. 3) ;

Vu le décret du 15 octobre 1810, l'ordonnance du 14 janvier 1815 et les décrets des 18 avril et 31 décembre 1866;

Le Conseil d'État entendu ;

Décrète :

Article premier. — Le pétrole et ses dérivés, les huiles de schiste et de goudron, les essences et autres hydrocarbures liquides pour l'éclairage et le chauffage, la fabrication des couleurs et vernis, le dégraissage des étoffes, ou tout autre emploi, sont distingués en deux catégories, suivant leur degré d'inflammabilité.

La première catégorie comprend les substances très-inflammables, c'est-à-dire celles qui émettent, à une température inférieure à 35 degrés du thermomètre centigrade, des vapeurs susceptibles de prendre feu au contact d'une allumette enflammée.

La seconde catégorie comprend les substances moins inflammables, c'est-à-dire celles qui n'émettent de vapeurs susceptibles de prendre feu au contact d'une allumette enflammée qu'à une température égale ou supérieure à 35 degrés.

Un arrêté du ministre de l'agriculture et du commerce déterminera, sur l'avis du Comité consultatif des arts et manufactures, le mode d'expérience par lequel sera constaté le degré d'inflammabilité des liquides à classer dans chaque catégorie.

ART. 2. — Les usines pour le traitement de ces substances, les entrepôts et magasins de vente en gros et les dépôts pour la vente au détail ne peuvent être établis et exploités que sous les conditions prescrites par le présent décret.

SECTION PREMIÈRE

DES USINES.

ART. 3. — Les usines pour la fabrication, la distillation et le travail en grand des substances désignées à l'art. 1er demeurent rangées dans la première classe des établissements dangereux, insalubres ou incommodes, régis par le décret du 15 octobre 1810 et par l'ordonnance du 14 janvier 1815.

SECTION II

DES ENTREPÔTS ET MAGASINS DE VENTE EN GROS.

ART. 4. — Les entrepôts ou magasins de substances désignées à l'art. 1er, dans lesquels ces substances ne doivent

14

subir aucune autre manipulation qu'un simple lavage à l'eau froide et des transvasements, sont rangés dans la première, la deuxième ou la troisième classe des établissements dangereux, insalubres ou incommodes, suivant les quantités de liquides qu'ils sont destinés à contenir, savoir :

Dans la première classe, s'ils doivent contenir plus de 3 000 litres de liquides de la première catégorie ;

Dans la deuxième classe, s'ils doivent en contenir de 1 500 à 3 000 litres ;

Dans la troisième classe, s'ils doivent contenir plus de 300, mais pas plus de 1 500 litres.

Lorsque les entrepôts ou magasins doivent contenir des substances de la deuxième catégorie, 5 litres de celle-ci sont comptés pour 1 litre de la première.

Lorsque les entrepôts ou magasins contiennent, en outre, des approvisionnements de matières combustibles, et notamment de liquides inflammables, tels que l'alcool, l'éther, le sulfure de carbone, etc., non régis par le présent décret, ces substances sont comptées dans l'approvisionnement total des substances dangereuses et assimilées à celles de la première ou de la seconde catégorie, suivant qu'elles émettent ou non, à la température de 35 degrés centigrades, des vapeurs susceptibles de prendre feu au contact d'une allumette enflammée.

Art. 5. — Les entrepôts ou magasins de la première et de la deuxième classe, qui renferment des substances de la première catégorie, soit exclusivement, soit jointes à des substances de la seconde catégorie, sont assujettis aux règles suivantes :

1° Le magasin sera établi dans une enceinte close par des murs en maçonnerie de 2^m,50 de hauteur au moins, ayant sur la voie publique une seule entrée, qui doit être garnie d'une porte pleine, solidement ferrée et fermant à clef.

Cette porte d'entrée sera fermée depuis la chute du jour jusqu'au matin. La clef en sera déposée, durant cet intervalle, entre les mains de l'exploitant du magasin ou d'un gardien délégué par lui. Durant le jour, l'entrée et la sortie des ouvriers et charretiers seront surveillées par un préposé.

2° L'enceinte ne devra renfermer d'autre logement habité

pendant la nuit que celui qui pourra être établi pour un portier-gardien et sa famille.

Cette habitation elle-même aura son entrée particulière et sera séparée du reste de l'enceinte par un mur de $1^m,20$ de hauteur au moins, sans aucune ouverture.

3° La plus petite distance de l'enceinte aux maisons d'habitation ou bâtiments quelconques appartenant à des tiers ne pourra être de moins de 50 mètres pour les magasins de la première classe, et de 4 mètres pour ceux de la deuxième.

4° Les appareils fixes ou les réservoirs contenant les liquides auront leurs parois à une distance de 50 centimètres au moins de la face intérieure du mur d'enceinte, et seront disposés de manière à pouvoir être toujours facilement inspectés et surveillés.

5° Le sol du magasin sera dallé, carrelé ou bétonné, avec pentes et rigoles disposées de manière à amener les liquides, qui seraient répandus accidentellement, dans une ou plusieurs citernes étanches, ayant ensemble une capacité suffisante pour contenir la totalité des liquides emmagasinés, et maintenues toujours en état de service.

Si le sol du magasin est en contre-bas du sol environnant, ou s'il est protégé par un terrassement ou massif continu sans aucune ouverture, la cuvette ainsi formée tiendra lieu, jusqu'à concurrence de sa capacité, des citernes prescrites au paragraphe précédent.

6° Le magasin pourra être à découvert en plein air. S'il est enfermé dans un bâtiment ou hangar, ce bâtiment ou hangar sera construit en matériaux incombustibles, non surmonté d'étages, bien éclairé par la lumière du jour et largement ventilé, avec des ouvertures ménagées dans la toiture.

7° Les liquides emmagasinés seront contenus soit dans des récipients en métal munis de couvercles mobiles, soit dans des fûts en bois cerclés de fer.

Le transvasement des liquides de la première catégorie, d'un récipient dans un autre situé à un niveau plus élevé, se fera toujours au moyen d'une pompe fixe et étanche.

Les fûts vides, ainsi que les débris d'emballage, seront placés hors du magasin.

8° Toutes les réceptions, manipulations et expéditions de liquides seront faites à la clarté du jour. Durant la nuit, l'entrée dans le magasin est absolument interdite.

Il est également interdit d'y allumer ou d'y apporter du feu, des lumières ou des allumettes, et d'y fumer. Cette interdiction sera écrite en caractères très-apparents sur le parement extérieur du mur, du côté de la porte d'entrée.

9° Une quantité de sable ou de terre, proportionnée à l'importance des approvisionnements, sera conservée à proximité du magasin pour servir à éteindre un commencement d'incendie, s'il venait à se déclarer.

Les préfets peuvent imposer, en outre, les conditions qui seraient exigées, dans des cas spéciaux, par l'intérêt de la sécurité publique. Dans ce cas, les arrêtés d'autorisation doivent être soumis à l'approbation du ministre de l'agriculture et du commerce, qui statue sur l'avis du Comité consultatif des arts et manufactures.

ART. 6. — Les préfets peuvent autoriser des entrepôts ou magasins établis et exploités dans des conditions différentes de celles déterminées par l'article 5, lorsque ces conditions présentent des garanties au moins équivalentes pour la sécurité publique. Dans ce cas, les arrêtés d'autorisation, avant d'être délivrés aux demandeurs, doivent être soumis à l'approbation du ministre de l'agriculture et du commerce, qui statue sur l'avis du Comité consultatif des arts et manufactures.

ART. 7. — Les conditions d'établissement des entrepôts on magasins rangés dans la troisième classe sont réglées par les arrêtés d'autorisation.

Il en est de même des entrepôts ou magasins dans lesquels les liquides inflammables ne subissent ni transvasement ni manipulation d'aucune sorte, ou qui ne contiennent que des substances de la deuxième catégorie.

Les exploitants de ces entrepôts ou magasins devront, en outre, se conformer aux prescriptions indiquées dans les n°s 7, 8 et 9 de l'article 5 du présent décret.

ART. 8. — Les entrepôts ou magasins dont l'approvisionnement total ne dépasse pas 300 litres de liquides de la première catégorie, ou une quantité équivalente de liquides de l'une et de l'autre catégories, peuvent être établis sans auto-risation préalable.

Toutefois le propriétaire est tenu d'adresser au maire de la commune où est situé son établissement et au sous-préfet de l'arrondissement une déclaration contenant la désigna-tion précise du local affecté au magasin. Ce magasin sera isolé de toute maison d'habitation ou de tout bâtiment conte-nant des matières combustibles, parfaitement ventilé et con-stamment fermé à clef. Le sol sera creusé en forme de cuvette et entouré d'un bourrelet en terre ou en maçonnerie, pouvant retenir les liquides en cas de fuite.

Après cette déclaration, l'entrepositaire peut exploiter son magasin, à la charge d'observer les prescriptions indiquées dans les n°s 7, 8 et 9 de l'article 5 du présent décret.

SECTION III

DE LA VENTE AU DÉTAIL.

ART. 9. — Tout débitant de substances désignées à l'arti-cle 1er est tenu d'adresser au maire de la commune où est situé son établissement et au sous-préfet de l'arrondissement une déclaration contenant la désignation précise du local, des procédés de conservation et de livraison, des quantités de liquides inflammables auxquelles il entend limiter son appro-visionnement, et de l'emplacement qui sera exclusivement affecté dans sa boutique aux récipients de ces liquides.

Après cette déclaration, le débitant peut exploiter son commerce, à la charge par lui de se conformer aux prescrip-tions contenues dans les articles suivants.

ART. 10. — Les liquides de la première catégorie sont transportés et conservés chez le détaillant, sans aucun trans-vasement lors de la réception, dans des récipients en forte tôle de métal, étanches et munis de deux ouvertures au plus, fermées par des robinets ou bouchons hermétiques.

Ces récipients ont une capacité de 60 litres au plus ; ils portent, solidement fixée et en caractères très-lisibles, l'in-scription sur fond rouge : *Essence inflammable.*

Ils ne peuvent, en aucun cas, être déposés dans une cave ; ils sont solidement établis et occupent un emplacement spécial, séparé de celui des autres marchandises, dans la boutique. Un vase avec goulot, en forme d'entonnoir, est placé sous le robinet pour recevoir le liquide qui viendrait à s'en échapper.

Une quantité de sable ou de terre, proportionnée à l'importance du dépôt, sera conservée dans le local pour servir à éteindre un commencement d'incendie, s'il venait à se déclarer.

Les liquides de la première catégorie ne peuvent être livrés aux consommateurs que dans des burettes ou bidons en métal étanches, munis d'un ou de deux orifices, avec robinets ou bouchons hermétiques, et portant l'inscription très-lisible : *Essence inflammable*. Le remplissage des bidons doit se faire directement sous le récipient, sans interposition d'entonnoir ou d'ajutage mobile, de façon qu'aucune goutte de liquide ne soit répandue au dehors.

Les liquides de la première catégorie ne peuvent être transvasés pour le débit qu'à la clarté du jour. La livraison au consommateur est interdite à la lumière artificielle, à moins que le détaillant ne conserve et ne débite les liquides dans des bidons ou burettes en métal, de manière à éviter tout transvasement au moment de la vente. Ces bidons, d'une capacité de 5 litres au plus, seront rangés dans des boîtes ou casiers à rebords, garnis intérieurement de feuilles de métal formant cuvette étanche.

ART. 11. — Les liquides de la seconde catégorie sont conservés chez le détaillant dans des récipients en métal étanches, soigneusement clos et solidement établis.

Ces récipients ont une capacité de 350 litres au plus ; ils portent l'inscription sur fond blanc : *Huile minérale*.

ART. 12. — L'approvisionnement du débit ne devra jamais excéder 300 litres de liquides de la première catégorie ou une quantité équivalente de liquides de l'une et de l'autre catégorie.

5 litres de substances de la seconde catégorie sont consi-

dérés comme équivalents à un litre de substances de la première catégorie.

Les liquides inflammables non régis par le présent décret, qui peuvent se trouver dans le local du débit, sont comptés dans l'approvisionnement total des substances dangereuses et assimilés à celles de la première catégorie, s'ils émettent, à la température de 35 degrés, des vapeurs susceptibles de prendre feu au contact d'une allumette enflammée.

Art. 13. — Dans le cas où le détaillant disposerait d'une cour ou de tout autre emplacement découvert, il pourra conserver les liquides dans les récipients, fûts en bois ou autres, ayant servi au transport.

Ces récipients seront placés dans un magasin isolé de toute maison d'habitation ou de tout bâtiment contenant des matières combustibles, parfaitement ventilé et constamment fermé à clef. Le sol sera creusé en forme de cuvette et entouré d'un bourrelet en terre ou en maçonnerie, pouvant retenir les liquides en cas de fuite.

Le détaillant sera d'ailleurs soumis aux prescriptions indiquées dans les trois derniers paragraphes de l'article 10, dans le dernier paragraphe de l'article 11 et dans l'article 12 du présent décret.

Art. 14. — Les dispositions précédentes, relatives aux dépôts pour la vente au détail, ne peuvent être suppléées par des dispositions équivalentes qu'en vertu d'une autorisation spéciale, délivrée par le préfet sur l'avis du conseil d'hygiène et de salubrité du département, et fixant les conditions imposées au débitant dans l'intérêt de la sécurité publique.

Il sera rendu compte au ministre de l'agriculture et du commerce des autorisations données en vertu du présent article.

SECTION IV

DISPOSITIONS GÉNÉRALES.

Art. 15. — Les entrepôts ou magasins de vente en gros et les dépôts pour la vente au détail, qui ont été précédemment autorisés ou déclarés, conformément aux règlements en vigueur, peuvent être maintenus dans les conditions qui ont été fixées par ces règlements ou par les arrêtés spéciaux d'autorisation. L'exploitant ne peut y apporter aucune modification qu'à la charge de se conformer aux prescriptions du présent décret et, suivant les cas, d'obtenir une nouvelle autorisation ou de faire une déclaration nouvelle, comme il est dit aux articles ci-dessus.

ART. 16. — En cas d'inobservation des conditions d'installation fixées par le présent décret ou par les arrêtés spéciaux d'autorisation, les entrepôt ou magasins de vente en gros peuvent être fermés et la vente au détail peut être interdite, sans préjudice des peines encourues pour contravention aux règlements de police.

ART. 17. — Le transport des substances désignées à l'article 1er doit être fait exclusivement dans des vases en métal, étanches et hermétiquement clos, ou dans des fûts en bois également étanches et cerclés de fer.

ART. 18. — Les attributions conférées aux préfets, aux sous-préfets et aux maires par le présent décret sont exercées par le préfet de police dans l'étendue de son ressort.

ART. 19. — Le décret du 27 janvier 1872, relatif aux huiles minérales et autres hydrocarbures, est rapporté.

Le décret du 31 décembre 1866, relatif au classement des établissements dangereux, insalubres ou incommodes, est réformé en ce qui concerne les entrepôts ou magasins d'hydrocarbures.

ART. 20. — Le ministre de l'agriculture et du commerce est chargé de l'exécution du présent décret, qui sera inséré au *Journal officiel* et au *Bulletin des lois*.

Fait à Versailles, le 19 mai 1873.

A. THIERS.

Par le Président de la République :
Le ministre de l'agriculture et du commerce,
E. TEISSERENC DE BORT.

Consultez : TRÉBUCHET. Rapp. du Cons. de 1849 à 1858, page 380. — Id. de 1859 à 1861, page 228. — LASNIER. Id. de 1862 à 1866, page 228. — Dr LEVIEUX. Rapp. du Cons. d'hyg. de la Gironde, 1853 à 1855, pages 60 et suiv. — Dr GINTRAC. Rapp. du Cons. de la Gironde de 1861 à 1863, page 40. — Id. de 1867, pages 21 et suiv. — MARTIN-BARBET. Id. de 1874·

page 49. — D^r P<small>ILAT</small>. Rapp. du Cons. d'hyg. du Nord de 1868, page 276. — Id. 1869, page 93. — Id., page 109. — Ordonnance sur l'instruction du Conseil de salubrité, concernant l'emploi des huiles de pétrole destinées à l'éclairage (du 15 juillet 1864). — Arrêté du ministre de l'agriculture et du commerce pour constater le degré d'inflammabilité des liquides à classer (du 5 septembre 1875). (Voir Appendice.) — Notice sur l'appareil Granier. — Arrêté du 1er décembre 1874 sur le transport par chemins de fer des matières dangereuses. — Décret sur le transport par eau des matières dangereuses, du 12 août 1874. (Voir Appendice.) — Réponses à des questions posées à MM. B<small>ARRAL</small>, C<small>HEVALIER</small> et R<small>ÉVEIL</small>, par les fabricants d'huiles minérales. Paris, 1864. — D<small>E</small> F<small>REYCINET</small>. Assain. indust., page 269. — Législation anglaise. Petroleum. Act. du 29 juillet 1862. — Mémoire sur les huiles de pétrole, par A. G<small>RAND</small>. Compte rendu de la Société des ingénieurs civils, 22° année. — W<small>URTZ</small>. Dict. de chim. Pétrole, par L. T<small>ROOST</small>. — K<small>NAPP</small>. Chim. technol., traduct. de D<small>EBIZE</small> et M<small>ÉRIJOT</small>, tome Ier, page 463. — Le Pétrole, par E. S<small>OULIÉ</small>, élève de l'École des mines, etc., etc.

HUILE <small>DE PIED DE BŒUF</small> (F<small>ABRICATION D'</small>).

1° Avec emploi de matières en putréfaction.
Première classe.

2° Quand les matières employées ne sont pas putréfiées.
Deuxième classe.

INCONVÉNIENTS

Odeur des matières animales en putréfaction.
Buées nauséabondes et vapeurs désagréables.
Écoulement des eaux de macération.

PRESCRIPTIONS

Ventiler énergiquement les ateliers en les surmontant de lanternons à lames de persiennes, peindre les bois apparents à l'huile ou les recouvrir de plâtre pour qu'ils ne s'imprègnent pas d'odeur.

Rendre le sol des ateliers imperméable et paver les cours avec ruisseaux et pente convenable.

Écouler souterrainement les eaux à l'égout ou les enlever tous les jours dans des tonneaux fermés.

Munir de couvercles les chaudières et les cuves à macération, et les surmonter de larges hottes entraînant les buées et les gaz à la cheminée qui sera élevée de 5 mètres au-dessus des cheminées voisines, dans un rayon de 100 mètres.

Traiter les matières premières aussitôt leur arrivée à la fabrique, et les désinfecter avec du chlorure de chaux.

Renouveler fréquemment l'eau des cuves à macération.

Déposer les os dans un endroit sec, les recouvrir d'une couche de noir et les enlever deux fois par semaine.

Faire de fréquents lavages à l'eau chlorurée.

Ne pas fabriquer d'engrais et ne brûler dans les foyers aucun résidu, ni os, ni débris de tonneaux imprégnés d'huile.

Consultez : TRÉBUCHET. Rapp. du Cons. d'hyg. de 1849 à 1858, p. 316. —MARTIN-BARBET. Rapp. du Cons. d'hyg. de la Gironde de 1872, page 80. — WURTZ. Dict. de chimie. Huiles, par J. BOUIS.

HUILES DE POISSON (FABRIQUES D').

Première classe.

INCONVÉNIENTS

Odeur, danger d'incendie.

Odeur infecte des matières premières employées et de l'huile fabriquée.

Écoulement des eaux de macération.

Buées abondantes.

PRESCRIPTIONS

Traiter les matières premières aussitôt leur arrivée à l'établissement.

Construire les ateliers et les magasins en matériaux incombustibles, les bien ventiler, rendre leur sol imperméable et conduire toutes les eaux de lavage et de macération à l'égout.

Placer l'ouverture des foyers en dehors de l'atelier, munir les chaudières de couvercles et les surmonter de hottes conduisant les vapeurs et les buées dans la cheminée de l'usine qui aura 20 à 30 mètres d'élévation, suivant la localité.

Éloigner les ateliers de fabrication des magasins et dépôts des matières premières et fabriquées.

Enlever fréquemment les résidus dans des tonneaux fermés.

Ne brûler aucun résidu ni débris de tonneaux ayant contenu des huiles ou des matières animales.

Faire de fréquents lavages à l'eau chlorurée.

Consultez : Dr VERNOIS. Traité d'hygiène. — GIRARDIN. Chim. appl. aux arts. — PAYEN. Chim. indust., tome II, page 779. — Rapport de M. L. SOUBEIRAN à la Société d'acclimatation. — KNAPP. Chim. technol., tome Ier, page 309.

HUILE ÉPAISSE ou DÉGRAS. (Voir *Dégras*.)

HUILES DE RÉSINE (FABRICATION DES).
Première classe.

INCONVÉNIENTS

Odeur, danger d'incendie.

Dégagement de produits volatils très-inflammables.

Odeur de résine désagréable et incommode pour le voisinage.

PRESCRIPTIONS

Construire en matériaux incombustibles, avec combles en fer, les magasins et les ateliers, les bien ventiler et les éclairer par la lumière du jour ou par des lampes placées extérieurement et séparées par un verre dormant ; n'y jamais pénétrer avec une lumière, rendre leur sol imperméable.

Éloigner les ateliers des magasins servant de dépôt aux matières premières et aux produits fabriqués.

Placer l'ouverture des foyers en dehors de l'atelier et séparer par un mur les condenseurs des appareils distillatoires.

Conduire sous la grille des fourneaux, pour y être brûlés, les gaz non condensés.

Élever la cheminée à 20 ou 30 mètres, suivant la localité.

Consultez : Trébuchet. Rapp. du Cons. d'hyg. de la Seine de 1849 à 1858, page 379. — Dr Gixtrac. Rapp. du Cons. d'hyg. de la Gironde de 1869, page 11 ; de 1870 à 1871, page 102. — Dr Pilat. Rapp. du Cons. d'hyg. du Nord de 1860, page 223 ; de 1861, page 111 ; de 1866, page 346 ; de 1874, page 49.

HUILERIES OU MOULINS A HUILE.

Troisième classe.

INCONVÉNIENTS

Danger d'incendie, odeur pendant le chauffage des graines et odeur des tourteaux.

Bruit des meules et des presses à coins mues par des pilons.

PRESCRIPTIONS

Rendre le sol des ateliers imperméable, dallé, carrelé ou cimenté, les bien ventiler.

Fermer les ouvertures sur la voie publique et sur les propriétés voisines.

Faire le chauffage des graines à la vapeur et surmonter les chauffoirs de larges hottes.

Placer l'ouverture des foyers en dehors de l'atelier.

N'autoriser les presses à pilons qu'autant qu'elles ne pourront incommoder les voisins par le bruit, sinon prescrire l'emploi de presses muettes.

Déposer les tourteaux dans un local construit en matériaux incombustibles, avec porte en fer.

Ne brûler dans les foyers ni tourteaux ni débris de tonneaux imprégnés d'huile.

Élever la cheminée à hauteur des cheminées voisines, dans un rayon de 100 mètres.

Écouler les eaux souterrainement à l'égout.

HUILES (ÉPURATION DES).

Troisième classe.

INCONVÉNIENTS

Odeur, danger d'incendie.
Résidus d'épuration spontanément inflammables.

PRESCRIPTIONS

Construire les ateliers d'épuration en matériaux incombustibles, ou tout au moins revêtir de plâtre ou de mortier les bois apparents, rendre leur sol imperméable, dallé, carrelé ou cimenté.

Placer en dehors de l'atelier l'ouverture des foyers des appareils de chauffage.

Fermer les ouvertures sur la voie publique et sur les propriétés voisines.

Emmagasiner les tourteaux et les résidus dans un local complétement incombustible, avec porte en fer, isolé et éloigné des ateliers.

Ne brûler dans les foyers ni tourteaux, ni résidus, ni débris de tonneaux imprégnés d'huile.

Élever la cheminée à hauteur des cheminées voisines, dans un rayon de 100 mètres.

Consultez : THÉBUCHET. Rapp. du Cons. d'hyg. de la Seine de 1849 à 1858, page 372. — Id. de 1859 à 1861, page 247. — Dr DUMAS. Rapp. du Cons. d'hyg. de l'Hérault, de 1857 à 1859, page 171. — KNAPP. Chim. techn., traduct. de DEBIZE et MÉRIJOT, tome Ier.

HUILES ESSENTIELLES ou essences de térébenthine, d'aspic et autres. (Voyez *Huiles de pétrole, de schiste,* etc.)

HUILES et autres corps gras extraits des débris de matières animales (Extraction des)[1] ; eaux savonneuses des fabriques.

Première classe.

INCONVÉNIENTS

Danger d'incendie.

---

1. Extraction de l'oléine des os, des marcs de colle, etc.

Odeur des matières premières employées, des produits fabriqués et des résidus.

Dégagement de vapeurs âcres et fétides, d'hydrogène sulfuré, d'acide sulfureux, d'ammoniac, etc.

Buées abondantes et nauséabondes.

Écoulement d'eaux infectes.

PRESCRIPTIONS

Ventiler énergiquement les ateliers et les magasins, les construire en matériaux incombustibles, rendre leur sol imperméable et paver les cours avec ruisseaux et pente convenable pour l'écoulement souterrain à l'égout des eaux préalablement neutralisées.

Traiter les matières premières aussitôt leur arrivée à la fabrique et arrêter la putréfaction par la chaux vive.

Opérer l'extraction des huiles et des graisses à la vapeur, munir les cuves et les chaudières de couvercles, les surmonter de larges hottes.

Diriger les gaz et les vapeurs dans un condenseur et sous la grille des foyers pour les brûler, les conduire ensuite à la cheminée qui aura 30 mètres d'élévation.

Placer les générateurs et les foyers en dehors de l'atelier.

Isoler et éloigner des ateliers les magasins servant de dépôt aux matières premières et aux produits fabriqués.

Ne brûler dans les foyers ni résidus, ni tourteaux, ni débris de tonneaux imprégnés d'huile ou de graisse.

Enlever ces résidus tous les deux jours.

Faire de fréquents lavages à l'eau chlorurée et ne pas fabriquer d'engrais.

Si l'on opère par distillation... (Voyez *Acide stéari-que;* voyez aussi *Sulfure de carbone.*)

PRESCRIPTIONS ORDINAIREMENT IMPOSÉES DANS LE DÉPARTEMENT DU NORD POUR LES ÉTABLISSEMENTS OU L'ON TRAITE LES EAUX SAVONNEUSES DES FABRIQUES.

Daller le sol des ateliers, paver les cours.

Évaporer les eaux de désuintage dans des chaudiè-res couvertes et chauffées à la vapeur.

Faire rendre les buées provenant des chaudières dans une cheminée construite en maçonnerie et élevée de 25 mètres.

Après la séparation des matières grasses, traiter les lessives par de la chaux en quantité suffisante pour les éclaircir.

Opérer le dépôt des matières insolubles dans des bassins de décantation et ne laisser écouler l'eau aux cours d'eau que claire et alcaline.

Curer assez fréquemment les bassins pour que leur état d'envasement ne nuise pas à leur bon fonctionne-ment.

Enlever les résidus et les tourteaux tous les deux jours pour éviter leur combustion spontanée et les déposer dans un local complétement incombustible.

Ne laisser écouler en dehors de l'usine aucune eau acide.

Enfermer les produits fabriqués dans des tonneaux fermés.

Ne pas fabriquer d'engrais.

Consultez : Dʳ PILAT. Rapp. du Cons. d'hyg. du Nord de 1860, p. 79; de 1866, page 176; de 1867, pages 54 et 63; de 1869, page 37. — Dᵉ FREYCINET. Assain. ind., pages 281 et 406. — PAYEN. Chimie, tome II, page 797. — KNAPP. Chim. techn., trad. de DEBIZE et MÉRIJOT, tome Iᵉʳ, page 421.

HUILES EXTRAITES DES SCHISTES BITUMINEUX. (Voyez *Huiles de pétrole, de schiste*, etc.)

HUILES (MÉLANGE A CHAUD OU CUISSON DES).

1º En vases ouverts.

Première classe.

2º En vases clos.

Deuxième classe.

(Voyez *Bâches imperméables* et *Vernis gras*.)
Mêmes inconvénients, mêmes prescriptions.

HUILES ROUSSES (FABRICATION DES) PAR EXTRACTION DES CRETONS ET DÉBRIS DE GRAISSE A HAUTE TEMPÉRATURE.

Première classe.

(Voyez *Acide stéarique par distillation*, et *Extraction des corps gras, des débris des matières animales*.)
Mêmes inconvénients, mêmes prescriptions.

IMPRESSIONS SUR ÉTOFFES. (Voyez *Toiles peintes*.)

JUTE (TEILLAGE DU). (Voyez *Teillage*.)

KIRSCH. (Voyez *Distilleries*.)

LAINE. (Voyez *Battage*.)

LAITERIES EN GRAND DANS LES VILLES.

Deuxième classe.

INCONVÉNIENTS

Odeur.

Écoulement d'eaux de lavage.

PRESCRIPTIONS

Ventiler convenablement les laiteries.

Rendre|le sol imperméable, dallé ou cimenté, et écouler les eaux souterrainement à l'égout.

Revêtir les murs de marbre ou de plaques de faïence, ou les enduire en ciment.

Peindre à l'huile les bois apparents.

Avoir l'eau en abondance et faire de fréquents lavages des murs et du sol.

Ne pas élever des porcs dans l'établissement. Si l'on élève des vaches... (Voyez *Vacheries*.)

Consultez sur l'industrie du lait : Ordonnance du lieutenant-général de police, portant règlement sur la vente et la distribution du lait, du 20 avril 1742. — Ordonnance concernant la vente du lait dans Paris, du 23 messidor an VIII (12 juillet 1800). — Id. du 20 juillet 1813. — Rapp. du Cons. d'hyg. et de salub. du départ. de la Seine au préfet de police sur le commerce du lait, du 30 avril 1857. — Id. du 21 août 1857. M. Boudet, rapporteur.

LARD (Ateliers a enfumer le).

Troisième classe.

INCONVÉNIENTS

Odeur et fumée.

PRESCRIPTIONS

Construire les fumoirs en matériaux incombustibles, avec portes en fer.

Élever la cheminée à 3 mètres au-dessus des souches de cheminées voisines, dans un rayon de 50 mètres.

(Voyez *Salaisons.*)

Consultez : Ordonnance concernant le commerce de la charcuterie, du 4 floréal an XII (24 avril 1804). — Ordonnance concernant les établissements de charcuterie dans la ville de Paris, du 19 décembre 1835.

LAVAGE DES COCONS. (Voyez *Cocons.*)

LAVAGE et séchage des éponges. (Voyez *Éponges.*)

LAVOIRS A HOUILLE.

Troisième classe.

INCONVÉNIENTS

Altération des eaux.

PRESCRIPTIONS

Recevoir les eaux de lavage dans des bassins de décantation, et si elles doivent s'écouler dans des cours
d'eau réservés aux usages domestiques, les filtrer et les
clarifier au moyen de digues ou de filtres composés de
lits de gazons, d'herbe fauchée et de sable fin.

Consultez : DE FREYCINET. Assain. indust., pages 350 et suiv. —
KNAPP. Chim. technol., pages 260 et suiv. — Annales des mines, 2e série,
tomes IV et VIII. — BURAT. Exploitation des mines, page 498.

LAVOIRS A LAINE.
Troisième classe.

INCONVÉNIENTS

Altération des eaux.
Buées abondantes si l'on fait le lavage à chaud.
Danger d'incendie par le séchoir.

PRESCRIPTIONS

Ventiler les ateliers, rendre leur sol imperméable,
avec pente de 2 centimètres par mètre, fermer les ouvertures sur la voie publique.

Ne jamais déverser dans les cours d'eau ou dans les
rivières les eaux de macération des laines, les recueillir
dans une citerne étanche et les enlever dans des tonneaux fermés, soit pour les répandre dans les champs
comme engrais, soit pour les traiter dans des usines
spéciales.

Si le rinçage peut se faire sans inconvénient dans

les cours d'eau, placer dans l'eau des filets à mailles de 2 à 3 centimètres pour retenir les débris de laine (Gironde), ou recevoir les eaux dans des bassins de décantation ; ne les écouler que parfaitement claires après les avoir traitées par l'acide chlorhydrique, ou l'acide sulfurique, ou le chlorure de manganèse ; hâter le dépôt par une certaine quantité d'argile. (Nord.)

(L'épuration par la chaux donne des résultats moins satisfaisants, mettant en liberté de la soude ou de la potasse caustique qui favorisent les dissolutions des matières organiques, grasses ou azotées.)

Garnir les ruisseaux de grilles pour retenir les débris de laine.

Si le lavage se fait à chaud, surmonter les cuves de larges hottes entraînant les buées au dehors.

Construire l'étuve en matériaux incombustibles, avec porte en fer ; placer l'ouverture des foyers des appareils de chauffage en dehors et garnir les bouches de chaleur et les conduites d'air chaud de toiles métalliques, pour écarter tout danger d'incendie.

Consultez : Dr CAUSSÉ. Rapp. du Cons. d'hyg. du Tarn de 1861 à 1866, page 107. — Dr PILAT. Rapp. du Nord de 1860, page 109. — Dr GINTRAC. Rapp. du Cons. d'hyg. de la Gironde de 1864, page 223; de 1869, page 77. — MARTIN-BARBET. Id. de 1870 à 1871, page 204; de 1874, page 126.

LIGNITES (INCINÉRATION DES).

Première classe.

INCONVÉNIENTS

Fumée, émanations nuisibles.

Mêmes prescriptions que pour le grillage des terres pyriteuses et alumineuses.

LIN (Teillage en grand du). (Voir *Teillage.*)

LIN (Rouissage du). (Voir *Rouissage.*)

LIQUIDES pour l'éclairage (Dépots de) au moyen de l'alcool et des huiles essentielles. (Voyez *Huiles de pétrole, de schiste,* décret du 19 mai 1873.)

LIQUEURS ALCOOLIQUES. (Voir *Distilleries.*)

LITHARGE (Fabrication de).

MASSICOT (Fabrication du).

MINIUM (Fabrication du).

Troisième classe.

INCONVÉNIENTS

Poussière nuisible et émanations nuisibles.

Dégagement de fumées plombeuses pendant l'oxydation du plomb dans les fours.

Poussières nuisibles pendant le broyage, le tamisage et l'embarillage.

Empoisonnement lent par l'absorption des sels de plomb.

Bruit des machines à broyer et à tamiser.

PRESCRIPTIONS

Ventiler énergiquement les ateliers.

Établir entre les fours et la cheminée une ou deux chambres de condensation avec cheminée traînante, pour recueillir le plomb entraîné.

Établir, au-dessus des portes de travail des fours, une hotte d'aspiration communiquant à la cheminée.

Faire le brassage mécaniquement.

Opérer le broyage et le tamisage des produits en vases clos et à l'état humide, afin d'éviter la dispersion des poussières.

Éloigner suffisamment des murs mitoyens les meules et pilons, afin de ne pas incommoder les voisins par le bruit.

Les ouvriers qui manipulent la litharge, le minium à l'état pulvérulent, devront se couvrir la figure d'un masque, se laver les mains avant chaque repas avec de l'eau additionnée d'acide sulfurique; ils feront usage de lait et de limonades sulfuriques. (Voyez *Céruse*.)

Consultez : Dr MARCHANT. Rapp. du Cons. d'hyg. de la Gironde de 1845 à 1846, page 30. — De FREYCINET. Assain. indust., pages 83 et 267. — BARRESWIL et GIRARD. Dict. de chim., tome II, page 90. — WURTZ. Dict. de chim, Plomb, par ED. WILLM. — Annales des mines, 1871, tome XIX.

MACHINES ET WAGONS (Ateliers de construction de).

Deuxième classe.

INCONVÉNIENTS

Fumée, bruit des machines-outils, des marteaux-pilons, des machines soufflantes, des cisailles.

Ébranlement du sol et des habitations voisines.

Fumée des forges, danger d'incendie.

PRESCRIPTIONS

Ventiler les ateliers en les surmontant de lanternons à lames de persiennes, fermer les ouvertures sur la voie publique et sur les propriétés voisines.

Éloigner suffisamment des murs mitoyens les machines-outils pour ne pas incommoder les voisins par le bruit.

Recueillir par des hottes assez larges les fumées des feux de forges et élever les cheminées à 5 mètres en contre-haut des cheminées voisines, dans un rayon de 100 mètres, et par des chicanes en fonte établies à la partie supérieure des cheminées, empêcher la dispersion au dehors des flammèches et du fraisil.

Construire les étuves en matériaux incombustibles, avec porte en fer.

Ventiler les ateliers de vernissage et déposer les vernis dans un local complétement incombustible, isolé et éloigné des autres ateliers.

(Voyez *Forges de grosses œuvres*.)

MACHINES à vapeur. (Voyez *Appendice*, décret du 25 janvier 1865.)

MAROQUINERIES.

Troisième classe.

INCONVÉNIENTS·

Odeur et buées, écoulement d'eaux de lavage et de teinture.

Bruit des machines à maroquiner et à battre.

Danger d'incendie par l'étuve.

PRESCRIPTIONS

Ventiler les ateliers, rendre leur sol imperméable, paver les cours et écouler les eaux souterrainement à l'égout.

Fermer les ouvertures sur la voie publique et sur les propriétés voisines.

Éloigner suffisamment des murs mitoyens, pour ne pas incommoder les voisins par le bruit, les chevalets, les machines à battre et à maroquiner.

Munir de couvercles et surmonter de larges hottes les cuves à teinture.

Si la quantité d'eaux de teinture est considérable, les recevoir préalablement dans des bassins de décantation, les traiter par la chaux et les filtrer avant leur écoulement à l'égout; brûler dans les foyers les résidus séchés.

Enlever tous les deux jours les débris et rognures de peaux.

Construire le séchoir en matériaux incombustibles, avec porte en fer, et placer l'ouverture des foyers en dehors.

Élever la cheminée à hauteur des cheminées voisines, dans un rayon de 100 mètres.

Si l'on fait l'écharnage, le dépilage et le tannage des peaux... (Voyez *Tanneries et Mégisseries*.)

Consultez : TRÉBUCHET. Rapp. du Cons. d'hyg. de la Seine de 1849 à 1858, page 336. — DE FREYCINET. Assain. indust., pages 391 et suiv.

MASSICOT. (Voyez *Litharge*.)

MÉGISSERIES.
Troisième classe.

INCONVÉNIENTS

Odeur.

Écoulement des eaux de lavage et de macération.

Odeur de ces eaux et des gaz qui s'échappent des cuves.

Ulcération des doigts chez les ouvriers.

Buées des cuves à eau chaude.

Danger d'incendie par l'étuve.

PRESCRIPTIONS

Ventiler énergiquement les ateliers, rendre leur sol imperméable, ainsi que le sol des cours.

Écouler les eaux souterrainement à l'égout et retenir les débris de peaux et de laines au moyen de grilles.

Construire les cuves et les plains en maçonnerie et les enduire en ciment pour éviter la dispersion des eaux dans les terres.

Traiter les peaux aussitôt leur arrivée à l'établissement.

Fermer hermétiquement les cuves à fermentation.

Construire l'étuve en matériaux incombustibles, avec porte en fer.

Enlever tous les deux jours les débris et les rognures de peaux.

Si l'on fait le battage et le lavage de la laine... (Voyez *Battage et lavage.*)

Consultez : Trébuchet. Rapp. du Cons. d'hyg. de la Seine de 1849 à 1858, page 334. — Lasnier. Id. de 1862 à 1866, page 210. — Dr Dumas. Rapp. du Cons. d'hyg. de l'Hérault de 1857 à 1859, page 145. — Dr Pilat. Rapp. du Cons. d'hyg. du Nord de 1860, page 138. — Dr Caussé. Rapp. du Cons. d'hyg. du Tarn, 1861 à 1866. — Avenel. Rapp. du Cons. d'hyg. de la Seine Inférieure, 1863, pages 22 et 24. — Dr Gintrac. Rapp. du Cons. d'hyg. de la Gironde, 1864, page 235. — Martin-Barbet. Rapp. du Cons. d'hyg. de la Gironde, 1870-1871, page 206. — Barreswil et Girard. Dict. de chim., tome III, page 468. — Mégissier, collection Ronet.

MÉLANGES D'HUILES. (Voyez *Cuisson d'huiles.*)

MÉNAGERIES.

Première classe.

INCONVÉNIENTS

Danger des animaux.

Odeur des fumiers, des aliments et des cages contenant les animaux.

Cris et hurlements des animaux.

PRESCRIPTIONS

Limiter le temps de séjour des ménageries ambulantes à 1 ou 2 mois.

N'autoriser les ménageries qu'à une grande distance des établissements publics, écoles, hôpitaux, églises, etc.

Construire en fer les cages des animaux dangereux et prendre les dispositions nécessaires pour qu'ils ne puissent s'échapper, en établissant des tambours d'entrée avec double porte.

Rendre imperméable le sol de ces établissements et écouler les eaux à l'égout.

Enlever les fumiers tous les jours.

Faire de fréquents lavages à l'eau chlorurée et à l'eau additionnée d'acide phénique.

Si les animaux sont exhibés au public, prendre toutes les précautions nécessaires pour garantir les spectateurs.

Consultez : TRÉBUCHET. Rapp. du Cons. d'hyg. et de salub. de la Seine de 1859 à 1861, page 174. — Rapports du service d'arch. de la Préfect. de police sur les ménageries ambulantes.

MÉTAUX (ATELIERS DE) POUR CONSTRUCTION DE MACHINES ET APPAREILS. (Voir *Machines.*)

MINIUM (FABRICATION DU). (Voir *Litharge.*)

MORUES (SÈCHERIES DES).

Deuxième classe.

INCONVÉNIENTS

Odeur et émanations putrides.
Écoulement d'eaux putrescibles.

PRESCRIPTIONS

N'autoriser ces établissements qu'à une distance d'au moins 50 mètres des habitations.

Rendre imperméable le sol des ateliers, paver les cours et écouler souterrainement les eaux à l'égout ou les recueillir dans une citerne étanche et les enlever dans des tonneaux fermés, comme engrais liquide.

Retenir par des grilles les débris de poissons, les désinfecter ainsi que les poissons altérés, les enlever tous les deux jours et les transformer en engrais.

Avoir l'eau en abondance et faire de fréquents lavages à l'eau chlorurée.

Construire un contre-mur au mur mitoyen dans le magasin à sel. (Art. 674 du code Napoléon.)

Consultez : Dr LEVIEUX. Rapp. du Cons. d'hyg. du départ. de la Gironde de 1857 à 1859, pages 99 et suiv. — MARTIN-BARBET. Id. de 1870 à 1871, pages 183 et suiv.

MOULINS A BROYER LE PLATRE, LA CHAUX, LES CAILLOUX ET LES POUZZOLANES.

Troisième classe.

INCONVÉNIENTS

Poussière ayant une action nuisible sur la végétation environnante et sur la santé des ouvriers, incommode pour le voisinage.

Bruit des moulins, pilons et autres broyeurs mécaniques employés.

PRESCRIPTIONS

N'autoriser ces établissements qu'à une certaine distance des lieux habités et prescrire toutes les dispositions nécessaires pour que le voisinage ne soit incommodé ni par le bruit ni par les poussières.

Ventiler énergiquement les ateliers et fermer les ouvertures sur la voie publique et sur les propriétés voisines.

Faire toutes les opérations en vases clos, envelopper les meules, les broyeurs, etc., dans des tambours, recevoir les matières pulvérisées dans une glissoire.

(Pour les ouvrages à consulter, voyez *Fours à chaux*.)

MOULINS A HUILE. (Voyez *Huileries*.)

MUREXIDE (FABRICATION DE LA) EN VASES CLOS PAR LA RÉACTION DE L'ACIDE AZOTIQUE ET DE L'ACIDE URIQUE DE GUANO.

Deuxième classe.

INCONVÉNIENTS

Émanations nuisibles et vapeurs délétères.

Buées abondantes et vapeurs ammoniacales, résidus du guano, écoulement d'eaux infectes dans la préparation de l'acide urique.

Dans la préparation de l'alloxane et de la murexide, dégagement d'ammoniac et de vapeurs nitreuses.

PRESCRIPTIONS

Ventiler énergiquement les ateliers et placer les cuves sous de larges hottes entraînant par un appel forcé les buées et les vapeurs ammoniacales dans un condenseur et ensuite à la cheminée qui devra avoir 20 ou 30 mètres d'élévation, suivant la localité.

Enlever tous les jours les résidus du guano épuisé.

Rendre imperméable le sol des ateliers et écouler les eaux souterrainement à l'égout.

Dans la préparation de l'alloxane et de la murexide, opérer en vases clos et condenser les gaz et les vapeurs.

Consultez : TRÉBUCHET. Rapp. du Cons. d'hyg. et de salub. de la Seine de 1849 à 1858, page 410. — Id. de 1859 à 1861, page 182. — WURTZ. Dict. de chim. — *Murexide*, par SCHUTZENBERGER. Alloxane, par A. NAQUET. — LABOULAYE. Dict. des arts et manuf. Teinture, par SALVÉTAT.

NITRATE DE FER (FABRICATION DU).

1° Lorsque les vapeurs nuisibles ne sont pas absorbées ou décomposées.

Première classe.

2° Dans le cas contraire.

Troisième classe.

INCONVÉNIENTS

Émanations nuisibles et vapeurs délétères.

Dégagement de vapeurs nitreuses et d'hydrogène sulfuré ayant une action nuisible sur la santé des ouvriers et sur la végétation environnante.

Écoulement d'eaux acides.

PRESCRIPTIONS

Dans le premier cas, n'autoriser qu'à une grande distance des habitations et diriger les gaz dans une cheminée ayant au moins 30 mètres d'élevation.

Ventiler énergiquement les ateliers, fermer les ouvertures sur la voie publique et sur les voisins.

Recouvrir les appareils de hottes entraînant les gaz et vapeurs à la cheminée.

Dans le deuxième cas, les décomposer ou les absorber, en brûlant l'hydrogène sulfuré sous les foyers et en condensant les vapeurs nitreuses soit par le procédé Devers et Plisson, soit en les utilisant dans les chambres de plomb pour la fabrication de l'acide sulfurique.

Écouler les eaux à l'égout après les avoir neutralisées.

Consultez : DE FREYCINET. Assain. indust., pages 243 et suiv.

NITRO-BENZINE, ANILINE ET MATIÈRES DÉRIVANT DE LA BENZINE (FABRICATION DE).

Deuxième classe.

INCONVÉNIENTS

Odeur, émanations nuisibles et danger d'incendie.

Dégagement de vapeurs nuisibles et délétères ayant une action grave sur la santé des ouvriers et sur la végétation environnante, de vapeurs nitreuses, de produits volatils et inflammables, à odeur empyreumatique.

Écoulement d'eaux acides et d'eaux ammoniacales.

PRESCRIPTIONS

Ventiler les ateliers en les surmontânt de lanternons à lames de persiennes, fermer les ouvertures sur la voie publique et sur les propriétés voisines.

Construire tous les ateliers et magasins en matériaux incombustibles, avec portes en fer, les éclairer par la lumière du jour, rendre leur sol imperméable, paver les cours, et conduire souterrainement à l'égout les eaux acides préalablement neutralisées.

Employer de préférence des appareils distillatoires en métal et les chauffer par la vapeur pour diminuer le danger d'incendie et d'explosion.

Placer l'ouverture des foyers en dehors de l'atelier et séparer par un mur en maçonnerie les alambics des condenseurs.

Recueillir et condenser tous les gaz et les vapeurs nitreuses dans une série de bonbonnes ou dans des colonnes à coke.

Brûler sous les foyers les vapeurs non condensées.

Surmonter de larges hottes les cuves à réaction et les cuves de lavage et conduire les vapeurs et les gaz au condenseur ou à la cheminée.

Enlever les résidus dans des tonneaux fermés.

Avoir dans les ateliers une provision de sable en cas d'incendie.

Isoler et éloigner des ateliers le magasin servant de dépôt aux matières premières et aux produits fabriqués, et se conformer au décret du 19 mai 1873 sur les dépôts d'huiles de pétrole, d'essence, etc.

Consultez : TRÉBUCHET. Rapport du Cons. d'hyg. de la Seine de 1859 à 1861, page 178. — LASNIER. Id. de 1862 à 1866, page 224. — DE FREYCINET. Assain. ind., page 243. — Dr PILAT. Rapp. du Cons. d'hyg. du Nord de 1861, page 428. — Observations de TURNBULL et LETHEBY. Action de l'aniline sur le système nerveux. — P. SCHUTZENBERGER. Traité des matières colorantes. — Wurtz. Dict. de chim. — Aniline et nitrobenzine, par Ch. Lauth. — Girard et G. de Laire. Traité des dérivés de la houille.

NOIR DES RAFFINERIES ET DES SUCRERIES
(Revivification du).

Deuxième classe.

INCONVÉNIENTS

Émanations nuisibles, odeur.

Dégagement de vapeurs ammoniacales, d'hydrogène sulfuré, si l'on fait fermenter le noir dans des cuves avant la revivification.

Odeur des fours à noir et poussières.

Écoulement des eaux de lavage.

PRESCRIPTIONS

Rendre imperméable le sol des ateliers, les bien ventiler, paver les cours.

Surmonter les cuves à fermentation de larges hottes conduisant les gaz à la cheminée.

Si l'on emploie la vapeur surchauffée pour la revivification, diriger la vapeur perdue dans une chambre close pour la purger des poussières.

N'employer que des fours fumivores et ramener les gaz sous les foyers pour les brûler.

Élever la cheminée de l'usine à 20 ou 30 mètres, suivant la localité.

Renfermer le noir au sortir des fours ou des cornues dans des étouffoirs en tôle et fermés.

Construire les séchoirs et les étuves en matériaux incombustibles, avec porte en fer.

Recueillir les eaux de lavage dans des bassins de

décantation, les traiter par la chaux ou par l'acide chlorhydrique et ne les écouler à l'égout que parfaitement claires.

Enlever les résidus comme engrais.

Consultez : Dr PILAT. Rapp. du Cons. d'hyg. du départ. du Nord de 1860, page 143 ; de 1861, page 252 ; de 1874, page 183. — HERBELIN. Rapp. du Cons. d'hyg. de la Loire-Inférieure de 1873, page 8. — DE FREYCINET. Assain. indust., page 291. — PAYEN. Chim. ind., page 618, tome II.

NOIR DE FUMÉE (FABRICATION DU) PAR LA DISTILLATION DE LA HOUILLE, DES GOUDRONS, BITUMES, ETC.

Deuxième classe.

INCONVÉNIENTS

Fumée, odeur incommode et désagréable.
Danger d'incendie.

PRESCRIPTIONS

Construire les magasins et les chambres en matériaux incombustibles, avec portes en fer.

Élever la cheminée à 5 mètres au-dessus des souches de cheminées voisines, dans un rayon de 100 mètres, et les munir de toiles métalliques, pour éviter la dispersion du noir au dehors.

Éloigner les fours à distiller la houille et les chaudières des chambres à noir et ne pénétrer dans les chambres que lorsqu'elles sont complétement refroidies.

Maçonner les foyers après en avoir retiré le coke pour empêcher la rentrée de l'air.

Si l'on prépare au moyen du mélange des résines et des goudrons, opérer ce mélange dans des chaudières munies de couvercles sous des hottes et placer l'ouverture des foyers en dehors de l'atelier.

Éloigner le dépôt des matières premières des fours et des chambres.

Avoir une provision de sable en cas d'incendie.

Consultez : TRÉBUCHET. Rapp. du Cons. d'hyg. de la Seine de 1849 à 1858, page 387. — LASNIER. Id. de 1862 à 1866, page 222. — Dr GINTRAC. Rapp. du Cons. d'hyg. de la Gironde de 1861 à 1863, pages 49 et 153. — Id. de 1864, page 207.

NOIR D'IVOIRE ET NOIR ANIMAL (DISTILLATION DES OS OU FABRICATION DU).

1º Lorsqu'on n'y brûle pas les gaz.

Première classe.

2º Lorsque les gaz sont brûlés.

Deuxième classe.

INCONVÉNIENTS

Odeur fétide et désagréable, dégagement de gaz ammoniacaux, d'hydrogène sulfuré, de vapeurs à odeur empyreumatique.

Poussière produite par le concassage et le broyage du noir.

Danger d'incendie.

PRESCRIPTIONS

Dans le premier cas, n'autoriser qu'à une grande distance des habitations et élever la cheminée à une grande hauteur, 30 à 40 mètres.

Ventiler énergiquement les ateliers, rendre leur sol imperméable et paver les cours.

Ne recevoir que des os secs ayant déjà subi l'opération du débouillage dans d'autres établissements. (Voyez *Suif d'os si l'on fait le débouillage.*

N'opérer qu'en vases clos ou dans des fours complétement fermés et fumivores.

Brûler les gaz et les vapeurs en les dirigeant dans des condenseurs [1] et de là sous les foyers ou dans des gazomètres pour les brûler comme gaz d'éclairage.

Renfermer le noir au sortir des fours et des cornues dans des étouffoirs en tôle fermés.

Opérer en vases clos le concassage, le broyage et le tamisage du noir.

Enlever les eaux des condenseurs dans des tonneaux fermés et les utiliser pour la fabrication des sels ammoniacaux.

Si l'on reçoit des os frais, les calciner immédiatement; quant aux os secs, les emmagasiner sous des hangars, sur un sol imperméable et en tas d'un mètre cube au plus et séparés par un mètre d'intervalle.

Dans certains cas, n'autoriser la calcination qu'à partir de neuf heures du soir.

Élever la cheminée à 20 ou 30 mètres, suivant la localité.

Consultez : TRÉBUCHET. Rapp. du Cons. d'hyg. de la Seine de 1849 à 1858, pages 349 et suiv. — LASNIER. Id. de 1862 à 1866, page 194. — Dr LEVIEUX. Rapp. du Cons. d'hyg. de la Gironde de 1853 à 1855, p. 25. — Dr GINTRAC. Id. de 1867, page 5. — HENRIOT. Rapp. de la Meuse de 1860 à 1864, page 66. — Dr PILAT. Rapp. du Cons. d'hyg. du Nord de 1868, page 150; de 1869, page 91; de 1874, page 184. — PAYEN. Chim. ind., page 618, tome II.

---

1. A Biebrich, près Mayence, chez MM. Albertz et Cie, colonnes garnies de coke mouillé.

NOIR MINÉRAL (Fabrication du) par le broyage des résidus de la distillation des schistes bitumineux.

Troisième classe.

INCONVÉNIENTS

Odeur et poussière pendant le broyage des noirs.

· PRESCRIPTIONS

Ventiler les ateliers, fermer les ouvertures sur la voie publique et sur les propriétés voisines.

Opérer le broyage en vases clos.

Si l'on fait la calcination du noir, opérer en vases clos et brûler les gaz en les ramenant sous les foyers.

Élever la cheminée à 5 mètres en contre-haut des cheminées voisines, dans un rayon de 50 mètres.

OIGNONS (Dessiccation des) dans les villes.

Deuxième classe.

INCONVÉNIENTS

Odeur.

PRESCRIPTIONS

Opérer la dessiccation en vases clos sous de larges hottes ou dans des fours fermés.

Conduire les vapeurs à la cheminée et l'élever à 5 mètres au-dessus des cheminées voisines, dans un rayon de 100 mètres.

Revêtir de plâtre les bois apparents du séchoir et des ateliers.

Fermer les ouvertures sur la voie publique et sur les voisins.

OLIVES (Confiserie des)

Troisième classe.

INCONVÉNIENTS

Altération des eaux, odeur.

PRESCRIPTIONS

Ventiler les ateliers, rendre leur sol imperméable et paver les cours.

Traiter par la chaux les eaux de lavage et de macération, les recevoir dans des bassins de décantation et ne les déverser aux égouts et aux rivières que parfaitement claires et épurées.

Enlever les résidus tous les jours dans des tonneaux fermés et les porter dans les champs comme engrais.

Consultez : Dr DUMAS. Rapp. du cons. d'hyg. de l Hérault de 1857 à 1859, pages 226 et 309.

ORSEILLE (Fabrication de l').

1° En vases ouverts.
Première classe.

2° En vases clos et employant de l'ammoniaque à l'exclusion de l'urine
Deuxième classe.

INCONVÉNIENTS

Odeur de l'urine en fermentation, dégagement de vapeurs ammoniacales.

Écoulement d'eaux insalubres ; résidus.

PRESCRIPTIONS

N'autoriser la fabrication en vases ouverts et par l'urine qu'à une grande distance des habitations.

Recevoir les urines dans des citernes parfaitement étanches, fermées hermétiquement et munies d'un tuyau ventilateur en communication avec les foyers pour brûler les gaz qui s'en échappent.

Transvaser les urines au moyen d'un tube ajusté d'un côté à la tonne, de l'autre à un pas de vis fixé sur la voûte de la citerne.

Ventiler énergiquement les ateliers, rendre leur sol imperméable, paver les cours et écouler les eaux souterrainement à l'égout.

Placer les cuves à fermentation sous de larges hottes, condenser les gaz avant de les diriger à la cheminée qui aura 20 ou 30 mètres d'élévation.

Broyer les lichens à vases clos pour éviter la dispersion des poussières au dehors et fermer les ouvertures sur la voie publique et sur les voisins.

Enlever les résidus tous les deux jours dans des tonneaux fermés.

Consultez : TRÉBUCHET. Rapp. du Cons. d'hyg. de la Seine de 1846 à 1848, pages 12 et 92. — Id. de 1849 à 1858, page 417. — WURTZ. Dict. de chimie. Orseille, par SCHUTZENBERGER. — LABOULAYE. Dict. des arts et manuf. Orseille, par A. MALLET.

OS (TORRÉFACTION DES) POUR ENGRAIS.

1º Lorsque les gaz ne sont pas brûlés.

Première classe.

2º Lorsque les gaz sont brûlés.

Deuxième classe.

Mêmes inconvénients, mêmes prescriptions que pour la distillation des os et la fabrication du noir animal. Si l'on fait la pulvérisation et la transformation en superphosphate... (Voyez *Superphosphate* ; voyez aussi *Suifs d'os* si l'on fait le débouillage.)

OS D'ANIMAUX (CALCINATION DES). (Voyez *Carbonisation des matières animales*.)

OS FRAIS (DÉPÔTS D') EN GRAND.

Première classe.

INCONVÉNIENTS

Odeur, émanations nuisibles.

PRESCRIPTIONS

N'autoriser ces dépôts qu'en dehors des villes, à une grande distance des lieux habités.

Ventiler les magasins par des cheminées d'appel, revêtir les bois de plâtre ou de mortier, pour qu'ils ne s'imprègnent pas d'odeur.

Rendre imperméable le sol des ateliers et des cours, et enduire les murs en ciment.

Faire de fréquents lavages à l'eau chlorurée.

Recouvrir les os d'une couche de charbon d'au moins 10 centimètres.

Pendant l'été, arrêter la fermentation par des aspersions à l'eau phéniquée.

Consultez : Dr PILAT. Rapp. du Cons. d'hyg. du Nord, 1861, page 98. — MARTIN-BARBET. Rapp. du Cons. d'hyg. de la Gironde de 1870-1871, page 152.

OUATES (Fabrication de).

Troisième classe.

INCONVÉNIENTS

Poussière et danger d'incendie.
Poussières nuisibles à la santé des ouvriers.
Bruit des machines à effilocher et à battre.

PRESCRIPTIONS

Construire les ateliers en matériaux incombustibles, les bien ventiler et fermer les ouvertures sur la voie publique et sur les voisins ; garnir les châssis de toiles métalliques.

Enfermer les effilocheuses et les batteuses dans des tambours, et diriger les poussières par un ventilateur mécanique dans une chambre à poussière.

Éloigner les foyers de la machine et des calorifères des dépôts de ouate et des ateliers de cardage.

Construire les séchoirs en matériaux incombustibles, avec portes en fer, les chauffer par la vapeur.

Éclairer les ateliers au moyen d'appareils placés en dehors de l'atelier et séparés par une glace dormante.

Si l'on fait la teinture, munir de couvercles les cuves à teinture, les surmonter de hottes, rendre imperméable le sol de l'atelier et diriger les eaux souterrainement à l'égout.

Consultez : TRÉBUCHET. Rapp. du Cons. d'hyg. de la Seine de 1859 à 1861, page 260. — LASNIER. Id. de 1862 à 1866, page 293. — DE FREYCINET. Assain. indust., page 161.

PAPIER (Fabrication de) [1].

Troisième classe.

INCONVÉNIENTS

Danger d'incendie.
Buées abondantes.

PRESCRIPTIONS

Construire les ateliers en matériaux incombustibles, ou tout au moins revêtir de plâtre ou de mortier les bois apparents.

Rendre le sol des ateliers imperméable.

---

1. Le texte même du décret suppose que la pâte à papier a été préparée et blanchie dans un autre établissement.

Chauffer les séchoirs à la vapeur, les construire en matériaux incombustibles, avec porte en fer.

Emmagasiner les produits fabriqués dans des magasins isolés et éloignés des générateurs et prendre les dispositions nécessaires pour écarter tout danger d'incendie.

PATE A PAPIER (Préparation de la) au moyen de la paille et autres matières combustibles.

Troisième classe.

INCONVÉNIENTS

Altération des eaux, surtout si l'on emploie de la soude pour le lessivage.

Poussières et danger d'incendie.

(Si l'on blanchit la pâte par le chlore, l'établissement est de deuxième classe.)

PRESCRIPTIONS

Ventiler les ateliers, rendre leur sol imperméable.

Fermer les ouvertures sur la voie publique et sur les propriétés voisines.

Emmagasiner les matières premières dans des locaux construits en matériaux incombustibles, bien ventilés par des cheminées d'aération, isolés et éloignés des générateurs et des ateliers.

Éclairer ces magasins par la lumière du jour, n'y jamais pénétrer avec une lumière.

Surmonter de larges hottes les chaudières à cuisson des pâtes, et diriger les buées au dehors.

Recueillir les eaux de lavage et de collage dans une

série de bassins de décantation parfaitement étanches, les traiter par la chaux, les filtrer à travers du mâchefer avant leur écoulement à la rivière ou aux égouts.

Utiliser comme engrais les dépôts boueux des bassins ou les calciner pour en extraire la soude.

Ne jamais verser directement aux rivières les eaux des papeteries sans les avoir épurées et filtrées.

Construire les séchoirs en matériaux incombustibles, ou les chauffer à la vapeur.

Élever la cheminée à 20 ou 30 mètres, suivant la localité.

Consultez : LASNIER. Rapp. du Cons. d'hyg. de la Seine de 1862 à 1866, page 292. — Dr PILAT. Rapp. du cons. d'hyg. du Nord de 1860, p. 147 ; de 1868, page 150. — MARTIN-BARBET. Rapp. du Cons. d'hyg. de la Gironde de 1872, page 89. — De FREYCINET. Assain. indust., page 400.

PARCHEMINERIES.

Deuxième classe.

INCONVÉNIENTS

Odeur.

Mêmes causes d'insalubrité et d'incommodité, mêmes prescriptions que pour les chamoiseries et les corroieries.

PEAUX DE LIÈVRE ET DE LAPIN. (Voyez *Secrétage.*)

PEAUX DE MOUTONS (SÉCHAGE DES).

Troisième classe.

INCONVÉNIENTS

Odeur et poussière.

PRESCRIPTIONS

Sécher les peaux dans un atelier bien ventilé, avec sol imperméable, sans bois apparents, pour qu'ils ne s'imprègnent pas d'odeur.

Faire de fréquents lavages à l'eau chlorurée.

Battre les peaux mécaniquement en vases clos et diriger les poussières par un ventilateur dans une chambre à poussière ou sous les foyers de la machine

Fermer les ouvertures sur la voie publique et sur les voisins.

Écouler les eaux à l'égout ou les enlever dans des tonneaux fermés.

PEAUX FRAICHES. (Voyez *Cuirs verts*.)

PERCHLORURE DE FER PAR DISSOLUTION DU PEROXYDE DE FER (FABRICATION DE).

Troisième classe.

INCONVÉNIENTS

Émanations nuisibles.

Dégagement d'hydrogène et d'acide chlorhydrique.

PRESCRIPTIONS

Opérer en vases clos, dans un atelier bien ventilé, recouvrir les appareils d'une hotte et condenser le gaz acide chlorhydrique dans une série de bonbonnes.

Conduire à l'égout les eaux préalablement neutralisées.

Élever la cheminée à hauteur des cheminées voisines, dans un rayon de 100 mètres.

Consultez : Wurtz. Dict. de chim. Fer, par Ed. Willm.

PÉTROLE. (Voir *Huiles de pétrole.*)

PHOSPHORE (Fabrication de).

Première classe.

INCONVÉNIENTS

Danger d'incendie.

Vapeurs délétères, odeur de phosphore.

Dégagement d'acide sulfureux pendant la concentration.

Dégagement d'hydrogène phosphoré, d'oxyde de
carbone et de sulfure de carbone pendant la fabrication.

Danger d'empoisonnement et de brûlures pour les
ouvriers.

Si l'on calcine les os... (Voyez *Torréfaction des os.*)

PRESCRIPTIONS

Construire les ateliers en matériaux incombustibles,
les bien ventiler, rendre leur sol imperméable.

Délayer la poudre d'os avec l'acide sulfurique, sous
des hottes entraînant les gaz et les vapeurs à la cheminée.

Établir les chaudières à concentration sous des voûtes formant hotte en communication avec une cheminée d'appel, pour entraîner les vapeurs sulfureuses.

Luter les cornues ou les cylindres avec le plus grand soin[1] et condenser les gaz qui se dégagent lors de la distillation.

Rafraîchir constamment les condenseurs par une pluie d'eau froide et les placer sous une large hotte.

Prescrire aux ouvriers qui surveillent la distillation de porter un long gant en peau de chamois pour dégorger les récipients.

Faire l'épuration au bain-marie et par pression de l'eau sur un filtre composé de noir animal en grains.

Faire le moulage au moyen d'un tube en communication avec une chaudière chauffée au bain-marie, et non par l'aspiration avec la bouche.

Élever la cheminée à 20 ou 30 mètres, suivant les localités.

Écouler les eaux à l'égout après les avoir neutralisées.

Conserver le phosphore sous l'eau dans des boîtes en fer plongées dans un réservoir rempli d'eau.

Fabrication du phosphore amorphe. — La chaudière sera placée sous une large hotte entraînant les gaz dans une haute cheminée.

Opérer le lavage au sulfure de carbone en vases clos et dans un atelier bien ventilé, isolé et éloigné des autres ateliers.

Consultez : Annales d'hygiène (octobre 1859). — Payen. Chim. indust., tome II, pages 741 et suiv. — Wurtz. Dict. de chim. Phosphore, par E. Kopp. — Technologiste, tome XXI, pages 76 et 590.

---

1. A l'aide d'un mélange de chaux hydratée en poudre délayée avec du sang, de limaille fine et de soufre en poudre, ou bien avec un mélange de glaise très-sèche en poudre et d'huile de lin. (Payen.)

PILERIES MÉCANIQUES DES DROGUES.

Troisième classe.

INCONVÉNIENTS

Bruit, et poussière incommode pour le voisinage et ayant une action nuisible sur la santé des ouvriers.

PRESCRIPTIONS

Ventiler énergiquement les ateliers et les surmonter de hautes cheminées d'aération, ayant au moins 50 centimètres de côté.

Fermer les ouvertures sur la voie publique et sur les propriétés voisines.

Rendre le sol imperméable, afin de pouvoir y faire de fréquents lavages.

Éloigner suffisamment des murs mitoyens les meules, les pilons, les blutoirs, pour ne pas incommoder les voisins par le bruit, ni ébranler les habitations.

Limiter le nombre de pilons, leur poids et leur course.

Faire toutes les opérations en vases clos et conduire les matières, par des chaînes à godets et des ramasseurs mécaniques, des pilons aux meules, et de là aux blutoirs.

Faire usage de ventilateurs mécaniques et diriger les poussières sous les foyers ou dans des chambres à poussière.

Faire porter aux ouvriers des masques en toile métallique.

Si l'on fabrique le papier de verre ou d'émeri, con-

17

struire le séchoir en matériaux incombustibles, avec porte en fer et foyer placé à l'extérieur.

Consultez : Derniers rapp. du Cons. d'hyg. de la Seine non publiés. — De Freycinet. Assain. ind., pages 43 et 124.

PIPES A FUMER (Fabrication des).

1º Avec fours non fumivores.
Deuxième classe.

INCONVÉNIENTS

Fumée.

2º Avec fours fumivores.
Troisième classe.

INCONVÉNIENTS

Fumée accidentelle.
(Voyez *Faïence*. Mêmes prescriptions.)

PLANTES MARINES. (Voyez *Combustion des plantes marines.*)

PLATRE (Fours a).

1º Permanents.
Deuxième classe.

INCONVÉNIENTS

Fumée et poussière.

2° Ne travaillant pas plus d'un mois.

Trois'ème classe.

INCONVÉNIENTS

Fumée et poussière.

(Voyez *Fours à chaux*. Mêmes prescriptions.)

Consultez : MARTIN-BARBET. Rapp. du Cons. d'hyg. de la Gironde de 1870-1871, page 23.

PLOMB (*Fonte et laminage du*). (Voyez *Fonte*.)

POÊLIERS, FOURNALISTES, POÊLES ET FOURNEAUX EN FAÏENCE ET TERRE CUITE. (Voyez *Faïence*.)

POILS DE LIÈVRE ET DE LAPIN. (Voyez *Secrétage*.)

POISSONS SALÉS (DÉPÔTS DE).

Deuxième classe.

INCONVÉNIENTS

Odeur incommode.

PRESCRIPTIONS

Ventiler les magasins par des cheminées d'aération, rendre leur sol imperméable, avec pente convenable pour l'écoulement des eaux à l'égout.

Construire un contre-mur au mur mitoyen (art. 674 du code Napoléon), ou tout au moins l'enduire en ciment.

Revêtir de plâtre les bois apparents, pour qu'ils ne s'imprègnent pas d'odeur.

Fermer les ouvertures sur la voie publique et sur les propriétés voisines.

Avoir l'eau en abondance, faire de fréquents lavages et ne jamais déverser les eaux au ruisseau de la rue.

Consultez : Dr PILAT. Rapp. du Cons. d'hyg. du Nord de 1867. page 136; de 1870, page 91.

PORCELAINE (FABRICATION DE).

1º Avec fours non fumivores.

Deuxième classe.

INCONVÉNIENTS

Fumée.

2º Avec fours fumivores.

Troisième classe.

INCONVÉNIENTS

Fumée accidentelle.

(Voyez *Faïence.* Mêmes inconvénients, mêmes prescriptions.)

PORCHERIES.

Première classe.

INCONVÉNIENTS

Bruit, odeur infecte et nauséabonde des toits à porcs et des fumiers.

Cris des animaux.

PRESCRIPTIONS

N'autoriser ces établissements qu'à une grande distance des habitations et qu'autant qu'il y aura une concession d'eau abondante et un écoulement des eaux à l'égout.

Construire les toits à porcs en maçonnerie, les couvrir en tuiles, les bien ventiler et enduire les murs en ciment.

Rendre imperméable le sol des cours et des toits à porcs avec ruisseaux et pente convenable pour l'écoulement des eaux à l'égout, y faire de fréquents lavages.

Construire en maçonnerie le local où l'on prépare la nourriture des porcs, surmonter les chaudières de hottes pour enlever les buées.

Enlever tous les jours les fumiers, ne pas fabriquer d'engrais dans l'établissement, ne pas fondre de suifs.

Limiter le nombre des porcs et n'autoriser que pour cinq ou dix années.

Consultez : TRÉBUCHET. Rapp. du Cons. d'hyg. de la Seine de 1849 à 1858, page 320. — Id. de 1859 à 1861, page 172. — LASNIER. Id. de 1862 à 1866, page 213. — Dr LEVIEUX. Rapp. du Cons. d'hyg. de la Gironde de 1857 à 1859, pages 78 et suiv. — Dr GINTRAC. Id. de 1859 à 1861, pages 111 et suiv. — GEHIN. Rapp. du Cons. d'hyg. de la Moselle de 1863 à 1866, page 304. — Dr PILAT. Rapp. du Cons. d'hyg. du Nord de 1869, page 127; de 1870, page 91. — MARTIN-BARBET. Rapp. du Cons. d'hyg. de la Gironde de 1874, pages 59 et suiv.

POTASSE (Fabrication de) par calcination des résidus de mélasse.

Deuxième classe.

INCONVÉNIENTS

Fumée, et odeur pénétrante et désagréable.
Buées abondantes et nauséabondes.
Dégagement de gaz ammoniacaux.

PRESCRIPTIONS

Ventiler énergiquement les ateliers par de larges trémies d'aération.

Recouvrir de hottes les chaudières à concentration.

Diriger les vapeurs des chaudières et les gaz des fours sous un foyer incandescent.

Condenser préalablement les gaz ammoniacaux par l'eau acidulée.

Opérer le brassage dans les fours à réverbère au moyen d'agitateurs mécaniques.

Au sortir des fours, porter les potasses dans des magasins construits en matériaux incombustibles, avec porte en fer.

Enlever comme engrais dans des tonneaux fermés les vinasses non utilisées.

Élever la cheminée à 20 ou 30 mètres, suivant la localité.

Consultez : TRÉBUCHET. Rapp. du Cons. d'hyg. et de salub. du départ. de la Seine de 1849 à 1858, page 419. — Dr PILAT. Rapp. du Cons. d'hyg. et de salub. du départ. du Nord de 1866, page 241 ; de 1868, page 205 ; de 1870, pages 94 et 161. — GIRARDIN. Chim. appliq. aux arts. — KNAPP. Chim. technol., traduction de DEBIZE et MÉRIJOT, tome II, page 266. — Dict. de chim. de BARRESWIL et GIRARD, tome Ier, page 264. — WURTZ. Dict. de chim. Potassium, par AD. WURTZ et L. TROOST.

POTASSE. (Voir *Chromate de potasse.*)

POTERIES DE TERRE (FABRICATION DE) AVEC FOURS NON FUMIVORES.

Troisième classe.

Mêmes prescriptions que pour les briqueteries.

POUDRE ET MATIÈRES FULMINANTES (FABRICATION DE).

Première classe.

INCONVÉNIENTS

Danger d'explosion et d'incendie.

PRESCRIPTIONS

1º Poudres de guerre, de mine et de chasse.

En France, l'État ayant le monopole de la fabrication des poudres, nous n'avons pas à indiquer les prescriptions à imposer à ces établissements. On pourra d'ailleurs consulter utilement sur ce sujet la description de la nouvelle poudrerie de Sevran, près Paris, dans la savante traduction de la *Chimie* de Knapp par MM. Debize et Mérijot, ingénieurs des manufactures de l'État. Cette poudrerie doit donner une production annuelle de 750 000 kilogrammes de salpêtre raffiné et 800 000 kilogrammes de poudres de toute espèce.

2º Fulminate de mercure. (Voyez *Amorces fulminantes.*)

3º Fulmi-coton. (Voyez *Collodion* dans les établissements classés postérieurement au décret du 31 janvier 1872.)

4º Dynamite. (Voyez *Loi du 8 mars* 1875 et *Décret du 29 février* 1876.)

POUDRETTE (FABRICATION DE).

Première classe.

INCONVÉNIENTS

Odeur, altération des eaux, dégagement d'ammoniac, d'hydrogène sulfuré, etc., expansion au loin des odeurs résultant de la fermentation et de la décomposition des matières fécales.

Écoulement d'eaux vannes insalubres qui altèrent et corrompent les sources et les rivières dans lesquelles elles sont déversées [1].

PRESCRIPTIONS

Désinfecter les matières aussitôt leur arrivée à la fabrique.

Traiter de suite pour la fabrication des sels ammoniacaux les liquides ou eaux vannes plus ou moins séparées des matières solides dans le travail des fosses fixes, de manière à les laisser séjourner le moins possible dans les réservoirs où elles sont provisoirement reçues.

Opérer la séparation des liquides et des matières solides au moyen d'une décantation méthodique dans des bassins construits en matériaux imperméables, disposés sous des hangars clos et surmontés de hautes cheminées d'aération.

Opérer dans des étuves fermées, chauffées par la chaleur perdue des eaux provenant du traitement chimique, la dessiccation des matières et résidus divers déposés dans les opérations pour amener ces matières au degré de consistance nécessaire à leur conversion en poudrette.

Déposer, pour leur préparation avant leur conversion

---

1. L'écoulement des eaux vannes à l'égout et à la rivière ne devra être autorisé qu'exceptionnellement. Les fabricants de poudrette devront traiter ces eaux chimiquement et les transformer en sels ammoniacaux; les prescriptions que nous donnons sont celles qui ont été récemment imposées par le préfet de police, sur l'avis du Conseil d'hygiène et de salubrité du département de la Seine. (La fabrication du sulfate d'ammoniaque est de deuxième classe.)

en poudrette, les produits solides dits rachèvements de la vidange des fosses fixes ordinaires et ceux provenant des fosses à système diviseur dans des tranchées ou bassins étroits entourés de digues absorbantes, épaisses, qui seront entretenues avec soin et recouvertes d'une couche de matières absorbantes de composition analogue à celle des digues sur une épaisseur suffisante pour empêcher les émanations au dehors.

Transvaser les liquides des bassins aux appareils distillatoires au moyen de pompes, ainsi que les liquides résiduaires sortant de l'appareil distillatoire, pour les envoyer aux filtres destinés à la séparation des matières solides.

Ramener sous les grilles des foyers les gaz et les vapeurs non fixés dans le récipient saturateur ou non condensés dans le réfrigérateur.

Élever à 30 ou 40 mètres la cheminée de la fabrique de sels ammoniacaux et y diriger les buées des étuves.

Ne laisser séjourner aucune voiture ni instrument de vidange en dehors de la fabrique.

Avoir l'eau en abondance pour faciliter le lavage des voitures, tinettes, etc.

Conduire souterrainement à l'égout ou à la rivière les eaux de lavage.

Clore l'établissement de murs et l'entourer d'arbres.

Consultez : Ordonnance concernant la vidange des fosses d'aisances et le service des fosses mobiles dans Paris, du 5 juin 1834. — Ordonnance qui prescrit la désinfection des matières contenues dans les fosses d'aisances avant leur extraction, du 12 décembre 1849. — Id., du 28 décembre 1850. — Id., du 8 novembre 1851. — Ordonnance concernant la désinfection des matières contenues dans les fosses d'aisances et l'écoulement des eaux vannes aux égouts, du 29 novembre 1854. — Rapp. à M. le préfet de police sur le projet de traité entre la ville de Paris et le sieur X..., pour la concession de la voirie de Bondy et d'un service général de vidanges dans Paris, du 29 février 1856, par une Commission composée de MM. Dumas, Trébuchet, Pelouze, Boussingault, Michal, Baude, etc. — Rapp. adressé par M. Trébuchet à M. le sénateur préfet de police (novembre 1857). — Rapp. de M. Boudet sur la projection des liquides des fosses dans la Seine, du 15 octobre 1858. — Trébuchet. Rapp.

du Cons. d'hyg. et de salub. du départ. de la Seine de 1849 à 1858, page 102. — Id. de 1859 à 1861, page 248. — Lasnier. Id. de 1862 à 1866, page 202. — Dʳ Dumas. Rapp. du Cons. d'hyg. et de salub. de l'Hérault de 1857 à 1859, page 75. — Dʳ Pilat. Rapp. du Cons. d'hyg. et de salub. du Nord de 1864, page 42; de 1865, page 8. — Dʳ Gintrac. Rapp. du Cons. d'hyg. de la Gironde de 1863, page 97. — Martin-Barbet. Id. de 1874, page 49. — De l'emploi des urines et des eaux vannes en agriculture, par MM. Chevalier père et fils et Hervé Bonnemains. 1858. — Essai sur la possibilité de recueillir les matières fécales, les eaux vannes, les urines de Paris, par A. Chevalier (Annales d'hygiène, 1860). — Rapp. à M. le préfet de police sur l'altération des eaux de la Seine par les égouts collecteurs d'Asnières et du Nord, et sur son assainissement. par M. F. Boudet. 1870. — L'Assainissement de Paris et la Société provisoire de Bondy, par Justin Dromel, 1875. — Compte rendu des essais d'utilisation et d'épuration des eaux d'égout, par M. Durand-Claye, ng. des ponts et chaussées. — Utilisation des eaux d'égouts en Angleterre. Londres et Paris, par M. Ronna. — Assainissement des villes, par de Freycinet.

POUDRETTE (Dépôts de). (Voyez *Dépôts d'engrais.*)

POUZZOLANE ARTIFICIELLE (Fours a).

Troisième classe.

INCONVÉNIENTS

Fumée.

Mêmes inconvénients, mêmes prescriptions que pour les briqueteries et les fours à chaux et à plâtre. (Voyez ces mots.)

PROTOCHLORURE D'ÉTAIN ou sel d'étain (Fabrication du).

Deuxième classe.

INCONVÉNIENTS

Émanations nuisibles.

Dégagement d'hydrogène à odeur alliacée.

PRESCRIPTIONS

Opérer dans un atelier bien ventilé par de larges trémies d'aération.

Fermer les ouvertures sur la voie publique et sur les voisins.

Placer les chaudières en cuivre, chauffées à la vapeur, sous de larges hottes entraînant les vapeurs dans une cheminée ayant 20 à 30 mètres, suivant les localités.

Déverser les eaux à l'égout après les avoir neutralisées.

Consultez : Wurtz. Dict. de chimie. Étain, par Ed. Willm.

PRUSSIATE DE POTASSE. (Voyez *Cyanure de potassium.*)

PULPES DE POMMES DE TERRE. (Voyez *Féculeries.*)

RAFFINERIES ET FABRIQUES DE SUCRE.
Deuxième classe.

INCONVÉNIENTS

Fumée, odeur.

Buées abondantes, vapeurs odorantes.

Écoulement des eaux de fabrication, des vinasses.

Odeur des noirs en fermentation et des vinasses.

Dégagement de gaz ammoniac, d'acide carbonique, d'oxyde de carbone, d'hydrogène carboné.

PRESCRIPTIONS

Ventiler tous les ateliers et rendre leur sol imperméable (pavés en dalles siliceuses rejointoyées en ciment. — Dép. du Nord).

Au sortir du lavoir des betteraves, faire rendre les eaux dans un aqueduc à ciel ouvert, dans lequel on placera à demeure fixe deux grilles de fer à barreaux verticaux espacés de 1 centimètre pour la première et de 3 millimètres pour la seconde, afin d'arrêter au passage les radicules et les fragments de racines, qui ne devront jamais se rendre dans les bassins de dépôt.

Après cette double filtration, les recevoir dans un bassin de 1 mètre de profondeur et ayant une superficie proportionnée à l'importance de l'établissement (50 à 150 mètres).

Les écouler ensuite dans deux bassins formant déversoir et placer à l'amont sur toute leur longueur un madrier de 20 centimètres de hauteur plongeant de moitié dans l'eau, de manière à former écumoir.

Curer ces bassins au moins tous les huit jours et, pour ne pas entraver la marche de l'usine, avoir un second système de bassins identiques, disposé de manière à recevoir alternativement les eaux de fabrique.

Les eaux de lavage des noirs et des chaudières à déféquer ne pourront s'écouler au dehors et seront enlevées ou dirigées à l'égout.

Si on emploie des appareils à évaporer et à cuire dans le vide, si la machine à vapeur est à condensation, les eaux chaudes ne se rendront pas dans les bassins consacrés à l'épuration des eaux de lavage des betteraves ; elles seront refroidies à 25° et dirigées à l'égout ou à la rivière.

Les citernes à mélasses, les chaudières de saturation, d'évaporation et de cuite, si ces opérations se font à l'air libre, seront surmontées de hottes aboutissant à des cheminées d'appel s'élevant au-dessus des toits de la fabrique, afin de porter dans l'air extérieur les gaz et les vapeurs.

Les buses des calorifères des purgeries seront éloignées des charpentes, et ces dernières seront recouvertes de plâtre ou de mortier, ou construites en matériaux incombustibles.

Les résidus de toute nature seront enlevés fréquemment dans des tonneaux fermés.

Le four à fabriquer la chaux et à produire l'acide carbonique sera disposé de telle sorte que les gaz ne puissent jamais incommoder les voisins.

La cheminée aura 30 ou 40 mètres, suivant les localités.

Consultez : TRÉBUCHET. Rapp. du Cons. d'hyg. et de salub. du départ. de la Seine de 1849 à 1858, page 463. — Id. de 1859 à 1861, page 246. — LASNIER. Id. de 1862 à 1866, page 294. — Dᴿ PILAT. Rapp. du Cons. d'hyg. et de salub. du départ. du Nord, 1866, page 247. — Id. de 1867, pages 161 et suiv. — Id., 1868, page 47. — Id., 1869, page 139. — Id., 1870, page 108. — GIRARDIN. Chim. appliq. aux arts. — PAYEN. Chim. indust., tome II, pages 247 et suiv. — Dict. de chim. de BARRESWIL et GIRARD, tome III, pages 405 et suiv. Sucre, par BAYVET. — Compte rendu de la Soc. des ing. civils, 1872. Fabrication du sucre, par MM. DE MASTING, LINARD, MANOURY, E. CARTIER, BOUDARD, LOISEAU et BOIVIN. — Id. Industrie du sucre brut, par E. CARTIER. — Id., 1874. Étude sur l'extraction du sucre des mélasses, par MM. MARGUERITE et LAIR, etc.

RÉSINES, GALIPOTS ET ARCANSONS (TRAVAIL EN GRAND POUR LA FONTE ET L'ÉPURATION DES).

Première classe.

INCONVÉNIENTS

Danger d'incendie.

Odeur de résines et dégagement de produits volatils très-inflammables, à odeur empyreumatique.

PRESCRIPTIONS

Construire les ateliers en matériaux incombustibles et les éclairer par la lumière du jour.

Placer l'ouverture des foyers en dehors des ateliers.

Éloigner l'atelier de distillation de l'essence à 30 mètres de toute autre construction, ainsi que le four à goudron.

Établir le bac à gemme à 30 mètres des fourneaux et du magasin aux essences.

Construire en matériaux incombustibles le magasin aux essences; il ne devra avoir qu'une seule ouverture fermée par une porte en tôle.

Enfouir dans le sol jusqu'au collet les jarres à essences et les fermer par un disque en tôle forte.

Placer à 30 mètres des constructions le dépôt de bois, de paille et autres combustibles.

Défricher les semis de pins dans un rayon de 40 à 50 mètres autour de l'enceinte [1].

(Voyez *Élaboration des goudrons.*)

Consultez : Dr LEVIEUX. Rapp. du Cons. d'hyg. de la Gironde de 1853 à 1855, pages 72 et suiv.; de 1857 à 1859, pages 37 et suiv. — Dr GINTRAC. Id. de 1865, page 5; de 1867, page 70. — MARTIN-BARBET. Id. de 1873, page 10 ; de 1874, pages 34 et 35.

ROGUES (DÉPÔTS DE SALAISONS LIQUIDES CONNUS SOUS LE NOM DE).

Deuxième classe.

Mêmes inconvénients, mêmes prescriptions que pour les salaisons.

---

1. Prescriptions imposées dans le département de la Gironde.

ROUGES DE PRUSSE ET D'ANGLETERRE.

Première classe.

INCONVÉNIENTS

Émanations nuisibles.

Dégagement de vapeurs d'acide sulfurique et d'acide sulfureux.

Écoulement d'eaux insalubres.

Vapeurs nitreuses si l'on prépare le sulfate de peroxyde de fer.

PRESCRIPTIONS

Opérer en vases clos dans des ateliers bien ventilés et condenser les gaz qui se dégagent.

Si l'on calcine le sulfate de protoxyde de fer dans un four en dirigeant les gaz dans la cheminée avec les autres produits de la combustion, élever la cheminée à 20 ou 30 mètres, suivant les localités.

Écouler les eaux à l'égout après les avoir neutralisées.

Si l'on prépare le sulfate de peroxyde de fer... (Voyez cette industrie.)

Consultez : TRÉBUCHET. Rapp. du Cons. d'hyg. et de salub. du département de la Seine de 1849 à 1858, pages 398 et 401. — WURTZ. Dict. de chim. Fer, par ED. WILLM.

ROUISSAGE EN GRAND DU CHANVRE ET DU LIN.

Première classe.

INCONVÉNIENTS

Émanations nuisibles et altération des eaux.

Odeurs fétides, matières fermentescibles rendant les eaux impropres à l'alimentation du bétail, aux usages domestiques et industriels, et occasionnant la mort du poisson.

PRESCRIPTIONS

Dépouiller la plante de ses feuilles avant l'immersion.

N'autoriser qu'à une très-grande distance des habitations, si le rouissage ne se fait pas dans une eau courante, 100 mètres au moins. (Département du Nord.)

Curer au moins une fois l'an les mares ou ruisseaux servant au rouissage.

Si l'opération se fait dans une eau très-courante, le rouissage offre peu d'inconvénients au point de vue de la santé publique, mais il appartient aux préfets de réglementer les routoirs à eau courante et de désigner la rivière et les endroits où l'on peut les établir [1].

Consultez : Arrêtés du préfet du Nord, du 30 septembre 1807 et du 1er août 1825. — TRÉBUCHET. Rapp. du Cons. d'hyg. et de salub. de la Seine de 1849 à 1858, pages 479 et suiv. Rapp. de MM. PAYEN, ÉMERY et BOUTRON. — Dr PILAT. Rapp. du Cons. d'hyg. et de salub. du Nord. — DE FREYCINET. Assain. indust., pages 449 et suiv. — Voyez en Appendice Circulaire du 15 mars 1873 adressée aux préfets par le ministre de l'agriculture et du commerce sur le rouissage du chanvre et du lin.

---

1. L'article 15 du décret du 25 janvier 1868 porte que des arrêtés préfectoraux, rendus sur les avis des ingénieurs et des conseils de salubrité, détermineront :

1º La durée du rouissage du lin et du chanvre dans les cours d'eau, et les emplacements où cette opération pourra être pratiquée avec le moins d'inconvénients pour le poisson ;

2º Les mesures à observer pour l'évacuation, dans les cours d'eau, des matières et résidus susceptibles de nuire au poisson et provenant des fabriques et établissements industriels quelconques.

ROUISSAGE EN GRAND DU CHANVRE ET DU LIN PAR L'ACTION DES ACIDES, DE L'EAU CHAUDE ET DE LA VAPEUR.

Deuxième classe.

INCONVÉNIENTS

Émanations nuisibles et altération des eaux.

Dégagement d'acide sulfhydrique, d'hydrogène sulfuré, etc.

Écoulement d'eaux acides et chargées de matières fermentescibles.

Danger d'incendie par les étuves.

PRESCRIPTIONS

Ventiler énergiquement les ateliers par de hautes cheminées d'appel, rendre leur sol imperméable.

Neutraliser les eaux acides, et les désinfecter en les traitant par un lait de chaux.

Recevoir ces eaux dans une série de bassins de décantation formant déversoir et ne les écouler à l'égout ou aux cours d'eau qu'après les avoir clarifiées et filtrées.

Enlever les résidus comme engrais.

Construire l'étuve en matériaux incombustibles, avec porte en fer.

Consultez : Dr PILAT. Rapp. du Cons. d'hyg. et de salub. du Nord de 1869, page 209. — Id. de 1870, page 170, et les ouvrages cités à l'article ci-dessus.

SABOTS (Atelier a enfumer les) par la combustion de la corne ou d'autres matières animales, dans les villes.

Première classe.

INCONVÉNIENTS

Odeur et fumée.

Odeur infecte de corne brûlée, fumée et dangers d'incendie.

PRESCRIPTIONS

Construire les ateliers en matériaux incombustibles, ou tout au moins revêtir de plâtre ou de mortier les bois apparents, les bien ventiler par de hautes cheminées d'aération.

Fermer les ouvertures sur la voie publique et sur les voisins.

Conduire les gaz et les fumées sous les foyers pour les brûler.

Élever la cheminée à 25 ou 30 mètres, suivant la localité.

Consultez : Dʳ Pilat. Rapp. du Cons. d'hyg. et de salub. du départ. du Nord, 1861, pages 154 et années précédentes.

SALAISON et préparation des viandes.

Troisième classe.

INCONVÉNIENTS

Odeur.

Écoulement d'eaux chargées de matières fermentescibles.

Fumée et danger d'incendie.

PRESCRIPTIONS

Ventiler les ateliers par des cheminées d'aération ayant au moins 40 centimètres de côté ; rendre leur sol imperméable pour l'écoulement des eaux à l'égout.

Enduire tous les murs en plâtre, les peindre à l'huile pour en faciliter le lavage.

Construire un contre-mur au mur mitoyen ou l'enduire en ciment. (Article 674 du code Napoléon.)

Construire les chambres à fumer et à boucaner la viande en matériaux incombustibles, avec porte en fer, ou tout au moins revêtir de plâtre les bois apparents.

Ne recevoir que des viandes fraîches dépouillées, et enlever tous les jours les os et les débris non utilisés.

Élever la cheminée du fumoir à 3 mètres au-dessus des cheminées voisines, dans un rayon de 50 mètres.

Consultez : Trébuchet. Rapp. du Cons. de salub. de la Seine de 1849 à 1858, page 323. — Lasnier. Id. de 1862 à 1866, page 175. — Derniers rapp. non publiés.

SALAISONS (Ateliers pour les) et le saurage des poissons.

Deuxième classe.

INCONVÉNIENTS

Odeurs fétides des débris de poissons.

Écoulement d'eaux de lavage entraînant des matières animales fermentescibles.

Fumée.

PRESCRIPTIONS

Ventiler énergiquement les hangars et ateliers, rendre leur sol imperméable, ainsi que le sol des cours, avec ruisseaux et pente convenable pour l'écoulement facile des eaux à l'égout. (Pente d'au moins 0^m,01 par mètre.)

S'il n'y a pas d'égout, enlever les eaux tous les jours.

Revêtir les murs mitoyens d'un enduit en ciment ou construire un contre-mur dans la hauteur de l'atelier [1].

Enlever tous les jours dans des tonneaux fermés les débris, têtes de poissons, etc.

Ne pas employer de vases en cuivre pour la préparation des salaisons [2].

Ne pas conserver en magasin d'huile de poisson.

Avoir l'eau en abondance et faire de fréquents lavages, à l'eau chlorurée, des murs, du sol, des ateliers, et des tonneaux servant au transport des débris de poisson.

Pour le saurage, faire cette opération dans des ateliers bien ventilés, dont les bois apparents seront revêtus de plâtre ou de mortier, les surmonter d'une cheminée de ventilation élevée à hauteur des cheminées voisines, dans un rayon de 100 mètres, et pratiquer des ouvreaux à la partie inférieure pour activer la ventilation.

Fermer les ouvertures sur la voie publique et sur les voisins.

Ne brûler dans les foyers aucun débris de tonneaux ni de matières animales.

Dans certains cas, n'autoriser le saurage que la nuit.

Consultez : TRÉBUCHET. Rapp. du Cons. d'hyg. et de salub. de la Seine de 1859 à 1861, page 56. — Dr PILAT. Rapp. du Cons. d'hyg. du Nord de 1860, page 159. — Dr DUMAS. Rapp. du Cons. d'hyg. de l'Hérault de 1857 à 1859, page 160. — AVENEL. Rapp. du Cons. d'hyg. de la Seine-Inférieure de 1863, pages 146 et 165.

1. Article 674 du Code civil.
2. Arrêté du préfet du Nord, du 26 mars 1857.

SALAISONS (Dépots de) dans les villes.

Troisième classe.

(Voyez ci-dessus *Dépôts de poissons salés et salaisons.*)

SANG.

1° Ateliers pour la séparation de la fibrine, de l'albumine, etc.

2° (Dépôts de) pour la fabrication du bleu de Prusse et autres industries.

3° (Fabrique de poudre de) pour la clarification des vins.

Première classe.

INCONVÉNIENTS

Odeur infecte et putride du sang en fermentation.
Écoulement d'eaux sales et putrescibles.
Odeur des vases servant au transport du sang.

PRESCRIPTIONS

Ventiler les ateliers et les hangars servant de dépôts par des cheminées d'appel, rendre leur sol imperméable, enduire en plâtre tous les bois apparents, pour qu'ils ne s'imprègnent pas d'odeur.

Avoir l'eau en abondance et faire de fréquents lavages des ateliers et des vases servant au transport du sang avec de l'eau chlorurée ou du sulfate de fer.

Rendre imperméable le sol des cours et conduire souterrainement à l'égout les eaux de lavage.

Faire le transport dans des vases parfaitement étanches et enduits de coaltar pour retarder la fermentation.

Si l'on fait la coagulation, opérer en vases clos aussitôt l'arrivée des produits à l'établissement et diriger les gaz sous les foyers pour les brûler, ou ne recevoir que du sang préalablement coagulé à l'abattoir par l'acide sulfurique ou par le perchlorure de fer (procédé BOURGEOIS.)

Recevoir les eaux, séparées du sang comprimé, dans une citerne remplie de charbon de bois récemment calciné et finement concassé.

Recalciner ce charbon ou l'enterrer profondément.

Construire les étuves en matériaux incombustibles, avec porte en fer, et élever la cheminée à 20 ou 30 mètres.

Consultez : TRÉBUCHET. Rapp. du Cons. d'hyg. et de salub. du départ. de la Seine de 1849 à 1858, pages 110 et suiv. — Id. de 1859 à 1861, page 253. — MARTIN-BARBET. Rapp. du Cons. d'hyg. de la Gironde, 1874, pages 3 à 32.

SARDINES (FABRIQUES DE CONSERVES DE) DANS LES VILLES.

Deuxième classe.

INCONVÉNIENTS

Odeur de l'huile en ébullition et des débris de poisson.

PRESCRIPTIONS

Ventiler les ateliers, rendre leur sol imperméable, paver les cours, enduire les murs en ciment et fermer les ouvertures sur la voie publique et sur les propriétés voisines.

Munir les chaudières de couvercles, les surmonter de larges hottes en communication avec la cheminée.

Placer l'ouverture des foyers en dehors de l'atelier.

Revêtir de plâtre ou de mortier tous les bois apparents, pour qu'ils ne s'imprègnent pas d'odeur.

Avoir l'eau en abondance et faire de fréquents lavages du sol, des murs et des tables de l'atelier où les sardines sont vidées.

Recueillir les têtes et débris dans des tonneaux fermés et les enlever tous les jours comme engrais.

SAUCISSONS (FABRICATION EN GRAND DE) DANS LES VILLES.

Deuxième classe.

Mêmes inconvénients, mêmes prescriptions que pour la salaison des viandes. Il faut ajouter l'odeur pendant la cuisson et l'incommodité des buées, et prescrire que les chaudières de cuisson soient munies de couvercles et de larges hottes dirigeant les buées à la cheminée.

Les eaux ayant servi à la cuisson des saucissons seront conduites souterrainement à l'égout après leur refroidissement.

Consultez : Dr LEVIEUX. Rapp. du Cons. d'hyg. de la Gironde de 1857 à 1859, pages 133 et suiv. — Dr GINTRAC. Id. de 1861 à 1863, page 88. — MARTIN-BARNET. Id. de 1870-1871, page 198.

SAVONNERIES.

Troisième classe.

INCONVÉNIENTS

Odeur, buées abondantes.

PRESCRIPTIONS

Ventiler les ateliers et fermer les ouvertures sur la voie publique et sur les voisins.

Rendre imperméable le sol des ateliers et des cours avec ruisseaux à pente convenable pour l'écoulement souterrain des eaux à l'égout.

Surmonter les chaudières à saponification et à évaporation des saumures de larges hottes portant les buées à la cheminée qui sera élevée de 5 mètres au-dessus des cheminées voisines, dans un rayon de 50 mètres.

Construire un contre-mur aux murs mitoyens ou tout au moins les enduire en ciment sur une hauteur d'au moins 1^m,50 dans l'atelier d'évaporation des dissolutions salines et dans le magasin aux sels bruts et raffinés. (Art. 674 du code Napoléon.)

Opérer le brassage mécaniquement, au moyen d'un agitateur à palettes.

Déposer les résidus et les produits insolubles de la clarification des lessives dans des bacs parfaitement étanches et à l'abri de la pluie, enlever ces résidus fréquemment, ne jamais les jeter sur la voie publique.

Éloigner le magasin des graisses et des huiles de l'atelier de fabrication.

Se conformer à la loi du 11 juin 1845 pour la composition légale du savon, c'est-à-dire 64 parties de corps gras, 34 de solution alcaline et 2 de matières étrangères.

Consultez : Trébuchet. Rapp. du Cons. d'hyg. et de salub. de la Seine de 1849 à 1858, page 369. — Lasnier. Id. de 1862 à 1866, page 193. — Dr Dumas. Rapp. du Cons. d'hyg. et de salub. de l'Hérault de 1857 à 1859, page 179. — Dr Pilat. Rapp. du Cons. d'hyg. du Nord de 1861. page 387; de 1867. page 137. — Dr Caussé. Rapp. du Cons. d'hyg. du Tarn de 1861 à 1866. — Henriot. Rapp. du Cons. d'hyg. de la Meuse de 1864 à 1868, page 78. — Barreswil et Girard. Dict. de chim. Savons, par A. Legrand, tome III, page 342. — Wurtz. Dict. de chim. Savons, par J. Bouis.

SCHISTES bitumeux. (Voyez *Huiles de pétrole, de schiste*, etc.)

SÉCHAGE DES ÉPONGES. (Voyez *Éponges*.)

SÈCHERIES DES MORUES. (Voyez *Morues*.)

SECRÉTAGE des peaux ou poils de lièvre et de lapin.

Deuxième classe.

INCONVÉNIENTS

Odeur des peaux accumulées dans les magasins.

Dispersion de poussières et de poils imprégnés d'azotate de mercure et d'acide arsénieux ayant une action nuisible sur la santé des ouvriers. (Action marquée sur les mains, sur les yeux, sur les bronches, etc.)

Danger d'incendie par l'étuve.

Écoulement d'eaux acides et vénéneuses.

Bruit causé par le battage des peaux.

Dégagement de vapeurs nitreuses si l'on prépare l'azotate de mercure.

PRESCRIPTIONS

Ventiler énergiquement les magasins et les ateliers de secrétage et d'éjarrage par deux tuyaux de ventilation ayant au moins 40 centimètres de côté et élevés à hauteur des cheminées voisines, garnir les ouvertures de toiles métalliques à mailles serrées pour éviter la dispersion au dehors des poils et poussières.

Rendre imperméable le sol des ateliers, n'écouler au dehors aucun résidu de sels mercuriels.

Employer pour l'éjarrage la machine Caumont (prix Monthyon de 1857) et faire de préférence toutes les opérations en vases clos, battage, décatissage, découpage, etc., sinon prescrire aux ouvriers de porter des gants de cuir et un masque en toile métallique.

Construire l'étuve en matériaux incombustibles, avec porte en fer, et cheminée d'aération élevée à hauteur des cheminées voisines, dans un rayon de 50 mètres.

Ne pas brûler de rognures de peaux, les enlever deux fois par semaine.

Éloigner les machines des murs mitoyens et prendre les dispositions nécessaires pour ne pas incommoder les voisins par le bruit.

Si l'on prépare l'azotate de mercure, opérer sous une large hotte et condenser les vapeurs nitreuses ou les diriger à la cheminée.

Pour l'emmagasinement des substances vénéneuses, se conformer à l'ordonnance royale du 6 novembre 1846. (Voyez Appendice.)

Consultez : Trébuchet. Rapp. du Cons. d'hyg. de la Seine de 1849 à 1858, page 337. — Lasnier. Id. de 1862 à 1866, page 210. — Dr Levieux. Rapp. du Cons. d'hyg. de la Gironde, 1853-1855, page 246. — Dr Caussé. Rapp. du Cons. d'hyg. du Tarn, 1861 à 1866, pages 54 et 109. — Génin. Rapp. du Cons. d'hyg. de la Moselle de 1863 à 1866, page 395. — De Freycinet. Assain. indust., page 120.

SEL AMMONIAC ET SULFATE D'AMMONIAQUE (FABRICATION DU) PAR L'EMPLOI DES MATIÈRES ANIMALES.

Deuxième classe.

INCONVÉNIENTS

Odeur, émanations nuisibles.
Odeur infecte et irritante de l'ammoniaque.
Dégagement d'hydrogène sulfuré, d'hydrocarbures, etc.
Écoulement d'eaux de fabrication.

PRESCRIPTIONS

Ventiler énergiquement tous les ateliers en les surmontant de lanternons à lames de persiennes, rendre leur sol imperméable.

Recevoir les urines, les eaux vannes et les eaux provenant de la carbonisation des os dans des citernes parfaitement étanches, fermées hermétiquement et munies d'un pas de vis pour y placer un tuyau de fonte en communication avec les foyers de l'usine, afin de brûler les gaz qui se dégagent.

Déverser les eaux ammoniacales au moyen d'un tube ajusté d'un côté à la tonne, de l'autre à un pas de vis fixé sur la voûte du bassin, ou au moyen d'une pompe étanche.

Faire toutes les opérations en vases clos.

Clore hermétiquement les cuves à acide sulfurique, munir le couvercle d'un tube destiné à ramener les gaz non condensés sous les foyers.

Opérer la concentration et la sublimation à vases

clos dans des fours ou des chaudières fermés hermétiquement.

Placer sous des hottes les cuves à cristallisation et diriger tous les gaz et vapeurs sous les foyers.

Luter avec le plus grand soin tous les appareils, élever la cheminée à 30 ou 40 mètres, suivant la localité.

Enlever les résidus liquides et solides tous les jours dans des tonneaux hermétiquement fermés.

Consultez : Trébuchet. Rapp. du cons. d'hyg. de la Seine de 1849 à 1858, page 412. — Dr Pilat. Rapp. du Cons. d'hyg. du Nord de 1869, page 133. — Martin-Barbet. Rapp. du Cons. d'hyg. de la Gironde de 1870 à 1871, page 161. — Wurtz. Dict. de chim. Ammoniaqué, par P. Schutzenberger. — Knapp. Chim. technol., traduct. de Debize et Mérijot, tome II. page 633, etc.

SEL AMMONIAC EXTRAIT DES EAUX D'ÉPURATION DU GAZ (Fabrique spéciale de).

Deuxième classe.

Mêmes inconvénients et mêmes prescriptions que ci-dessus.

Consultez : Trébuchet. Rapp. du Cons. d'hyg. et de salub. de la Seine de 1849 à 1858, page 412. — Id. de 1859 à 1861, page 485. — Dr Levieux. Rapp. du Cons. d'hyg. de la Gironde de 1857 à 1859, page 94. — Dr Gintrac. Id. de 1861 à 1863, page 61.—Martin-Barbet. Id. de 1874, page 71.—Avenel. Rapp. du Cons. d'hyg. de la Seine-Inférieure de 1863, page 10. — Payen. Chim. indust., tome II, page 890.

SEL DE SOUDE (Fabrication du) AVEC LE SULFATE DE SOUDE.

Troisième classe.

INCONVÉNIENTS

Fumée, émanations nuisibles et vapeurs corrosives. Dégagement d'oxyde de carbone.

Odeur ammoniacale lors du déchargement des fours.

Résidus, marcs de soude dégageant de l'acide sulfureux.

PRESCRIPTIONS

Ventiler énergiquement les ateliers, rendre leur sol imperméable.

Élever la cheminée à 30 ou 40 mètres, suivant les localités, et y conduire tous les gaz de la fabrication.

Ne faire usage que de fours fermés, dits à double moufle.

Surmonter de hottes les cuves à concentration.

Écouler les eaux à l'égout.

Enlever les résidus, marcs de soude ou charrées avant leur décomposition, et les répandre dans les champs comme engrais [1].

Consultez : HERBLIN. Rapp. du Cons. d'hyg. de la Loire-Inférieure de 1873, page 14. — Rapport de M. NICKLES sur la fabrique de produits chimiques à Dieuze. — DE FREYCINET. Assain. indust., pages 379 et suiv. — KNAPP. Chim. techn., tome II, pages 465 et suiv. — BARRESWIL et GIRARD. Dict. de chim., tome Ier, page 212. — PAYEN, tome Ier. page 377.

SEL D'ÉTAIN. (Voyez *Protochlorure d'étain.*)

SIROPS DE FÉCULE et GLUCOSE (FABRICATION DES).

Troisième classe.

INCONVÉNIENTS

Odeur des résidus, vapeurs odorantes.

---

1. A Dieuze, on neutralise réciproquement les marcs de soude et les résidus de la fabrication du chlore et l'on obtient comme résultat final du soufre et du sulfure de manganèse. — Voyez dans l'*Assainissement industriel* de M. de Freycinet le détail complet des réactions.

Dégagement d'acide carbonique. Buées abondantes. Écoulement des eaux de lavage.

PRESCRIPTIONS

Ventiler les ateliers, rendre leur sol imperméable.

Couvrir les cuves pendant la saccharification, les surmonter de hottes ainsi que les chaudières à concentration et diriger les gaz et les buées dans une cheminée élevée de 5 mètres au-dessus des souches de cheminées voisines.

Protéger les murs mitoyens par des contre-murs ou des enduits en ciment.

Ne pas revivifier le noir animal dans l'établissement.

Emporter à mesure de leur production les résidus et dépôts provenant de la défécation.

Écouler les eaux de lavage à l'égout après leur avoir fait traverser des grilles pour retenir les particules organiques.

Consultez : TRÉBUCHET. Rapp. du Cons. d'hyg. et de salub. du départ. de la Seine de 1849 à 1858, page 461. — Id. de 1859 à 1861, page 246. — LASNIER. Id. de 1862 à 1866, page 34. — Dr PILAT. Rapp. du Cons. du Nord de 1866, page 243.

SOIE. (Voyez *Chapeaux*.)

SOIE. (Voyez *Filatures*.)

SOIES DE PORC (PRÉPARATION DES) PAR FERMENTATION.
Première classe.

INCONVÉNIENTS

Odeur infecte, insalubre et nauséabonde des soies en fermentation ; poussières.

Écoulement des eaux de macération chargées de matières animales.

PRESCRIPTIONS

Ventiler les ateliers en les surmontant de lanternons à lames de persiennes, rendre leur sol imperméable, recouvrir de plâtre les bois apparents, pour qu'ils ne s'imprègnent pas d'odeur, ou les peindre à l'huile.

Couvrir les cuves à macération et diriger les gaz sous un foyer incandescent ou dans une cheminée d'appel très-élevée.

Écouler les eaux de macération à l'égout ou les recevoir dans une citerne étanche et les enlever comme engrais dans des tonneaux fermés.

Avoir l'eau en abondance et faire de fréquents lavages à l'eau chlorurée.

Construire l'étuve en matériaux incombustibles, avec porte en fer et foyers en dehors.

Ventiler par une cheminée d'appel les magasins servant de dépôt aux ballots de soies et les ateliers de battage des crins.

(Voyez *Crins*.)

SOUDE. (Voyez *Sulfate de soude*.)

SOUDES BRUTES DE VARECH (FABRICATION DES) DANS LES ÉTABLISSEMENTS PERMANENTS.
Première classe.

(Voyez *Combustion des plantes marines*.)

SOUFRE (Fusion ou distillation du).

Deuxième classe.

INCONVÉNIENTS

Émanations nuisibles, danger d'incendie, dégagement abondant d'acide sulfureux.

Danger d'explosion des chambres.

PRESCRIPTIONS

Ventiler énergiquement les ateliers, les construire en matériaux incombustibles.

Employer des appareils dits par décantation.

Placer les chaudières de fusion sous de larges hottes et disposer l'ouverture des foyers en dehors des ateliers.

Munir les chambres de condensation de soupapes. Chasser l'acide sulfureux au moyen d'un ventilateur mécanique, avant d'y laisser pénétrer les ouvriers, et le diriger dans un condenseur.

Élever la cheminée à 30 ou 40 mètres, suivant la localité.

Consultez : Trébuchet. Rapp. du Cons. d'hyg. et de salub. de la Seine de 1846 à 1848, page 84. — De Freycinet. Assain. indust., page 227. — Dr Dumas. Rapp. du Cons. d'hyg. de l'Hérault de 1857 à 1859, page 79. — Payen. Chimie indust., tome Ier, pages 137 et suiv. — Knapp. Chim. technol., traduct. de Debize et Mérijot. tome II, page 15.

SOUFRE (Pulvérisation et blutage du).

Troisième classe.

INCONVÉNIENTS

Poussières, danger d'incendie.

Bruit des meules et des blutoirs.

PRESCRIPTIONS

Construire les ateliers en matériaux incombustibles, les bien ventiler, fermer les ouvertures sur la voie publique et sur les propriétés voisines.

Éloigner l'atelier des machines du magasin des matières premières et de l'atelier de pulvérisation.

Opérer la pulvérisation et le blutage en vases clos.

Éloigner les meules et les blutoirs des murs mitoyens et prendre les dispositions nécessaires pour ne pas incommoder les voisins par le bruit et par la poussière.

Éclairer les ateliers au moyen de lumières placées en dehors et séparées par un verre dormant.

Faire déboucher dans l'atelier et le magasin un tuyau de vapeur ayant une clef manœuvrant de l'extérieur, de manière à permettre l'extinction d'un commencement d'incendie.

Consultez : Dr GINTRAC. Rapp. du Cons. d'hyg. et de salub. de la Gironde de 1864, pages 211 et suiv.

SUIF BRUN (FABRICATION DU).

Première classe.

Mêmes inconvénients, mêmes prescriptions que pour la fonte des graisses à feu nu et la fonte du suif en branches.

SUIF EN BRANCHES (FONDERIES DE).

1° A feu nu.
Première classe.

INCONVÉNIENTS

Odeur infecte et nauséabonde, odeur des matières

19

premières en fermentation, des résidus, des pains de
creton et des tonneaux servant au transport et à l'emmagasinement.

Écoulement d'eaux de lavage.

Danger d'incendie.

PRESCRIPTIONS

Construire les ateliers en matériaux incombustibles,
ou tout au moins revêtir de plâtre les bois apparents,
les ventiler énergiquement en les surmontant de lanternons à lames de persiennes ou de hautes cheminées
de ventilation.

Rendre leur sol imperméable, paver les cours avec
ruisseaux et pente convenable.

Isoler la fonderie et l'éloigner des magasins servant
de dépôt aux produits fabriqués et aux matières premières.

Munir les chaudières de couvercles et diriger les
vapeurs sous les foyers pour les brûler après leur avoir
fait traverser un condenseur, les surmonter de larges
hottes en communication avec la cheminée qui aura
20 ou 30 mètres d'élévation, suivant la localité.

Disposer l'ouverture des foyers en dehors de l'a-
telier.

Placer les presses à cretons dans un atelier isolé et
bien ventilé.

Faire de fréquents lavages à l'eau chlorurée, ne
brûler dans les foyers ni résidus ni débris de tonneaux
ayant servi au transport des suifs.

Traiter les suifs aussitôt leur arrivée à l'établissement, ne pas les garder en magasin plus de 24 heures.

Enlever tous les deux jours les résidus, les pains de
cretons, etc., dans des tonneaux fermés.

Écouler les eaux souterrainement à l'égout.

Dans certains cas, n'autoriser la fonte que la nuit.
Ne pas fabriquer d'engrais.

2° Au bain-marie ou à la vapeur.

Deuxième classe.

Les inconvénients de la fonte au bain-marie ou à la vapeur sont moindres qu'à feu nu, et l'odeur est moins désagréable.

Les prescriptions sont les mêmes, le danger d'incendie est moins grand, et l'incombustibilité des ateliers n'est pas exigée.

Consultez : TRÉBUCHET. Rapp. du Cons. d'hyg. de la Seine de 1846 à 1848, pages 83 et 90. — Id. de 1849 à 1858, pages 356 et suiv.— LASNIER. Id. de 1861 à 1866, pages 184 et suiv. — Dr GINTRAC. Rapp. du Cons. d'hyg. de la Gironde de 1859 à 1861, page 138. — HENRIOT. Rapp. du Cons. d'hyg. de la Meuse de 1860 à 1864, page 91. — AVENEL. Rapp. du Cons. d'hyg. de la Seine-Inférieure de 1865, page 5. — Dr PILAT. Rapp. du Cons. d'hyg. du Nord de 1868, page 65.

SUIF D'OS (Fabrication du).

Première classe.

INCONVÉNIENTS

Odeur nauséabonde, vapeurs âcres et fétides.
·Buées abondantes.
Odeur des os en dépôt et des os sortant du débouillage.
Écoulement d'eaux infectes et putrescibles.
Danger d'incendie.

PRESCRIPTIONS

Construire les ateliers en matériaux incombustibles,

ou tout au moins revêtir de plâtre les bois apparents.

Rendre leur sol imperméable, dallé, bitumé ou cimenté, paver les cours.

Ventiler les ateliers par de hautes cheminées d'aération.

Opérer le débouillage dans un atelier spécial et isolé des autres ateliers et magasins.

Munir les chaudières de couvercles fermant hermétiquement, les surmonter de larges hottes et activer le tirage par une cheminée d'appel.

Placer l'ouverture des foyers en dehors de l'atelier, et élever la cheminée à 30 ou 40 mètres, suivant la localité.

Ne brûler dans les foyers ni os, ni résidus, ni débris de tonneaux ayant servi au transport des os et des graisses.

Au sortir du débouillage, placer les os dans un atelier complétement clos et ventilé par une haute cheminée d'aération et des ouvreaux pratiqués à la partie inférieure des murs.

Dessécher les os dans des étuves en matériaux incombustibles, avec portes en fer.

Traiter les os aussitôt leur arrivée à l'établissement, les recouvrir d'une couche de noir d'au moins $0^m,10$ d'épaisseur.

Enlever tous les deux jours les eaux grasses et les résidus dans des tonneaux fermés.

Écouler souterrainement à l'égout les eaux de lavage.

Faire de fréquents lavages à l'eau chlorurée du sol et des murs des ateliers.

Consultez : TRÉBUCHET. Rapp. du Cons. d'hyg. de la Seine de 1849 à 1858, pages 360 et suiv. — LASNIER. Id. de 1862 à 1866, page 185. — Dʳ PILAT. Rapp. du Cons. d'hyg. du Nord de 1860, page 208. — Dʳ LEVIEUX. Rapp. du Cons. d'hyg. de la Gironde de 1857 à 1859, page 4. — MARTIN-BARBET. Id. de 1874, page 37. — AVENEL. Rapp. du Cons. d'hyg de la Seine-Inférieure de 1863, page 12. — HERBELIN. Rapp. du Cons. d'hyg. de la Loire-Inférieure de 1873, page 28. — Dr DEMANGE. Rapp. du Cons. d'hyg. de la Meurthe, 1858-1859, page 93. — HENRIOT. Rapp. du Cons. d'hyg. de la Meuse, 1860-1864, page 1. — DE FREYCINET. Assain. indust., pages 279 et suiv.

SULFATE DE BARYTE. (Voyez *Baryte.*)

SULFATE DE CUIVRE (FABRICATION DU) AU MOYEN DU GRILLAGE DES PYRITES.

Première classe.

(Voyez *Grillage des minerais sulfureux*. Mêmes inconvénients, mêmes prescriptions.)

SULFATE DE MERCURE (FABRICATION DU).

1° Quand les vapeurs ne sont pas absorbées.
Première classe.

2° Quand les vapeurs sont absorbées.
Deuxième classe.

INCONVÉNIENTS

Émanations nuisibles, dégagement abondant d'acide sulfureux et de vapeurs mercurielles ayant une action nuisible sur la santé des ouvriers.

PRESCRIPTIONS

Opérer sous une large hotte munie d'un rideau vitré, dans un atelier bien ventilé, et diriger les gaz et les vapeurs dans une cheminée élevée à 20 ou 30 mètres, suivant la localité.

Dessécher le sulfate de mercure au bain-marie et condenser les gaz et les vapeurs [1].

Consultez : DE FREYCINET. Assain. indust., page 229. — WURTZ. Dict. de chim. Mercure, par E. WILLM.

SULFATE DE PEROXYDE DE FER (FABRICATION DU) PAR LE SULFATE DE PROTOXYDE DE FER ET L'ACIDE NITRIQUE (NITRO-SULFATE DE FER).

Deuxième classe.

INCONVÉNIENTS

Émanations nuisibles, dégagement abondant de vapeurs nitreuses délétères.

PRESCRIPTIONS

Opérer dans des ateliers bien ventilés, et rendre leur sol imperméable.

Surmonter les cuves de larges hottes en communication avec la cheminée de l'établissement.

Fermer hermétiquement ces cuves avec des couvercles en grès lutés avec le plus grand soin.

---

1. A la fabrique de calomel de M. Howard, à Stratford, près Londres, la chaudière d'attaque est exactement fermée, les vapeurs sont conduites par un tuyau dans une cuve à eau où elles laissent une partie de l'acide sulfurique, de là dans une sorte de drain en grès de 20 centimètres de diamètre et de 30 mètres de long, enterré à 80 centimètres sous le sol pour conserver plus de fraîcheur; le liquide se rassemble dans un petit puisard, tandis que les vapeurs qui ont échappé à la condensation vont à la grande cheminée. La solution obtenue, mélange d'acide sulfureux et d'acide sulfurique, est utilisée pour la préparation du sulfate de zinc. (DE FREYCINET.)

Conduire les gaz dans une série de cinquante bonbonnes remplies d'eau et fonctionnant à la manière des batteries d'acide chlorhydrique et de là à la cheminée élevée à 20 ou 30 mètres, suivant les localités [1], ou condenser les vapeurs nitreuses par la méthode de MM. Devers et Plisson.

Surmonter les chaudières d'évaporation de larges hottes portant les buées à la cheminée.

Neutraliser les eaux avant de les déverser à l'égout.

Consultez : DE FREYCINET. Assain. indust., page 242. — WURTZ. Dict. de chim. Fer, par E. WILLM.

SULFATE DE PROTOXYDE DE FER OU COUPEROSE VERTE PAR L'ACTION DE L'ACIDE SULFURIQUE SUR LA FERRAILLE (FABRICATION EN GRAND DU).

Troisième classe.

INCONVÉNIENTS

Fumée et émanations nuisibles, dégagement de gaz hydrogène impur, chargé de principes odorants et souvent de vapeurs d'acide sulfurique.

Buées et écoulement des eaux de fabrication.

PRESCRIPTIONS

Ventiler les ateliers, rendre leur sol imperméable.

Opérer la dissolution dans des cuves fermées placées sous de larges hottes et conduire les gaz produits dans un gazomètre pour les brûler ultérieurement, ou les

[1]. Procédé donnant de très-bons résultats à la fabrique de persulfate de fer de M. Gros à Lyon.

conduire directement sous les foyers en ayant soin d'interposer plusieurs toiles métalliques.

Surmonter de hottes les chaudières à concentration, et diriger les buées à la cheminée qui aura 20 ou 30 mètres d'élévation, suivant les localités

Déverser les eaux à l'égout après les avoir neutralisées.

Consultez : Trébuchet. Rapp. du Cons. d'hyg. et de salub. du dépar. de la Seine de 1849 à 1858, page 416. — Lasnier. Id. de 1862 à 1866, page 271. — Dr Dumas. Rapp. du Cons. d'hyg. du départ. de l'Hérault de 1857 à 1859, page 162. — Dr Pilat. Rapp. du Cons. d'hyg. du Nord de 1861, page 390. — Girardin. Chim. appliq. aux arts. — Barreswil et Girard. Dict. de chim., tome Ier, page 343. — Wurtz. Dict. de chim. Fer, par E. Willm.

SULFATE DE SOUDE (Fabrication du).

1º Par la décomposition du sel marin par l'acide sulfurique sans condensation de l'acide chlorhydrique.

Première classe.

2º Avec condensation de l'acide chlorhydrique.

Deuxième classe.

(Voyez *Acide chlorhydrique*. Mêmes inconvénients, mêmes prescriptions.)

SULFATE DE FER, d'alumine et alun (Fabrication par le lavage des terres pyriteuses et alumineuses grillées du).

Troisième classe.

INCONVÉNIENTS

Fumée, altération des eaux.
Buées abondantes.

PRESCRIPTIONS

Ventiler les ateliers par des lanternons à lames de persiennes ou de hautes trémies d'aération pour l'expulsion des buées au dehors, rendre leur sol imperméable.

Surmonter les chaudières à concentration de larges hottes.

Recevoir les eaux dans une série de bassins de décantation, et ne les écouler aux cours d'eau que parfaitement claires et limpides, après avoir précipité les dernières traces de sulfate et d'alun.

Élever la cheminée des fours et des foyers des chaudières à 20 ou 30 mètres.

Si l'on emploie les eaux ammoniacales du gaz de l'éclairage, chauffer ces eaux en vases clos avec de la chaux, et opérer la réaction dans des cuves couvertes et munies de tuyaux conduisant les gaz à la cheminée.

Consultez : BARRESWIL et GIRARD. Dict. de chim., tome Ier, page 531. — KNAPP. Chim. tech., traduct. de DEBIZE et MÉRIJOT, tome II, page 834. — WURTZ. Dict. de chim. Aluminium, par H. DEBRAY. — LASNIER. Rapp. du Cons. d'hyg. de la Seine de 1862 à 1866, page 271.

SULFURE DE CARBONE (FABRICATION DU).

Première classe.

INCONVÉNIENTS

Danger d'incendie, odeur incommode, vapeurs délétères du sulfure de carbone ayant une action nuisible sur la santé des ouvriers.

Dégagement d'acide sulfhydrique.

PRESCRIPTIONS

Construire les ateliers en matériaux incombustibles, avec combles en fer, les ventiler énergiquement (aération *per descensum*, planchers à claire-voie et ouvreaux en bas des murs), les éclairer par la lumière du jour, n'y jamais pénétrer avec une lumière, rendre le sol imperméable.

Isoler l'atelier de fabrication, l'éloigner des autres ateliers à une distance de 20 à 30 mètres et le séparer par un mur en maçonnerie dépassant le comble de l'atelier de condensation ; daller ou bétonner le sol de cet atelier avec pentes et rigoles pour conduire dans une citerne étanche les liquides répandus accidentellement.

Luter tous les appareils avec le plus grand soin, placer les condenseurs sous l'eau ou les fermer par des obturateurs hydrauliques.

Diriger dans la cheminée de l'usine les gaz non condensés, après leur avoir fait traverser des épurateurs contenant de la chaux hydratée pulvérulente.

Placer en dehors de l'atelier l'ouverture des foyers.

Recouvrir les cylindres en fonte de hottes destinées à enlever les vapeurs qui s'échappent lors du chargement des appareils et intercepter toute communication avec l'appareil de condensation au moyen d'un tampon de linge humide ou par tout autre moyen.

Transvaser le sulfure de carbone des appareils condensateurs à l'atelier de rectification au moyen d'une pompe fixe et étanche.

Établir les chaudières de rectification dans un atelier spécial, éloigné d'au moins 30 mètres des autres ateliers.

Opérer la rectification à la vapeur et placer les générateurs et leurs foyers à 20 ou 30 mètres des ateliers, recueillir le sulfure condensé à la sortie des serpentins dans une citerne enduite en ciment et maintenir toujours une couche d'eau d'au moins 1 mètre d'épaisseur surnageant le sulfure pour prévenir la diffusion des vapeurs.

Ne laisser pénétrer les ouvriers dans les chaudières à la fin de l'opération qu'après y avoir fait une injection de vapeur d'eau au moyen d'un second serpentin troué pour chasser la totalité du sulfure.

Opérer le transvasement de la citerne dans les vases en métal au moyen d'une pompe.

Pour le dépôt des produits fabriqués, adopter des dispositions analogues à celles prescrites pour les substances de la première catégorie (décret du 19 mai 1873).

Consultez : TRÉBUCHET. Rapp. du Cons. d'hyg. dè la Seine de 1849 à 1858, page 99. — LASNIER. Id. de 1862 à 1866, page 253. — Dr DELPECH. Recherches sur l'intoxication spéciale que détermine le sulfure de carbone. 1863. — PAYEN. Chim. indust., tome Ier, pages 158 et suiv. — BARRESWIL et GIRARD. Dict. de chim., tome III, page 396.

SULFURE DE CARBONE (MANUFACTURES DANS LESQUELLES ON EMPLOIE EN GRAND LE) [1].

Première classe.

INCONVÉNIENTS

Odeur du sulfure de carbone et des matières premières.

Grand danger d'incendie, vapeurs délétères.

---

1. Extraction d'acides, de graisses et d'huile : 1o de la glycérine goudronneuse; 2o des cambouis bruns; 3o des étoupes et chiffons gras: 4o des tourteaux de sciure de bois; 5o des fèces acides; 6o des os; 7o des pains de cretons; 8o des tourteaux de graines oléagineuses; 9o des détritus de cacao; 10o des résidus ou marcs d'olives.

PRESCRIPTIONS

Les prescriptions à imposer à ces sortes d'établissements sont les mêmes que celles imposées pour les fabriques de sulfure de carbone : incombustibilité, ventilation énergique *per descensum*, isolement et éloignement des ateliers et des magasins les uns des autres.

Emploi exclusif de la vapeur; emmagasinement sous
l'eau et transvasement au moyen de pompes étanches
du sulfure de carbone.

Les matières premières devront être déposées dans
des magasins bien ventilés, construits en matériaux incombustibles, et traitées aussitôt leur arrivée à l'établissement; les résidus devront être enlevés fréquemment dans des tonneaux fermés.

(Voyez ci-dessus.)

SULFURE DE CARBONE (Dépôts de).

Le décret du 31 décembre 1866 dit que les dépôts
de sulfure de carbone suivent le régime des huiles de
pétrole; mais le décret du 19 mai 1873, abrogeant les
décrets antérieurs sur les substances inflammables,
régit seulement les huiles, essences et les hydrocarbures, et il dit en effet, art. 4 : « *Notamment de liquides inflammables, tels que l'alcool, l'éther, le sulfure
de carbone, non régis par le présent décret.* »

Nous croyons que les dépôts de sulfure de carbone
doivent être régis par ce dernier décret, par assimilation aux substances de la première catégorie, le sulfure de carbone émettant des vapeurs susceptibles de
prendre feu au contact d'une allumette enflammée à
une température inférieure à 35 degrés.

SULFURES MÉTALLIQUES. (Voyez *Grillage des minerais sulfureux*.)

TABACS (MANUFACTURES DE).
Deuxième classe.

INCONVÉNIENTS

Odeur et poussière.

L'État ayant en France le monopole de la fabrication des tabacs, nous n'avons pas à indiquer les prescriptions à imposer à ces établissements.

Dans ces dernières années, d'importantes améliorations ont été introduites dans ces manufactures, sous la savante direction de M. Rolland, directeur général des manufactures de l'État.

On peut consulter, sur la ventilation des ateliers à confectionner les cigares, l'ouvrage de M. DE FREYCINET, à la page 29, et le rapport de M. COMBES sur le torréfacteur mécanique de M. Eugène Rolland.

TABAC (INCINÉRATION DES CÔTES DE).
Première classe.

INCONVÉNIENTS

Fumée, *odeur* âcre et piquante, ayant une action nuisible sur les voies respiratoires, très-incommode pour le voisinage.

PRESCRIPTIONS

N'autoriser qu'à une grande distance des habitations, surtout si l'on brûle les côtes de tabac en plein air.

Prescrire l'incinération dans les fours à réverbères, élever la cheminée à 30 ou 40 mètres.

Consultez : Annales d'hyg., tome Ier, 1829, pages 169 et suiv. — Dr PILAT. Rapp. du Cons. d'hyg. du Nord de 1861, page 167.

TABATIÈRES EN CARTON (Fabrication des).

Troisième classe.

INCONVÉNIENTS

Odeur et danger d'incendie.
Buées odorantes si l'on fait bouillir la pâte à carton.
Odeur du vernis, danger d'incendie par l'étuve.
Écoulement de l'eau des presses.

PRESCRIPTIONS

Ventiler les ateliers, rendre leur sol imperméable.

Fermer les ouvertures sur la voie publique et sur les propriétés voisines.

Écouler à l'égout les eaux sortant des presses.

Construire l'étuve en matériaux incombustibles, avec porte en fer, et placer l'ouverture du foyer ou des cendriers en dehors de l'atelier ou tout au moins du côté opposé à l'ouverture des portes de l'étuve.

Diriger les buées et les vapeurs au dehors par un tuyau élevé de 3 mètres au-dessus des souches de cheminées voisines, dans un rayon de 50 mètres.

Avoir une provision de sable en cas d'incendie.

Emmagasiner le vernis dans un local incombustible, éclairé par la lumière du jour.

Ne pas fabriquer le vernis.

TAFFETAS ET TOILES VERNIS OU CIRÉS (FABRICATION DE).

Première classe.

INCONVÉNIENTS

Odeur et danger d'incendie.

Odeur désagréable, vive et pénétrante du vernis et des essences, et pendant la cuisson et le mélange des huiles.

PRESCRIPTIONS

Ventiler énergiquement les ateliers dans lesquels on applique les huiles et le vernis sur les toiles et les surmonter de lanternons à lames de persiennes ; les éclairer par la lumière du jour.

Construire ces ateliers et les étuves en matériaux incombustibles.

Chauffer de préférence les étuves à la vapeur et élever à une grande hauteur les cheminées de ventilation de ces étuves. Si l'on chauffe à l'air chaud, garnir les conduites de chaleur de grillages métalliques.

N'y laisser pénétrer les ouvriers qu'après en avoir renouvelé l'air et chassé les vapeurs ; n'y jamais pénétrer avec une lumière.

Isoler l'atelier de fabrication des vernis et de cuisson des huiles, l'éloigner des autres ateliers et le construire en matériaux incombustibles.

Placer l'ouverture des foyers en dehors de l'atelier.

Opérer de préférence la cuisson du vernis en vases clos et ramener les gaz et les vapeurs sous les foyers.

Munir les chaudières de couvercles et les surmonter

de hottes mobiles en tôle pouvant s'abaisser jusque sur le fourneau.

Élever la cheminée à 20 ou 30 mètres.

Construire en matériaux incombustibles le dépôt des matières premières, huiles, essences, benzine et matières fabriquées, et l'éloigner des foyers des calorifères ou des générateurs.

Ne brûler ni débris de tonneaux ni rognures de toiles imprégnés d'huiles ou de vernis.

Se conformer pour ce dépôt au décret du 19 mai 1873.

Dans certains cas, n'autoriser la cuisson des huiles et la fabrication du vernis que pendant la nuit.

Avoir toujours, en cas d'incendie, une provision de sable proportionnée à l'importance de la fabrique.

Consultez : TRÉBUCHET. Rapp. du Cons. d'hyg. de la Seine de 1849 à 1858, pages 390 et suiv. — LASNIER. Id. de 1862 à 1866, pages 280 et suiv. — Dʳ LEVIEUX. Rapp. du Cons. d'hyg. de la Gironde de 1853 à 1855. — MARTIN-BARBET. Id. de 1870 à 1871, page 111. — Dʳ PILAT. Rapp. du Cons. d'hyg. du Nord de 1868, page 229.

TAN (MOULINS A).

Troisième classe.

INCONVÉNIENTS

Bruit et poussière.

Poussières incommodes pour le voisinage et ayant une action nuisible sur la santé des ouvriers.

PRESCRIPTIONS

Ventiler énergiquement les ateliers et fermer les ouvertures sur la voie publique et sur les propriétés voisines.

Opérer le broyage en vases clos en enveloppant les meules et les moulins à noix, et diriger par un ventilateur mécanique les poussières dans une chambre garnie de tablettes en bois formant chicanes, sur lesquelles elles se déposent.

Élever la cheminée de ventilation à hauteur des cheminées voisines, dans un rayon de 100 mètres.

Éloigner les meules, les moulins et les ventilateurs des murs mitoyens, et les placer à une distance telle de ces murs qu'ils ne puissent incommoder les voisins par le bruit.

Consultez : DE FREYCINET. Assain. ind., pages 43 et 45.

TANNERIES.

Deuxième classe.

INCONVÉNIENTS

Odeur des peaux, des résidus, rognures de peaux, poils, bourres, etc.

Altération des eaux, écoulement d'eaux chargées de matières animales en fermentation.

PRESCRIPTIONS

Ventiler tous les ateliers et rendre leur sol imperméable, dallé, bitumé ou cimenté, avec ruisseaux et pente convenable pour l'écoulement des eaux.

Paver les cours avec joints en ciment ou en bitume et munir les ruisseaux de grilles pour arrêter les débris et rognures de peaux.

Construire les fosses et les plains en matériaux imperméables, enduits en ciment, les placer le plus loin possible des habitations.

Traiter les peaux aussitôt leur arrivée à l'établissement.

Ne pas écouler les eaux aux ruisseaux de la rue, mais à l'égout ou aux cours d'eau, après les avoir épurées par la chaux dans des bassins de décantation.

S'il n'y a pas d'écoulement d'eau, n'autoriser qu'autant que ces eaux pourront être déversées sur une vaste étendue de terres arables ou portées à l'égout.

Enlever tous les deux jours, dans des tonneaux fermés, les battures, les rognures de peaux, les bourres, les déchets.

Ne brûler la tannée qu'après l'avoir desséchée.

Rendre imperméable le sol des hangars servant de dépôts aux cuirs verts.

Consultez : THÉBUCHET. Rapp. du Cons. d'hyg. de la Seine de 1849 à 1858, page 331. — LASNIER. Id. de 1862 à 1866, page 208. — Dr DUMAS. Rapp. du Cons. d'hyg. de l'Hérault de 1857 à 1859, pages 145 et suiv. — Dr GINTRAC. Rapp. du Cons. d'hyg. de la Gironde de 1859 à 1861, page 172. — Dr PILAT. Rapp. du Cons. d'hyg. du Nord de 1860, page 180. — HENRIOT. Rapp. du Cons. d'hyg. de la Meuse de 1860 à 1864, page 69. — Dr CAUSSÉ. Rapp. du Cons. d'hyg. du Tarn de 1861 à 1866. — DE FREYCINET. Assain. indus., page 129. — Étude sur l'hyg. des ouvriers peaussiers du départ. de l'Hérault, par MM. PÉCHOLIER et SAINT-PIERRE. — Mémoire de M. PAYEN à l'Académie des sciences, 1858. — Recherches sur le tannage, par KNAPP. Société d'encouragement. — Matériel des industries du cuir, par J.-P. DAMOURETTE, ancien élève de l'École polytechnique.

TEINTURIERS.

Troisième classe.

INCONVÉNIENTS

Odeur et altération des eaux.
Écoulement d'eaux colorées, souvent acides.

Buées abondantes.

Danger d'incendie par les étuves.

PRESCRIPTIONS

Ventiler énergiquement les ateliers, fermer les ouvertures sur la voie publique et sur les voisins.

Rendre imperméable le sol des ateliers et des cours, dallé, bitumé ou cimenté.

Écouler souterrainement à l'égout les eaux préalablement neutralisées, ou à un cours d'eau ne servant pas aux usages domestiques et à l'alimentation des bestiaux, sinon les recevoir dans une série de bassins de décantation, les traiter par la chaux et le sulfate de fer et ne les écouler qu'après décantation et filtrage. Dans ce dernier cas, les résidus boueux seront répandus dans les champs [1].

Munir les chaudières de couvercles, les surmonter de larges hottes entraînant les buées au dehors par une cheminée d'appel.

Élever la cheminée à 3 mètres au-dessus des souches de cheminées voisines, dans un rayon de 100 mètres.

Construire les étuves en matériaux incombustibles, avec portes en fer, et les chauffer de préférence à la vapeur.

S'il y a des soufroirs, les construire aussi en matériaux incombustibles, n'y laisser pénétrer les ouvriers qu'après les avoir bien ventilés et élever la cheminée de ventilation à la même hauteur que la cheminée de l'usine.

Consultez : TRÉBUCHET. Rapp. du Cons. d'hyg. de la Seine de 1843. — Id. de 1846 à 1848, pages 21 et 83. — Id. de 1849 à 1858, page 476.

---

1. Voyez *Appendice*, Arrêté du préfet du Nord concernant les teintureries, du 10 août 1864.

— Lasnier. Id. de 1862 à 1866, page 302. — Dr Dumas. Rapp. du Cons. d'hyg. de l'Hérault de 1857 à 1859, page 190. — Dr Caussé. Rapp. du Cons. d'hyg. du Tarn de 1861 à 1866. — Dr Pilat. Rapp. du Cons. d'hyg. du Nord de 1868, page 415; de 1869, page 143; de 1870, page 117. — De Freycinet. Assain. indust., pages 374 et 391. — Barreswil et Girard. Dict. de chim., tome III, pages 476 et suiv. — Girardin. Chim. appliq aux arts, tome IV.

TEINTURERIES DE PEAUX.
Troisième classe.

Mêmes inconvénients et mêmes prescriptions que pour les *Teinturiers*. (Voyez ci-dessus ; voyez aussi *Maroquineries*.)

La quantité d'eaux à écouler est peu considérable.

Entourer de grillages métalliques les tuyaux de chaleur, afin d'éviter le contact des peaux avec ces tuyaux, et construire les étuves en matériaux incombustibles.

TERRES ÉMAILLÉES (Fabbrication de).

1° Avec fours non fumivores.
Deuxième classe.

2° Avec fours fumivores.
Troisième classe.

Mêmes inconvénients et mêmes prescriptions que pour *Fours à faïence*.

TERRES PYRITEUSES et alumineuses (Grillage des).
Première classe.

Mêmes inconvénients et mêmes prescriptions que pour le *Grillage des minerais sulfureux*.

TEILLAGE DU LIN, DU CHANVRE ET DU JUTE EN GRAND.

Deuxième classe.

INCONVÉNIENTS

Poussière et bruit.
Poussières nuisibles à la santé des ouvriers.
Bruit des machines.
Danger d'incendie.

PRESCRIPTIONS

Ventiler énergiquement les ateliers au moyen d'une large hotte pyramidale, ayant 1ᵐ,50 de section à la base et s'élevant à 3 mètres au-dessus des toits dans un rayon de 50 mètres ; munir les fenêtres de châssis dormants et pratiquer à la partie inférieure des murs des carneaux de 0ᵐ,30 de hauteur sur 0ᵐ,20 de largeur.

Chauffer les ateliers à la vapeur.

Placer en dehors les appareils d'éclairage et les séparer de l'intérieur par un châssis dormant.

Garantir les ouvriers imprudents par une cloison à claire-voie placée sur l'extrémité libre de la machine à teiller.

Recouvrir d'une caisse ou boîte parfaitement adaptée et s'enlevant facilement les engrenages de la broyeuse, afin d'éviter les accidents produits par ce genre de moteurs.

Éloigner les machines des murs mitoyens et prendre les dispositions nécessaires pour ne pas incommoder les voisins par le bruit.

Nettoyer et graisser fréquemment les coussinets servant de supports à l'arbre de rotation.

Consultez : Dr PILAT. Rapp. du Cons. d'hyg. du Nord de 1868, page 227. — DE FREYCINET. Assain. indust., pages 163 et suiv. — ALCAN. Essai sur l'industrie des matières textiles.

TÉRÉBENTHINE (DISTILLATION ET TRAVAIL EN GRAND DE LA). (Voyez *Huiles de pétrole et résines.*)

Mêmes prescriptions.

TISSUS D'OR ET D'ARGENT (BRULERIES EN GRAND DES). (Voyez *Galons.*)

TOILES CIRÉES. (Voyez *Taffetas et toiles vernies.*)

TOILES (BLANCHISSEMENT DES). (Voyez *Blanchissement.*)

TOILES GRASSES POUR EMBALLAGE, TISSUS, CORDES GOU-DRONNÉES, PAPIERS GOUDRONNÉS, CARTONS ET TUYAUX BITUMÉS (FABRIQUES DE).

1° Travail à chaud.
Deuxième classe.

2° Travail à froid.
Troisième classe.

INCONVÉNIENTS

Odeur.
Danger d'incendie, dégagement de produits volatils inflammables et à odeur empyreumatique.

PRESCRIPTIONS

Les mêmes que pour la fabrication du feutre goudronné; si l'on travaille à froid, il y a moins d'odeur.

TOILES PEINTES (Fabriques de). Impressions sur étoffes.

Troisième classe.

INCONVÉNIENTS

Odeur.

Buées abondantes, écoulement des eaux de fabrication.

Danger d'incendie.

PRESCRIPTIONS

Ventiler les ateliers, rendre leur sol imperméable.

Surmonter de hottes les chaudières où l'on prépare les apprêts et les couleurs.

Ne jamais écouler à la voie publique des eaux chargées de couleurs vénéneuses.

Construire le séchoir en matériaux incombustibles, ou le chauffer à la vapeur.

Recouvrir d'un grillage les tuyaux de chaleur chauffés par l'air chaud.

Si la quantité d'eaux colorées à écouler est considérable, les recevoir dans des bassins de décantation et les traiter par la chaux ou la tannée avant de les écouler aux égouts ou aux cours d'eau. (Voyez *Teinturiers*.)

Faire le lavage des planches à l'essence de térébenthine dans un local isolé, bien ventilé et éclairé par la
lumière du jour.

Élever la cheminée à hauteur des cheminées voisines, dans un rayon de 100 mètres.

Consultez : Trébuchet. Rapp. du Cons. d'hyg. de la Seine de 1849
à 1858, page 477. — Lasnier. Id. de 1862 à 1866, page 302.

TOILES VERNIES (Fabriques de). (Voyez *Taffetas et toiles cirés*.)

TOLES et métaux vernis.

Troisième classe.

INCONVÉNIENTS

Odeur et danger d'incendie.

PRESCRIPTIONS

Ventiler l'atelier dans lequel se fait l'application du
vernis.

Revêtir de plâtre tous les bois apparents.

Fermer les ouvertures sur la voie publique et sur
les propriétés voisines.

Construire l'étuve en matériaux incombustibles,
avec portes en fer et cheminée d'évaporation élevée à
3 mètres au-dessus des souches de cheminées voisines,
dans un rayon de 50 mètres.

Placer en dehors de l'atelier les ouvertures des
foyers et des cendriers, ou tout au moins latéralement
et du côté opposé à la porte de l'étuve.

Ne pas fabriquer le vernis et le renfermer dans des bidons en métal.

Avoir en provision une quantité de sable proportionnée à l'importance de l'établissement.

Si l'on décape les métaux, faire cette opération sous une hotte munie d'un châssis vitré et écouler à l'égout les eaux acides préalablement neutralisées.

Consultez : TRÉBUCHET. Rapp. du Cons. d'hyg. de la Seine de 1849 à 1858, page 393.

TONNELLERIE EN GRAND, OPÉRANT SUR DES FÛTS IMPRÉGNÉS DE MATIÈRES GRASSES ET COMBUSTIBLES.

Deuxième classe.

INCONVÉNIENTS

Bruit, odeur et fumée.

PRESCRIPTIONS

N'autoriser ces ateliers qu'à une certaine distance des établissements publics, écoles, églises, hôpitaux, etc.

Ventiler énergiquement les ateliers en les surmontant de hautes cheminées d'aération élevées à 3 mètres au-dessus des souches de cheminées voisines, fermer les ouvertures sur la voie publique et sur les voisins.

Surmonter les foyers de larges hottes et n'y brûler aucun débris de tonneaux.

Ne faire dans l'établissement aucune fonte de graisses.

TORCHES RÉSINEUSES (Fabrication de)[1].

Deuxième classe.

INCONVÉNIENTS

Odeur et danger du feu.
Odeur de résine, fumée abondante.
Danger d'incendie.

PRESCRIPTIONS

Isoler l'atelier dans lequel se fait la fusion de la résine, le bien ventiler et l'éloigner des autres ateliers et magasins, le construire en matériaux incombustibles, ou tout au moins revêtir de plâtre ou de mortier les bois apparents.

Placer en dehors de l'atelier l'ouverture des foyers.

Munir les chaudières de couvercles à charnières, et les surmonter de larges hottes.

Élever la cheminée à 3 mètres au-dessus des souches des cheminées voisines, dans un rayon de 100 mètres.

Éloigner des foyers les ateliers et magasins servant de dépôts aux matières premières et aux produits fabriqués.

Avoir en cas d'incendie une provision de sable proportionnée à l'importance de l'établissement.

Consultez : Lasnier. Rapp. du Cons. d'hyg. et de salub. du départ. de la Seine de 1862 à 1866, page 206. — Rapp. du Cons. d'hyg. de la Seine non publiés.

---

1. Par assimilation, bûches résineuses, allume-feux.

TOURBE (Carbonisation de la).

1º A vases ouverts.
Première classe.

2º A vases clos.
Deuxième classe.

INCONVÉNIENTS

Odeur, *fumée*, dégagement d'ammoniaque, d'acide sulfureux, etc.

PRESCRIPTIONS

Dans le premier cas, n'autoriser qu'à une grande distance des habitations.

Élever la cheminée à 30 ou 40 mètres, suivant les localités.

Brûler les gaz et les vapeurs en les ramenant sous les foyers.

Consultez : Trébuchet. Rapp. du Cons. d'hyg. de la Seine de 1849 à 1858, page 532.

TOURTEAUX D'OLIVES (Traitement des) par le
SULFURE DE CARBONE.

Première classe.

(Voyez *Manufactures dans lesquelles on emploie en grand le sulfure de carbone.*)

TRÉFILERIES.

Troisième classe.

INCONVÉNIENTS

Fumée, *bruit* des machines, des bancs à tirer, laminoirs, etc.

Fumée des fours à recuire.

Écoulement des eaux de décapage.

PRESCRIPTIONS

Éloigner les machines, les bancs à tirer, etc., des habitations voisines, et prendre les dispositions nécessaires pour ne pas incommoder le voisinage par le bruit.

Éloigner d'au moins 50 centimètres des murs mitoyens les fours à recuire et les surmonter de hottes.

Élever la cheminée à 20 ou 30 mètres, suivant les localités.

Bien ventiler l'atelier de décapage et ne déverser les eaux à l'égout qu'après les avoir naturalisées par la chaux.

Ne travailler qu'aux heures tolérées par les ordonnances locales.

Si l'on fait la fonte du cuivre, du zinc, le trempage de l'acier, le laminage... (Voyez *Fonte et laminage* et *Acier.*

Consultez : TRÉBUCHET. Rapp. du Cons. d'hyg. de la Seine de 1849 à 1858, page 509. — LASNIER. Id. de 1862 à 1866, page 277. — HENRIOT. Cons. d'hyg. de la Meuse de 1860-1864, page 25. — Ordonnance du 4 prairial an IX (24 mai 1801), concernant l'usage et l'emploi des laminoirs, presses, etc.

TRIPERIES ANNEXES DES ABATTOIRS.

Première classe.

(Voyez *Abattoirs et Échaudoirs*.)
Mêmes inconvénients, mêmes prescriptions.

TUERIES D'ANIMAUX. (ABATTOIRS PARTICULIERS, BRULOIRS A PORCS.)

Deuxième classe.

INCONVÉNIENTS

Danger des animaux, odeur.
Cris des animaux, possibilité de leur évasion.
Écoulement d'eaux sanguinolentes.
Odeur fade et nauséabonde.
Fumée, danger d'incendie par les brûloirs à porcs.

PRESCRIPTIONS

N'autoriser les abattoirs particuliers et les brûloirs
à porcs qu'à une assez grande distance des établissements publics, mairies, écoles, églises, hôpitaux, etc.
Daller ou cimenter le sol des échaudoirs et brûloirs
à porcs, le disposer en cuvette, revêtir les murs de
dalles ou d'enduits en ciment, rendre imperméable le
sol des cours et écouler les eaux souterrainement à
l'égout ou exceptionnellement les recueillir dans une
citerne étanche munie d'une cuvette à siphon que l'on
videra comme une fosse d'aisances ; ne jamais les écou-

ler aux ruisseaux de la rue ou dans les cours d'eau servant à l'alimentation.

Avoir l'eau en abondance pour faire de fréquents lavages du sol et des murs.

Fermer les portes des brûloirs et des échaudoirs au moment de l'abattage, et les établir à une certaine distance de la voie publique, pour cacher la vue des opérations.

Enlever tous les jours les matières stercorales, les débris intestinaux, les peaux, etc.

Construire le brûloir en matériaux incombustibles, avec porte en fer, ou tout au moins revêtir de plâtre les bois apparents.

Élever la cheminée à hauteur des cheminées voisines, dans un rayon de 50 mètres.

Interdire la fonte des graisses et la fabrication des engrais.

Ne pas élever de porcs dans l'établissement.

La cour de l'abattoir ne pourra être commune à d'autres locataires ; elle sera toujours séparée et fermée par une clôture suffisante.

Consultez : TRÉBUCHET. Rapp. du Cons. d'hyg. de la Seine de 1849 à 1858, page 319. — Id. de 1859 à 1861, page 170. — LASNIER. Id. de 1862 à 1866, page 174. — Dr PILAT. Rapp. du Cons. d'hyg. du Nord de 1860, page 209. — AVENEL. Rapp. du Cons. d'hyg. de la Seine-Inférieure de 1863, pages 25 et suiv. — Dr GINTRAC. Rapp. du Cons. d'hyg. de la Gironde de 1867, page 100. — MARTIN-BARBET. Id. de 1872, pages 67 et suiv. — Id. de 1874, pages 91 et suiv. etc. — Lettres patentes sur le commerce de la charcuterie, du 26 août 1783. — Ordonnance concernant le commerce de la charcuterie, du 4 floréal an XII (24 avril 1804). — Id. du 19 décembre 1835.

TUILERIES AVEC FOURS NON FUMIVORES.

Troisième classe.

(Voyez *Briqueteries.* Mêmes inconvénients, mêmes prescriptions.)

URATE (Fabriques d'). (Voyez *Engrais préparés*.)

VACHERIES dans les villes de plus de 5 000 habitants.

Troisième classe.

INCONVÉNIENTS

Odeur et écoulement des urines.

Odeur des fumiers, des étables, odeurs ammonia-cales.

PRESCRIPTIONS

Donner au moins 3 mètres d'élévation aux étables, du sol au plancher haut.

Rendre le sol imperméable, le disposer en pente pour l'écoulement des urines à l'égout (exceptionnellement au ruisseau de la rue ou dans des citernes étanches se vidant à la manière des fosses d'aisances).

Hourder plein et plafonner le plancher haut des étables ; s'il y a habitation au-dessus, construire ce plancher en fer.

Ventiler les étables par des cheminées d'aération montant au-dessus du toit et ayant au moins 40 centimètres de côté.

Crépir et blanchir les murs à la chaux.

Avoir l'eau en abondance pour le lavage des étables, des cours et des ruisseaux.

Limiter le nombre de vaches et réserver pour chaque vache une largeur d'au moins 1^m,50.

Exiger au minimum, comme largeur de l'étable, 4 mètres pour les vacheries à un seul rang, 7 mètres pour les vacheries à deux rangs, si les mangeoires sont adossées aux murs, et 8 mètres si les mangeoires sont au milieu.

Enlever les fumiers au moins trois fois par semaine en été, et deux fois en hiver.

Construire un contre-mur au mur mitoyen si les trous à fumier sont contigus à des habitations [1].

Séparer les dépôts de fourrages des étables par un mur en maçonnerie s'ils sont placés à côté; s'ils sont placés au-dessus, revêtir le plancher d'une aire en plâtre ou d'un carrelage.

Fermer hermétiquement les trous à drêches ou autres substances alimentaires fermentescibles, et les recouvrir d'une toiture munie d'une cheminée d'évent.

Consultez : Ordonnance concernant les établissements de vacheries dans Paris, du 27 février 1838. — TRÉBUCHET. Rapp. du Cons. d'hyg. de la Seine de 1849 à 1858, pages 325 et suiv. — LASNIER. Id. de 1862 à 1866, page 214. — Dr DUMAS. Rapp. du Cons. d'hyg. de l'Hérault de 1857 à 1859, page 193. — GÉHIN. Rapp. du Cons. d'hyg. de la Moselle de 1863 à 1866, page 340. — Dr PILAT. Rapp. du Cons. d'hyg. du Nord de 1867, page 200.

VARECH. (Voyez *Soude de varech.*)

VERNIS GRAS (FABRIQUES DE).

Première classe.

INCONVÉNIENTS

Odeur, danger d'incendie.

---

1. L'article 674 du code Napoléon dit : « Celui qui veut adosser à un mur mitoyen une étable, etc., est obligé à laisser la distance prescrite par les règlements et usages particuliers sur ces objets ou à faire les ouvrages prescrits par les mêmes règlements et usages pour éviter de nuire aux voisins. L'article 188 de la coutume de Paris, généralement suivie en France, prescrit, dans ce cas, la construction d'un contre-mur de 22 centimètres d'épaisseur jusqu'à la hauteur des mangeoires. »

Odeur désagréable, vive et pénétrante du vernis et des huiles.

PRESCRIPTIONS

Isoler l'atelier de fabrication du vernis et l'éloigner du magasin des matières premières et des produits fabriqués.

Construire cet atelier en matériaux incombustibles, avec porte en fer, l'éclairer par la lumière du jour, n'y jamais pénétrer avec une lumière et disposer le sol en cuvette.

Placer l'ouverture des foyers en dehors de l'atelier.

Munir les chaudières de couvercles, les surmonter de hottes mobiles en tôle pouvant s'abaisser jusque sur le fourneau.

Opérer de préférence en vases clos et condenser les gaz et les vapeurs en les dirigeant dans un foyer d'appel incandescent, et les brûler complétement après leur avoir fait traverser des toiles métalliques.

Élever la cheminée à 20 ou 30 mètres, suivant la localité.

Construire en matériaux incombustibles le magasin des huiles, des essences et des résines, disposer le sol en forme de cuvette et se conformer au décret du 19 mai 1873, suivant la quantité de matières inflammables emmagasinée.

Ne brûler dans les foyers aucun débris de tonneaux ayant contenu des huiles, des essences ou des résines.

Avoir toujours, en cas d'incendie, une quantité de sable proportionnée à l'importance de l'établissement.

Dans certains cas, n'autoriser la cuisson des vernis que la nuit.

Consultez : TRÉBUCHET. Rapp. du Cons. d'hyg. de la Seine de 1846 à 1848, pages 12 et 83. — Id. de 1849 à 1858, page 391. — LASNIER. Id.

de 1862 à 1866, pages 280 et suiv. — Dr Levieux. Rapp. du Cons. d'hyg. de la Gironde de 1857 à 1859, pages 63 et suiv. — Dr Pilat. Rapp. du Cons. d'hyg. du Nord de 1868, page 229. — Id. de 1870, page 119. — Id. de 1874, page 150.

VERNIS à l'esprit-de-vin (Fabriques de).

Deuxième classe.

INCONVÉNIENTS

Danger d'incendie, odeur du vernis.

PRESCRIPTIONS

Opérer la fabrication dans un atelier bien ventilé, revêtir de plâtre tous les bois apparents.

Munir les chaudières de couvercles, les surmonter d'une hotte mobile pouvant s'abaisser jusque sur le fourneau, garnir ce fourneau d'un rebord pour empêcher les liquides de se répandre.

Placer l'ouverture des foyers en dehors de l'atelier.

Élever la cheminée au-dessus des cheminées voisines, dans un rayon de 50 mètres.

Avoir toujours, en cas d'incendie, une certaine quantité de sable.

Construire en matériaux incombustibles, avec porte en fer, sol dallé et en cuvette, le magasin aux alcools et aux vernis fabriqués, l'éloigner de l'atelier de fabrication et l'éclairer par la lumière du jour.

Ne jamais pénétrer avec une lumière dans l'atelier de fabrication, ni dans le magasin servant de dépôt aux alcools.

Ne brûler dans les foyers aucun débris de tonneaux ayant contenu des résines ou des vernis.

Consultez : Trébuchet. Rapp. du Cons. d'hyg. de la Seine de 1849 à 1858, page 393. — Lasnier. Id. de 1862 à 1866, page 280. — Dr Gintrac. Rapp. du Cons. d'hyg. de la Gironde de 1859 à 1861, page 140. — Dr Pilat. Rapp. du Cons. d'hyg. du Nord de 1868, page 229.

VERNIS (Ateliers ou l'on applique le) sur les cuirs, feutres, taffetas, toiles, chapeaux, etc. (Voyez ces mots.)

VERNISSAGE SUR MÉTAUX. (Voyez *Tôles et métaux vernis.*)

VERRERIES, cristalleries et manufactures de glaces

1° Avec fours non fumivores.

Deuxième classe.

2° Avec fours fumivores.

Troisième classe.

INCONVÉNIENTS

Danger d'incendie.

Fumée abondante, nuisible à la végétation environnante.

PRESCRIPTIONS

Éloigner suffisamment les charpentes des fours et des cheminées, et prendre les dispositions nécessaires pour écarter tout danger d'incendie.

Disposer les fourneaux de telle sorte que leur lumière ne soit pas aperçue des chemins.

Construire au-dessus des fourneaux de vastes hottes

en tôle ou revêtues de plâtre, et les supporter par des colonnes en fonte.

Placer à 20 mètres de hauteur les ouvertures, pratiquées dans la toiture, par lesquelles s'échappe la fumée.

Conserver les matières vénéneuses employées, avec le plus grand soin. (Voyez *Appendice.*)

Si l'on fait usage de fours fumivores, élever la cheminée à 15 ou 20 mètres, suivant les localités.

Consultez : TRÉBUCHET. Rapp. du Cons. d'hyg. de la Seine de 1849 à 1858, page 511. — LASNIER. Id. de 1862 à 1866, page 278. — Dr PILAT. Rapp. du Cons. d'hyg. du Nord de 1860, page 191; de 1866, page 259; de 1869, page 167; de 1870. — Dr GINTRAC. Rapp. du Cons. d'hyg. de la Gironde de 1859 à 1861, pages 67 et suiv. — MARTIN-BARBET. Id. de 1872, page 84. — DE FREYCINET. Assain., page 311. — E. PÉLIGOT. Douze Leçons sur la verrerie. Annales du Conservatoire, tome II.

VIANDES (SALAISONS DES). (Voyez *Salaisons.*)

VISIÈRES ET FEUTRES VERNIS (FABRIQUES DE). (Voyez *Feutres et visières.*)

VOIRIES. (Voyez *Boues et immondices.*)

WAGONS ET MACHINES (CONSTRUCTION DE). (Voyez *Machines.*)

NOMENCLATURE

DES

ÉTABLISSEMENTS CLASSÉS

PAR LE DÉCRET DU 31 JANVIER 1872

AMORCES FULMINANTES POUR PISTOLETS D'ENFANTS (FABRICATION D').

Deuxième classe.

INCONVÉNIENTS

Danger d'explosion et d'incendie.

PRESCRIPTIONS

Emmagasiner les matières premières en dehors de l'atelier et des habitations.

Limiter la quantité à 20 kilogrammes pour le chlorate en paquets de 4 kilogrammes et pour le phosphore 4 kilogrammes par bouteille de 1 kilogramme; les bouteilles de phosphore seront déposées dans un récipient en fonte plein d'eau.

Construire l'atelier en matériaux légers, éloigné des habitations, clos et divisé en deux pièces.

Découper les feuilles chargées d'amorces dans un local spécial, rendre les feuilles légèrement humides avant le découpage et les placer de façon à ce qu'elles ne puissent pas prendre feu dans le cas d'explosion d'une amorce; ne découper qu'une feuille à la fois.

Placer les foyers à l'extérieur du séchoir et entourer les tuyaux de chaleur d'une toile métallique assez serrée et assez éloignée des tuyaux pour empêcher les feuilles de s'enflammer.

Séparer les tables de découpage les unes des autres par des rebords élevés d'au moins 15 centimètres.

Déposer les produits fabriqués dans un local isolé et les enlever tous les jours.

Ne pas déposer les produits dans la maison d'habitation et ne pas faire découper les feuilles par des enfants.

Consultez : Rapports du Cons. d'hyg. et de salub. de la Seine de 1873 et 1875, non publiés.

BOCARDS A MINERAIS OU A CRASSES.

Troisième classe.

INCONVÉNIENTS

Bruit très-incommode.

PRESCRIPTIONS

N'autoriser qu'à une assez grande distance des habitations.

Prendre les dispositions nécessaires pour ne pas incommoder le voisinage par le bruit.

Limiter le nombre des bocards employés et ne travailler qu'aux heures tolérées par les ordonnances locales.

CIMENT (Fours a).
(Décret du 31 janvier 1872.)

1° Permanents.
Deuxième classe.

2° Ne travaillant pas plus d'un mois.
Troisième classe.

Mêmes inconvénients, mêmes prescriptions que pour les *Fours à chaux*.

DÉCHETS des filatures de lin, de chanvre et de jute.
(Lavage et séchage en grand.)
(Décret du 31 janvier 1872.)
Deuxième classe.

INCONVÉNIENTS

Altération des eaux, odeur infecte des déchets en fermentation.

Danger d'incendie, inflammation spontanée des déchets gras.

Poussières incommodes pendant l'opération du blutage.

PRESCRIPTIONS

Construire le magasin servant de dépôt aux déchets en matériaux incombustibles, avec porte en fer, rendre le sol imperméable.

Ventiler ce magasin par de hautes cheminées d'aération, et l'atelier de travail par une cheminée d'appel, et pratiquer des carneaux de 20 centimètres sur 30 centimètres à la partie inférieure des murs; n'y jamais pénétrer avec une lumière, placer en dehors les appareils d'éclairage et les séparer de l'intérieur par un châssis dormant. Fermer les ouvertures sur la voie publique et sur les propriétés voisines.

Faire rendre les eaux de lavage dans un bassin de décantation, ne les déverser aux cours d'eau que lorsqu'elles sont éclaircies, et y ajouter à cet effet un lait de chaux.

Transporter les boues extraites sur des terres arables comme engrais.

Construire les étuves ou séchoirs en matériaux incombustibles, avec portes en fer.

Placer l'ouverture des foyers en dehors, et de préférence chauffer à la vapeur.

Consultez : Dr PILAT. Rapp. du Cons. d'hyg. du Nord de 1866, pages 117 et suiv. — Id. de 1867, page 105.

ÉTHERS (Dépôts d').

1o Si la quantité emmagasinée est même de mille litres ou plus.
Première classe.

2o Si la quantité, supérieure à cent litres, n'atteint pas mille litres.
Deuxième classe.

INCONVÉNIENTS

Danger d'explosion et d'incendie.

PRESCRIPTIONS

Les mêmes que celles imposées pour les substances de la première catégorie par le décret du 19 mai 1873. (Voyez *Appendice*.)

Consultez : Trébuchet. Rapp. du Cons. d'hyg. de la Seine de 1849 à 1858, page 380. — Lasnier. Id. de 1862 à 1866, page 252.

GRAISSES DE CUISINE (Traitement des).

Première classe.

Mêmes inconvénients, mêmes prescriptions que pour la *Fonte des graisses à feu nu et la fabrication de l'acide stéarique par distillation.*

GRAISSES ET SUIFS (Refonte des).

Troisième classe.

Mêmes inconvénients, mêmes prescriptions que pour la fabrication des *Chandelles.*

HUILES DE RESSENCE (Fabrication des).

Deuxième classe.

INCONVÉNIENTS

Altération des eaux, odeur des huiles et des tourteaux d'olives en fermentation, des buées et des vapeurs.

Écoulement d'eaux insalubres.

Bruit des moulins et des presses.

Danger d'incendie.

PRESCRIPTIONS

Ventiler les ateliers, rendre leur sol imperméable et

revêtir de plâtre tous les bois apparents, pour qu'ils ne s'imprègnent pas d'odeur.

Déposer les tourteaux d'olives dans un magasin bien ventilé par une haute cheminée d'aération, éloigné des autres ateliers et construit en matériaux incombustibles, les traiter aussitôt leur arrivée à la fabrique.

Surmonter de larges hottes les chaudières dans lesquelles on cuit la pâte liquide, et diriger les vapeurs et les buées dans une cheminée élevée de 5 mètres au-dessus des cheminées voisines.

Placer l'ouverture des foyers en dehors des ateliers.

Recevoir les eaux dans un bassin de décantation, les traiter par la chaux et les écouler aux égouts, jamais sur la voie publique ni dans des cours d'eau servant aux usages domestiques.

Enlever les résidus dans des tonneaux fermés et les répandre sur les champs comme engrais.

Éloigner les presses et les moulins des murs mitoyens et prendre les dispositions nécessaires pour ne pas incommoder les voisins par le bruit.

Ne pas brûler de tourteaux dans les foyers.

Consultez : Rapp. du Cons. d'hyg. des Bouches-du-Rhône, du Var. — KNAPP. Chim. techn., traduc. de DEBIZE et MÉRIJOT, tome 1er, pages 396 et suiv. — GIRARDIN. Chim. appliquée aux arts, tome III.

HUILES LOURDES CRÉOSOTÉES (INJECTION DES BOIS A L'AIDE DES). ATELIERS OPÉRANT EN GRAND ET D'UNE MANIÈRE PERMANENTE.

Deuxième classe.

INCONVÉNIENTS

Danger d'incendie et odeur des bois injectés et des huiles employées.

Dégagement de vapeurs inflammables, à odeur empy-reumatique.

PRESCRIPTIONS

Construire les ateliers et magasins en matériaux incombustibles, les éloigner les uns des autres et les ventiler par de hautes cheminées d'aération, les éclairer par la lumière du jour ou au moyen d'appareils d'éclairage placés en dehors et séparés de l'intérieur par un châssis dormant, et n'y jamais pénétrer avec une lumière.

Placer les foyers des générateurs à une grande distance des ateliers et des dépôts d'huiles et de matières combustibles.

Faire usage de pompes fixes et étanches pour le transvasement des huiles créosotées du déversoir au cylindre et réciproquement. A la fin de l'opération et avant l'ouverture des cylindres, diriger un jet de vapeur pour chasser les gaz et les vapeurs soit à la cheminée, soit sous les foyers.

Avoir une provision de sable en cas d'incendie.

Se conformer aux prescriptions imposées pour les chantiers de bois.

(Pour le dépôt des huiles lourdes, voyez *Décret du 19 mai* 1873, substances de deuxième catégorie.)

Consultez : Annales télégraphiques, tome II, pages 27 et 257, 1859. Conservation des bois, par GAUTHIER-VILLARS. — PAYEN. Chim. indust., tome II, pages 66 et suiv.

LAVOIRS A MINERAIS EN COMMUNICATION AVEC DES COURS D'EAU.

Troisième classe.

INCONVÉNIENTS

Altération des eaux dans lesquelles sont déversées les eaux de lavage.

PRESCRIPTIONS

Recevoir les eaux de lavage dans des bassins de décantation, les filtrer et ne les écouler aux ruisseaux et aux cours d'eau que parfaitement claires et limpides.

Consultez : HENRIOT. Rapp. du Cons. d'hyg. de la Meuse de 1864 à 1868, page 55.

OS SECS EN GRAND (DÉPÔTS D').
Troisième classe.

INCONVÉNIENTS

Odeur.

PRESCRIPTIONS

Ventiler les magasins par des cheminées d'appel d'au moins 40 centimètres de côté montant à hauteur des cheminées voisines, fermer les ouvertures sur la voie publique et sur les propriétés voisines.

Rendre le sol des magasins imperméable.

Revêtir de plâtre les bois apparents, pour qu'ils ne s'imprègnent pas d'odeur.

Faire de fréquents lavages du sol et des murs à l'eau chlorurée.

Ne recevoir que des os parfaitement secs et ayant subi l'opération du débouillage.

PEAUX (PLANAGE ET SÉCHAGE DES).
Deuxième classe.

INCONVÉNIENTS

Odeur des peaux fraîches en fermentation et pendant la mise au plain.

Altération des eaux, écoulement d'eaux chargées de matières animales en fermentation.

Danger d'incendie par le séchoir.

PRESCRIPTIONS

Traiter les peaux vertes aussitôt leur arrivée à l'établissement.

Rendre imperméable le sol des ateliers, les bien ventiler, paver les cours.

Construire les plains en matériaux imperméables, meulière, brique ou pierre, les enduire en ciment et les rendre parfaitement étanches.

Munir les ruisseaux de grilles pour retenir les débris de peaux, de bourres, et les déchets.

Recevoir les eaux de lavage et le jus des plains dans des bassins de décantation, et ne les écouler à l'égout ou à la rivière que lorsqu'elles ont déposé les matières solides, ou les enlever, ainsi que les résidus et les rognures de peaux, dans des tonneaux fermés.

Construire le séchoir en matériaux incombustibles, avec porte en fer et ouverture du foyer en dehors.

(Voyez *Tanneries et lavage de bourres*.)

SUPERPHOSPHATE DE CHAUX ET DE POTASSE
(FABRICATION DU).

Deuxième classe.

INCONVÉNIENTS

Émanations nuisibles, dégagement d'acide sulfureux, de vapeurs d'iode, d'acide iodhydrique, etc., très-incommodes et nuisibles aux ouvriers.

Bruit des machines à concasser, des blutoirs.

Fumée des fours à réverbère si l'on chauffe le phosphate avant de le concasser.

Poussières incommodes et nuisibles [1].

PRESCRIPTIONS

Ventiler les ateliers en les surmontant de lanternons à lames de persiennes, rendre leur sol imperméable et fermer les ouvertures sur la voie publique et sur les propriétés voisines.

Concasser et bluter le phosphate en vases clos, éloigner suffisamment des habitations mitoyennes les broyeurs et les blutoirs et prendre les dispositions nécessaires pour ne pas incommoder les voisins par le bruit et la poussière.

Faire le mélange en vases clos dans des cylindres en fonte et recevoir les produits dans des chambres en maçonnerie fermées par des portes doublées de plomb.

Aspirer les vapeurs acides, les faire passer dans une colonne à coke humecté et diriger à la cheminée, qui aura 20 ou 30 mètres de hauteur, les vapeurs non condensées.

Si l'on calcine dans des fours à réverbère, élever la cheminée de ces fours à une hauteur suffisante pour ne pas incommoder le voisinage par la fumée.

Consultez : HERBELIN. Rapp. du Cons. d'hyg. de la Loire-Inférieure de 1873, pages 10 et 28. — Rapp. du Cons. d'hyg. de la Seine de 1874, 1875 et 1876 non publiés. — Rapp. de M. CLOEZ à la Société d'encouragement, mai 1875.

---

1. La fabrication des superphosphates a été assainie dans ces derniers temps par MM. Michelet et Paul Thibault dans leur usine de la Villette. Toutes les opérations, le broyage, le mélange à l'acide sulfurique, etc., se font à vases clos. (Voyez le rapport de M. CLOEZ à la Société d'encouragement sur cette fabrique, n° de mai 1875.) — De nouvelles améliorations ont été apportées récemment par M. Coquerel à sa fabrique de Clichy.

NOMENCLATURE

DES

ÉTABLISSEMENTS CLASSÉS

POSTÉRIEUREMENT AU DÉCRET DU 31 JANVIER 1872.

PULPES DE BETTERAVES (Dépôts de)[1].

Troisième classe.

INCONVÉNIENTS

Odeur par la fermentation et la décomposition des pulpes.

PRESCRIPTIONS

Déposer les pulpes de betteraves soit dans des fosses construites en matériaux imperméables, soit dans des cases en briques enduites en ciment, les recouvrir

---

1. Par une circulaire en date du 14 avril 1873, adressée aux préfets, le ministre de l'agriculture et du commerce fait savoir que, d'après l'avis du Comité consultatif des arts et manufactures, il a décidé que les *dépôts de pulpes* de betteraves ayant un caractère commercial bien défini seront rangés désormais dans la troisième classe des établissements insalubres. Les dépôts dont le caractère est essentiellement agricole continueront à demeurer hors classe.

de paille et les abriter de la pluie et du soleil par des hangars bien ventilés. Prendre les mesures nécessaires pour empêcher la décomposition et la mauvaise odeur qui en résulterait.

SÉCHAGE DES LIES DE VIN [1].

Deuxième classe.

(Arrêté ministériel du 9 septembre 1873.)

INCONVÉNIENTS

Odeur désagréable, vapeurs âcres et piquantes.

PRESCRIPTIONS

Opérer dans des ateliers bien ventilés par de hautes cheminées d'aération, fermer les ouvertures sur la voie publique et sur les propriétés voisines.

Munir de couvercles et surmonter de larges hottes les chaudières à évaporation des vinasses, ramener les vapeurs sous les foyers et élever la cheminée à 20 ou 30 mètres, suivant la localité.

Si l'on sèche dans un four, construire ce four conformément aux lois et coutumes, et prendre les dispo-

---

1. Par décision en date du 9 septembre 1873, le ministre de l'agriculture et du commerce a classé le séchage des lies de vin dans la deuxième classe des établissements insalubres. Mais si le fabricant, après avoir séché les lies, les incinère et que cette opération se fasse avec dégagement de fumée au dehors, la première classe lui deviendra applicable par ce fait; il ne pourra rester à la deuxième classe qu'à la condition de brûler sa fumée.

Il demeure entendu que la dessiccation à domicile, individuelle, pratiquée par le vigneron sur ses propres produits, ne sera assujettie au classement qu'autant qu'elle aurait les proportions et le caractère d'une industrie incommode pour le voisinage.

sitions nécessaires pour ne pas incommoder les voisins par l'odeur et la fumée.

Consultez : Dr GINTRAC Rapp. du Cons. d'hyg. de la Gironde de 1861 à 1863, page 183. — MARTIN-BARBET. Id. de 1870 à 1871, page 155. — Id. de 1873, page 83. (Voyez *Cendres gravelées.*)

LUSTRAGE ET APPRÊTAGE DES PEAUX.

Troisième classe.

(Arrêté ministériel du 22 octobre 1873.)

INCONVÉNIENTS

Odeur et poussière pendant le battage des peaux.
Écoulement des eaux d'apprêtage.
Danger d'incendie par l'étuve.

PRESCRIPTIONS

Ne recevoir que des peaux sèches, fermer sur la voie publique et sur les propriétés voisines les ouvertures de l'atelier de battage des peaux, garnir les autres châssis de toiles métalliques, et ventiler par des cheminées d'aération d'au moins 40 centimètres de côté.

Opérer le battage dans des tambours fermés, pour empêcher la poussière de se répandre dans les ateliers.

Rendre imperméable le sol de l'atelier où l'on applique l'huile et la teinture sur les peaux.

Surmonter de hottes les chaudières à teinture et ne jamais déverser sur la voie publique les eaux d'apprêtage ; les écouler ou les porter à l'égout.

Construire l'étuve en matériaux incombustibles avec porte en fer, ou tout au moins sans bois apparents.

Garnir de grillages à mailles assez serrées les cendriers dans lesquels on brûle la sciure de bois d'acajou.

Ne brûler dans les foyers aucune rognure de peaux ni sciure de bois imprégnée d'huile ayant servi au dégraissage des peaux.

Élever la cheminée à hauteur des cheminées voisines, dans un rayon de 50 mètres.

Consultez : TRÉBUCHET. Rapp. du Cons. d'hyg. de la Seine de 1849 à 1858. — LASNIER. Id. de 1862 à 1866, page 210. — Rapports de 1873, 1874, 1875 non publiés.

COLLODION (FABRIQUES SPÉCIALES DE).

(Arrêté ministériel du 21 janvier 1874.)

Première classe.

INCONVÉNIENTS

Danger d'explosion et d'incendie, dégagement de vapeurs nitreuses.

PRESCRIPTIONS

N'opérer que sur de petites quantités (1 kilog. à la fois), dans un atelier bien ventilé, isolé, non surmonté d'étages et couvert d'une toiture légère.

Recouvrir les appareils d'une hotte et diriger les vapeurs nitreuses au dehors de l'atelier.

Conserver le coton-poudre dans l'alcool.

Conserver les matières premières et les produits fabriqués dans un magasin isolé, éclairé par la lumière du jour.

Ne jamais pénétrer dans les ateliers ou les magasins avec une lumière.

Consultez : TRÉBUCHET. Rapp. du Cons. d'hyg. de la Seine de 1846 à 1848, page 111; de 1849 à 1858, page 426; de 1859 à 1861, page 188. — LASNIER. Id. de 1862 à 1866, page 252.

DYNAMITE (Fabrication de la).

LOI

RELATIVE A LA POUDRE DYNAMITE

Du 8 mars 1875.

(Promulguée au *Journal officiel* du 8 avril 1875.)

L'ASSEMBLÉES NATIONALE A ADOPTÉ LA LOI dont la teneur suit :

ARTICLE PREMIER. — Par dérogation à la loi du 13 fructidor an V, la dynamite et les explosifs à base de nitro-glycérine pourront être fabriqués dans des établissements particuliers, moyennant le paiement d'un impôt.

La perception de cet impôt sera assurée au moyen de l'exercice par les employés des contributions indirectes.

Les frais de cet exercice seront supportés par le fabricant, et réglés annuellement par le ministre des finances.

ART. 2. — Le droit à percevoir ne pourra être supérieur à deux francs (2ᶠ) par kilogramme de dynamite, quelles que soient la nature et la proportion des absorbants employés dans la composition.

ART. 3. — Aucune fabrique de dynamite ou d'explosifs à base de nitro-glycérine ne pourra s'établir sans l'autorisation du Gouvernement. L'autorisation spécifiera l'emplacement de l'usine et les conditions de toute nature auxquelles devront être soumises sa construction et son exploitation.

Les fabriques de dynamite seront d'ailleurs assujetties aux lois et règlements qui régissent les établissements dangereux et insalubres de première classe.

Tout fabricant de dynamite devra déposer entre les mains de l'État, avant de commencer son exploitation, un cautionnement de cinquante mille francs (50 000ᶠ), qui sera productif d'intérêts à trois pour cent (3 p. 0/0) ou pourra être fourni en rentes sur l'État.

Si le même fabricant établit dans un autre lieu une nouvelle exploitation, il devra, pour chaque nouvel établissement, verser un nouveau cautionnement de cinquante mille francs (50 000ᶠ).

Art. 4. — Tous fabricants ou débitants de dynamite seront assimilés aux débitants de poudre. Les mêmes règlements leur seront applicables. Le Gouvernement pourra, en outre, soumettre la conservation, la vente et le transport de la dynamite à tels règlements nouveaux qui paraîtraient nécessités par les besoins de la sûreté générale.

Art. 5. — L'importation des poudres dynamites ne pourra être effectuée qu'avec l'autorisation du Gouvernement.

Elles supporteront, à leur introduction en France, un droit de deux francs cinquante centimes (2ᶠ,50) et seront soumises aux mêmes formalités que les dynamites fabriquées à l'intérieur.

Les poudres dynamites fabriquées en France et destinées à l'exportation seront déchargées de l'impôt fixé à l'article 2.

Art. 6. — Le Gouvernement autorisera, dans les cas où il le jugera convenable, la fabrication de la nitro-glycérine sur le lieu d'emploi.

Les industriels qui voudront profiter de cette autorisation devront indiquer, dans leur demande, la nature et l'importance des travaux qu'ils comptent effectuer au moyen de la nitro-glycérine.

Le règlement de la redevance à payer sera établi, à l'expiration de chaque trimestre, d'après les quantités de nitro-glycérine employées aux travaux réellement effectués et à raison de quatre francs (4ᶠ) par kilogramme de nitro-glycérine.

Art. 7. — Des autorisations pourront également être accordées, après avis du Conseil supérieur des arts et manufactures, pour la fabrication et l'emploi, aux travaux de mines, de composés chimiques explosibles nouveaux.

Les demandes d'autorisation devront être adressées au ministre de l'agriculture et du commerce.

L'impôt auquel ces composés seront soumis sera fixé par une loi.

ART. 8. — Tout contrevenant aux dispositions de la présente loi et aux règlements rendus pour son exécution sera passible d'un emprisonnement d'un mois à un an et d'une amende de cent francs à dix mille francs (100ᶠ à 10 000ᶠ), sous la réserve des effets de l'article 463 du Code pénal en ce qui touche la peine de l'emprisonnement.

Tout individu qui se sera soustrait, par une fausse déclaration, aux règlements fixant les conditions du transport et de l'emmagasinage de ces produits, sera passible des mêmes peines.

ART. 9. — Dans le cas où, pour des motifs de sécurité publique, le Gouvernement jugerait nécessaire d'interdire d'une manière définitive ou temporaire la fabrication, dans une ou plusieurs usines, ou de supprimer des dépôts ou des débits de dynamite, ces interdictions et suppressions pourront être prononcées sur un avis rendu par le Conseil d'État, après avoir entendu les parties, sans que les fabricants, dépositaires ou débitants aient le droit de demander aucune indemnité pour les dommages directs ou indirects que ces mesures pourront leur causer.

Délibéré en séances publiques, à Versailles, les 8 novembre 1873, 5 février et 8 mars 1875.

Le Président,
Signé : AUDREN DE KERDREL.

Les Secrétaires,
Signé : FÉLIX VOISIN, T. DUCHATEL, ÉTIENNE LAMY,
E. DE CAZENOVE DE PRADINE.

DÉCRET

PORTANT RÈGLEMENT D'ADMINISTRATION PUBLIQUE POUR L'EXÉ-
CUTION DE LA LOI DU 8 MARS 1875, RELATIVE A LA POUDRE
DYNAMITE.

Du 24 août 1875.

(Promulgué au *Journal officiel* du 25 août 1875.)

LE PRÉSIDENT DE LA RÉPUBLIQUE FRANÇAISE,

Sur les rapports des ministres de l'agriculture et du commerce, des finances, de l'intérieur, des travaux publics et de
la guerre;

Vu le décret du 15 octobre 1810;

Vu les ordonnances des 14 janvier 1815, 25 juin 1823 et
30 octobre 1836;

Vu le décret du 25 mars 1852;

Vu la loi du 24 mai 1834;

Vu la loi du 8 mars 1875 et spécialement l'article 8;

Le Conseil d'État entendu;

DÉCRÈTE :

ARTICLE PREMIER. — La demande en autorisation d'établir,
en vertu de l'article premier de la loi du 8 mars 1875, une
fabrique de dynamite ou de tout autre explosif à base de nitro-
glycérine, est adressée au préfet du département.

Elle est adressée au préfet de police pour le ressort de sa
préfecture.

ART. 2. — La demande est accompagnée d'un plan des
lieux à l'échelle d'un cinq-millième, indiquant :

1° La position exacte de l'emplacement où la fabrique doit
être établie, par rapport aux habitations, routes et chemins,
dans un rayon de 2 kilomètres;

2° La position des bâtiments et ateliers les uns par rapport
aux autres;

3° Le détail des distributions intérieures de chaque local ;

4° Les levées en terre, murs, plantations et autres moyens de défense destinés à protéger les ouvriers contre les accidents provenant des explosions des matières.

Le pétitionnaire doit faire connaître dans sa demande :

La nature des matières et le maximum des quantités qui seront entreposées ou simultanément manipulées dans la fabrique ;

Le nombre maximum d'ouvriers qui peuvent y être employés ;

La nature, le nombre et la contenance des appareils servant à la fabrication ;

Le régime de la fabrique en ce qui concerne les jours et heures de travail.

ART. 3. — Après la clôture de l'instruction, qui est faite conformément aux lois et règlements sur les établissements dangereux, insalubres et incommodes de première classe, le préfet transmet le dossier, avec son avis motivé, au ministre de l'agriculture et du commerce.

ART. 4. — Le ministre de l'agriculture et du commerce prend l'avis des ministres de l'intérieur, des finances et de la guerre.

Le dossier est soumis ensuite au Comité des arts et manufactures, qui donne son avis.

Enfin, il est statué par décret du Président de la République, sur le rapport de tous les ministres qui sont intervenus dans l'instruction.

Le décret d'autorisation fixe les mesures spéciales à observer et les conditions particulières à remplir.

Une ampliation de ce décret est adressée par le ministre de l'agriculture et du commerce aux ministres de l'intérieur, des finances et de la guerre.

ART. 5. — Une ampliation du même décret est délivrée par le préfet au permissionnaire, sur la production du récépissé constatant la réalisation de son cautionnement.

Dans le cas où, pour quelque cause que ce soit, le cautionnement réalisé vient à être réduit ou absorbé, les opérations de la fabrique doivent être immédiatement suspendues et ne peuvent être reprises que lorsque le cautionnement a été reconstitué.

ART. 6. — Lorsque la fabrique est construite et avant qu'elle puisse fonctionner, le préfet, sur l'avis qui lui est donné par le permissionnaire, fait procéder, par un ingénieur des mines ou des ponts et chaussées que désigne le ministre des travaux publics, à la vérification contradictoire de toutes les parties de la construction, à l'effet de constater si elles sont conformes aux conditions du décret d'autorisation.

Procès-verbal est dressé de l'opération.

Sur le vu de ce procès-verbal, le préfet autorise, s'il y a lieu, la mise en activité de la fabrication.

ART. 7. — Les produits de la fabrication sont, au fur et à mesure de leur achèvement, placés dans des magasins spéciaux entièrement séparés des ateliers.

ART. 8. — Le fabricant est tenu de justifier, à toute réquisition du préfet, de ses délégués et des agents de l'administration des contributions indirectes, de l'emploi donné aux produits de la fabrication ; à cet effet, il tient un registre coté et parafé par le maire, sur lequel sont inscrites jour par jour, de suite et sans aucun blanc, les quantités fabriquées et les quantités sorties, avec les noms, qualités et demeures des personnes auxquelles elles ont été livrées.

ART. 9. — Les employés des contributions indirectes procèdent périodiquement à des inventaires des restes en magasin.

Le fabricant est tenu de fournir la main-d'œuvre, ainsi que les balances, poids et ustensiles nécessaires aux vérifications.

Le règlement de l'impôt dû pour les quantités livrées à l'intérieur ou manquantes s'opère aux époques fixées par l'administration des contributions indirectes, et le montant du décompte est immédiatement exigible.

ART. 10. — Dans aucun cas, sauf l'exception stipulée à l'article 11, le transport de la dynamite ne peut s'opérer qu'en vertu d'acquits-à-caution délivrés par le service des contributions indirectes et contenant l'engagement de payer, par kilogramme de dynamite, une amende dont le taux est réglé par le ministre des finances, sans pouvoir excéder 2 francs, en cas de non-rapport de l'expédition dûment déchargée dans les délais réglementaires.

Outre la soumission, l'expéditeur doit fournir au buraliste, pour être mises à la souche de l'acquit, et suivant le cas, les pièces ci-après, savoir :

Lorsque les livraisons sont destinées à des marchands de dynamite dûment autorisés, une demande rédigée par le destinataire et revêtue du visa du directeur ou du sous-directeur des contributions indirectes de la circonscription ;

Lorsque les livraisons sont destinées à des consommateurs de l'intérieur, les demandes de ces consommateurs, revêtues du certificat de l'autorité locale ;

Lorsque la dynamite est destinée à l'exportation, une déclaration de l'exportateur indiquant notamment le pays de destination; cette déclaration est soumise au visa du commissaire de la marine du port d'embarquement, si l'exportation a lieu par mer, ou le préfet du département où réside l'exportateur, si l'exportation a lieu par terre.

ART. 11. — La circulation des quantités inférieures à 2 kilogrammes, qui sont prises dans les débits par les consommateurs, est régularisée au moyen de simples factures que le débitant délivre lui-même en les détachant d'un registre timbré fourni par la régie ; il est fait, dans ce cas, application des règlements en vigueur pour les livraisons de poudres de mine par les débitants au moyen de factures.

ART. 12. — Lorsque l'administration juge nécessaire d'organiser une surveillance permanente dans les fabriques, les fabricants sont tenus, sur sa demande, de fournir dans les dépendances de l'usine ou tout à proximité un local convenable pour le logement d'au moins deux employés.

Dans le même cas, les fabricants doivent fournir aux agents de la régie, à l'intérieur des usines, un local propre à servir de bureau.

Ce local, d'au moins 20 mètres carrés, doit être pourvu de tables, de chaises, d'un poêle ou d'une cheminée et d'une armoire fermant à clef.

En toute hypothèse, le fabricant doit, au commencement

de chaque année, souscrire l'engagement de rembourser tous les frais de surveillance.

Ces frais, qui représentent la dépense réellement effectuée par la régie, sont réglés à la fin de chaque année par le ministre des finances. Ils deviennent exigibles à l'expiration du mois, à dater de la notification qui est faite au fabricant de la décision du ministre.

ART. 13 — Il est interdit à tous fabricants ou marchands de mettre en vente des produits qui, par suite de la nature ou de la proportion des matières employées, seraient susceptibles de détoner spontanément.

Il est également interdit de mettre en vente des dynamites présentant extérieurement des traces quelconques d'altération ou de décomposition. Chaque cartouche de dynamite porte sur son enveloppe une marque de fabrique et l'indication de l'année et du mois de sa fabrication.

Les préfets peuvent désigner des ingénieurs ou autres hommes de l'art pour s'assurer de l'état des matières dans les fabriques, les dépôts et les débits, et pour faire procéder, s'il y a lieu, à leur destruction, aux frais des détenteurs, sans que les fabricants ou marchands puissent de ce chef réclamer aucune indemnité.

ART. 14. — La dynamite ne peut circuler ou être mise en vente que renfermée dans des cartouches recouvertes de papier ou de parchemin, non amorcées et dépourvues de tout moyen d'ignition. Ces cartouches doivent être emballées dans une première enveloppe bien étanche de carton, de bois, de zinc ou de caoutchouc, à parois non résistantes.

Les vides sont exactement remplis au moyen de sable fin ou de sciure de bois. Le tout est renfermé dans une caisse ou dans un baril en bois consolidé exclusivement au moyen de cerceaux et de chevilles en bois et pourvu de poignées non métalliques.

Chaque caisse ou baril ne peut renfermer un poids net de dynamite excédant 25 kilogrammes.

Les emballages porteront sur toutes leurs faces, en caractères très-lisibles, les mots : *Dynamite, matière explosive.*

Chaque cartouche sera revêtue d'une étiquette semblable.

ART. 15. — Indépendamment des mesures prescrites par le précédent article, le transport de la dynamite sur les chemins de fer ne peut avoir lieu que conformément aux règlements spéciaux arrêtés par le ministre des travaux publics.

Le transport de la dynamite sur les rivières, les canaux et les routes de terre s'opère conformément aux règlements en vigueur pour le transport des poudres et des matières dangereuses.

ART. 16. — Les dépôts et débits de dynamite sont distingués en trois catégories, suivant la quantité qu'ils sont destinés à recevoir, ainsi qu'il suit :

La première catégorie comprend ceux qui contiennent plus de 50 kilogrammes de dynamite ;

La seconde, ceux qui en contiennent de 5 à 50 kilogrammes ;

La troisième, ceux qui en contiennent moins de 5 kilogrammes.

La conservation de toute quantité de dynamite est assimilée à un dépôt.

Toute demande en autorisation de dépôt ou de débit de dynamite est soumise aux formalités d'instruction prescrites par les règlements pour les établissements dangereux, insalubres et incommodes de première, de deuxième ou de troisième classe, suivant la catégorie à laquelle le dépôt ou le débit doit appartenir.

Il est statué sur la demande dans les formes et suivant les conditions réglées par les articles 1 à 5 ci-dessus pour les fabriques de dynamite.

Toutefois, dans le plan des lieux qu'aux termes du premier paragraphe de l'article 2 ci-dessus il doit joindre à sa demande, le pétitionnaire pourra se borner à indiquer la position de l'emplacement où les dépôts et débits de dynamite doivent être établis par rapport aux habitations, routes et chemins, s'il s'agit de dépôts ou de débits compris dans la deuxième catégorie, et de 200 mètres, s'il s'agit de dépôts ou de débits rentrant dans la troisième catégorie.

Le décret d'autorisation fixera les mesures spéciales à observer et les conditions particulières à remplir pour l'installation et l'exploitation des dépôts ou débits.

Art. 17. — Les débitants de toute catégorie doivent, comme les fabricants, tenir un registre d'entrée et de sortie des matières existantes dans leurs magasins ou vendues ; ce registre doit contenir toutes les indications prescrites à l'article 8 ci-dessus.

Les débitants peuvent vendre des cartouches au détail, mais il leur est interdit de les ouvrir et de les fractionner.

Ils peuvent vendre également les amorces et autres moyens d'inflammation des cartouches, mais ils doivent les tenir renfermés dans des locaux entièrement séparés de ceux où les cartouches sont déposées.

Art. 18. — Les demandes en autorisation d'importer de la dynamite sont adressées au préfet du département dans lequel réside le destinataire, et au préfet de police, pour le ressort de sa préfecture.

Elles font connaître :

1° Les nom, prénoms et domicile de l'expéditeur ;

2° Le lieu de provenance de la dynamite ;

3° La quantité à importer ;

4° Le point ou les points de la frontière par lesquels l'importation aura lieu ;

5° Le lieu de destination et les nom, prénoms, domicile et profession du destinaire.

La demande est instruite et il est statué dans les mêmes termes et suivant les mêmes règles que pour les dépôts ou débits de dynamite.

Le décret qui autorise, s'il y a lieu, l'importation, désigne les points par lesquels elle doit s'opérer et les bureaux de douane chargés de la vérification.

La dynamite importée est soumise, dans tous les cas, aux mêmes conditions que la dynamite fabriquée à l'intérieur.

Les frais de toute nature que peuvent occasionner à l'État l'introduction en France et le transport de la dynamite, tels que les frais d'escorte, de vérification et tous autres relatifs au contrôle et à la surveillance, sont à la charge de l'expéditeur, du transporteur ou du destinataire pour le compte duquel ils auront été effectués. Ils seront réglés, dans chaque cas, par le ministre des finances.

ART. 19. — La dynamite importée ne peut circuler à l'intérieur que sous le plomb et en vertu d'un acquit-à-caution de la douane, après acquittement préalable des droits fixés par la loi ; elle ne peut être cédée ou vendue à des tiers par le destinataire que si celui-ci est régulièrement autorisé en qualité de débitant.

ART. 20. — Les fabricants, débitants et dépositaires de dynamite sont tenus de donner en tout temps le libre accès de leurs fabriques, débits et dépôts aux agents des contributions indirectes et à tous autres fonctionnaires ou agents désignés par le préfet.

ART. 21. — La fabrication de la nitro-glycérine, dans les cas prévus par l'article 6 de la loi du 8 mars 1875, ne peut avoir lieu qu'en vertu d'une autorisation délivrée dans les mêmes termes et après les mêmes formalités d'instruction que pour les fabriques de dynamite telles qu'elles sont réglées par le présent décret.

Le décret d'autorisation stipule le délai à l'expiration duquel la fabrication doit cesser ; il règle, en outre, les conditions à observer par le permissionnaire pour la constatation et la perception de l'impôt par les agents des contributions indirectes, ainsi que la nature du contrôle à exercer par les ingénieurs de l'État pour la reconnaissance des travaux effectués.

ART. 22. — Les ministres de l'agriculture et du commerce, des finances, des travaux publics, de la guerre et de l'intérieur sont chargés, chacun en ce qui le concerne, de l'exécution du présent décret, qui sera inséré au *Bulletin des lois*.

Fait à Paris, le 24 août 1875.

Signé : M^{al} DE MAC-MAHON.

Le Ministre des finances,
Signé : LÉON SAY.

DÉCRET

AUTORISANT MM. MANGINI A ÉTABLIR UNE FABRIQUE DE DYNA-
MITE SUR LE TERRITOIRE DE LA COMMUNE DE CORVEISSIAT
(AIN).

(29 février 1876.)

LE PRÉSIDENT DE LA RÉPUBLIQUE FRANÇAISE,

Sur le rapport des ministres de l'agriculture et du commerce, de l'intérieur, des finances et de la guerre ;

Vu la loi du 8 mars 1875 et le décret du 24 août suivant,
sur la poudre dynamite ;

Vu la demande déposée, le 23 mai 1875, à la préfecture
de l'Ain, par MM. Mangini, ladite demande tendant à obtenir
l'autorisation d'établir une fabrique de dynamite sur le territoire de la commune de Corveissiat (Ain) ;

Vu le plan des lieux annexé à ladite demande ;

Vu les pièces de l'enquête à laquelle cette demande a été
soumise ;

Vu l'avis de M. le préfet de l'Ain, en date du 23 décembre 1875 ;

Vu l'avis du Comité consultatif des arts et manufactures,
en date du 12 janvier 1876 ;

DÉCRÈTE :

ARTICLE PREMIER. — MM. Mangini sont autorisés à établir
une fabrique de dynamite sur le territoire de la commune de
Corveissiat (Ain), dans l'emplacement indiqué au plan général
des lieux joint à leur demande, lequel restera annexé au présent décret.

Cette autorisation est accordée sous les conditions suivantes :

1° L'atelier de fabrication se composera d'un hangar couvert d'une toiture très-légère ;

2° La quantité maximum de dynamite fabriquée chaque
jour ne devra pas dépasser 30 kilogrammes;

3° Il ne sera pas manipulé à la fois dans l'atelier de fabrication plus de 5 kilogrammes de matières premières, y compris la matière destinée à absorber la nitro-glycérine ;

4° Les permissionnaires devront indiquer, avant la mise en exploitation de l'usine, les matières absorbantes qu'ils se proposent d'employer ;

5° Les fabricants devront tenir un registre constatant, par entrée et par sortie, la réception, la préparation et l'emploi des substances produites sur place ou reçues du dehors pour servir à la fabrication de la dynamite. Ce registre, qui sera présenté à toute réquisition aux employés des contributions indirectes, devra constater, jour par jour, et par nature de substance : 1° l'importance des fabrications et des introductions ; 2° les quotités mises en œuvre ;

6° Toute introduction de glycérine devra être préalablement déclarée aux employés chargés de la surveillance de la fabrique ;

7° Les manipulations constituant la fabrication de la nitro-glycérine et de la dynamite ne pourront avoir lieu qu'à la lumière du jour, et, à la fin de chaque journée, il ne devra rester aucune quantité de nitro-glycérine qui ne soit mélangée à des matières absorbantes ;

8° Les expéditions de dynamite ne pourront être également effectuées que de jour, et les déclarations d'enlèvement devront spécifier la proportion normale de nitro-glycérine que le dynamite contient.

ART. 2. — Conformément à l'article 6 du décret du 24 août 1875, la fabrique ne pourra fonctionner qu'après qu'il aura été procédé à la visite contradictoire de toutes les parties de la construction par l'ingénieur des mines ou des ponts et chaussées que le ministre des travaux publics aura désigné, et que, sur le vu du procès-verbal de cette visite, le préfet aura autorisé, s'il y a lieu, la mise en activité de la fabrication.

Les permissionnaires devront se soumettre, soit pour la fabrication, soit pour la conservation, le transport et la vente, s'il y a lieu, de la dynamite, à toutes les mesures prescrites par la loi du 8 mars 1875 et par le règlement d'administration publique du 24 août 1875, soit au point de vue de la sûreté publique, soit au point de vue de la perception de l'impôt.

Les permissionnaires ou leur représentant sont tenus de prévenir immédiatement le maire de la commune et le préfet du département de tout accident qui arriverait dans l'usine.

Ils devront enfin se soumettre à toutes les autres mesures que le Gouvernement jugerait nécessaire de leur imposer ultérieurement dans l'intérêt de la sûreté publique.

ART. 3. — Les ministres de l'agriculture et du commerce. de l'intérieur, des finances et de la guerre sont chargés, chacun en ce qui le concerne, de l'exécution du présent décret.

Fait à Paris, le 29 février 1876.

Mal DE MAC-MAHON, duc de Magenta.

Par le Président de la République,

Le ministre de l'agriculture et du commerce,

C. DE MEAUX.

Consultez : Compte rendu de la Société des Ingénieurs civils de 1873, page 173. Dynamite par M. A. Caillaux; de 1875, page 390. Dynamite et nitro-glycérine, par M. A BRULL.

TROISIÈME PARTIE

APPENDICE

TROISIÈME PARTIE

—

APPENDICE

RAPPORT A L'EMPEREUR

SUR LA FABRICATION ET L'ÉTABLISSEMENT DES MACHINES ET
CHAUDIÈRES A VAPEUR.

Sire,

Dans le grand travail de révision auquel, d'après les ordres de Votre Majesté, ont dû être soumis les divers règlements qui régissent l'industrie, les machines à vapeur ne pouvaient être oubliées. La vapeur est aujourd'hui l'agent presque unique de l'industrie. A l'exception des usines établies sur les cours d'eau, il n'y en a en quelque sorte pas une seule qui n'ait la vapeur pour force motrice, et, en dehors des établissements industriels proprement dits, nous la retrouvons donnant le mouvement aux vaisseaux de guerre et de commerce, ainsi qu'aux locomotives des chemins de fer. Chaque jour augmente le nombre des machines à vapeur existant en France. En 1850, il y en avait 6 832; en 1863, le nombre s'en élevait à 22 516 représentant une force de

617 890 chevaux-vapeur, ou de 1 853 670 chevaux de trait, ou encore de 12 975 690 hommes de peine, c'est-à-dire supérieure à celle de tous les hommes en état de travailler qui existent dans le pays.

La vapeur est donc, ainsi qu'on l'a dit si justement, une puissance de premier ordre ; mais on doit reconnaître que c'est une puissance qui a ses dangers, et que l'on ne doit en faire usage qu'avec certaines précautions dont l'oubli peut occasionner les plus funestes conséquences.

L'on s'explique donc qu'à l'époque où la machine à vapeur était encore peu connue, et le nombre des hommes en état de la conduire peu considérable, l'on ait assujetti l'emploi de ces machines à des prescriptions nombreuses et sévères, de nature à prévenir les accidents : c'est ainsi que, dès l'année 1810, elle a été rangée parmi les établissements insalubres et incommodes ; c'est ainsi que plus tard, et sous l'impression d'accidents qui avaient coûté la vie à un grand nombre de personnes, ont été successivement rendues, en 1823, en 1828, 1829 et 1830, diverses ordonnances déterminant les mesures de sûreté auxquelles devait être subordonné l'emploi de la vapeur, et, en dernier lieu, l'ordonnance du 22 mai 1843, qui régit encore aujourd'hui la matière et qui a constitué un véritable progrès sur les règlements antérieurs.

Mais le temps a marché ; l'industrie de la construction des machines a fait les plus remarquables progrès ; la vapeur s'applique aujourd'hui dans une foule de circonstances où l'on ne supposait pas qu'elle dût jamais trouver sa place. Les appareils destinés à la recevoir se transforment de mille manières, en raison des usages variés auxquels ils sont destinés ; les matériaux eux-mêmes dont les appareils sont formés se fabriquent de nos jours dans des conditions de qualité et de prix auxquelles on n'avait pas encore atteint ; enfin les ouvriers propres à la conduite des machines sont plus expérimentés et plus nombreux : de là résulte que l'administration, pour suivre l'industrie dans ses progrès, a dû, usant de la faculté que le règlement lui-même lui conférait, accorder certaines dérogations aux conditions de sûreté que ce règlement prescrivait.

Mais ces concessions limitées et partielles étaient devenues insuffisantes, et chaque jour révélait l'utilité de modifications essentielles dans les règlements actuels; ces modifications ont été mises à l'étude; l'administration a ouvert sur
toute la surface de l'Empire une vaste enquête; les ingénieurs
chargés de la surveillance, les préfets, les constructeurs,
les industriels, ont été consultés. Les résultats de cette enquête ont été analysés et discutés avec le soin le plus scrupu-
leux par la Commission centrale des machines à vapeur instituée près de mon département. A la suite de délibérations
approfondies, cette commission a proposé un règlement nouveau, qui dégage l'industrie d'entraves devenues inutiles. Le
Conseil d'État a adopté ce nouveau règlement, et je viens à
mon tour, Sire, le soumettre avec confiance à la haute sanc-
tion de Votre Majesté, après y avoir introduit, sous son in-
spiration directe, quelques modifications de détail destinées
à le rendre encore plus simple et plus libéral.

Qu'il me soit permis d'indiquer en peu de mots à Votre
Majesté les points principaux sur lesquels le nouveau règlement diffère du règlement actuel.

Aujourd'hui, toutes les pièces, en quelque sorte, d'une machine à vapeur sont réglementées : non-seulement les chaudières et les tubes dans lesquels la vapeur se produit sont
soumis à des épreuves pour constater la résistance du métal
dont ils se composent, mais encore toutes les pièces qui sont
destinées seulement à contenir la vapeur produite, les cylindres en fonte des machines, les enveloppes même de ces
cylindres, doivent subir ces épreuves; pour le fer, l'acier ou
le cuivre, l'épreuve est du triple de la pression à laquelle la
vapeur doit fonctionner; pour la fonte, cette épreuve atteint
jusqu'au quintuple.

Ce n'est pas tout : le constructeur, quel que soit le métal
qu'il doive employer, que ce soit du fer de qualité ordinaire
ou de l'acier le plus solide, est assujetti à des conditions d'é-
paisseur dans lesquelles il doit obligatoirement se renfermer;
en un mot, il n'a pour ainsi dire aucune liberté dans le choix
des matériaux qu'il emploie, dans l'agencement des pièces
qui doivent composer la machine, et si, depuis longtemps

déjà, l'administration n'avait, ainsi que je l'ai déjà dit, tempéré la rigueur des règlements, l'industrie eût été paralysée dans son essor, au grand préjudice de l'intérêt général.

La machine est construite; elle a été vérifiée dans ses parties essentielles; sa chaudière, ses cylindres, ont été éprouvés et poinçonnés par les ingénieurs chargés de la surveillance; ces ingénieurs ont constaté qu'elle est munie de tous les appareils de sûreté prescrits par les règlements; il s'agit maintenant d'en faire emploi, et c'est alors que commence une nouvelle série de formalités.

Les machines à vapeur sont rangées, je l'ai dit, parmi les établissements insalubres et incommodes; elles ne peuvent dès lors être autorisées qu'après une enquête dans laquelle sont entendus les intéressés; à la suite de l'enquête, les ingénieurs se rendent sur les lieux, le plan à la main, pour constater si les conditions d'emplacement et de distance soit aux habitations voisines, soit à la voie publique, sont observées; sur leur rapport enfin, l'autorisation est accordée, s'il y a lieu, par un arrêté du préfet, qui détermine les mesures de détail auxquelles le permissionnaire est tenu de se conformer.

Ajoutons que les arrêtés pris par les préfets peuvent être attaqués par les tiers devant la juridiction contentieuse, et l'on verra de suite combien la législation actuelle, par les pertes de temps qu'elle impose à l'industrie, lui apporte de gêne et de préjudice.

Sans doute, si ce mécanisme compliqué était nécessaire pour garantir la sécurité publique, comme il pouvait l'être il y a peu d'années encore, il faudrait s'y résigner; mais aujourd'hui la machine à vapeur est tellement entrée dans les habitudes et dans les nécessités de l'industrie, qu'on peut, sans inconvénient pour l'intérêt général, supprimer plusieurs des obligations préventives qui ont été jusqu'ici imposées aux industriels.

C'est dans cet ordre d'idées qu'a été conçu le règlement nouveau : il maintient l'épreuve pour les chaudières, mais il la supprime pour les cylindres et autres pièces accessoires; de plus, il réduit l'épreuve au double de la pression effective de la vapeur dans la chaudière, tandis qu'elle est triple aujourd'hui de cette pression, et en outre, au delà d'une pression de six atmosphères, il admet que la charge d'épreuve ne dépasse dans aucun cas le double de cette pression.

Quant à l'exécution même de la chaudière, à la nature et à la qualité des matériaux employés, à l'épaisseur des parois, elles seront laissées désormais à la disposition du constructeur sous sa responsabilité.

En ce qui concerne les machines elles-mêmes, elles seront à l'avenir dispensées de l'autorisation préalable; en d'autres termes, elles seront déclassées comme établissements insalubres et incommodes; il suffira d'une simple déclaration faite au préfet du département : le règlement lui-même détermine les conditions diverses auxquelles le propriétaire est tenu de se conformer, et chacun, dès lors, pourvu qu'il exécute ces conditions, est en droit d'établir chez lui une machine à vapeur sans avoir besoin de réclamer un arrêté préfectoral qui ne pouvait, malgré toute la célérité possible, intervenir le plus souvent qu'après un délai de plusieurs mois.

Enfin les conditions mêmes imposées d'une manière générale aux propriétaires d'appareils à vapeur offrent de notables adoucissements sur la situation actuelle.

Dans le régime en vigueur, les chaudières sont divisées, au point de vue des dangers qu'elles peuvent présenter pour le voisinage, en plusieurs catégories, qu'on obtient en multipliant leur capacité totale par le chiffre de la pression de la vapeur dans leur intérieur. La première catégorie comprend les chaudières dans lesquelles le produit de la capacité par la tension excède 15; la seconde celles où le produit varie entre 7 et 15; la troisième celles où il varie de 3 à 7, et la quatrième, enfin, celles où il n'excède pas 3.

Les chaudières de première catégorie ne peuvent être établies dans aucune maison d'habitation ni dans aucun atelier, sauf par exception, pour un atelier, le cas où la chaleur des foyers de cet atelier pourrait être utilisée au chauffage des chaudières.

Toutes les fois qu'il y a moins de 10 mètres de distance entre une chaudière de première catégorie et les maisons d'habitation ou la voie publique, il faut construire un mur de défense d'au moins 1 mètre d'épaisseur, dont le préfet règle la longueur et la hauteur pour chaque cas particulier. Ce magistrat détermine en même temps, s'il y a lieu, la direction de l'axe de la chaudière.

Pour les chaudières de seconde catégorie, elles ne peuvent être placées dans un atelier que lorsque cet atelier ne fait pas partie d'une maison d'habitation ou d'une fabrique à plusieurs étages : si elles sont à moins de 5 mètres de distance, soit des maisons d'habitation, soit de la voie publique, il y a là encore l'obligation du mur de défense de 1 mètre d'épaisseur, sans préjudice des autres conditions à régler par le préfet comme pour les chaudières de première catégorie.

Les chaudières de la troisième catégorie ne peuvent être également placées dans un atelier que lorsque cet atelier ne fait pas partie d'une maison d'habitation, mais le mur de défense n'est pas exigé.

Enfin, pour les chaudières de la quatrième catégorie, elles ne sont assujetties à aucune restriction spéciale qui mérite d'être mentionnée.

Dans le nouveau règlement, l'interdiction d'établir une chaudière de première catégorie dans une maison d'habitation est maintenue, mais elle ne subsiste plus pour les ateliers qu'autant qu'ils sont surmontés d'étages, et on ne considérera pas comme un étage au-dessus de l'emplacement de la chaudière une construction légère dans laquelle ne se fera aucune élaboration exigeant la présence d'employés ou d'ouvriers à poste fixe.

Pour ces mêmes chaudières, le nouveau règlement décide d'une manière absolue qu'on ne pourra les établir à moins de 3 mètres de distance d'une maison d'habitation appartenant à des tiers; mais il ne stipule rien pour la voie publique, et de plus, au delà de 3 mètres, il ne prescrit la construction d'un mur de défense que dans certains cas où la sûreté du voisinage est plus spécialement intéressée.

Au delà de 10 mètres, l'établissement des chaudières de première catégorie n'est plus assujetti à aucune condition particulière.

Les chaudières de seconde catégorie pourront être désormais placées dans l'intérieur de tout atelier, et sans aucune condition de mur de défense, pourvu que l'atelier ne fasse pas partie d'une maison habitée par d'autres que le manufacturier, sa famille, ses employés, ouvriers ou serviteurs.

Les chaudières de troisième catégorie, enfin, peuvent être établies dans un atelier quelconque, même faisant partie d'une maison habitée par des tiers.

Il suffit sans doute, Sire, du simple énoncé qui précède pour montrer toute l'étendue de la liberté que le nouveau règlement laisse à l'industriel; il n'aura plus à subir ces longs délais qu'exige toujours, quoi qu'on fasse, une instruction administrative; il trouvera dans le règlement lui-même les conditions qu'il doit remplir, et l'exécution lui en sera laissée sous sa responsabilité et sous la réserve d'une simple déclaration à faire au préfet; il était impossible d'aller plus loin sans abandonner cet autre intérêt que le gouvernement ne doit jamais négliger, celui de la sécurité publique.

Quant aux détails du règlement en lui-même, j'ai peu de chose à en dire : il se divise en quatre titres.

Le premier traite des épreuves auxquelles les chaudières devront être soumises : il indique comment ces épreuves devront se faire et quelle en sera la charge.

Il définit en outre les divers appareils de sûreté dont les chaudières devront être munies (art. 5 à 9).

Ces appareils ne diffèrent pas, quant à leur nature, de ceux qui sont en usage aujourd'hui; mais, tandis que le règlement actuel en fixait les dimensions, les détails d'exécution et d'emploi de la manière la plus minutieuse, le règlement nouveau se borne à indiquer, au moins pour la plupart de ces appareils, les conditions générales auxquelles ils doivent satisfaire, et laisse l'industriel libre de les construire, disposer et employer comme il voudra, pourvu que le but auquel ils doivent satisfaire soit atteint.

Le titre II règle la forme et les conditions de la déclaration à faire par celui qui veut établir à demeure une chaudière à vapeur. Cette déclaration, faite au préfet (art. 10), doit contenir les indications nécessaires pour permettre à l'autorité et aux ingénieurs chargés de la surveillance de constater si les chaudières sont toujours dans les conditions réglementaires; ces indications ne se rapportent d'ailleurs qu'à des faits que le propriétaire ne peut pas ignorer, et par suite il lui sera toujours facile de les fournir.

Le titre II règle également les conditions que doit remplir toute chaudière à vapeur vis-à-vis du voisinage, et c'est là évidemment la partie la plus importante du nouveau règlement, puisque c'est elle qui doit faire, par des dispositions générales applicables à tous les cas, ce que faisait dans chaque cas particulier l'arrêté du préfet, en vue de sauvegarder la sécurité publique et les intérêts des propriétés voisines des machines à vapeur.

J'ai d'ailleurs, dans la première partie de ce rapport, indiqué les conditions spéciales applicables aux chaudières de chaque catégorie, et je n'ai plus besoin d'y revenir ici.

Qu'il me soit permis seulement de signaler à Votre Majesté la disposition (art. 18) d'après laquelle les conditions d'emplacement fixées par le règlement cessent d'être obligatoires lorsque les tiers intéressés renoncent à s'en prévaloir, et celle (art. 19) qui oblige à munir les chaudières de toute catégorie d'un appareil fumivore d'une efficacité suffisante. L'inconvénient de la fumée est celui qui est le plus incommode aux voisins, et depuis assez longtemps déjà l'administration est dans l'usage de prescrire, à tous ceux qui veulent établir des machines à vapeur, de brûler la fumée de leurs foyers; il existe aujourd'hui divers appareils qui réalisent, au moins d'une manière approximative et à peu de frais, ce grand avantage; il est juste d'en faire jouir le public d'une manière générale au moment où l'on accorde à l'industrie des facilités aussi larges que celles qui doivent résulter du nouveau règlement.

Il paraît équitable toutefois d'accorder un certain délai pour se mettre en règle, quant à l'emploi d'un appareil fumivore, aux propriétaires de chaudières à vapeur auxquels cette condition n'a pas été imposée par leur acte d'autorisation; un paragraphe spécial est ajouté à cet effet à l'article 19; le délai qu'il accorde aux usiniers est de six mois.

Le titre III énonce les dispositions auxquelles doivent sa-

tisfaire les machines locomobiles et les machines locomotives.
Les prescriptions qui concernent les locomobiles ne diffèrent
pas sensiblement de celles qui sont édictées par les règlements
actuels; et quant aux locomotives, on se réfère purement et
simplement aux règlements d'administration publique qui
règlent les conditions de la circulation de ces machines sur
les chemins de fer. Il est seulement ajouté à l'article relatif
aux locomotives un paragraphe qui prévoit le cas où elles
viendraient ultérieurement à circuler sur les routes de terre;
ce cas échéant, les conditions de cette circulation seraient
fixées par un règlement spécial.

Le titre IV enfin désigne les fonctionnaires et agents de
divers ordres qui seront chargés de la surveillance des chaudières à vapeur; il indique les mesures à observer en cas
d'accident, de telle façon que la justice puisse être ainsi à
même de constater à qui doit en remonter la responsabilité.

Telles sont, Sire, les dispositions principales de la nouvelle réglementation qui me paraît devoir être adoptée pour
les chaudières à vapeur; elles ouvrent pour l'industrie une
ère de liberté et de progrès, tout en satisfaisant dans la mesure du nécessaire à ce qu'exige la sûreté publique, et je prie
Votre Majesté de vouloir bien remarquer que ces dispositions
ne concernent que les chaudières autres que celles qui sont
placées sur des bateaux. Pour ces dernières, il pourra y avoir
lieu sans doute de modifier en quelques points les règlements
actuels; mais, à raison de la destination principale des bateaux à vapeur, qui est le transport des personnes, et de la
gravité des accidents dont, par là même, ils peuvent être le
théâtre, il est impossible de ne pas les astreindre à des mesures de précaution spéciales. Tout ce les qui concerne doit
donc faire l'objet d'un examen particulier dont j'aurai ultérieurement à placer les résultats sous les yeux de Votre Majesté.

Je suis, avec un profond respect, Sire,

De Votre Majesté, le très-humble et très-obéis-
sant serviteur et fidèle sujet,

*Le ministre de l'agriculture, du commerce
et des travaux publics,*

ARMAND BÉHIC.

DÉCRET IMPÉRIAL

RELATIF AUX CHAUDIÈRES A VAPEUR AUTRES QUE
CELLES QUI SONT PLACÉES A BORD DES BATEAUX

Du 25 janvier 1865.

NAPOLÉON, par la grâce de Dieu et la volonté nationale, empereur des Français, à tous présents et à venir, salut.

Sur le rapport de notre ministre secrétaire d'État au département de l'agriculture, du commerce et des travaux publics;

Vu l'ordonnance royale du 22 mai 1843, relative aux machines et chaudières à vapeur autres que celles qui sont placées sur des bateaux;

Vu les rapports de la Commission centrale des machines à vapeur établie près du ministère de l'agriculture, du commerce et des travaux publics;

Notre Conseil d'État entendu;

Avons décrété et décrétons ce qui suit:

ARTICLE PREMIER. — Sont soumises aux formalités et aux mesures prescrites par le présent décret les chaudières fermées destinées à produire la vapeur, autres que celles qui sont placées à bord des bateaux.

TITRE PREMIER.

DISPOSITIONS RELATIVES A LA FABRICATION, A LA VENTE ET A
L'USAGE DES CHAUDIÈRES FERMÉES DESTINÉES A PRODUIRE
LA VAPEUR.

ART. 2. — Aucune chaudière neuve ou ayant déjà servi ne peut être livrée par celui qui l'a construite, réparée ou vendue, qu'après avoir subi l'épreuve prescrite ci-après.

Cette épreuve est faite chez le constructeur ou chez le vendeur, sur sa demande, sous la direction des ingénieurs des mines ou, à leur défaut, des ingénieurs des ponts et chaussées, ou des agents sous leurs ordres.

Les épreuves des chaudières venant de l'étranger sont faites, avant la mise en service, au lieu désigné par le destinataire dans sa demande.

ART. 3. — L'épreuve consiste à soumettre la chaudière à une pression effective double de celle qui ne doit pas être dépassée dans le service, toutes les fois que celle-ci est comprise entre un demi-kilogramme et six kilogrammes par centimètre carré inclusivement.

La surcharge d'épreuve est constante et égale à un demi-kilogramme par centimètre carré pour les pressions inférieures et à 6 kilogrammes par centimètre carré pour les pressions supérieures aux limites ci-dessus.

L'épreuve est faite par pression hydraulique.

La pression est maintenue pendant le temps nécessaire à l'examen de toutes les parties de la chaudière.

ART. 4. — Après qu'une chaudière ou partie de chaudière a été éprouvée avec succès, il y est apposé un timbre indiquant en kilogrammes, par centimètre carré, la pression effective que la vapeur ne doit pas dépasser. Les timbres sont placés de manière à être toujours apparents après la mise en place de la chaudière. Ils sont poinçonnés par l'agent chargé d'assister à l'épreuve.

ART. 5. — Chaque chaudière est munie de deux soupapes de sûreté chargées de manière à laisser la vapeur s'écouler avant que sa pression effective atteigne, ou, tout au moins, dès qu'elle atteint la limite maximum indiquée par le timbre dont il est fait mention à l'article précédent.

Chacune des soupapes offre une section suffisante pour maintenir à elle seule, quelle que soit l'activité du feu, la vapeur dans la chaudière à un degré de pression qui n'excède dans aucun cas la limite ci-dessus.

Le constructeur est libre de répartir, s'il le préfère, la section totale d'écoulement nécessaire des deux soupapes réglementaires entre un plus grand nombre de soupapes.

ART. 6. — Toute chaudière est munie d'un manomètre en

bon état, placé en vue du chauffeur, disposé et gradué de
manière à indiquer la pression effective de la vapeur dans la
chaudière. Une ligne très-apparente marque sur l'échelle le
point que l'index ne doit pas dépasser.

Un seul manomètre peut servir pour plusieurs chaudières
ayant un réservoir de vapeur commun.

ART. 7. — Toute chaudière est munie d'un appareil d'alimentation d'une puissance suffisante et d'un effet certain.

ART. 8. — Le niveau que l'eau doit avoir habituellement
dans chaque chaudière doit dépasser d'un décimètre au moins
la partie la plus élevée des carneaux, tubes ou conduits de la
flamme et de la fumée dans le fourneau.

Ce niveau est indiqué par une ligne tracée d'une manière
très-apparente sur les parties extérieures de la chaudière et
sur le parement du fourneau.

La prescription énoncée au paragraphe 1er du présent
article ne s'applique point :

1° Aux surchauffeurs de vapeur distincts de la chaudière;

2° A des surfaces relativement peu étendues et placées de
manière à ne jamais rougir, même lorsque le feu est poussé
à son maximum d'activité, telles que la partie supérieure des
plaques tubulaires des boîtes à fumée dans les chaudières de
locomotives, ou encore telles que les tubes ou parties de cheminée qui traversent le réservoir de vapeur, en envoyant directement à la cheminée principale les produits de la combustion;

3° Aux générateurs dits à production de vapeur instantanée
et à tous autres qui contiennent une trop petite quantité d'eau
pour qu'une rupture puisse être dangereuse.

Le ministre de l'agriculture, du commerce et des travaux
publics peut, en outre, sur le rapport des ingénieurs et l'avis
du préfet, accorder dispense de ladite prescription dans tous
les cas où, à raison soit de la forme ou de la faible dimension
des générateurs, soit de la position spéciale des pièces contenant de la vapeur, il serait reconnu que la dispense ne peut
pas avoir d'inconvénients.

ART. 9. — Chaque chaudière est munie de deux appareils
indicateurs du niveau de l'eau, indépendants l'un de l'autre
et placés en vue du chauffeur.

L'un de ces deux indicateurs est un tube en verre disposé de manière à pouvoir être facilement nettoyé et remplacé au besoin.

TITRE II

DISPOSITIONS RELATIVES A L'ÉTABLISSEMENT DES CHAUDIÈRES A VAPEUR PLACÉES A DEMEURE.

ART. 10. — Les chaudières à vapeur destinées à être employées à demeure ne peuvent être établies qu'après une déclaration au préfet du département. Cette déclaration est enregistrée à sa date. Il en est donné acte.

ART. 11. — La déclaration fait connaître :

1° Le nom et le domicile du vendeur des chaudières ou leur origine ;

2° La commune et le lieu précis où elles sont établies ;

3° Leur forme, leur capacité et leur surface de chauffe ;

4° Le numéro du timbre exprimant en kilogrammes, par centimètre carré, la pression effective maximum sous laquelle elles doivent fonctionner ;

5° Enfin, le genre d'industrie et l'usage auxquels elles sont destinées.

ART. 12. — Les chaudières sont distinguées en trois catégories.

Cette classification est basée sur la capacité de la chaudière et sur la tension de la vapeur ; on exprime en mètres cubes la capacité de la chaudière avec ses tubes bouilleurs ou réchauffeurs, mais sans y comprendre les surchauffeurs de vapeur ; on multiplie ce nombre par le numéro du timbre augmenté d'une unité. Les chaudières sont de la première catégorie quand le produit est plus grand que quinze ; de la deuxième, si ce même produit surpasse cinq et n'excède pas quinze ; de la troisième, s'il n'excède pas cinq.

Si plusieurs chaudières doivent fonctionner ensemble dans un même emplacement et si elles ont entre elles une communication quelconque, directe ou indirecte, on prend pour former le produit comme il vient d'être dit la somme des capacités de ces chaudières.

Art. 13. — Les chaudières comprises dans la première catégorie doivent être établies en dehors de toute maison et de tout atelier surmonté d'étages.

N'est point considérée comme un étage au-dessus de l'emplacement d'une chaudière une construction légère dans laquelle les matières ne sont l'objet d'aucune élaboration nécessitant la présence d'employés ou ouvriers travaillant à poste fixe.

Dans ce cas, le local ainsi utilisé est séparé des ateliers contigus par un mur ne présentant que les passages nécessaires pour le service.

Art. 14. — Il est interdit de placer une chaudière de première catégorie à moins de 3 mètres de distance du mur d'une maison d'habitation appartenant à des tiers.

Si la distance de la chaudière à la maison est plus grande que 3 mètres et moindre que 10 mètres, la chaudière doit être généralement installée de façon que son axe longitudinal prolongé ne rencontre pas le mur de ladite maison, ou que, s'il le rencontre, l'angle compris entre cet axe et le plan du mur soit inférieur au dixième d'un angle droit.

Dans le cas où la chaudière n'est pas installée dans les conditions ci-dessus, la maison doit être garantie par un mur de défense.

Ce mur, en bonne et solide maçonnerie, a 1 mètre au moins d'épaisseur en couronne ; il est distinct du parement du fourneau de la chaudière et du mur de la maison voisine, et est séparé de chacun d'eux par un intervalle libre de 30 centimètres de largeur au moins.

Sa hauteur dépasse de 1 mètre la partie la plus élevée du corps de la chaudière, quand il est à une distance de celle-ci comprise entre 30 centimètres et 3 mètres. Si la distance est plus grande que 3 mètres, l'excédant de hauteur est augmenté en proportion de la distance, sans toutefois excéder 2 mètres.

Enfin la situation et la longueur du mur sont combinées de manière à couvrir la maison voisine dans toutes les parties qui se trouvent à la fois au-dessous de la crête dudit mur, d'après la hauteur fixée ci-dessus, et à une distance moindre que 10 mètres d'un point quelconque de la chaudière.

L'établissement d'une chaudière de première catégorie à la distance de 10 mètres ou plus des maisons d'habitation n'est assujetti à aucune condition particulière.

Les distances de 3 mètres et de 10 mètres fixées ci-dessus sont réduites respectivement à 1^m,50 et 5 mètres, lorsque la chaudière est enterrée de façon que la partie supérieure de ladite chaudière se trouve à 1 mètre au moins en contre-bas du sol du côté de la maison voisine.

ART. 15. — Les chaudières comprises dans la deuxième catégorie peuvent être placées dans l'intérieur de tout atelier, pourvu que l'atelier ne fasse pas partie d'une maison habitée par des personnes autres que le manufacturier, sa famille et ses employés, ouvriers et serviteurs.

ART. 16. — Les chaudières de troisième catégorie peuvent être établies dans un atelier quelconque, même lorsqu'il fait partie d'une maison habitée par des tiers.

ART. 17. — Les fourneaux des chaudières comprises dans la deuxième et la troisième catégorie sont entièrement séparés des maisons d'habitation appartenant à des tiers; l'espace vide est de 1 mètre pour les chaudières de la deuxième catégorie et de 50 centimètres pour les chaudières de la troisième.

ART. 18. — Les conditions d'emplacement établies par les articles 14 et 17 ci-dessus cessent d'être obligatoires lorsque les tiers intéressés renoncent à s'en prévaloir.

ART. 19. — Le foyer des chaudières de toute catégorie doit brûler sa fumée.

Un délai de 6 mois est accordé pour l'exécution de la disposition qui précède aux propriétaires de chaudières auxquels l'obligation de brûler leur fumée n'a point été imposée par l'acte d'autorisation.

ART. 20. — Si, postérieurement à l'établissement d'une chaudière, un terrain contigu vient à être affecté à la construction d'une maison d'habitation, le propriétaire de ladite maison a le droit d'exiger l'exécution des mesures prescrites par les articles 14 et 17 ci-dessus, comme si la maison eût été construite avant l'établissement de la chaudière.

Art. 21. — Indépendamment des mesures générales de sûreté prescrites au titre Ier de la déclaration prévue par les articles 10 et 11 du titre II, les chaudières à vapeur fonctionnant dans l'intérieur des mines sont soumises aux conditions spéciales fixées par les lois et règlements concernant l'exploitation des mines.

TITRE III

DISPOSITIONS RELATIVES AUX CHAUDIÈRES DES MACHINES LOCOMOBILES ET LOCOMOTIVES.

Art. 22. — Sont considérées comme locomobiles les machines à vapeur qui peuvent être transportées facilement d'un lieu dans un autre, n'exigent aucune construction pour fonctionner sur un point donné et ne sont effectivement employées que d'une manière temporaire à chaque station.

Art. 23. — Les chaudières des machines locomobiles sont soumises aux mêmes épreuves et munies des mêmes appareils de sûreté que les générateurs établis à demeure ; toutefois elles peuvent n'avoir qu'un seul tube indicateur du niveau de l'eau, en verre. Elles portent en outre une plaque sur laquelle sont gravés, en lettres très-apparentes, le nom du propriétaire, son domicile et un numéro d'ordre si le propriétaire en possède plusieurs.

Elles sont l'objet d'une déclaration adressée au préfet du département où est le domicile du propriétaire de la machine.

Art. 24. — Aucune locomobile ne peut être employée sur une propriété particulière à moins de 5 mètres de tout bâtiment d'habitation et de tout amas découvert de matières inflammables appartenant à des tiers, sans le consentement formel de ceux-ci.

Le fonctionnement des locomobiles sur la voie publique est régi par les règlements de police locaux.

Art. 25. — Les machines à vapeur locomotives sont celles qui, sur terre, travaillent en même temps qu'elles se déplacent par leur propre force.

Art. 26. — Les dispositions de l'article 23 sont applicables aux chaudières des machines locomotives.

Art. 27. — La circulation des locomotives sur les chemins de fer a lieu dans les conditions déterminées par des règlements d'administration publique.

Un règlement spécial fixera, s'il y a lieu, les conditions relatives à la circulation des locomotives sur les routes autres que les chemins de fer.

TITRE IV

DISPOSITIONS GÉNÉRALES.

Art. 28. — Les ingénieurs des mines, ou, à leur défaut, les ingénieurs des ponts et chaussées ainsi que les agents sous leurs ordres commissionnés à cet effet sont chargés, sous la direction des préfets et avec le concours des autorités locales, de la surveillance relative à l'exécution des mesures prescrites par le présent décret.

Art. 29. — Les contraventions au présent règlement sont constatées, poursuivies et réprimées, conformément à la loi du 21 juillet 1856, sans préjudice de la responsabilité civile que les contrevenants peuvent encourir, aux termes des articles 1382 et suivants du code Napoléon.

Art. 30. — En cas d'accident ayant occasionné la mort ou des blessures graves, le propriétaire ou le chef de l'établissement doit prévenir immédiatement l'autorité chargée de la police locale et l'ingénieur chargé de la surveillance.

L'autorité chargée de la police locale se transporte sur les lieux et dresse un procès-verbal, qui est transmis au préfet et au procureur impérial.

L'ingénieur chargé de la surveillance se rend également sur les lieux dans le plus bref délai, pour visiter les chaudières, en constater l'état et rechercher les causes de l'accident. Il adresse sur le tout un rapport au préfet et un procès-verbal au procureur impérial.

En cas d'explosion, les constructions ne doivent point être

réparées et les fragments de la chaudière rompue ne doivent point être déplacés ou dénaturés avant la clôture du procès-verbal de l'ingénieur.

Art. 31. — Les chaudières qui dépendent des services spéciaux de l'État sont surveillées par les fonctionnaires et agents de ces services. Leur établissement reste assujetti à la déclaration prévue par l'article 10 et à toutes les conditions d'emplacement et autres qui peuvent intéresser les tiers.

Art. 32. — Les conditions d'emplacement prescrites pour les chaudières à demeure par le présent décret ne sont point applicables aux chaudières pour l'établissement desquelles il aura été satisfait à l'ordonnance royale du 22 mai 1843.

Art. 33. — Les attributions conférées aux préfets des départements par le présent décret sont exercées par le préfet de police dans toute l'étendue de son ressort.

Art. 34. — L'ordonnance royale du 22 mai 1843, relative aux machines et chaudières à vapeur autres que celles qui sont placées sur des bateaux, est rapportée.

Art. 35. — Notre ministre secrétaire d'État au département de l'agriculture, du commerce et des travaux publics est chargé de l'exécution du présent décret, qui sera inséré au *Bulletin des lois.*

Fait au palais des Tuileries, le 25 janvier 1865.

Signé : NAPOLÉON.

Par l'empereur,

Le ministre secrétaire d'État au département
de l'agriculture, du commerce et des travaux publics.

Signé : Armand BÉHIC.

LOI

SUR LE TRAVAIL DES ENFANTS ET DES FILLES MINEURES
EMPLOYÉS DANS L'INDUSTRIE.

Du 19 mai 1874

(Promulguée le 3 juin 1874.)

————————

L'ASSEMBLÉE NATIONALE A ADOPTÉ LA LOI dont la teneur
suit :

SECTION PREMIÈRE

AGE D'ADMISSION. — DURÉE DU TRAVAIL.

ARTICLE PREMIER. — Les enfants et les filles mineures ne
peuvent être employés à un travail industriel, dans les
manufactures, fabriques, usines, mines, chantiers et ateliers,
que sous les conditions déterminées dans la présente loi.

ART. 2. — Les enfants ne pourront être employés par des
patrons, ni être admis dans les manufactures, usines, ateliers
ou chantiers avant l'âge de douze ans révolus.

Ils pourront être, toutefois, employés à l'âge de dix ans
révolus dans les industries spécialement déterminées par un
règlement d'administration publique, rendu sur l'avis conforme de la Commission supérieure ci-dessous instituée.

ART. 3. — Les enfants, jusqu'à l'âge de douze ans révolus, ne pourront être assujettis à une durée de travail de plus
de six heures par jour, divisée par un repos.

A partir de douze ans, ils ne pourront être employés plus
de douze heures par jour, divisées par des repos.

SECTION II

TRAVAIL DE NUIT, DES DIMANCHES ET JOURS FÉRIÉS.

Art. 4. — Les enfants ne pourront être employés à aucun travail de nuit jusqu'à l'âge de seize ans révolus.

La même interdiction est appliquée à l'emploi des filles mineures, de seize à vingt et un ans, mais seulement dans les usines et manufactures.

Tout travail entre neuf heures du soir et cinq heures du matin est considéré comme travail de nuit.

Toutefois, en cas de chômage, résultant d'une interruption accidentelle et de force majeure, l'interdiction ci-dessus pourra être temporairement levée et pour un délai déterminé par la Commission locale ou l'inspecteur ci-dessous institués, sans que l'on puisse employer au travail de nuit des enfants âgés de moins de douze ans.

Art. 5. — Les enfants âgés de moins de seize ans et les filles âgées de moins de vingt et un ans ne pourront être employés à aucun travail par leurs patrons, les dimanches et fêtes reconnues par la loi, même pour rangement de l'atelier.

Art. 6. — Néanmoins, dans les usines à feu continu, les enfants pourront être employés la nuit ou les dimanches et jours fériés aux travaux indispensables.

Les travaux tolérés et le laps de temps pendant lequel ils devront être exécutés, seront déterminés par des règlements d'administration publique.

Ces travaux ne seront, dans aucun cas, autorisés que pour des enfants âgés de douze ans au moins.

On devra, en outre, leur assurer le temps et la liberté nécessaires pour l'accomplissement des devoirs religieux.

SECTION III

TRAVAUX SOUTERRAINS.

ART. 7. — Aucun enfant ne peut être admis dans les travaux souterrains des mines, minières et carrières avant l'âge de douze ans révolus.

Les filles et femmes ne peuvent être admises dans ces travaux.

Les conditions spéciales du travail des enfants de douze à seize ans, dans les galeries souterraines, seront déterminées par des règlements d'administration publique.

SECTION IV

INSTRUCTION PRIMAIRE.

ART. 8. — Nul enfant, ayant moins de douze ans révolus, ne peut être employé par un patron qu'autant que ses parents ou tuteurs justifient qu'il fréquente actuellement une école publique ou privée.

Tout enfant admis avant douze ans dans un atelier devra, jusqu'à cet âge, suivre les classes d'une école, pendant le temps libre du travail.

Il devra recevoir l'instruction pendant deux heures au moins, si une école spéciale est attachée à l'établissement industriel.

La fréquentation de l'école sera constatée au moyen d'une feuille de présence, dressée par l'instituteur et remise chaque semaine au patron.

ART. 9. — Aucun enfant ne pourra, avant l'âge de quinze ans accomplis, être admis à travailler plus de six heures chaque jour, s'il ne justifie, par la production d'un certificat de l'instituteur ou de l'inspecteur primaire, visé par le maire, qu'il a acquis l'instruction primaire élémentaire.

Ce certificat sera délivré sur papier libre et gratuitement.

SECTION V

SURVEILLANCE DES ENFANTS. — POLICE DES ATELIERS.

ART. 10. — Les maires sont tenus de délivrer aux père, mère ou tuteur, un livret sur lequel sont portés les nom et prénoms de l'enfant, la date et le lieu de sa naissance, son domicile, le temps pendant lequel il a suivi l'école.

Les chefs d'industrie ou patrons inscriront sur le livret la date de l'entrée dans l'atelier ou établissement, et celle de la sortie. Ils devront également tenir un registre sur lequel seront mentionnées toutes les indications insérées au présent article.

ART. 11. — Les patrons ou chefs d'industrie seront tenus de faire afficher, dans chaque atelier, les dispositions de la présente loi et les règlements d'administration publique relatifs à son exécution.

ART. 12. — Des règlements d'administration publique détermineront les différents genres de travaux, présentant des causes de danger ou excédant leurs forces, qui seront interdits aux enfants dans les ateliers où ils seront admis.

ART. 13. — Les enfants ne pourront être employés dans les fabriques et ateliers indiqués au tableau officiel des établissements insalubres ou dangereux, que sous les conditions spéciales déterminées par un règlement d'administration publique.

Cette interdiction sera généralement appliquée à toutes les opérations où l'ouvrier est exposé à des manipulations ou à des émanations préjudiciables à sa santé.

En attendant la publication de ce règlement, il est interdit d'employer les enfants âgés de moins de seize ans :

1° Dans les ateliers où l'on manipule des matières explosibles et dans ceux où l'on fabrique des mélanges détonants, tels que poudre, fulminates, etc., ou tous autres éclatant par le choc ou par le contact d'un corps enflammé;

2° Dans les ateliers destinés à la préparation, à la distillation ou à la manipulation de substances corrosives, vénéneuses, et de celles qui dégagent des gaz délétères ou explosibles.

La même interdiction s'applique aux travaux dangereux ou malsains, tels que :

L'aiguisage ou le polissage à sec des objets en métal et des verres ou cristaux ;

Le battage ou grattage à sec des plombs carbonatés dans les fabriques de céruse ;

Le grattage à sec d'émaux à base d'oxyde de plomb dans les fabriques de verre dits *de mousseline;*

L'étamage au mercure des glaces;

La dorure au mercure.

ART. 14. — Les ateliers doivent être tenus dans un état constant de propreté et convenablement ventilés.

Ils doivent présenter toutes les conditions de sécurité et de salubrité nécessaires à la santé des enfants.

Dans les usines à moteurs mécaniques, les roues, les courroies, les engrenages ou tout autre appareil, dans le cas où il aura été constaté qu'ils présentent une cause de danger, seront séparés des ouvriers de telle manière que l'approche n'en soit possible que pour les besoins du service.

Les puits, trappes et ouvertures de descente doivent être clôturés.

ART. 15. — Les patrons ou chefs d'établissement doivent, en outre, veiller au maintien des bonnes mœurs et à l'observation de la décence publique dans leurs ateliers.

SECTION VI

INSPECTION.

ART. 16. — Pour assurer l'exécution de la présente loi, il sera nommé quinze inspecteurs divisionnaires. La nomination des inspecteurs sera faite par le Gouvernement, sur une liste de présentation dressée par la Commission supérieure ci-dessous instituée, et portant trois candidats pour chaque emploi disponible.

Ces inspecteurs seront rétribués par l'État.

Chaque inspecteur divisionnaire résidera et exercera sa surveillance dans l'une des quinze circonscriptions territoriales déterminées par un règlement d'administration publique.

ART. 17. — Seront admissibles aux fonctions d'inspecteur les candidats qui justifieront du titre d'ingénieur de l'État ou d'un diplôme d'ingénieur civil, ainsi que les élèves diplômés de l'École centrale des arts et manufactures et des écoles des mines.

Seront également admissibles ceux qui auront déjà rempli, pendant trois ans au moins, les fonctions d'inspecteur du travail des enfants ou qui justifieront avoir dirigé ou surveillé, pendant cinq années, des établissements industriels occupant cent ouvriers au moins.

ART. 18. — Les inspecteurs ont entrée dans tous les établissements manufacturiers, ateliers et chantiers. Ils visitent les enfants; ils peuvent se faire représenter le registre prescrit par l'article 10, les livrets, les feuilles de présence aux écoles, les règlements intérieurs.

Les contraventions seront constatées par les procès-verbaux des inspecteurs, qui feront foi jusqu'à preuve contraire.

Lorsqu'il s'agira de travaux souterrains, les contraventions seront constatées concurremment par les inspecteurs ou par les gardes-mines.

Les procès-verbaux seront dressés en double exemplaire dont l'un sera renvoyé au préfet du département et l'autre déposé au parquet.

Toutefois, lorsque les inspecteurs auront reconnu qu'il existe dans un établissement ou atelier une cause de danger ou d'insalubrité, ils prendront l'avis de la Commission locale ci-dessous instituée, sur l'état de danger ou d'insalubrité, et ils consigneront cet avis dans un procès-verbal.

Les dispositions ci-dessus ne dérogent point aux règles du droit commun, quant à la constatation et à la poursuite des infractions commises à la présente loi.

ART. 19. — Les inspecteurs devront, chaque année, adresser des rapports à la Commission supérieure ci-dessous instituée.

SECTION VII

COMMISSIONS LOCALES.

ART. 20. — Il sera institué, dans chaque département, des commissions locales, dont les fonctions seront gratuites, chargées : 1° de veiller à l'exécution de la présente loi; 2° de contrôler le service de l'inspection; 3° d'adresser au préfet du département, sur l'état du service et l'exécution de la loi, des rapports qui seront transmis au ministre et communiqués à la Commission supérieure.

A cet effet, les Commissions locales visiteront les établissements industriels, ateliers et chantiers; elles pourront se faire accompagner d'un médecin quand elles le jugeront convenable.

ART. 21. — Le Conseil général déterminera, dans chaque département, le nombre et la circonscription des Commissions locales; il devra en établir une au moins dans chaque arrondissement; il en établira, en outre, dans les principaux centres industriels ou manufacturiers, là où il le jugera nécessaire.

Le Conseil général pourra également nommer un inspecteur spécial rétribué par le département; cet inspecteur devra toutefois agir sous la direction de l'inspecteur divisionnaire.

ART. 22. — Les commissions locales seront composées de cinq membres au moins et de sept au plus, nommés par le préfet sur une liste de présentation arrêtée par le Conseil général.

On devra faire entrer, autant que possible, dans chaque Commission, un ingénieur de l'État ou un ingénieur civil, un inspecteur de l'instruction primaire et un ingénieur des mines dans les régions minières.

Les Commissions sont renouvelées tous les cinq ans : les membres sortant pourront être de nouveau appelés à en faire partie.

SECTION VIII

COMMISSION SUPÉRIEURE.

ART. 23. — Une commission supérieure, composée de neuf membres, dont les fonctions seront gratuites, est établie auprès du ministre du commerce; cette commission est nommée par le président de la République; elle est chargée :

1° De veiller à l'application uniforme et vigilante de la présente loi ;

2° De donner son avis sur les règlements à faire et généralement sur les diverses questions intéressant les travailleurs protégés ;

3° Enfin d'arrêter les listes de présentation des candidats pour la nomination des inspecteurs divisionnaires.

ART. 24. — Chaque année, le président de la Commission supérieure adressera au président de la République un rapport général sur les résultats de l'inspection et sur les faits relatifs à l'exécution de la présente loi.

Ce rapport devra être, dans le mois de son dépôt, publié au *Journal officiel.*

Le gouvernement rendra compte, chaque année, à l'Assemblée nationale, de l'exécution de la loi et de la publication des règlements d'administration publique destinés à la compléter.

SECTION IX

PÉNALITÉS.

ART. 25. — Les manufacturiers, directeurs ou gérants d'établissements industriels et les patrons qui auront contrevenu aux prescriptions de la présente loi et des règlements d'administration publique relatifs à son exécution, seront poursuivis devant le tribunal correctionnel et punis d'une amende de seize à cinquante francs.

L'amende sera appliquée autant de fois qu'il y a eu de personnes employées dans des conditions contraires à la loi, sans que son chiffre total puisse excéder cinq cents francs.

Toutefois la peine ne sera pas applicable si les manufacturiers, directeurs ou gérants d'établissements industriels et les patrons établissent que l'infraction à la loi a été le résultat d'une erreur provenant de la production d'actes de naissance, livrets ou certificats contenant de fausses énonciations ou délivrés pour une autre personne.

Les dispositions des articles 12 et 13 de la loi du 22 juin 1854, sur les livrets d'ouvriers, seront, dans ce cas, applicables aux auteurs des falsifications.

Les chefs d'industrie sont civilement responsables des condamnations prononcées contre leurs directeurs ou gérants.

Art. 26. — S'il y a récidive, les manufacturiers, directeurs ou gérants d'établissements industriels et les patrons seront condamnés à une amende de 50 à 200 francs.

La totalité des amendes réunies ne pourra toutefois excéder 1 000 francs.

Il y a récidive lorsque le contrevenant a été frappé, dans les douze mois qui ont précédé le fait qui est l'objet de la poursuite, d'un premier jugement pour infraction à la présente loi ou aux règlements d'administration publique relatifs à son exécution.

Art. 27. — L'affichage du jugement pourra, suivant les circonstances et en cas de récidive seulement, être ordonné par le tribunal de police correctionnelle.

Le tribunal pourra également ordonner, dans le même cas, l'insertion de sa sentence, aux frais du contrevenant, dans un ou plusieurs journaux du département.

Art. 28. — Seront punis d'une amende de 16 à 100 francs les propriétaires d'établissements industriels et les patrons qui auront mis obstacle à l'accomplissement des devoirs d'un inspecteur, des membres des commissions, ou des médecins, ingénieurs et experts délégués pour une visite ou une constatation.

Art. 29. — L'article 463 du Code pénal est applicable

aux condamnations prononcées en vertu de la présente loi.

Le montant des amendes résultant de ces condamnations sera versé au fonds de subvention affecté à l'enseignement primaire dans le budget de l'instruction publique.

SECTION X

DISPOSITIONS SPÉCIALES.

ART. 30. — Les articles 2, 3, 4 et 5 de la présente loi sont applicables aux enfants placés en apprentissage et employés à un travail industriel.

Les dispositions des articles 18 et 25 ci-dessus seront appliquées auxdits cas, en ce qu'elles modifient la juridiction et la quotité de l'amende indiquées au premier paragraphe de l'article 20 de la loi du 22 février 1851.

Ladite loi continuera à recevoir son exécution dans ses autres prescriptions.

ART. 31. — Par mesure transitoire, les dispositions édictées par la présente loi ne seront applicables qu'un an après sa promulgation.

Toutefois, à ladite époque, les enfants déjà admis légalement dans les ateliers continueront à y être employés aux conditions spécifiées dans l'article 3.

ART. 32. — A l'expiration du délai sus-indiqué, toutes dispositions contraires à la présente loi seront et demeureront abrogées.

Délibéré en séances publiques, à Versailles, les 25 novembre 1872, 10 février 1873 et 19 mai 1874.

Le Président,
Signé : L. BUFFET.

Les Secrétaires,
Signé : FÉLIX VOISIN, FRANCISQUE RIVE,
LOUIS DE SÉGUR, E. DE CAZENOVE
DE PRADINE.

LE PRÉSIDENT DE LA RÉPUBLIQUE PROMULGUE LA PRÉSENTE LOI.
Signé : Mal DE MAC-MAHON, duc de Magenta.

Le ministre de l'agriculture et du commerce,
Signé : L. GRIVART.

RÈGLEMENTS D'ADMINISTRATION PUBLIQUE

Le Président de la République française,

Sur le rapport du ministre de l'agriculture et du commerce ;

Vu l'article 2 de la loi du 19 mai 1874, ainsi conçu :

« Les enfants ne pourront être employés par des patrons ni être admis dans les manufactures, usines, ateliers ou chantiers avant l'âge de douze ans révolus.

« Ils pourront être toutefois employés à l'âge de dix ans révolus dans les industries spécialement déterminées par un règlement d'administration publique rendu sur l'avis conforme de la Commission supérieure ci-dessous instituée ; »

Vu l'avis du Comité consultatif des arts et manufactures ;

Vu l'avis de la Commission supérieure instituée par l'article 23 de la loi du 19 mai 1874 ;

Le Conseil d'État entendu ;

Décrète :

Article premier. — Les enfants de dix à douze ans peuvent, dans les conditions déterminées par la loi, être employés dans les industries dont la nomenclature suit :

1º Dévidage des cocons ;
2º Filature de bourre de soie ;
3º Filature du coton ;
4º Filature de la laine ;
5º Filature du lin ;
6º Filature de la soie ;
7º Impressions à la main sur tissus ;
8º Moulinage de la soie ;
9º Papeterie (Les enfants de dix à douze ans ne pourront être employés au triage des chiffons) ;
10º Retordage du coton ;
11º Tulles et dentelles (Fabrication mécanique des) ;
12º Verreries.

Art. 2. — Le ministre de l'agriculture et du commerce est chargé de l'exécution du présent décret.

Fait à Paris, le 27 mars 1875.

M^{al} DE MAC-MAHON, duc de Magenta.

Par le Président de la République,

Le ministre de l'agriculture et du commerce.

Signé : C. DE MEAUX.

LE PRÉSIDENT DE LA RÉPUBLIQUE FRANÇAISE.

Sur le rapport du ministre de l'agriculture et du commerce;

Vu les articles 4, 5 et 6 de la loi du 19 mai 1874, ainsi conçus :

« ART. 4. — Les enfants ne pourront être employés à aucun travail de nuit jusqu'à l'âge de seize ans révolus.

« La même interdiction est appliquée à l'emploi des filles mineures de seize à vingt et un ans, mais seulement dans les usines et manufactures.

« ART. 5. — Les enfants âgés de moins de seize ans et les filles âgées de moins de vingt et un ans ne pourront être employés à aucun travail, par leurs patrons, les dimanches et fêtes reconnues par la loi, même pour rangement de l'atelier.

« ART. 6. — Néanmoins, dans les usines à feu continu, les enfants pourront être employés la nuit ou les dimanches et jours fériés aux travaux indispensables.

« Les travaux tolérés et le laps de temps pendant lequel ils devront être exécutés seront déterminés par des règlements d'administration publique.

« Ces travaux ne seront, dans aucun cas, autorisés que pour des enfants âgés de douze ans au moins.

« On devra, en outre, leur assurer le temps et la liberté nécessaires pour l'accomplissement des devoirs religieux; »

Vu l'avis du Comité consultatif des arts et manufactures;

Vu l'avis de la Commission supérieure instituée par l'article 23 de la loi du 19 mai 1874;

Le Conseil d'État entendu:

DÉCRÈTE :

ARTICLE PREMIER. — Les enfants du sexe masculin de douze à seize ans peuvent être employés la nuit dans les usines à feu continu dont la nomenclature suit :

> Papeteries;
> Sucreries;
> Verreries;
> Usines métallurgiques.

Dans les papeteries, les enfants peuvent être employés à aider les surveillants des machines et appareils, ainsi qu'aux opérations qui ont pour objet de couper, trier, ranger, rouler et apprêter le papier.

Dans les sucreries, les enfants sont admis à coopérer aux travaux de râperie suivants : alimenter le lavoir, secouer les sacs de pulpe, porter les sacs vides, présenter les sacs et les claies. Ils peuvent être chargés de la manœuvre de robinets à jus et à eau et être appelés à aider les ouvriers d'état en cas de réparations urgentes.

Dans les verreries, les enfants ne sont employés qu'aux travaux suivants : aider l'ouvrier qui moule et qui souffle le verre, porter les objets dans les fours à cuire, présenter les outils.

Dans les usines métallurgiques, les enfants peuvent être employés comme aides aux opérations des fours à puddler et à réchauffer, à celles des fours d'affinerie et des fours de réduction, aux travaux du laminage et du martelage, à la fabrication du fer-machine et des objets en fonte moulée de première fusion.

ART. 2. — Lorsque les enfants sont employés toute la nuit, leur travail doit être coupé par des intervalles de repos représentant un temps total de repos au moins égal à deux heures.

La durée totale du travail, y compris le temps de repos, ne peut d'ailleurs dépasser douze heures par vingt-quatre heures.

Les enfants ne peuvent être employés plus de six nuits par quinzaine, sauf dans les verreries où l'on travaille à la fonte.

ART. 3. — Le travail est autorisé, aux conditions fixées par l'article 1er, le dimanche et les jours fériés, dans les sucreries et les verreries, sauf de six heures du matin à midi.

Dans les papeteries et usines métallurgiques, il est également autorisé, sauf de six heures du matin à six heures du
soir.

Art. 4. — L'ordre du travail du dimanche dans les usines
dénommées à l'article 3 sera toujours distribué de manière à
permettre l'application du paragraphe 4 de l'article 6 de la
loi susvisée, et concernant l'accomplissement des devoirs
religieux.

Art. 5. — Les chefs des industries dénommées au présent règlement doivent afficher dans leurs ateliers un tableau
de l'emploi du temps des enfants, faisant connaître les heures
de reprise et le système d'alternance des équipes, ainsi que
les suspensions de travail.

Ce tableau de l'emploi du temps doit être revêtu de la
signature de l'inspecteur institué par l'article 16 de la loi sus-
visée.

Art. 6. — Le ministre de l'agriculture et du commerce
est chargé de l'exécution du présent décret.

Fait à Versailles, le 22 mai 1875.

Mal DE MAC-MAHON, duc de Magenta.
Par le Président de la République,
Le ministre de l'agriculture et du commerce.
Signé : C. DE MEAUX.

LE PRÉSIDENT DE LA RÉPUBLIQUE FRANÇAISE,

Sur le rapport du ministre de l'agriculture et du commerce ;

Vu l'article 7 de la loi du 19 mai 1874, ainsi conçu :

« Aucun enfant ne peut être admis dans les travaux souterrains des mines, minières et carrières avant l'âge de douze
ans révolus.

« Les filles et femmes ne peuvent être admises dans ces
travaux.

« Les conditions spéciales du travail des enfants de douze
à seize ans, dans les galeries souterraines, seront déterminées
par des règlements d'administration publique ; »

Vu l'avis du Comité consultatif des arts et manufactures;

Vu l'avis de la Commission supérieure instituée par l'article 23 de la loi du 19 mai 1874;

Le Conseil d'État entendu;

DÉCRÈTE :

ARTICLE PREMIER. — La durée du travail effectif des enfants du sexe masculin de douze à seize ans dans les galeries souterraines des mines, minières et carrières, ne peut excéder huit heures sur vingt-quatre heures, coupées par un repos d'une heure au moins.

ART. 2. — Les enfants de douze à seize ans ne peuvent être occupés aux travaux proprement dits du mineur, tels que l'abatage, le forage, le boisage, etc.

Ils ne peuvent être employés qu'au triage et au chargement du minerai, à la manœuvre et au roulage des wagonnets, à la garde et à la manœuvre des portes d'aérage, à la manœuvre des ventilateurs à bras et autres travaux accessoires n'excédant pas leurs forces.

Les enfants employés à faire tourner les ventilateurs ne pourront y être occupés pendant plus de quatre heures, coupées par un repos d'une demi-heure au moins.

ART. 3. — *Disposition transitoire.* — Dans les mines où le service est actuellement réglé sur le pied de dix heures de travail effectif, les enfants pourront continuer d'être occupés pendant le même temps et dans les conditions fixées par l'article 2, mais seulement jusqu'au 1er janvier 1878. A partir de cette époque, les enfants ne pourront travailler que huit heures sur vingt-quatre, ainsi qu'il est dit à l'article premier.

ART. 4. — Le ministre de l'agriculture et du commerce est chargé de l'exécution du présent décret.

Fait à Versailles, le 12 mai 1875.

Mal DE MAC-MAHON, duc de Magenta,

Par le Président de la République,

Le ministre de l'agriculture et du commerce,

Signé : C. DE MEAUX.

Le Président de la République française,

Sur le rapport du ministre de l'agriculture et du commerce ;

Vu l'article 12 de la loi du 19 mai 1874, ainsi conçu :

« Des règlements d'administration publique détermineront les différents genres de travaux présentant des causes de danger ou excédant leurs forces, qui seront interdits aux enfants dans les ateliers où ils seront admis ; »

Vu l'avis du Comité consultatif des arts et manufactures ;

Vu l'avis de la Commission supérieure instituée par l'article 23 de la loi du 19 mai 1874 ;

Le Conseil d'État entendu ;

Décrète :

Article premier. — Il est interdit d'employer les enfants au-dessous de seize ans au graissage, au nettoyage, à la visite ou à la réparation des machines ou mécanismes en marche.

Il est interdit de les employer aux mêmes opérations lorsque, les mécanismes étant arrêtés, les transmissions marchent encore, à moins que le débrayage ou le volant n'aient été préalablement calés.

Art. 2. — Il est interdit d'employer des enfants au-dessous de seize ans dans les ateliers qui mettent en jeu des machines dont les parties dangereuses et pièces saillantes mobiles ne sont point couvertes de couvre-engrenages, ou garde-main, ou autres organes protecteurs.

Art. 3. — Les enfants de dix à douze ans, exceptionnellement autorisés par le règlement du 27 mars 1875 à participer aux travaux de certaines industries, ne pourront être employés ni à porter ni à traîner des fardeaux.

Les enfants, depuis l'âge de douze ans jusqu'à celui de quatorze ans révolus, ne pourront être chargés sur la tête ou sur le dos au delà du poids de 10 kilogrammes. Les enfants, depuis l'âge de quatorze ans jusqu'à celui de seize ans révolus, ne pourront, dans les mêmes conditions, recevoir une charge supérieure à 15 kilogrammes.

Il est interdit de faire traîner aux enfants de douze à seize ans des charges exigeant des efforts supérieurs à ceux qui correspondent aux poids indiqués au paragraphe précédent.

ART. 4. — Il est interdit d'employer les enfants au-dessous de seize ans à faire tourner des appareils en sautillant sur une pédale. Il est également interdit de les employer à faire tourner des roues horizontales.

ART. 5. — Les enfants au-dessous de seize ans ne pourront être employés à tourner des roues verticales ou utilisées comme producteurs de force motrice que pendant une durée d'une demi-journée de travail divisée par un repos d'une heure au moins.

ART. 6. — Dans les usines ou ateliers employant des scies circulaires ou des scies à ruban, les enfants au-dessous de seize ans ne pourront être employés à pousser la matière à scier contre la scie.

ART. 7. — Les enfants au-dessous de seize ans ne pourront être employés au travail des cisailles et autres lames tranchantes mécaniques.

ART. 8. — Les enfants depuis l'âge de dix ans jusqu'à celui de quatorze ans révolus ne pourront, dans les verreries, être employés à cueillir le verre dans les creusets.

ART. 9. — Il est interdit de préposer des enfants au-dessous de seize ans au service des robinets à vapeur.

ART. 10. — Le ministre de l'agriculture et du commerce est chargé de l'exécution du présent décret.

Fait à Versailles, le 13 mai 1875.

Mal DE MAC-MAHON, duc de Magenta,
Par le Président de la République,
Le ministre de l'agriculture et du commerce,
Signé : C. DE MEAUX.

LE PRÉSIDENT DE LA RÉPUBLIQUE FRANÇAISE,

Sur le rapport du ministre de l'agriculture et du commerce ;

Vu l'article 13 de la loi du 19 mai 1874, ainsi conçu :

« Les enfants ne pourront être employés dans les fabriques et ateliers indiqués au tableau officiel des établissements insalubres ou dangereux que sous les conditions spéciales déterminées par un règlement d'administration publique.

« Cette interdiction sera généralement appliquée à toutes les opérations où l'ouvrier est exposé à des manipulations ou à des émanations préjudiciables à sa santé ; »

Vu les décrets du 31 décembre 1866 et du 31 janvier 1872 portant nomenclature des établissements dangereux, incommodes ou insalubres ;

Vu l'avis du Comité consultatif des arts et manufactures ;

Vu l'avis de la Commission supérieure instituée par l'article 23 de la loi du 19 mai 1874 ;

Le Conseil d'État entendu ;

DÉCRÈTE :

ARTICLE PREMIER. — Le travail des enfants est interdit dans les établissements dénommés au tableau A annexé au présent décret. Il est interdit également dans les ateliers où se pratiquent l'aiguisage et le polissage à sec des objets en métal et des verres ou cristaux.

ART. 2. — Le travail des enfants est autorisé dans les établissements dénommés au tableau B, mais seulement sous les conditions spécifiées audit tableau.

ART. 3. — Dans les établissements compris dans la nomenclature générale des ateliers dangereux, incommodes ou insalubres qui ne figurent ni au tableau A ni au tableau B annexés au présent décret, le travail des enfants est autorisé sans autres conditions que celles prescrites par la loi sus-visée du 19 mai 1874 et par les autres lois et règlements sur la matière.

ART. 4. — Le ministre de l'agriculture et du commerce est chargé de l'exécution du présent décret.

Fait à Versailles, le 14 mai 1875.

Mal DE MAC-MAHON, duc de Magenta.
Par le Président de la République.
Le ministre de l'agriculture et du commerce.
Signé : C. DE MEAUX.

TABLEAU **A**.

ÉTABLISSEMENTS DANS LESQUELS L'EMPLOI DES ENFANTS EST INTERDIT,
ET RAISONS DE L'INTERDICTION.

Abattoir public.
> Dangers de blessures.

Absinthe. (Voir *Distilleries.*)

Acide arsénique (Fabrication de l') au moyen de l'acide arsénieux et de l'acide azotique.
> Dangers d'empoisonnement, vapeurs délétères.

Acide chlorhydrique (Production de l') par décomposition des chlorures de magnésium, d'aluminium et autres.
> Émanations corrosives, dangers d'accidents.

Acide muriatique. (Voir *Acide chlorhydrique.*)

Acide nitrique.
> Vapeurs délétères.

Acide oxalique (Fabrication de l').
> Vapeurs délétères.

Acide picrique.
> Vapeurs délétères.

Acide sulfurique (Fabrication de l').
> Vapeurs irritantes et dangers de brûlure.

Acide urique. (Voir *Murexide.*)

Affinage de l'or et de l'argent par les acides.
> Vapeurs corrosives.

Alcools autres que de vin, sans travail de rectification.
> Dangers d'incendie.

Alcools (Distillerie agricole des).
> Dangers d'incendie.

Alcool (Rectification de l').
> Dangers d'incendie.

Amorces fulminantes (Fabrication des), sans distinction de classe.
> Dangers d'explosion et d'incendie.

Argenture sur métaux. (Voir *Dorure et Argenture.*)

Arséniate de potasse (Fabrication de l') au moyen du salpêtre.
> Dangers d'empoisonnement, vapeurs délétères.

Artifice (Fabrication des pièces d').
> Dangers d'explosion et d'incendie.

Benzine (Fabrication et Dépôts de). (Voir *Huiles de pétrole, de schiste, etc.*)
> Dangers d'incendie.

Blanc de plomb. (Voir *Céruse.*)

Blanc de zinc (Fabrication de) par la combustion du métal.
> Poussières nuisibles.

Bleu de Prusse (Fabrication de). (Voir *Cyanure de potassium.*)

Bouillon de bière (Distillation de). (Voir *Distilleries.*)

Caoutchouc (Travail du) avec emploi d'huiles essentielles ou de sulfure
de carbone.
Vapeurs délétères.

Caoutchouc (Application des enduits du).
Vapeurs délétères.

Cendres d'orfèvre (Traitement des) par le plomb.
Vapeurs délétères.

Cendres gravelées.
Dangers d'empoisonnement.

Céruse ou blanc de plomb (Fabrication de la).
Dangers d'empoisonnement.

Chiens (Infirmeries de).
Dangers de morsures.

Chiffons (Dépôts de).
Poussières nuisibles.

Chlore (Fabrication du).
Vapeurs délétères.

Chlorure de chaux (Fabrication du).
Vapeurs délétères.

Chlorures alcalins, eau de Javelle (Fabrication des).
Vapeurs délétères.

Chromate de potasse (Fabrication du).
Maladies spéciales dues aux émanations.

Chrysalides (Ateliers pour l'extraction des parties soyeuses des.
Émanations malsaines.

Cuirs vernis (Fabrication de).
Dangers d'incendie.

Cuivre (Dérochage du) par les acides.
Vapeurs corrosives.

Cyanure de potassium et bleu de Prusse (Fabrication de).
Émanations malsaines.

Cyanure rouge de potassium ou prussiate rouge de potasse.
Dangers d'empoisonnement.

Dérochage du cuivre. (Voir *Cuivre.*)

Distilleries en général, eau-de-vie, genièvre, kirsch, absinthe et autres
liqueurs alcooliques.
Dangers d'incendie.

Dorure et argenture sur métaux.
Dangers d'empoisonnement dans le procédé au mercure : vapeurs délétères par les procédés aux acides.

Eau de Javelle (Fabrication d'). (Voir *Chlorures alcalins.*)

Eau-de-vie. (Voir *Distilleries.*)

Eau-forte. (Voir *Acide nitrique.*)

Émail (Application de l') sur les métaux.
Émanations vénéneuses.

Émaux (Fabrication d') avec fours non fumivores.
Poussières vénéneuses.

Équarrissage des animaux.
Dangers d'accidents.

Étamage des glaces.
> Vapeurs délétères.

Éther (Fabrication et Dépôts d'), sans distinction de classe.
> Dangers d'incendie.

Étoupilles (Fabrication d') avec matières explosibles.
> Dangers d'explosion et d'incendie.

Feutres et visières vernis (Fabrication de).
> Dangers d'incendie.

Fonte et laminage du plomb, du zinc et du cuivre.
> Émanations malsaines.

Fulminate de mercure (Fabrication du).
> Vapeurs délétères, dangers d'explosion.

Genièvre. (Voir *Distilleries.*)

Glaces (Étamage des). (Voir *Étamage.*)

Huiles de pétrole, de schiste et de goudron, essences et autres hydro-
> carbures employés pour l'éclairage, le chauffage, la fabrication
> des couleurs et vernis, le dégraissage des étoffes et autres usages.
> Dangers d'incendie.

·Huiles essentielles ou essences de térébenthine, d'aspic et autres. (Voir
> *Huiles de pétrole, de schiste,* etc.)
> Dangers d'incendie.

Huiles extraites des schistes bitumineux. (Voir *Huiles de pétrole, de*
> *schiste,* etc.)

Kirsch. (Voir *Distilleries.*)

Liquides pour l'éclairage (Dépôts de) au moyen de l'alcool et des huiles
> essentielles.
> Dangers d'incendie.

Liqueurs alcooliques. (Voir *Distilleries.*)

Litharge (Fabrication de).
> Dangers d'empoisonnement.

Massicot (Fabrication du).
> Dangers d'empoisonnement.

Minium (Fabrication du).
> Dangers d'empoisonnement.

Murexide (Fabrication de la) en vases clos par la réaction de l'acide
> azotique et de l'acide urique du guano.
> Vapeurs délétères.

Nitrate de fer (Fabrication du).
> Vapeurs délétères.

Nitro-benzine, aniline et matières dérivant de la benzine (Fabrication
> de la).
> Vapeurs délétères.

Olives (Tourteaux d'). (Voir *Tourteaux.*)

Peaux de lièvre et de lapin. (Voir *Secrétage.*)

Pétrole. (Voir *Huiles de pétrole.*)

Phosphore (Fabrication de).
    Vapeurs délétères.
Pileries mécaniques des drogues.
    Poussières nuisibles et parfois vénéneuses.
Plomb (Fonte et laminage du). (Voir *Fonte*, etc.)
    Danger d'intoxication.
Poils de lièvre et de lapin. (Voir *Secrétage*.)
Potasse. (Voir *Chromate de potasse*.)
Poudres et matières fulminantes (Fabrication de). (Voir aussi *Fulminate de mercure*.)
    Dangers d'explosion et d'incendie.
Prussiate de potasse. (Voir *Cyanure de potassium*.)

Rouge de Prusse et d'Angleterre.
    Émanations nuisibles.

Schiste bitumineux. (Voir *Huiles de pétrole, de schiste*, etc.)
Secrétage des peaux ou poils de lièvre et de lapin.
    Émanations délétères et poussières.
Sel de soude (Fabrication du) avec le sulfate de soude.
    Vapeurs corrosives.
Soude (Voir *Sulfate de soude*.)
Sulfate de mercure (Fabrication du).
    Vapeurs corrosives.
Sulfate de peroxyde de fer (Fabrication du) par le sulfate de protoxyde de fer et l'acide nitrique (nitro-sulfate de fer).
    Vapeurs délétères.
Sulfate de protoxyde de fer ou couperose verte par l'action de l'acide sulfurique sur la ferraille (Fabrication en grand du).
    Vapeurs irritantes, dangers de brûlure.
Sulfate de soude (Fabrication du).
    Dégagements corrosifs.
Sulfure de carbone (Fabrication du).
    Vapeurs délétères, dangers d'incendie.
Sulfure de carbone (Manufactures dans lesquelles on emploie en grand le).
    Vapeurs délétères, dangers d'incendie.
Sulfure de carbone (Dépôts de). (Suivant le régime des huiles de pétrole.)
    Vapeurs délétères, dangers d'incendie

Taffetas et toiles vernis (Fabrication de).
    Dangers d'incendie.
Toiles vernies (Fabrication de). (Voir *Taffetas et toiles vernis*.)
Térébenthine (Distillation et travail en grand de la). (Voir *Huiles de pétrole, de schiste*, etc.)
    Dangers d'incendie.
Tourteaux d'olives (Traitement des) par le sulfure de carbone.
    Vapeurs insalubres, dangers d'incendie.
Tueries d'animaux. (Voir aussi *Abattoir public*.)
    Dangers d'accidents.

Vernis à l'esprit-de-vin (Fabriques de).
> Dangers d'incendie.

Vernis (Ateliers où l'on applique le) sur les cuirs, feutres, taffetas, toiles. (Voir ces mots.)
> Dangers d'incendie.

Visières et feutres vernis (Fabriques de). Voir *Feutres et visières.)*

TABLEAU **B.**

ÉTABLISSEMENTS DANS LESQUELS L'EMPLOI DES ENFANTS EST AUTORISÉ
SOUS CERTAINES CONDITIONS.

Allumettes (Fabrication des) avec matières détonantes et fulminantes.
> Interdiction dans les locaux où l'on fond la pâte et où l'on trempe les allumettes. Dans les autres locaux, emploi autorisé, mais pendant six heures seulement sur vingt-quatre.

Battage, cardage et épuration des laines, crins et plumes de literie.
> Interdiction dans les locaux où les poussières provenant des opérations se dégagent librement.

Battage des tapis en grand.
> Interdiction dans les locaux où les poussières provenant des opérations se dégagent librement.

Blanchiment.
> Interdiction dans les locaux où l'on dégage le chlore ou l'acide sulfureux.

Boutonniers et autres emboutisseurs de métaux par moyens mécaniques.
> Interdiction dans les locaux où les poussières provenant du tournage se dégagent librement.

Boyauderies. (Travail des boyaux frais pour tous usages.)
> Interdiction du travail des enfants pour le soufflage ; dangers d'affections pulmonaires.

Chanvre (Teillage et rouissage du) en grand. (Voir aux mots *Teillage et rouissage.*)
> Interdiction dans les locaux où l'on effectue le teillage mécanique.

Chanvre imperméable. (Voir *Feutre goudronné.*)

Chapeaux de feutre (Fabrication de).
> Interdiction dans les locaux où les poussières provenant de la préparation des poils, soies, etc., se dégagent librement.

Chapeaux de soie ou autres préparés au moyen d'un vernis (Fabrication de).
> Interdiction dans les locaux où l'on applique ou prépare le vernis.

Chaux (Fours à).
> Interdiction dans les locaux où les poussières provenant du broyage, du tamisage, etc., se dégagent librement.

Ciment (Fours à).
> Interdiction dans les locaux où les poussières provenant du broyage, du tamisage, etc., se dégagent librement.

Cordes à instruments en boyaux (Fabrication de). (Voir *Boyauderies*.)

Coton et coton gras (Blanchisserie des déchets de).
>Interdiction dans les opérations où l'on emploie le sulfure de carbone.

Crins (Teinture des). (Voir *Teintureries*.)

Crins et soies de porc (Préparation des) sans fermentation. (Voir aux *Soies de porc par fermentation*.)
>Interdiction dans les locaux où les poussières provenant des opérations se dégagent librement.

Eaux grasses (Extraction pour la fabrication du savon et autres usages des huiles contenues dans les).
>Interdiction quand on emploie le sulfure de carbone.

Faïence (Fabriques de).
>Interdiction dans les locaux où se pratique l'émaillage et où il se produit des dégagements de poussière par suite du broyage, du blutage, etc.

Feutre goudronné (Fabrication du).
>Interdiction dans les locaux où les poussières se dégagent librement.

Filature des cocons (Ateliers dans lesquels la) s'opère en grand, c'est-à-dire employant au moins six tours.
>Interdiction de l'emploi des enfants pour l'extraction des parties soyeuses des chrysalides.

Fours à plâtre et fours à chaux. (Voir *Plâtre*, *Chaux*.)

Impressions sur étoffes. (Voir *Toiles peintes*.)

Jute (Teillage du). (Voir *Teillage*.)

Lin (Teillage en grand du). (Voir *Teillage*.)

Ménageries.
>Interdiction quand la ménagerie renferme des bêtes féroces ou venimeuses.

Moulins à broyer le plâtre, la chaux, les cailloux et les pouzzolanes.
>Interdiction dans les locaux où les poussières provenant des opérations se dégagent librement.

Noir minéral (Fabrication du) par le broyage des résidus de la distillation des schistes bitumineux.
>Interdiction dans les locaux où les poussières se dégagent librement.

Ouates (Fabrication des).
>Interdiction dans les locaux où les poussières se dégagent librement.

Papiers (Fabrication de).
>Interdiction du travail des enfants pour le triage et la préparation des chiffons.

Pipes à fumer (Fabrication des).
>Interdiction dans les locaux où les poussières se dégagent librement.

Plâtres (Fours à).
>Interdiction dans les locaux où les poussières provenant du broyage, du blutage, etc., se dégagent librement.

Poêliers fournalistes, poêles et fourneaux en faïence et terre cuite.
(Voir *Faïence*.)

Porcelaine (Fabrication de).
> Interdiction dans les locaux où les poussières provenant du broyage.
> blutage, etc., se dégagent librement.

Poteries de terre (Fabrication de) avec fours non fumivores.
> Interdiction dans les locaux où les poussières provenant du broyage, du
> blutage, etc., se dégagent librement.

Pouzzolane artificielle (Fours à).
> Interdiction dans les locaux où les poussières provenant du broyage, du
> blutage, etc., se dégagent librement.

Soie. (Voir *Chapeaux*.)

Soie. (Voir *Filature*.)

Soies de porc (Préparation des).
> Interdiction dans les locaux où les poussières du battage se dégagent
> librement.

Soufre (Pulvérisation et blutage du).
> Interdiction dans les locaux où les poussières du broyage, blutage, etc.,
> se dégagent librement.

Superphosphate de chaux et de potasse (Fabrication du).
> Interdiction dans les locaux où se dégagent les poussières des opérations
> ou les vapeurs du traitement par les acides.

Tabacs (Manufactures de).
> Interdiction dans les locaux où l'on démolit les masses.

Tan (Moulins à).
> Interdiction dans les locaux où les poussières se dégagent librement.

Tanneries.
> Interdiction dans les locaux où les poussières se dégagent librement.

Teillage du lin, du chanvre et du jute en grand.
> Interdiction dans les locaux où les poussières se dégagent librement.

Teinturiers.
> Interdiction dans les locaux où l'on emploie des matières toxiques.

Teintureries de peaux.
> Interdiction dans les locaux où l'on emploie des matières toxiques.

Terres émaillées (Fabrication de).
> Interdiction dans les locaux où l'on emploie des matières toxiques.

Toiles (Blanchiment des). (Voir *Blanchiment*.)

Toiles peintes (Fabriques de).
> Interdiction dans les locaux où l'on emploie des matières toxiques.

Tôles et métaux vernis.
> Interdiction dans les locaux où l'on emploie des matières toxiques.

Vernis (Ateliers où l'on applique le) sur les chapeaux. (Voir ce mot.)

Verreries, cristalleries et manufactures de glaces.
> Interdiction dans les locaux où se dégagent les poussières des opérations
> ou dans lesquelles il est fait usage de matières toxiques.

Vu pour être annexé au décret en date du 14 mai 1875.

Le ministre de l'agriculture et du commerce,

C. DE MEAUX.

ORDONNANCE

CONCERNANT LES INCENDIES

Paris, le 15 septembre 1875.

Nous, PRÉFET DE POLICE,

Vu : 1° les lois des 16-24 août 1790 et 19-22 juillet 1791;

2° L'arrêté du Gouvernement du 12 messidor an VIII (1er juillet 1800);

3° L'ordonnance du 25 mars 1828 concernant les magasins de détaillants de fourrages; les ordonnances de police des 24 novembre 1843 et 11 décembre 1852 concernant les incendies;

4° La délibération du Conseil d'hygiène publique et de salubrité du département de le Seine, en date du 9 avril 1875, et l'instruction qui lui fait suite, concernant les tuyaux de fumée;

5° Les articles 471 et 475 du Code pénal;

Considérant qu'il importe de rappeler aux habitants de Paris les obligations qui leur sont imposées par les règlements, soit pour prévenir les incendies, soit pour concourir à les éteindre; qu'il importe aussi de faire concorder ces obligations avec celles prescrites par l'arrêté du préfet de la Seine, en date du 8 août 1874, concernant la construction des tuyaux de cheminées dans Paris;

Considérant que non-seulement il y a un intérêt général à prévenir les dangers d'incendie, mais encore que la santé publique peut être compromise par le mauvais état et le défaut d'entretien des tuyaux de fumée qui traversent des habitations;

Considérant, enfin, qu'il importe d'apporter à l'ordonnance de police ci-dessus visée du 11 décembre 1852 les modifications dont l'expérience a fait reconnaître l'utilité ;

Ordonnons ce qui suit :

TITRE PREMIER

DISPOSITION COMMUNE AUX FOYERS DE CHAUFFAGE ET AUX CONDUITS DE FUMÉE.

Article premier. — Toutes les cheminées et tous les autres foyers ou appareils de chauffage fixes ou mobiles, ainsi que leurs conduits ou tuyaux de fumée, doivent être établis et disposés de manière à éviter les dangers de feu et à pouvoir être visités, nettoyés facilement et entretenus en bon état.

TITRE II

ÉTABLISSEMENT DES CHEMINÉES OU AUTRES FOYERS FIXES ET DES POÊLES OU AUTRES FOYERS MOBILES.

Art. 2. — Il est interdit d'adosser les foyers de cheminée, les poêles, les fourneaux et autres appareils de chauffage à des pans de bois ou à des cloisons contenant du bois.

On doit toujours laisser entre le parement extérieur du mur entourant ces foyers et lesdits pans de bois ou cloisons un isolement ou une charge de plâtre d'au moins *seize centimètres.*

Les foyers industriels et ceux d'une importance majeure doivent avoir des isolements ou charges de plâtre proportionnés à la chaleur produite et suffisants pour éviter tout danger de feu. (Voir art. 1er.)

Art. 3. — Les foyers de cheminées et de tous appareils fixes de chauffage, sur plancher en charpente de bois, doivent avoir, au-dessous, des trémies en matériaux incombustibles.

La longueur des trémies sera au moins égale à la largeur des cheminées, y compris la moitié de l'épaisseur des jambages; leur largeur sera de 1 mètre au moins, à partir du fond du foyer jusqu'au chevêtre.

Cette prescription s'applique également aux autres appareils de chauffage.

Art. 4. — Les fourneaux potagers doivent être disposés de telle sorte que les cendres qui en proviennent soient retenues par des cendriers fixes construits en matériaux incombustibles et ne puissent tomber sur les planchers.

Ces fourneaux doivent être surmontés d'une hotte, si le conduit de fumée n'aboutit pas au foyer.

Art. 5. — Les poêles mobiles et autres appareils de chauffage également mobiles doivent être posés sur une plate-forme en matériaux incombustibles dépassant d'au moins *vingt centimètres* la face de l'ouverture du foyer. Ils devront, de plus, être élevés sur pieds de telle sorte que, au-dessus de la plate-forme, il y ait un vide de *huit centimètres* au moins.

TITRE III

ÉTABLISSEMENT, ENTRETIEN ET RAMONAGE DES CONDUITS DE FUMÉE FIXES OU MOBILES.

§ 1er. — *Établissement des conduits de fumée.*

Art. 6. — Les conduits de fumée faisant partie de la construction et traversant les habitations doivent être construits conformément aux lois, ordonnances et arrêtés en vigueur.

Toute face intérieure de ces tuyaux doit être à 16 centimètres au moins des bois de charpente.

Quant aux conduits de fumée mobiles, en métal ou autres existant dans le local où est le foyer et aux conduits de fumée montant extérieurement, ils doivent être établis de façon à éviter tout danger de feu, ainsi qu'il est dit en l'article 1er. Ils doivent être, dans tout leur parcours, à *seize centimètres* au moins de tout bois de charpente, de menuiserie et autres.

Les conduits de chaleur des calorifères et autres foyers sont soumis aux mêmes conditions d'isolement que les conduits de fumée.

Art. 7. — Tout conduit de fumée traversant les étages supérieurs ou les habitations doit avoir une section horizontale ou capacité suffisante pour l'importance du foyer qu'il dessert.

Tout conduit de fumée de foyer industriel doit, autant que possible, être à l'extérieur; mais dans le cas contraire, et si le tuyau traverse les habitations, il doit avoir des dimensions telles ou être construit de telle sorte que la chaleur produite ne puisse le détériorer ou être la cause d'une incommodité grave et de nature à altérer la santé dans les habitations.

Les conduits de fumée des fourneaux en fonte des restaurateurs, traiteurs, rôtisseurs, charcutiers et ceux des fours des boulangers, pâtissiers, et des autres grands fours, ceux des forges, des moufles, des calorifères chauffant plusieurs pièces, doivent, notamment, être établis dans ces conditions particulières.

Art. 8. — Tout conduit de fumée doit, à moins d'autorisation spéciale, desservir un seul foyer et monter dans toute la hauteur du bâtiment, sans ouverture d'aucune sorte dans tout son parcours.

En conséquence, il est formellement interdit de pratiquer des ouvertures dans un conduit de fumée traversant un étage, pour y faire arriver de la fumée, des vapeurs ou des gaz, ou même de l'air [1].

§ 2. — *Entretien des conduits de fumée.*

Art. 9. — Les conduits de fumée fixes ou mobiles doivent être entretenus en bon état.

A cet effet, les conduits de fumée fixes en maçonnerie doivent toujours être apparents sur une de leurs faces au moins, ou disposés de façon à pouvoir être facilement visités ou sondés.

---

1. Voir l'Instruction du Conseil de salubrité reproduite à la suite de la présente ordonnance.

Tout conduit de fumée brisé ou crevassé doit être de suite réparé et refait au besoin.

Après un feu de cheminée, le conduit de fumée où le feu se sera déclaré devra être visité dans tout son parcours par un architecte ou un constructeur et sera, au besoin, réparé ou refait.

Les tuyaux mobiles doivent toujours être apparents dans toutes leurs parties.

§ 3. — Ramonage.

ART. 10. — Il est enjoint aux propriétaires et locataires de faire nettoyer ou ramoner les cheminées et tous tuyaux conducteurs de fumée assez fréquemment pour prévenir les dangers de feu.

Les conduits et tuyaux de cheminées ou de foyers ordinaires dans lesquels on fait habituellement du feu doivent être nettoyés ou ramonés deux fois au moins pendant l'hiver.

Les conduits et tuyaux de tous foyers qui sont allumés tous les jours doivent être nettoyés et ramonés tous les deux mois au moins.

Les conduits et tuyaux des grands fourneaux de restaurateurs, des fours de boulanger, pâtissier, ou autres foyers industriels semblables, doivent être nettoyés ou ramonés tous les mois au moins.

ART. 11. — Il est défendu de faire usage du feu pour nettoyer les cheminées, les poêles, les conduits et tuyaux de fumée quels qu'ils soient.

Le nettoyage des cheminées ne se fera par un ramoneur que si ces cheminées et leur tuyau ont partout un passage d'au moins *soixante centimètres* sur *vingt-cinq*.

Le nettoyage des cheminées et tuyaux ayant une dimension moindre se fera soit à la corde avec hérisson, ou écouvillon, soit par tout autre instrument bien confectionné ou tout autre mode accepté par l'administration.

ART. 12. — Il nous sera donné avis des vices de construction des cheminées, poêles, fourneaux et calorifères qui pourraient occasionner un incendie.

Il nous sera aussi donné avis du mauvais état, de l'insuffisance ou du défaut de ramonage de tout conduit de fumée qui pourrait, par suite, faire craindre soit un feu de cheminée, soit une incommodité grave et pouvant occasionner l'altération de la santé des habitants.

TITRE IV

COUVERTURES EN CHAUME, JONC, ETC.

Art. 13. — Aucune couverture en chaume, jonc, ou autre matière inflammable, ne pourra être conservée ou établie sans notre autorisation.

TITRE V

FOURS, FORGES, FOYERS D'USINES A FEU, FOURS DE BOULANGERS ET DE PATISSIERS, ATELIERS DE CHARRONS, CARROSSIERS, MENUISIERS, ETC.

Art. 14. — Les fours, les forges et les foyers d'usines à feu, non compris dans la nomenclature des établissements classés, lesquels sont soumis à des règlements spéciaux, ne pourront être établis dans l'intérieur de Paris sans une déclaration préalable à la Préfecture de police.

Le sol, le plafond et les parois des locaux où ils seront construits ne pourront être en bois apparent.

Art. 15. — L'exploitation des fournils et fours de boulangers et de pâtissiers est soumise aux prescriptions suivantes :

1° Les fournils devront être indépendants des locations et habitations voisines et en être séparés par des murs en moellons ou en briques d'une épaisseur suffisante.

Les locaux où ils seront installés seront d'un accès facile;

2° Les fours seront isolés de toute construction et leurs

tuyaux disposés ou construits comme il est dit en l'article 7 :

3° Le bois de provision devra toujours être disposé en dehors du fournil, dans un lieu où il ne puisse présenter aucun danger d'incendie ;

4° Le bois destiné à la consommation du jour ne pourra, soit avant, soit après sa dessiccation, être laissé dans les fournils que s'il est placé dans une resserre en matériaux incombustibles, fermant hermétiquement par une porte en fer.

Les arcades situées sous les fours ne pourront être affectées à cet usage qu'autant qu'elles seront fermées également par une porte en fer, à demeure, posée en retraite à 10 centimètres de la face du four ;

5° Les escaliers desservant les fournils seront en matériaux incombustibles ;

6° Les soupentes et resserres et toutes autres constructions établies dans les fournils, ainsi que les supports de pannetons, les étouffoirs et coffres à braise, seront aussi en matériaux incombustibles ;

7° Les pétrins et les couches à pain seront revêtus extérieurement de tôle, quand ils se trouveront placés à moins de 2 mètres de la bouche du four. Dans le même cas, les glissoires à farine seront construites en métal, avec fourreau en peau ;

8° Les tuyaux à gaz, dans les fournils, devront être en fer ou en cuivre et non en plomb.

Art. 16. — Les forges doivent être construites suivant les lois et coutumes. Elles doivent, de plus, être sous une hotte. Leur tuyau doit être disposé et construit comme il est dit à l'article 7.

Les charrons, carrossiers, menuisiers et autres ouvriers qui travaillent le bois et le fer sont tenus, s'ils exercent les deux professions dans la même maison, d'y avoir deux ateliers entièrement séparés par un mur, à moins que, entre la forge et l'endroit où l'on travaille ou dépose des bois, il y ait une distance de 10 mètres au moins.

Art. 17. — Dans tous les ateliers où il y aura des fourneaux dits sorbonnes, ces fourneaux seront établis sous des hottes en matériaux incombustibles.

L'âtre sera entouré d'un mur en briques de 25 centimètres de hauteur au-dessus du foyer, et ce foyer sera disposé de manière à être clos, pendant l'absence des ouvriers, par une fermeture en tôle.

Dans ces ateliers, ainsi que dans ceux qui sont mentionnés à l'article précédent, les copeaux seront enlevés chaque soir.

TITRE VI

ENTREPÔTS, MAGASINS ET DÉBITS DE MATIÈRES COMBUSTIBLES OU INFLAMMABLES, THÉATRES, SALLES DE SPECTACLE, ÉTABLISSEMENTS ET LIEUX PUBLICS OU PARTICULIERS.

ART. 18. — Les magasins et entrepôts de charbons de terre, houille et autres combustibles minéraux, les débits de bois de chauffage, de charbon et de tous autres combustibles, les magasins de marchands de paille et de fourrages en gros. ne pourront être formés dans Paris sans notre autorisation.

On ne pourra entrer avec de la lumière dans les magasins de fourrages en gros.

ART. 19. — Tous magasins des détaillants de paille et de fourrages ne peuvent être ouverts qu'après une déclaration à la Préfecture de police. Ils ne devront être établis ni dans des boutiques ni dans des soupentes y attenant. Il n'y aura dans ces magasins ni bois de construction apparent, ni foyer, ni tuyau de cheminée. On ne pourra y entrer avec de la lumière.

ART. 20. — Il est interdit d'entrer avec de la lumière dans les établissements, magasins, caves et autres lieux renfermant des spiritueux et, en général, des matières dégageant des gaz ou des vapeurs inflammables, à moins que cette lumière ne soit renfermée dans une lampe de sûreté dite de Davy.

Les caves et les magasins renfermant des spiritueux ou des matières dégageant des gaz ou des vapeurs inflammables devront être suffisamment ventilés au moyen d'une ouverture ménagée dans la partie inférieure de la porte d'entrée et d'une autre ouverture opposée à la première. Cette seconde ouverture sera pratiquée dans la partie supérieure de la cave ou du magasin.

Il est défendu d'entrer dans les écuries et dans les étables avec de la lumière non renfermée dans une lanterne.

Art. 21. — Il est défendu de rechercher les fuites de gaz avec du feu ou de la lumière.

Art. 22. — La vente des matières d'artifice, le tir des armes à feu et des feux d'artifice, la conservation, le transport et la vente des capsules et des allumettes fulminantes auront lieu conformément aux règlements spéciaux relatifs à ces matières.

Art. 23. — Les lieux publics de réunion tels que les théâtres, les salles de bal, les cafés-concerts, etc., ne pourront, à moins d'une autorisation spéciale, être chauffés autrement que par des bouches à air chaud et être éclairés autrement que par le gaz ou par des lampes à l'huile, mais non à l'huile minérale.

Art. 24. — Il est expressément défendu de brûler de la paille sur aucune partie de la voie publique, dans l'intérieur des abattoirs, des halles et marchés, dans les cours, les jardins et terrains particuliers, et d'y mettre en feu aucun amas de matières combustibles.

Art. 25. — Il est interdit de fumer dans les salles de spectacle, sous les abris des halles, dans les marchés, et en général dans l'intérieur de tous les monuments et édifices publics placés sous notre surveillance.

Il est également défendu de fumer dans les magasins et autres endroits renfermant des spiritueux, ainsi que des matières combustibles, inflammables ou fulminantes.

Art. 26. — Il n'est point dérogé, par la présente ordonnance, aux dispositions relatives aux dangers d'incendie qui se trouvent contenues dans les règlements spéciaux concernant les halles et marchés, les abattoirs, les ports et berges, les salles de spectacle, etc.

Les établissements classés et les locaux contenant des produits spécialement réglementés restent soumis aux conditions particulières que leur imposent les règlements en vigueur.

TITRE VII

EXTINCTION DES INCENDIES.

ART. 27. — Aussitôt qu'un feu de cheminée ou un incendie se manifestera, il en sera donné avis au plus prochain poste de sapeurs-pompiers et au commissaire de police du quartier.

ART. 28. — Il est enjoint à toute personne chez qui le feu se manifesterait d'ouvrir les portes de son domicile à la première réquisition des sapeurs-pompiers et de tous agents de l'autorité.

ART. 29. — Les propriétaires ou locataires des lieux voisins du point incendié seront obligés de livrer, au besoin, passage aux sapeurs-pompiers et aux agents de l'autorité appelés à porter des secours.

ART. 30. — Les habitants de la rue où se manifestera l'incendie et ceux des rues adjacentes tiendront les portes de leurs maisons ouvertes et laisseront puiser de l'eau à leurs puits, pompes et robinets de concession pour le service de l'incendie.

ART. 31. — En cas de refus de la part des propriétaires et des locataires de déférer aux prescriptions des trois articles précédents, les portes seront ouvertes à la diligence du commissaire de police et, à son défaut, de tout commandant de détachement de sapeurs-pompiers.

ART. 32. — Il est enjoint aux propriétaires et principaux locataires des maisons où il y a des puits, des pompes et autres appareils hydrauliques, de les entretenir en bon état de service. Les puits devront être constamment garnis de cordes, de poulies et de seaux.

ART. 33. — Les propriétaires, gardiens ou détenteurs de seaux, pompes, échelles, etc., qui se trouveront soit dans les édifices publics, soit chez les particuliers, seront tenus de déférer aux demandes du commandant de détachement des sapeurs-pompiers et des commissaires de police qui les requerront de mettre ces objets à leur disposition.

Art. 34. — Les porteurs d'eau à tonneaux rempliront leurs tonneaux, chaque soir, avant de les remiser, et les tiendront pleins toute la nuit.

Au premier avis d'un incendie, ils y conduiront leurs tonneaux pleins d'eau [1].

Art. 35. — Les gardiens des pompes et réservoirs publics seront tenus de fournir l'eau nécessaire pour l'extinction des incendies.

Art. 36. — Toute personne requise pour porter secours en cas d'incendie, et qui s'y serait refusée, sera poursuivie ainsi qu'il est dit en l'article 475 du Code pénal.

Art. 37. — Les maçons, charpentiers, fumistes, couvreurs, plombiers et autres ouvriers seront tenus, à la première réquisition, de se rendre au lieu de l'incendie, avec leurs outils ou agrès, mais ils ne travailleront que d'après les ordres du commandant de détachement des sapeurs-pompiers ; faute par eux de déférer à cette réquisition, ils seront poursuivis devant les tribunaux conformément audit article 475.

Art. 38. — Tous propriétaires de chevaux seront tenus, au besoin, de les fournir pour le service des incendies, et le prix du travail de ces chevaux sera payé sur mémoires certifiés par le commissaire de police ou par le colonel des sapeurs-pompiers.

Art. 39. — Il est enjoint à tous marchands voisins de l'incendie de fournir, sur la réquisition du commissaire de police ou du commandant de détachement de sapeurs-pompiers, les flambeaux et terrines nécessaires pour éclairer les travailleurs, ainsi que le combustible destiné au service des pompes à vapeur.

---

1. Il sera accordé une gratification à chacun des porteurs d'eau arrivés les premiers au lieu de l'incendie avec leurs tonneaux pleins. Cette gratification sera :

De 12 francs pour le premier arrivé ;

De 6 francs pour le second.

En cas d'incendie, les porteurs d'eau sont autorisés à puiser à toutes les fontaines indistinctement.

Ils seront payés de leur travail à raison de 0 fr. 35 c. par hectolitre d'eau fournie.

Le prix des fournitures faites sera payé sur des mémoires certifiés ainsi qu'il est dit à l'article précédent.

TITRE VIII

DISPOSITIONS GÉNÉRALES.

ART. 40. — Les ordonnances de police des 24 novembre 1843 et 11 décembre 1852, concernant les incendies, ainsi que celle du 25 mars 1828, concernant les magasins de détaillants de fourrages, sont rapportées.

ART. 41. — Les contraventions à la présente ordonnance seront constatées par des procès-verbaux qui nous seront transmis pour être déférés, s'il y a lieu, aux tribunaux compétents.

Il sera pris, en outre, suivant les circonstances, telles mesures d'urgence qu'exigera la sûreté publique.

ART. 42. — La présente ordonnance sera publiée et affichée.

Les commissaires de police, le chef de la police municipale, le colonel du régiment de sapeurs-pompiers, les officiers de paix, les architectes de la Préfecture de police, l'inspecteur général des halles et marchés, l'inspecteur principal des combustibles et les autres préposés de la Préfecture de police en surveilleront et en assureront l'exécution, chacun en ce qui le concerne.

Elle sera adressée à notre collègue, M. le préfet de la Seine, à M. le général commandant la place de Paris, à M. le colonel de la garde républicaine et à M. le commandant de la gendarmerie de la Seine.

Le préfet de police,
L. RENAULT.

Par le préfet de police :
Le secrétaire général,
L. DE BULLEMONT.

INSTRUCTION

CONCERNANT LES INCENDIES

Le poste de sapeurs-pompiers qui aura eu connaissance d'un incendie, ou d'un feu de cheminée, se rendra immédiatement sur le lieu avec la pompe.

Le chef du poste en fera, au besoin, donner immédiatement avis à la caserne de sapeurs-pompiers la plus rapprochée. Dans tous les cas, il fera prévenir le commissaire de police du quartier qui se transportera aussi sur le lieu de l'incendie.

Si l'incendie présente un caractère alarmant, le commissaire de police fera prévenir le préfet de police, le général commandant la place et le colonel de la garde républicaine, ainsi que le colonel du régiment de sapeurs-pompiers qui dirigera sur le théâtre de l'incendie tous les moyens de secours nécessaires.

Le commissaire de police fera transporter en nombre suffisant les seaux à incendie qui se trouveront dans les dépôts publics [1], et, au besoin, ceux des établissements particuliers.

Il prendra, de concert avec le commandant de détachement de sapeurs-pompiers, les dispositions convenables pour éclairer les travailleurs.

Le commandant de détachement de sapeurs-pompiers prendra la direction des moyens de secours.

Le commissaire de police s'occupera plus spécialement des

---

1. Les principaux dépôts publics de seaux à incendie sont :
1º Dans les casernes de sapeurs-pompiers et de la garde républicaine ;
2º Dans les commissariats de police ;
3º Dans les postes de police.

diverses mesures à prendre dans l'intérêt de l'ordre, de la conservation des propriétés et de la sûreté publique.

Il veillera aussi à ce que les diverses fournitures, et particulièrement celles de l'eau, soient exactement constatées.

Si plusieurs commissaires de police sont présents à l'incendie, ils se partageront le service, mais la direction principale appartiendra toujours au commissaire du quartier.

Les commissaires de police requerront, au besoin, la force armée.

Les troupes appelées sur le théâtre de l'incendie ne doivent être généralement employées qu'au maintien du bon ordre, à former les chaînes, ou à manœuvrer les balanciers des pompes, la direction des secours et de toutes mesures prises pour combattre les incendies devant être laissée au corps des sapeurs-pompiers.

Afin d'éviter les accidents, et pour ne pas porter le feu dans les parties de bâtiments qu'il n'a pas encore atteintes, le public qui se rend sur le théâtre de l'incendie ne doit, en aucune façon, ouvrir les portes, les croisées et autres issues des lieux incendiés, et surtout ne rien démolir avant l'arrivée des sapeurs-pompiers, à moins que ce ne soit pour sauver des personnes en danger. Ce sauvetage doit se faire, autant que possible, par les escaliers.

Le déménagement des gros meubles et des gros effets ne doit avoir lieu qu'à l'arrivée des sapeurs-pompiers, qui jugent si ce déménagement est nécessaire.

C'est ainsi qu'on pourra reconnaître, à l'état des lieux, comment le feu a pris, empêcher les vols et les dégradations, et maîtriser le feu plus facilement, en évitant les encombrements dans les escaliers et autour du point incendié.

Le commissaire de police, le colonel du régiment de sapeurs-pompiers, et tous autres agents de l'autorité, nous signaleront les personnes qui se seront fait remarquer dans les incendies.

Les commissaires de police dresseront procès-verbal des incendies et des circonstances qui les auront accompagnés.

Ils rechercheront les causes des incendies et les indiqueront, ainsi que le montant approximatif des pertes occasionnées; ils feront aussi connaître si l'incendié est assuré, et pour quelle somme.

Vu pour être annexé à notre ordonnance de ce jour.

Paris, le 15 septembre 1875.

Le préfet de police,
L. RENAULT.

Par le préfet de police :
Le secrétaire général,
L. DE BULLEMONT.

CONSEIL D'HYGIÈNE PUBLIQUE ET DE SALUBRITÉ

DU DÉPARTEMENT DE LA SEINE

INSTRUCTION

CONCERNANT LES TUYAUX DE FUMÉE

Lue et adoptée dans la séance du 9 avril 1875.

La salubrité d'une habitation dépend, en grande partie, de la pureté de l'air qu'on y respire. Tout ce qui vicie l'air doit donc exercer une influence fâcheuse sur la santé des habitants.

Les tuyaux de fumée en maçonnerie qui traversent des étages et des habitations peuvent, s'ils sont brisés ou en mauvais état, être la cause non-seulement d'incendies, mais encore d'altération de la santé, d'asphyxie même, parce que ces tuyaux peuvent alors laisser échapper des gaz délétères qui vicient l'air des habitations. C'est notamment dans les chambres où l'on couche qu'il importe que ces tuyaux soient en bon état.

Il faut donc non-seulement que ces tuyaux soient solidement et convenablement établis, mais encore qu'ils soient bien entretenus et que tout tuyau brisé par feu de cheminée, ou par toute autre cause, soit, de suite, réparé soigneusement ou remplacé au besoin.

Il faut que les tuyaux de fumée soient d'une capacité suffisante pour les foyers qu'ils desservent, car l'excessive chaleur d'un tuyau peut le faire éclater, le briser et causer, d'ailleurs, dans certains cas, une incommodité de nature à altérer la santé.

Les ramonages doivent être faits fréquemment, avec le plus grand soin, pour éviter les feux dits de cheminée qui brisent et détériorent les tuyaux de fumée, notamment ceux cylindriques. Par suite, après un feu de cheminée, le tuyau doit être visité attentivement, en vue des réparations ou des remplacements à opérer.

Il importe donc que tout foyer ait son conduit particulier de fumée, montant jusqu'au-dessus des toits ; que tout foyer fixe ou mobile soit convenablement établi.

Il importe, enfin, de rappeler ce qui est dit dans l'ordonnance de police du 23 novembre 1853 et dans l'instruction du conseil à la suite, savoir :

« Tout foyer mobile, brasero ou autre, alors même qu'on n'y brûle que de la braise ou du combustible ne produisant pas de fumée, est dangereux s'il n'est, par un tuyau, en communication directe avec l'air extérieur. »

On ne doit, par la même raison, fermer la clef d'un poêle qu'après s'être assuré que le feu est complétement éteint.

ORDONNANCE DU ROI

AYANT POUR OBJET DE PRÉVENIR LES DANGERS QUI PEUVENT RÉSUL-
TER DE LA FABRICATION ET DU DÉBIT DES DIFFÉRENTES SORTES
DE POUDRES ET MATIÈRES DÉTONANTES ET FULMINANTES.

Au château des Tuileries, le 23 juin 1824.

LOUIS, par la grâce de Dieu, roi de France et de Navarre,
à tous ceux qui ces présentes verront, salut.

Sur le rapport de notre ministre et secrétaire d'État au département de l'intérieur ;

Voulant prévenir les dangers qui peuvent résulter de la
fabrication et du débit des différentes sortes de poudres et
matières détonantes et fulminantes, sans empêcher néanmoins
l'emploi de celles de ces préparations qui ont été reconnues
propres soit à amorcer des armes à feu, soit à faire des étoupilles, des allumettes ou autres objets du même genre utiles
aux arts ;

Notre Conseil d'État entendu ;

NOUS AVONS ORDONNÉ et ORDONNONS ce qui suit :

ARTICLE PREMIER. — Les fabriques de poudres ou matières
détonantes et fulminantes, de quelque nature qu'elles soient,
et les fabriques d'allumettes, d'étoupilles ou autres objets du
même genre préparés avec ces sortes de poudres ou matières,
feront partie de la première classe des établissements insalubres ou incommodes dont la nomenclature est annexée à
notre ordonnance du 14 janvier 1815.

ART. 2. — Les préfets sont autorisés, conformément à l'article 5 de notre ordonnance précitée, à faire suspendre l'exploitation des fabriques désignées dans l'article 1er *qui auraient*

été établies jusqu'à ce jour dans des emplacements non isolés des habitations.

ART. 3. — Les fabricants de poudres ou matières détonantes et fulminantes tiendront un registre légalement coté et paraphé, sur lequel ils inscriront, jour par jour, de suite et sans aucun blanc, les quantités fabriquées et vendues, ainsi que les noms, qualités et demeures des personnes auxquelles ils les auront livrées.

ART. 4. — Les fabricants d'allumettes, étoupilles et autres objets de la même espèce préparés avec des poudres ou matières détonantes et fulminantes, tiendront également un registre en bonne forme, sur lequel ils inscriront, au fur et à mesure de chaque achat, le nom et la demeure des fabricants qui leur auront vendu lesdites poudres ou matières.

ART. 5. —.Les marchands détaillants d'amorces pour les armes à feu à piston, et les marchands détaillants d'allumettes, d'étoupilles ou autres objets du même genre préparés avec des poudres détonantes et fulminantes, ne sont point soumis aux formalités prescrites par l'article 1er ; mais ils seront tenus de renfermer ces différentes préparations dans des lieux sûrs et séparés dont ils auront seuls la clef.

Il leur est défendu de se livrer à ce commerce sans en avoir préalablement fait *leur déclaration* par écrit, savoir : dans Paris, à la Préfecture de police, et dans les communes, à la mairie, afin qu'il soit vérifié si leur local est convenablement disposé pour cet usage.

ART. 6. — Les poudres et matières détonantes et fulminantes ne pourront être employées qu'à la fabrication des amorces propres aux armes à feu, des allumettes, des étoupilles et autres objets d'une utilité reconnue.

ART. 7. — Les contrevenants aux dispositions prescrites par la présente ordonnance seront poursuivis devant les tribunaux de police sur les procès-verbaux ou rapports des agents de la police administrative et judiciaire.

ART. 8. — Notre ministre et secrétaire d'État au département de l'intérieur est chargé de l'exécution de la présente ordonnance, qui sera insérée au *Bulletin des lois*.

Donné en notre château des Tuileries, le 25ᵉ jour du mois de juin de l'an de grâce 1823, et de notre règne le vingt-neuvième.

Signé : LOUIS,

Par le roi :

Le ministre et secrétaire d'État de l'intérieur,

Signé : CORBIÈRE.

ORDONNANCE DU ROI

PORTANT RÈGLEMENT SUR LES FABRIQUES DE FULMINATE DE MER-
CURE, AMORCES FULMINANTES ET AUTRES MATIÈRES DANS LA
PRÉPARATION DESQUELLES ENTRE LE FULMINATE DE MERCURE.

Au palais des Tuileries, le 30 octobre 1836.

LOUIS-PHILIPPE, roi des Français, à tous présents et à venir, salut.

Sur le rapport de notre ministre secrétaire d'État au département des travaux publics, de l'agriculture et du commerce ;

Vu le décret du 15 octobre 1810, et l'ordonnance du 14 janvier 1815, portant règlement sur les établissements insalubres ou incommodes ;

Vu l'ordonnance du 25 juin 1823, concernant spécialement les fabriques de poudres ou matières détonantes et fulminantes ;

Considérant que les accidents graves survenus par suite de la fabrication du fulminate de mercure exigent l'emploi de précautions nouvelles pour en prévenir le retour ;

Notre Conseil d'État entendu ;

NOUS AVONS ORDONNÉ et ORDONNONS ce qui suit :

ARTICLE PREMIER. — Les fabriques de fulminate de mercure, amorces fulminantes et autres matières dans la préparations desquelles entre le fulminate de mercure devront être closes de murs et éloignées de toute habitation, ainsi que des routes et chemins publics.

Art. 2. — Toute demande en autorisation pour un établissement de cette nature devra être accompagnée d'un plan indiquant :

1° La position exacte de l'emplacement, par rapport aux habitations, routes et chemins les plus voisins ;

2° Celle de tous les bâtiments et ateliers, les uns par rapport aux autres ;

3° Le détail des distributions intérieures de chaque local. Le plan, visé dans l'ordonnance d'autorisation à laquelle il restera annexé, ne pourra plus être changé qu'en vertu d'une autorisation nouvelle.

La mise en activité de la fabrique sera toujours précédée d'une vérification faite par les soins de l'autorité locale, qui constatera l'exécution fidèle du plan. Il en sera dressé procès-verbal.

Art. 3. — Les divers ateliers seront isolés les uns des autres. Le sol en sera recouvert d'une lame de plomb ou de plâtre ; la pierre siliceuse est prohibée dans la construction de ces ateliers.

Art. 4. — Les tablettes dont il sera fait emploi dans ces ateliers seront en bois blanc ; la plus élevée, placée à $1^m,60$ au plus au-dessus du sol, devra toujours rester libre.

Art. 5. — L'atelier spécialement affecté à la fabrication du fulminate devra être particulièrement éloigné de la poudrerie et du dépôt des esprits. L'ordonnance d'autorisation fixera, dans chaque établissement particulier, la distance respective des autres bâtiments de la fabrique.

Art. 6. — La poudrière ne renfermera qu'une seule rangée de tablettes, placée à $1^m,30$ du sol ; ce sol sera, comme celui des ateliers, recouvert en lames de plomb ou en plâtre. Ce bâtiment n'aura qu'une seule porte.

Art. 7. — L'usage des tamis en fil métallique est interdit.

Art. 8. — La poudre grainée et séchée sera renfermée

27

dans des caisses en bois blanc, bien jointes, recouvertes d'une feuille de carton et placées sur des supports en liége.

Aucune de ces caisses ne devra contenir plus de 5 kilogrammes de poudre.

ART. 9. — Aucun transvasement de poudre ne pourra s'effectuer dans la poudrière. Cette opération devra être faite dans un local isolé et fermé, qui n'aura pas d'autre destination. Il sera pris pour la construction de ce local, ainsi que pour l'établissement de son sol, les mêmes précautions que pour la construction et le sol des autres ateliers.

ART. 10. — Il ne pourra être porté à la fois dans l'atelier de charge que la dixième partie au plus de la poudre qui doit être manipulée dans la journée.

ART. 11. — Le directeur de l'établissement et le chef des ateliers auront seuls la clef de la poudrière et de l'atelier où se fera le transvasement de la poudre.

ART. 12. — Aucun ouvrier ne pourra être employé dans cette sorte de fabrique s'il n'a dix-huit ans accomplis.

ART. 13. — Les dispositions prescrites par l'ordonnance du 25 juin 1823 sont maintenues et continueront à être observées concurremment avec celles de la présente ordonnance, qui sera constamment affichée dans les fabriques qu'elles concernent.

ART. 14. — En cas de contravention, l'autorité locale suspendra provisoirement les travaux de la fabrique, et en référera à l'administration supérieure. L'autorisation sera retirée s'il y a lieu.

ART. 15. — Notre ministre secrétaire d'État au département des travaux publics, de l'agriculture et du commerce, est chargé de l'exécution de la présente ordonnance, qui sera insérée au *Bulletin des lois*.

Signé : LOUIS-PHILIPPE.

Par le roi :

Le ministre secrétaire d'État au département des travaux publics, de l'agriculture et du commerce,

Signé : MARTIN (du Nord).

ORDONNANCE

CONCERNANT

LA CONSERVATION ET LA VENTE DES CAPSULES ET AUTRES PRÉPARATIONS DÉTONANTES ET FULMINANTES.

(Du 21 mai 1838.)

———

Nous, CONSEILLER D'ÉTAT, PRÉFET DE POLICE,

Vu : 1° la loi des 16-24 août 1790;

2° L'arrêté du gouvernement du 12 messidor an VIII (1er juillet 1800);

3° Les ordonnances royales des 25 juin 1823 et 30 octobre 1836, relatives à la fabrication et au débit des poudres détonantes et fulminantes;

4° L'ordonnance de police du 21 juillet 1823;

5° Les rapports du Conseil de salubrité des 22 décembre 1837 et 24 avril 1838;

Considérant que le dépôt et la vente des objets fabriqués ou préparés avec des poudres ou matières détonantes et fulminantes exigent des précautions et des soins dont l'omission peut occasionner de graves accidents, et qu'il importe de rappeler les dispositions des règlements sur cette matière;

ORDONNONS ce qui suit :

ARTICLE PREMIER. — Les articles 3, 4, 5 et 6 de l'ordonnance royale du 25 juin 1823, relative à la fabrication et au débit des poudres détonantes et fulminantes, seront de nouveau publiés dans le ressort de la Préfecture de police.

ART. 2. — La disposition de l'article 4 de l'ordonnance royale précitée est applicable aux fabricants de capsules et autres amorces fulminantes.

ART. 3. — Les boîtes ou paquets de capsules et d'allumettes fulminantes ne devront pas être placées indistinctement dans les diverses parties d'un magasin. Elles devront être réunies dans une caisse bien assemblée, garnie de roulettes et de poignées, afin de pouvoir les transporter au dehors en cas d'incendie. Le couvercle devra être fixé avec des lanières en cuir et fermé par le moyen d'une courroie. Une peau de basane, d'une dimension convenable pour garnir la boîte et recouvrir les paquets, y sera placée, mais non fixée, afin que l'on puisse facilement l'enlever pour retirer la poudre qui pourrait y être tombée.

ART. 4. — Les fabricants et marchands ci-dessus désignés seront tenus de se conformer, dans un mois pour tout délai, aux dispositions ci-dessus prescrites.

ART. 5. — Les poudres ou matières détonantes et fulminantes ne pouvant être employées qu'à la fabrication d'objets d'une utilité reconnue, il est expressément défendu de préparer, de vendre et de distribuer des bonbons, cartes, cachets et étuis fulminants et autres objets de ce genre dont l'usage peut occasionner et a déjà causé des accidents. Ces dernières compositions seront saisies partout où elles seront trouvées.

ART. 6. — Il est également défendu de vendre sur la voie publique des capsules ou amorces fulminantes, des allumettes fulminantes et généralement toute espèce de produits dans la confection desquels il entre des matières détonantes et fulminantes.

ART. 7. — L'ordonnance de police du 24 juillet 1823 précitée est rapportée.

Le conseiller d'État, préfet de police,
Signé : G. DELESSERT.

ARRÊTÉ

LES DÉPOTS DE POUDRE DE MINE POUR LE SERVICE
DES CARRIÈRES.

(Du 8 juillet 1839.)

NOUS, CONSEILLER D'ÉTAT, PRÉFET DE POLICE,

Vu : 1° la loi des 16-24 août 1790;

2° L'arrêté du gouvernement du 12 messidor an VIII (1er juillet 1800);

3° La loi du 3 brumaire an IX (25 octobre 1800);

4° La loi du 13 fructidor an V, et l'ordonnance royale du 25 mars 1818;

5° La loi du 24 mai 1834, article 2;

6° Le rapport de M. l'ingénieur en chef des mines, inspecteur général des carrières, du 14 juin 1839;

Considérant que la sûreté publique est intéressée à ce que des dépôts de poudre de mine ne puissent être formés que chez les propriétaires de carrières ou chez leurs tâcherons ou conducteurs; que les approvisionnements de cette poudre doivent être restreints aux quantités strictement nécessaires pour assurer le service des travaux dans les carrières;

Considérant aussi qu'il y a danger dans l'emploi des baguettes de fer, dites épinglettes, pour amorcer les trous de mine;

Et qu'il importe de prendre des mesures pour régulariser ce service;

ARRÊTONS ce qui suit :

ARTICLE PREMIER. — Il est expressément défendu aux

ouvriers carriers d'avoir chez eux aucun dépôt de poudre de mine.

Art. 2. — Les propriétaires de carrières, leurs tâcherons et conducteurs seront, à l'avenir, seuls aptes à s'approvisionner de la poudre de mine nécessaire pour les travaux des carrières.

Art. 3. — Le dépôt de poudre de mine que pourra conserver le propriétaire d'une carrière, le tâcheron ou conducteur désigné par lui, ne pourra dépasser 2 kilogrammes pour les carrières de pierre à bâtir et 10 kilogrammes pour celles de pierre à plâtre.

Art. 4. — La poudre de mine ne pourra être remise par le débitant aux propriétaires de carrières, tâcherons ou conducteurs, que sur un certificat du maire de la commune où est située l'exploitation.

Ce fonctionnaire ne délivrera le certificat que d'après l'attestation de M. l'inspecteur général des carrières, de laquelle résultera que le dépôt de poudre demandé est nécessaire.

Art. 5. — Dans le délai d'un mois, à partir de la notification du présent arrêté, les propriétaires de carrières devront se pourvoir de baguettes ou épinglettes en laiton ou cuivre jaune pour amorcer les trous de mine. Passé ce délai, aucune baguette de fer ne pourra être employée à cet usage.

Art. 6. — Il est enjoint aux entrepositaires de poudre de mine d'avoir un registre, coté et parafé par le maire de leurs communes respectives, sur lequel ils inscriront les livraisons de poudre au fur et à mesure qu'ils les feront.

Le conseiller d'État, préfet de police,
Signé : G. DELESSERT.

ARRÊTÉ MINISTÉRIEL

LE TRANSPORT DES MATIÈRES DANGEREUSES PAR CHEMIN DE FER.

(Du 1ᵉʳ décembre 1874.)

———————

LE MINISTRE DES TRAVAUX PUBLICS,

Vu les lois et décrets portant concession des diverses lignes de chemins de fer; ensemble les cahiers des charges y annexés;

Vu les articles 21 et 66 de l'ordonnance du 15 novembre 1846, lesdits articles ainsi conçus :

« ART. 21. — Il est défendu d'admettre, dans les convois qui portent des voyageurs, aucune matière pouvant donner lieu, soit à des explosions, soit à des incendies.

« ART. 66. — Les personnes qui voudront expédier des marchandises de la nature de celles qui sont mentionnées à l'article 21 devront les déclarer au moment où elles les apporteront dans les stations du chemin de fer.

« Des mesures spéciales de précaution seront prescrites, s'il y a lieu, pour le transport desdites marchandises, la Compagnie entendue; »

Vu les arrêtés ministériels des 15 juillet 1863 et 25 mars 1874 relatifs au transport des matières explosibles ou inflammables autres que la poudre;

Vu le règlement du 25 juillet 1873 concernant le transport de la poudre et des munitions de guerre;

Vu le règlement du 20 août 1873 relatif au transport de la dynamite;

Vu les avis de la Commission des inventions et des règlements et du Comité consultatif des chemins de fer ;

Considérant que l'arrêté du 25 mars 1874 contient certaines lacunes qu'il convient de combler ;

Les Compagnies entendues ;

Sur le rapport du conseiller d'État, directeur général des ponts et chaussées et des chemins de fer ;

ARRÊTE :

TITRE PREMIER

CLASSIFICATION.

ARTICLE PREMIER. — Les matières explosibles ou inflammables sont classées, au point de vue des précautions à prendre pour leur transport sur les chemins de fer, en quatre catégories, savoir :

PREMIÈRE CATÉGORIE. — *Poudres de guerre, de mine ou de chasse; munitions de guerre, fulminates, fulmi-coton, picrate de potasse, dynamite, acide nitrique monohydraté*, connu dans le commerce sous le nom d'*acide nitrique fumant; artifices, mèches de mineur, huile de pétrole non rectifiée;* huiles dites *essentielles*, extraites par distillation du *pétrole*, des *schistes bitumineux* ou du *goudron de houille* (ces huiles ont pour caractère d'émettre des vapeurs qui prennent feu au contact d'une allumette enflammée, même lorsque leur température ne dépasse pas 35 degrés centigrades).

2° CATÉGORIE. — *Capsules, allumettes chimiques, chlorates, phosphores, éther, collodion, sulfure de carbone, benzines; huile de pétrole rectifiée* et *huile de schiste* ou *de goudron de houille*, quand elles sont contenues dans des touries en verre ou en grès.

3° CATÉGORIE. — *Pailles, foins, cotons, chiffons gras, résines liquides, brai gras, goudron liquide; pétrole rectifié* et *huiles minérales* dans des fûts de bois.

4° CATÉGORIE. — *Bois* de toute nature, *charbons de bois, huiles végétales; résines sèches; brai sec, goudron sec; pétrole rectifié* et *huiles minérales* dans des vases métalliques; *alcools*, *essence de térébenthine*, et, en général toutes les matières plus ou moins inflammables non dénommées dans les trois premières catégories.

TITRE II

EMBALLAGE ET CHARGEMENT.

ART. 2. — *Matières de la première catégorie*. — Les dispositions prescrites par l'arrêté du 25 juillet 1873 pour l'emballage et le chargement des poudres de guerre, de mine ou de chasse, et des munitions de guerre, sont maintenues. Ces dispositions sont également applicables aux *fulminates*, aux *fulmi-coton* et au *picrate de potasse*.

Quant à la *dynamite*, les mesures de précaution dont elle doit être l'objet sont prescrites par le règlement spécial du 20 août 1873.

L'acide nitrique monohydraté sera renfermé dans des wagons blindés avec des lames à recouvrement en tôle ou en plomb très-épais. Ces wagons devront être fournis par les expéditeurs.

Les *pièces d'artifice* de petite dimension et les *mèches de mineurs* seront emballées dans des caisses en planches de 1 centimètre au moins d'épaisseur. Les *pièces d'artifice* de grande dimension seront fixées avec soin contre les parois des wagons et isolées. On n'admettra aucune autre matière facilement explosible ou inflammable dans les wagons contenant des artifices ou des mèches de mineurs.

L'huile de pétrole non rectifiée et les *huiles essentielles* comprises dans la première catégorie doivent être contenues dans des vases métalliques bien fermés, dans des fûts cerclés en fer ou dans des touries en verre ou en grès, bien bouchées et entourées d'une enveloppe en paille, en osier ou en toute autre matière qui les protége contre les chocs.

ART. 3.—*Matières de la deuxième catégorie*. — Les matières comprises dans la deuxième catégorie seront chargées dans des wagons couverts et à panneaux pleins. Elles ne pourront être acceptées qu'autant que les emballages rempliront les conditions suivantes :

Capsules. — Emballage dans des sacs, et les sacs dans des caisses en planches de 1 centimètre au moins d'épaisseur.

Allumettes chimiques, chlorates. — Emballage dans des caisses en planches de 1 centimètre au moins d'épaisseur.

Phosphore. — Emballage dans des fûts étanches et remplis d'eau.

Éther, collodion, sulfure de carbone, benzine. — Emballage dans des vases métalliques bien fermés, dans des fûts cerclés en fer, ou dans des touries en verre ou en grès, bien bouchées et entourées d'une enveloppe en paille, en osier ou en toute autre matière qui les protége contre les chocs.

Huile de pétrole rectifiée et *huile de schiste ou de goudron de houille.* — Emballage dans des touries en verre ou en grès, bien bouchées et entourées d'une enveloppe en paille, en osier ou en toute autre matière qui les protége contre les chocs.

Art. 4. — *Matières de la troisième catégorie.* — Les *pailles, foins* et *cotons,* lorsqu'ils sont transportés dans des wagons découverts, doivent être bâchés de telle sorte que la surface supérieure du chargement, au moins, soit couverte. Les *chiffons gras* doivent être bâchés complétement.

Les *résines liquides,* le *brai gras,* le *goudron liquide,* le *pétrole rectifié* et les *huiles minérales* comprises dans la troisième catégorie doivent être contenus dans des fûts de bois cerclés en fer.

Art. 5. — *Matières de la quatrième catégorie.* — Les matières de la quatrième catégorie ne sont assujetties à aucune condition spéciale de chargement. Les vases métalliques contenant des liquides inflammables seront refusés, s'ils ne sont pas hermétiquement bouchés.

TITRE III

TRANSPORT.

ART. 6. — Le transport de la *nitro-glycérine* est absolument interdit sur les chemins de fer, même par trains de marchandises.

§ Ier. — *Trains de toute nature transportant des voyageurs.*

ART. 7. — Le transport des matières comprises dans la première catégorie ne peut, dans aucun cas, être effectué par les trains contenant des voyageurs.

Les matières de la deuxième catégorie sont également exclues des trains portant des voyageurs sur les sections où circulent des trains réguliers de marchandises.

Sur les sections où ne circulent pas des trains réguliers de marchandises, les matières de la deuxième catégorie pourront être transportées par trains mixtes, à la condition que les wagons qui les contiennent soient séparés des voitures de voyageurs par trois véhicules, au moins, ne renfermant pas de matières facilement inflammables, qu'ils soient placés à l'avant ou à l'arrière des voitures de voyageurs.

Les wagons contenant des matières de la troisième catégorie doivent être séparés des voitures de voyageurs par trois véhicules, au moins, ne contenant pas de matières facilement inflammables, lorsqu'ils sont placés à l'avant des voitures de voyageurs, et par un véhicule, au moins, lorsqu'ils sont placés à l'arrière de ces voitures.

Les wagons contenant des matières de la quatrième catégorie doivent être séparés des voitures de voyageurs par un véhicule, au moins, ne contenant pas de matières facilement inflammables.

Les wagons contenant des matières de la deuxième ou de la troisième catégorie doivent être séparés de la machine par deux wagons, au moins, ne contenant pas de matières facilement inflammables.

Lorsque les matières de la troisième ou de la quatrième catégorie seront chargées dans des wagons couverts et à panneaux pleins, ces vagons pourront occuper dans le train une place quelconque.

ART. 8. — Les dispositions de l'article précédent, concernant les trains transportant des voyageurs, ne sont pas applicables aux trains de marchandises dans lesquels se trouvent les agents de l'État ou de l'industrie privée qui doivent accompagner certaines expéditions.

§ II. — *Trains de marchandises.*

ART. 9. — Les wagons chargés de matières de la première catégorie sont placés à l'extrémité du train opposée à la locomotive. Ils doivent toujours être précédés et suivis de trois wagons non chargés de matières de la première catégorie.

Les trains de marchandises contenant des wagons chargés de matières de la première catégorie pourront être d'ailleurs remorqués, dans les cas prévus par les règlements, par deux machines placées, l'une à l'avant, l'autre à l'arrière, à la condition que les wagons chargés de ces matières seront toujours précédés et suivis de trois wagons, au moins, ne contenant pas de matières de la première ou de la deuxième catégorie.

La position, dans les trains de marchandises, des wagons chargés de matières des trois dernières catégories, ne donne lieu à aucune prescription spéciale.

TITRE IV

DISPOSITIONS DIVERSES.

ART. 10. — Les arrêtés sus-visés des 15 juillet 1863 et 25 mars 1874 sont rapportés.

Sont également rapportées toutes dispositions antérieures qui seraient contraires au présent arrêté.

Art. 11. — Le présent arrêté sera notifié aux Compagnies de chemins de fer.

Il sera publié et affiché.

Les préfets, les fonctionnaires et agents du contrôle sont chargés d'en surveiller l'exécution.

Versailles, le 1er décembre 1874.

Signé : E. CAILLAUX.

DÉCRET

PORTANT RÈGLEMENT D'ADMINISTRATION PUBLIQUE POUR LE TRANSPORT DES MATIÈRES DANGEREUSES SUR LES VOIES NAVIGABLES INTÉRIEURES.

(Du 31 juillet 1875.)

LE PRÉSIDENT DE LA RÉPUBLIQUE FRANÇAISE,

Sur le rapport du ministre des travaux publics;

Vu l'article 3 de la loi du 18 juin 1870, aux termes duquel un règlement d'administration publique doit déterminer les conditions de l'embarquement et du débarquement des matières pouvant être une cause d'explosion ou d'incendie, et les précautions à prendre pour l'amarrage, dans les ports, des bâtiments qui en sont porteurs;

Vu l'article 4 de ladite loi, portant que toute contravention au règlement d'administration publique énoncé à l'article 3 et aux arrêtés pris par les préfets, sous l'approbation du ministre des travaux publics, sera punie de la peine portée à l'article 1er, c'est-à-dire d'une amende de 16 francs à 3 000 francs, et à l'article 5 de la même loi, portant qu'en cas de récidive dans l'année, les peines prononcées par l'article 1er seront portées au double, et que le tribunal pourra, selon les circonstances, prononcer, en outre, un emprisonnement de trois jours à un mois ;

Vu les avis des ingénieurs des ponts et chaussées et des chambres de commerce ;

Vu les avis du Conseil général des ponts et chaussées des 26 décembre 1872 et 19 octobre 1874 ;

Vu le décret du 12 août 1874, rendu en exécution de l'article 2 de la loi du 18 juin 1870, déterminant la nomenclature des matières qui doivent être considérées comme pouvant donner lieu soit à des explosions, soit à des incendies ;

Le Conseil d'État entendu ;

Décrète :

Article premier. — Les bateaux circulant sur les voies navigables intérieures, qui sont chargés en totalité ou en partie de l'une des marchandises dangereuses dont la nomenclature a été déterminée par le décret du 12 août 1874, doivent arborer un pavillon rouge au haut de leur mât et, à défaut de mât, au haut d'une perche de 2 mètres de hauteur placée à l'avant.

Art. 2. — Le chargement et le déchargement des marchandises dangereuses ne peuvent avoir lieu que sur les quais ou portions de quais désignés à cet effet.

Ces opérations ne peuvent être commencées sans l'autorisation écrite d'un agent de la navigation. Elles n'ont lieu que de jour et sont poursuivies sans désemparer avec la plus grande célérité, de telle sorte qu'aucun colis ne reste sur le quai pendant la nuit.

L'embarquement des marchandises dangereuses n'a lieu qu'à la fin du chargement.

Art. 3. — Les essences doivent être contenues dans des vases métalliques hermétiquement fermés.

L'usage des bonbonnes ou touries en verre et en grès, lors même qu'elles sont protégées par un revêtement extérieur, est interdit.

Art. 4. — Les marchandises dangereuses sont arrimées dans des compartiments isolés du reste de la cargaison. Elles sont tenues à l'abri du soleil et recouvertes d'une couche de sable humide de 20 centimètres d'épaisseur.

Art. 5. — Dans le cas où les dispositions de l'article précédent n'auraient pas été observées, il ne peut être fait usage de feu à bord, même pour la préparation des aliments. Il est également interdit de fumer. Les seules lumières permises dans ce cas sont celles des lanternes dont les règlements sur la police de la navigation prescrivent l'emploi, au stationnement, pendant la marche de nuit et au passage des souterrains.

Art. 6. — Lorsque les marchandises dangereuses ont été embarquées en France, le patron est tenu de faire connaître le moment du départ à l'agent de la navigation qui a autorisé l'embarquement, et de lui remettre une déclaration écrite indiquant la nature et la quantité desdites marchandises, ainsi que l'itinéraire à suivre jusqu'à destination.

Lorsque les marchandises dangereuses ont été chargées hors de France, cette déclaration est faite sans délai à l'éclusier ou à l'agent de la navigation le plus voisin de la frontière.

Dans les deux cas, il est délivré un récipissé de la déclaration, que le porteur, au cours du voyage, est tenu d'exhiber à toute réquisition des agents de la navigation.

Art. 7. — Les bateaux portant des marchandises dangereuses doivent avoir à bord au moins deux personnes chargées de les diriger.

Sur les canaux et rivières canalisées, où il existe des serrvices de traction réguliers, ils doivent se faire haler dans les conditions requises pour l'exercice du droit de trématage et de priorité de passage aux écluses et aux ponts mobiles.

Art. 8. — Il est interdit aux bateaux chargés de marchandises dangereuses de naviguer de nuit dans les villes, dans les ports et dans les biefs contenant une agglomération de bateaux ou de trains de bois.

Art. 9. — Les bateaux chargés de marchandises dangereuses doivent, lorsqu'ils stationnent, se tenir éloignés, à la distance de 50 mètres ou à la distance moindre fixée par les agents de la navigation, detous autres bateaux ou trains de bois, des ponts en charpente, portes d'écluses ou autres ouvrages en bois, ainsi que des dépôts de matières combustibles existant sur les bords.

Il est interdit à tout bateau de stationner à de moindres distances des bateaux chargés de marchandises dangereuses.

ART. 10. — Des arrêtés préfectoraux, approuvés par le ministre des travaux publics, déterminent :

1° Les mesures nécessaires pour l'exécution du présent règlement;

2° Les conditions sous lesquelles il pourra être dérogé aux dispositions du présent règlement, à l'égard des bateaux chargés de petites quantités de marchandises dangereuses.

ART. 11. — Le ministre des travaux publics est chargé de l'exécution du présent décret, qui sera inséré au *Bulletin des lois.*

Fait à Versailles, le 31 juillet 1875.

Signé : M^{al} DE MAC MAHON.

Par le Président de la République,
Le ministre des travaux publics,
Signé : E. CAILLAUX.

Pour ampliation :
Le conseiller d'État, secrétaire général.
Signé : DE BOUREUILLE.

LOI

Du 18 juin 1870.

ARTICLE PREMIER. — Quiconque aura embarqué ou fai embarquer sur un bâtiment de commerce employé à la navigation maritime ou à la navigation sur les rivières et canaux, expédié ou fait expédier par voie de terre, des matières pouvant être une cause d'explosion ou d'incendie, sans en avoir déclaré la nature au capitaine, maître ou patron, au commissionnaire expéditeur ou au voiturier, et sans avoir apposé des marques apparentes sur les emballages, sera puni d'une amende de seize francs (16 fr.) à trois mille francs (3 000 fr.).

Cette disposition est applicable à l'embarquement sur navire étranger, dans un port français ou sur un point quelconque des eaux françaises.

ART. 2. — Un règlement d'administration publique déterminera :

La nomenclature des matières qui doivent être considérées comme pouvant donner lieu soit à des explosions, soit à des incendies.

ART. 3. — Un règlement d'administration publique déterminera également les conditions de l'embarquement et du débarquement desdites matières et les précautions à prendre pour l'amarrage dans les ports, des bâtiments qui en sont porteurs.

ART. 4. — Toute contravention au règlement d'administration publique énoncé à l'article précédent et aux arrêtés pris par les préfets, sous l'approbation du ministre des travaux publics, pour l'exécution dudit règlement, sera punie de la peine portée à l'article 1ᵉʳ.

ART. 5. — En cas de récidive dans l'année, les peines

prononcées par la présente loi seront portées au double, et le tribunal pourra, selon les circonstances, prononcer, en outre, un emprisonnement de trois jours à un mois.

EXTRAIT

DU DÉCRET DU 12 AOUT 1874

ARTICLE PREMIER. — Les matières pouvant être une cause d'explosion ou d'incendie sont divisées en deux catégories :

1° Les matières explosibles ou très-dangereuses et dont le transport exige les plus grandes précautions;

2° Les matières inflammables et comburantes ou moins dangereuses, mais dont il importe cependant de soumettre le transport à des précautions spéciales.

ART. 2. — Les matières de la 1re catégorie sont contenues dans la nomenclature suivante :

> Nitro-glycérine;
> Dynamite;
> Picrates;
> Coton-poudre;
> Coton azotique (pour collodion);
> Fulminates purs ou mélangés;
> Amorces;
> Mélanges de chlorates et d'une matière combustible;
> Poudres et cartouches de guerre, de chasse et de mine;
> Pièces d'artifice;
> Mèches de mineur [1].

ART. 3. — Les matières de la 2e catégorie sont désignées dans la nomenclature ci-après :

---

1. Lorsque ces mèches sont munies d'amorces ou d'autres moyens d'inflammation. (Décret du 25 janvier 1875.)

Phosphore;
Allumettes;
Sulfure de carbone;
Éthers;
Collodion liquide;
Huiles brutes de pétrole, de schiste, de boghead, de résine;
Essences et huiles lampantes de pétrole;
Essences et huiles lampantes de schiste;
Essences et huiles lampantes de boghead;
Essences et huiles lampantes de résine;
Essence de houille, benzine, toluène;
Acide nitrique monohydraté.

CIRCULAIRE MINISTÉRIELLE

Du 31 octobre 1873.

HUILE DE PÉTROLE. — MODE DE CONSTATATION DU DEGRÉ D'INFLAMMABILITÉ.

MONSIEUR LE PRÉFET,

L'article 1er du décret du 19 mai 1873, qui réglemente le commerce et la vente des *huiles de pétrole* et autres *hydrocarbures*, divise ces liquides en deux catégories, selon leur degré d'inflammabilité.

La première catégorie comprend les substances qui émettent, à une température inférieure à 35 degrés du thermomètre centigrade, des vapeurs susceptibles de prendre feu au contact d'une allumette enflammée; la deuxième catégorie comprend les substances moins inflammables, c'est-à-dire celles qui n'émettent de vapeurs susceptibles de prendre feu qu'à une température égale ou supérieure à 35 degrés.

Le paragraphe 4 du même article 1er dispose qu'un arrêté

du ministre de l'agriculture et du commerce déterminera, sur l'avis du Comité consultatif des arts et manufactures, le mode d'expérience par lequel sera constaté le degré d'inflammabilité des liquides à classer dans chaque catégorie.

J'ai l'honneur de vous adresser l'arrêté que j'ai pris à cet effet.

Je le fais suivre d'une instruction pratique destinée aux agents qui seront chargés de ce service. Ils y trouveront tous les renseignements nécessaires pour le maniement de l'appareil *Granier*, dont j'ai décidé l'usage pour la constatation du degré d'inflammabilité des *pétroles*.

Je vous prie, monsieur le préfet, de vouloir bien m'accuser réception de cette circulaire, à la suite de laquelle vous trouverez mon arrêté du 5 septembre dernier ainsi que l'instruction susmentionnée.

Recevez, monsieur le préfet, l'assurance de ma considération la plus distinguée.

Le ministre de l'agriculture et du commerce,
Signé : J. DE LA BOUILLERIE.
Pour expédition :
Le directeur,
DUMOUSTIER.

MINISTÈRE DE L'AGRICULTURE ET DU COMMERCE

—

ARRÊTÉ

—

LE MINISTRE DE L'AGRICULTURE ET DU COMMERCE,

Vu le décret du 19 mai 1873 concernant les *huiles de pétrole et de schiste, essences* et autres *hydrocarbures;*

Vu l'avis du Comité consultatif des arts et manufactures ;

ARRÈTE :

ARTICLE PREMIER. — Le degré d'inflammabilité des liquides à classer dans chaque catégorie sera constaté au moyen de l'appareil de M. Émile Granier.

ART. 2. — Les appareils mis entre les mains des agents chargés du contrôle seront revêtus du poinçon de l'administration.

ART. 3. — L'expérience de la mesure du degré d'inflammabilité des liquides précités sera exécutée conformément à l'instruction pratique annexée au présent arrêté.

ART. 4. — Les liquides qui produiront, par l'émission de vapeurs inflammables, l'extinction de la flamme de l'appareil à la température de 35 degrés du thermomètre, seront reconnus comme liquides de deuxième catégorie.

Une tolérance de 2 degrés au-dessous de 35 degrés sera accordée.

Les liquides qui produiront la même extinction à une température inférieure à 33 degrés seront considérés comme de première catégorie.

ART. 5. — Pour les liquides qui émettront des vapeurs à une température voisine de 1 degré, soit au-dessus, soit au-dessous de la limite minima, c'est-à-dire de 33 degrés, et à cette température minima elle-même, il sera fait trois essais dont on prendra la moyenne. Le chiffre obtenu sera adopté comme point d'inflammation de l'*huile* essayée.

Art. 6. — L'application au contrôle de tout appareil nouveau, soit concurremment avec l'appareil Granier, soit en remplacement de cet appareil, devra être l'objet d'une nouvelle décision prise sur l'avis du Comité consultatif des arts et manufactures.

Versailles, le 5 septembre 1873.

Signé : J. DE LA BOUILLERIE.

INSTRUCTION PRATIQUE

POUR LE MANIEMENT DE L'APPAREIL GRANIER, DESTINÉ A LA
MESURE DU DEGRÉ D'INFLAMMABILITÉ DES PÉTROLES.

Précautions préliminaires.

1° S'assurer que l'appareil est bien propre, sinon l'essuyer soigneusement avec un linge souple;

2° Si la mèche était charbonnée, par suite d'expériences antérieures, sur une hauteur de plus de 1 millimètre, il faudrait la renouveler;

3° Fixer la mèche sur son mandrin métallique, l'introduire dans le cône de cuivre disposé au centre de la boîte; avoir soin que la mèche et son mandrin s'appuient exactement sur le fond de la boîte;

4° Prendre d'abord avec le thermomètre de l'appareil la température du pétrole que l'on veut essayer. Si cette température se trouvait supérieure à 25 degrés, il faudrait refroidir le pétrole en plongeant le vase qui le contient dans l'eau froide;

A 25 degrés et au-dessous, le pétrole peut être essayé sans être préalablement refroidi;

5° Choisir une table ou autre support, une place aussi horizontale que possible, pour y déposer l'appareil et faire l'expérience.

Premier mode d'essai.

1° La boîte étant ouverte, y verser le pétrole à essayer en ayant soin de le faire couler sur la mèche;

2° Remplir la boîte jusqu'au niveau du petit tube déversoir placé excentriquement; le pétrole doit affleurer au bord supérieur de ce tube;

3° Fermer la boîte ; fermer aussi l'opercule placé sur l'orifice central du couvercle ;

Enfoncer le thermomètre dans la gaîne qui sert à le fixer dans la boîte.

L'opérateur doit se placer en face du thermomètre :

4° Approcher du petit orifice pratiqué dans l'opercule central une allumette enflammée et l'y maintenir quelques secondes ;

5° *Résultat.* Si une flamme de vapeur de pétrole apparaît et se maintient au-dessus dudit orifice, *le pétrole est inflammable à la température marquée par le thermomètre,* température qu'il faut constater immédiatement.

Deuxième mode d'essai.

Si, après avoir opéré comme il vient d'être décrit, on n'observe pas la production d'une flamme persistante de vapeur de pétrole au-dessus de l'orifice pratiqué dans le petit opercule, il faut procéder à un autre mode d'essai qui s'exécute de la manière suivante :

1° On rabat le petit opercule sur le couvercle de manière à découvrir la mèche placée au centre de l'appareil ;

2° On allume cette mèche en divers points, au moyen d'une allumette, de façon que la combustion se produise sur tout le pourtour du bec.

3° L'opérateur, l'œil fixé sur le thermomètre qui s'élève graduellement, doit attendre le moment où une petite explosion, qui se produit dans l'ouverture annulaire du couvercle, éteint le bec. Il note immédiatement la température ;

4° *Résultat.* La température marquée par le thermomètre, au moment et de l'explosion et de l'extinction consécutive du bec, est celle à laquelle le pétrole doit être considéré comme inflammable ;

5° Dans le cas où le thermomètre, au moment de l'explosion, marquerait une des températures suivantes : 32°, 33° ou 34°, il faudrait recommencer l'expérience deux autres fois, en prenant *chaque fois* une nouvelle quantité du même pétrole.

On prendra la moyenne des trois résultats obtenus, c'est-à-dire qu'on ajoutera les trois températures trouvées et l'on divisera par trois. Le quotient sera admis comme représentant la température à laquelle s'enflamme le pétrole soumis à l'essai.

NOTICE SUR L'APPAREIL GRANIER

POUR DÉTERMINER LA DENSITÉ ET L'INFLAMMABILITÉ DES HUILES MINÉRALES.

DENSITÉ

1° PÈSE-PÉTROLE centésimal, ayant pour base la densité de l'eau distillée dont un litre pèse un kilo, est toujours contrôlable par le poids spécifique du liquide à éprouver. L'échelle établie à une température type de 15° c. est divisée par 2 1/2, 5 et 10 grammes.

2° LE PÈSE, si fragile, est maintenu dans l'éprouvette par une griffe mobile à volonté. Inutile d'y toucher dans les expériences ordinaires ; laisser égoutter, ou, après avoir essayé des huiles brutes ou lourdes, rincer avec un peu d'huile légère ou d'essence. Mais, pour des expériences tout à fait précises, retirer la griffe, nettoyer le tout, et ramener les huiles à la température type de 15°, en plongeant *l'éprouvette-pèse* dans de l'eau très-fraîche en été, tiède en hiver.

3° Remplir *l'éprouvette-pèse* de l'huile dont on cherche la densité : le degré de l'échelle qui affleure juste à la ligne de flottaison indique en grammes le poids d'un litre d'huile et sa densité.

4° Une huile de pétrole bien rectifiée pour un éclairage parfait et inoffensif doit être blanche, d'une densité de 800, c'est-à-dire peser 800 grammes au litre, et ne s'enflammer qu'à une température supérieure à 35° c., minimum exigé par la loi en France. Dans les mêmes conditions, un litre de schiste pèse 815 grammes.

5° *Il ne faut jamais* essayer dans l'appareil d'inflammabilité les *essences* ou *huiles légères* dans lesquelles le *pèse* s'enfonce au-dessus de 760, puisqu'elles prennent feu même à 0°c., et surtout parce que l'intensité de leur flamme, résistant à l'explosion, ferait briser le thermomètre, et pourrait causer des accidents.

INFLAMMABILITÉ

L'épreuve d'inflammabilité est indispensable pour connaître si la densité n'est pas produite par un mélange d'huile lourde et d'essence très-inflammable et pour déterminer exactement la qualité relative des huiles. Pour faire cette épreuve, il faut :

1° Couper nettement la mèche à ras de la tête du petit tube central, qui se trouve lui-même maintenu à la hauteur voulue, en fermant le couvercle, par la barre en travers de l'orifice ; moyen automatique d'assurer une flamme et un chauffage identiques pour toutes les expériences ;

2° Laisser l'appareil dans la boîte en fer-blanc dont le couvercle abrite la flamme contre les courants d'air, qu'il faut éviter ;

3° Verser doucement l'huile de *l'éprouvette-pèse* sur le milieu de la mèche jusqu'à ce que le liquide, débordant du porte-mèche, arrive dans la cuvette, à la hauteur du tube-déversoir de côté, qui règle ainsi presque automatiquement une quantité de liquide égale pour toutes les expériences ;

4° Fermer le couvercle de l'appareil, introduire le thermomètre et allumer la mèche. Ne pas remuer l'appareil une fois allumé. La flamme chauffe par la conductibilité du métal l'huile à essayer en quelques secondes ou minutes selon sa qualité, et développe les gaz qu'elle tient en suspens. Ces gaz, au fur et à mesure que la chaleur augmente, se répandent dans la partie vide de l'appareil, prennent feu au contact de la flamme et produisent une légère explosion qui éteint le tout.

5° On regarde alors le thermomètre qui indique la température de l'huile au moment de l'inflammation de ses gaz.

6° Dans le cas d'expériences successives pressées, plonger le thermomètre dans de l'eau fraîche pour le faire descendre plus vite.

Porter la boîte, le couvercle en haut, pour que le mercure du thermomètre ne soit pas renversé dans sa tige.

EXTRAIT

DU REGISTRE DES DÉLIBÉRATIONS DES CONSULS DE LA RÉPUBLIQUE.

—

LAMINOIRS, MOUTONS, PRESSES, BALANCIERS ET COUPOIRS.

(Du 3 germinal an IX — 24 mars 1801.)

—

Les consuls de la République, sur le rapport du ministre des finances, le Conseil d'État entendu ;

ARRÊTENT :

ARTICLE PREMIER. — Les dispositions des lettres patentes du 28 juillet 1783, qui obligent les entrepreneurs de manufactures, orfévres, horlogers, graveurs, fourbisseurs et autres artistes et ouvriers qui font usage de presses, moutons, laminoirs, balanciers et coupoirs, à en obtenir la permission. seront exécutées selon leur forme et teneur,

Art. 2. — Cette permission sera délivrée, savoir : dans la ville de Paris, par le préfet de police ; dans les villes de Bordeaux, Lyon, Marseille, par les commissaires généraux de police ; et dans toutes les autres villes de la République, par les maires de l'arrondissement.

Art. 3. — Ceux qui voudront obtenir lesdites permissions seront tenus de faire élection de domicile, de joindre à leur demande les plans figurés et l'état des dimensions de chacune desdites machines dont ils se proposeront de faire usage. Ils y joindront pareillement des certificats des officiers municipaux des lieux dans lesquels sont situés leurs ateliers ou manufactures, lesquels certificats attesteront l'existence de leurs établissements et le besoin qu'ils pourront avoir de faire usage desdites machines.

Art. 4. — (Forme l'article 7 de l'ordonnance du 4 prairial an IX, 24 mai 1801.)

Art. 5. — (Forme l'article 8 de ladite ordonnance.)

Art. 6. — Les ministres de la police générale, de la justice et des finances sont chargés, chacun en ce qui le concerne, de l'exécution du présent arrêté qui sera inséré au *Bulletin des lois.*

ORDONNANCE

CONCERNANT

L'USAGE ET L'EMPLOI DES LAMINOIRS, MOUTONS, PRESSES, BALANCIERS ET COUPOIRS.

(Du 4 prairial an IX — 24 mai 1801.)

LE PRÉFET DE POLICE,

Vu l'arrêté des consuls, en date du 3 germinal dernier, concernant la fabrication, la vente et l'emploi des laminoirs, moutons, presses, balanciers et coupoirs ;

ORDONNONS ce qui suit :

ARTICLE PREMIER. — L'arrêté des consuls en date du 3 germinal dernier, concernant la fabrication, la vente et l'emploi des laminoirs, moutons, presses, balanciers et coupoirs, sera imprimé, publié et affiché.

ART. 2. — Ceux qui se servent de ces instruments ne pourront continuer à en faire usage sans en avoir obtenu la permission du préfet de police.

Ils lui adresseront, à cet effet, une pétition énonciative de leurs noms, prénoms, professions et demeures, ainsi que les lieux où sont situés leurs manufactures ou ateliers ; ils remettront cette pétition aux commissaires de police de leur division, avec les plans figurés et l'état des dimensions de chacune de leurs machines.

ART. 3. — Les commissaires de police prendront des renseignements tant sur l'existence des établissements où des laminoirs, moutons, presses, balanciers et coupoirs sont employés, que sur la nécessité pour les pétitionnaires d'en avoir à leur usage. Ils en dresseront procès-verbal qui contiendra leur avis, et l'enverront, avec toutes les pièces, au préfet de police.

ART. 4. — Ceux qui, pour l'exercice de leur profession, auront besoin de pareilles machines, ne pourront en faire usage qu'après en avoir obtenu la permission.

Pour l'obtenir, ils se conformeront aux dispositions de l'article 2 ci-dessus.

Ils seront tenus, en outre, d'indiquer les personnes qui devront leur fournir lesdites machines.

ART. 5. — Les permissions seront enregistrées par les commissaires de police, sur des registres ouverts à cet effet. Mention de cet enregistrement sera faite sur lesdites permissions.

ART. 6. — Ceux qui changeront de domicile sans sortir de leur division en avertiront le commissaire de police. Ceux qui changeront de division en préviendront les commissaires de leur ancien et de leur nouveau domicile.

ART. 7. — Il est défendu aux graveurs, serruriers, forgerons, fondeurs et autres, de fabriquer des laminoirs, moutons, presses, balanciers et coupoirs.

Ils pourront néanmoins en fabriquer pour les manufacturiers, orfévres, horlogers et tous autres qui leur justifieront d'une permission du préfet de police.

Dans ce cas, ils se feront remettre ladite permission et ne la rendront qu'à l'instant où ils livreront les machines fabriquées.

Le tout à peine de 1 000 francs d'amende et de confiscation. (Article 7 des lettres patentes du 28 juillet 1785.)

Art. 8. — Les graveurs, forgerons, serruriers ou autres, qui auraient actuellement en leur possession des laminoirs, moutons, presses, balanciers et coupoirs, ne pourront les conserver qu'à la charge d'en faire leur déclaration conformément à l'article 2, et ils ne pourront les vendre sans une permission, sous les peines portées par les lettres patentes rappelées ci-dessus.

Art. 9. — Ceux qui voudraient cesser de faire usage de ces machines seront tenus d'en faire leur déclaration, et ils ne pourront les vendre qu'à ceux qui seraient munis d'une permission du préfet de police.

Art. 10. — Ceux qui auront obtenu la permission d'avoir chez eux des laminoirs, moutons, presses, balanciers et coupoirs, seront tenus de les placer dans leurs ateliers aux endroits les plus apparents, et sur la rue, autant que faire se pourra, en observant toutefois de les tenir dans des endroits fermant à clef, lorsqu'ils ne s'en serviront pas.

Il leur est défendu d'en faire usage avant 5 heures du matin et après 9 heures du soir, comme aussi de les employer à tout autre travail que celui qu'ils auront indiqué dans leur déclaration, sous peine de révocation des permissions accordées, et d'être contraints à déposer leurs machines à la Préfecture de police.

Art. 11. — Les commissaires de police et officiers de paix feront des visites chez les manufacturiers, orfévres, horlogers, graveurs, fourbisseurs, serruriers, forgerons, fondeurs, ferrailleurs, ouvriers et tous autres, à l'effet de surveiller l'exécution des dispositions ci-dessus.

Le préfet de police,
Signé : DUBOIS.

ORDONNANCE

CONCERNANT

LES DÉPÔTS D'ENGRAIS ET D'IMMONDICES DANS LES COMMUNES RURALES.

(Du 8 novembre 1839.)

NOUS, CONSEILLER D'ÉTAT, PRÉFET DE POLICE,

Considérant qu'il est habituellement formé dans les campagnes, aux environs de Paris, un nombre considérable de dépôts d'engrais, composés de boues, d'immondices ou de débris de matières animales, qui, sans constituer précisément des voiries, répandent cependant des exhalaisons infectes ;

Considérant qu'il importe de préserver les habitations et les routes de l'influence insalubre que peuvent produire de telles exhalaisons, sans nuire aux avantages que les cultivateurs retirent de l'emploi de ces engrais ;

Vu : 1° les nombreuses réclamations qui nous ont été adressées à cet égard ;

2° Les avis de MM. les sous-préfets de Sceaux et de Saint-Denis ;

3° L'avis du Conseil de salubrité ;

4° La loi des 16-24 août 1790 ;

5° Les arrêtés du Gouvernement des 12 messidor an VIII et 3 brumaire an IX (1er juillet et 25 octobre 1800) ;

Ordonnons ce qui suit :

Article premier. — Tous dépôts de boues et immondices, autres que ceux qui, formant des voiries, sont soumis aux formalités prescrites pour les établissements insalubres de première classe, ne pourront être faits, dans le ressort de la Préfecture de police, sans notre autorisation.

Art. 2. — Dans aucun cas, il ne sera accordé d'autorisation de former de semblables dépôts dans l'intérieur des cours, jardins ou autres enclos contigus aux habitations, non plus que sur des emplacements qui seraient à une distance moindre de 200 mètres de toute habitation, et de 100 mètres de toutes routes royales et départementales, ainsi que des chemins vicinaux.

Cette distance pourra être réduite dans le cas où les chemins vicinaux ne serviraient qu'à l'agriculture.

Art. 3. — Lors de l'emploi des boues et immondices à l'engrais des terres, ces matières seront étendues sur le sol dans les vingt-quatre heures qui suivront leur apport aux champs.

Art. 4. — Les dispositions prescrites par les articles précédents ne sont point applicables aux dépôts de fumier ordinaire de cheval, de vache et de mouton.

Le conseiller d'État, préfet de police.
Signé : G. DELESSERT.

ORDONNANCE

CONCERNANT LES ÉQUARRISSEURS.

(Du 15 septembre 1842.)

Nous, conseiller d'État, préfet de police,

Vu : 1° L'ordonnance de police du 24 août 1811, concernant les équarrisseurs ;

2° L'ordonnance de police du 15 octobre 1841, concernant la police et l'ouverture de l'abattoir et de l'atelier d'équarrissage d'Aubervilliers ;

3° La loi des 16-24 août 1790 ;

4° Les arrêtés du Gouvernement du 12 messidor an VIII (1ᵉʳ juillet 1800) et du 3 brumaire an IX (25 octobre 1800) ;

5° Le décret du 17 mai 1809, article 156 ;

Ordonnons ce qui suit :

Article premier. — Toute personne exerçant ou voulant exercer la profession d'équarrisseur sera tenue d'en faire la déclaration à la Préfecture de police, en indiquant le matériel dont elle est pourvue ; ce matériel devra être approuvé par nous.

Art. 2. — Les charrettes ou voitures destinées au transport des animaux devront être construites de manière à ne laisser échapper aucun liquide et à ne pas laisser voir ce qu'elles contiennent.

Elles seront d'ailleurs, préalablement à leur usage, soumises à la vérification des agents que nous désignerons à cet effet. Elles seront ensuite revêtues d'une estampille particulière.

Indépendamment de la plaque dont les voitures doivent être pourvues, conformément à l'article 9 de la loi du 3 nivôse an VI, et à l'article 34 du décret du 23 juin 1806, les équarrisseurs seront tenus de faire peindre sur un endroit apparent de leurs voitures, en lettres de 6 centimètres au moins, leurs nom, profession et domicile, ainsi que l'indication du siége de leur établissement.

Art. 3. — La voiture de l'équarrisseur devra toujours accompagner les convois d'animaux vivants.

Art. 4. — Il est défendu de faire entrer dans Paris des animaux morts ou vivants destinés à l'équarrissage.

Art. 5. — Il est défendu d'abattre et d'équarrir les animaux dans Paris. Ces opérations ne pourront être faites hors de Paris que dans des établissements légalement autorisés.

Art. 6. — Les animaux morts enlevés dans Paris, de même que les animaux vivants destinés à l'équarrissage, ne pourront être conduits de Paris au clos d'équarrissage que de minuit à six heures du matin en été, et à huit heures du matin en hiver.

Art. 7. — Les chevaux morveux ou farcineux, et tous les autres animaux attaqués de maladies contagieuses, morts ou vivants, devront être conduits directement et immédiatement au clos d'équarrissage, sans qu'on puisse les faire stationner, sous aucun prétexte, dans quelque lieu que ce soit.

Art. 8. — Les équarrisseurs devront, sur la réquisition qui leur en sera faite, enlever immédiatement les animaux morts sur la voie publique ou chez les particuliers.

Art. 9. — Les contraventions aux dispositions de la présente ordonnance seront déférées aux tribunaux compétents, sans préjudice des mesures administratives qu'il y aurait lieu de prendre suivant les cas.

Art. 10. — L'ordonnance de police précitée du 24 août 1811 est rapportée.

Art. 11. — Les sous-préfets des arrondissements de Saint-Denis et de Sceaux, les maires et les commissaires de police des communes rurales, les commissaires de police de la ville de Paris, le chef de la police municipale, les officiers de paix, le directeur de la salubrité, l'inspecteur contrôleur de la fourrière, l'inspecteur général des halles et marchés, l'inspecteur de l'abattoir d'Aubervilliers, et les autres préposés de la Préfecture de police, sont chargés chacun en ce qui le concerne de l'exécution de la présente ordonnance, qui sera imprimée et affichée dans toute l'étendue du ressort de la Préfecture de police.

Elle sera, en outre, adressée à M. le colonel de la garde municipale et à M. le commandant de la gendarmerie du département de la Seine, pour qu'ils en assurent l'exécution par tous les moyens qui sont en leur pouvoir.

Les préposés de l'octroi sont requis de concourir à l'exécution de l'art. 6 de la présente ordonnance, qui, à cet effet, sera adressée à M. le directeur, président du conseil d'administration de l'octroi.

Ampliation de la présente ordonnance sera adressée à M. le pair de France, préfet de la Seine.

Le conseiller d'État, préfet de police,
Signé : G. DELESSERT.

ORDONNANCE DE POLICE

CONCERNANT

LES DÉBITS DE TRIPERIE DANS PARIS.

———

Paris, le 21 avril 1865.

Nous, PRÉFET DE POLICE,

Vu : 1° l'arrêté du gouvernement du 12 messidor an VIII ;

2° Les ordonnances de police des 28 mai 1812 et 11 janvier 1813 qui règlent les rapports commerciaux entre les tripiers et les bouchers ;

3° L'ordonnance de police du 21 janvier 1813 qui soumet l'exploitation des débits de triperie à certaines conditions restrictives ;

Considérant que les règlements précités relatifs au commerce de la triperie ne sont plus en harmonie avec le régime de la liberté de la boucherie, et que les seules règles à prescrire pour l'exercice de ce commerce sont celles qui peuvent intéresser la salubrité publique ;

Ordonnons ce qui suit :

Article premier. — Les ordonnances de police des 28 mai 1812, 11 janvier 1813 et 21 du même mois sus-visées, concernant le commerce de la triperie à Paris, sont et demeurent abrogées.

Art. 2. — Tout individu qui voudra exploiter à Paris un débit de triperie devra en faire préalablement la déclaration à notre Préfecture et indiquer le lieu où il se proposera d'établir son étal.

A défaut d'opposition formée par la Préfecture de police dans un délai de vingt jours, l'étal pourra être ouvert.

L'opposition ne pourra être basée que sur l'inexécution des conditions déterminées par l'article 3 ci-après.

ART. 3. — L'exploitation d'un débit de triperie à Paris sera subordonnée aux conditions suivantes :

1° Le local devra être suffisamment aéré et ventilé;

2° Le sol sera établi en pente et en surélévation de la voie publique; il sera entièrement dallé ou carrelé avec jointoiement en ciment romain;

3° Les murs seront revêtus de matériaux ou d'enduits imperméables jusqu'à hauteur des crochets de suspension;

4° Il ne pourra y avoir dans l'étal ni âtre, ni cheminée, ni fourneaux;

5° Aucune chambre à coucher ne devra se trouver en communication directe soit avec l'étal, soit avec ses dépendances;

6° Les tables et comptoirs seront recouverts de plaques en marbre ou en pierre de Château-Landon;

7° A défaut de puits ou d'une concession d'eau pour service de l'étal, il y sera suppléé par un réservoir de la contenance d'un demi-mètre cube, au minimum, qui devra être rempli tous les jours.

ART. 4. — Il n'est en rien dérogé par la présente ordonnance aux règlements concernant les ateliers de préparation et de cuisson de tripes, classés parmi les établissements insalubres et incommodes.

ART. 5. — Les commissaires de police, le chef de la seconde division et les architectes de notre Préfecture sont chargés, chacun en ce qui le concerne, de l'exécution de la présente ordonnance qui sera imprimée, publiée et affichée.

Le préfet de police,
Signé : BOITTELLE.

Par le préfet de police :
Le secrétaire général,
Signé : G. JARRY.

ARRÊTÉ DU PRÉFET DU NORD

CONCERNANT LES TEINTURERIES.

(Du 10 août 1864.)

Nous, préfet du département du Nord, grand-officier de l'ordre impérial de la Légion d'honneur, commandeur de l'ordre de Léopold de Belgique,

Vu les plaintes aussi vives que fondées qui s'élèvent de toutes parts contre l'altération profonde des cours d'eau par le déversement dans leur lit des résidus provenant des teintureries;

Vu le rapport du Conseil central de salubrité en date du 20 juin 1864;

Vu les lois des 16-24 août 1790 et 6 octobre 1791;

Le décret du 15 octobre 1810 et l'ordonnance du 14 janvier 1815;

Considérant qu'il importe essentiellement de remédier à un état de choses qui s'aggrave chaque jour et qui compromet de la manière la plus sérieuse les intérêts de la salubrité publique, aussi bien que ceux de l'industrie elle-même;

Considérant que des expériences faites sur une grande échelle ont démontré que ce résultat précieux et nécessaire peut être obtenu au moyen de mesures simples, d'une application facile, peu coûteuse et qui n'exige de la part des industriels que quelques soins et une bonne volonté que l'on est fondé à attendre d'eux;

ARRÊTONS :

ARTICLE PREMIER. — Les établissements de teinturerie en exploitation et ceux qui pourront être créés à l'avenir devront se conformer aux dispositions ci-après.

Art. 2. — Les teintureries seront divisées en trois catégories :

La 1re catégorie comprendra les teintureries de fil ou de toile au moyen de l'indigo ;

La 2e catégorie comprendra les établissements de teinturerie en couleurs diverses où l'on ne dispose que d'un terrain restreint, quelle que soit d'ailleurs l'importance de l'établissement ;

La 3e catégorie comprendra les établissements de teinturerie en couleurs diverses où l'on dispose d'un très-vaste terrain et où l'on peut opérer la purification des eaux colorées mélangées aux eaux de rinçage, de débouillissage et autres eaux industrielles.

En ce qui touche les teintureries de la 1re catégorie, c'est-à-dire les teintureries de toiles ou de fils au moyen de l'indigo.

On construira trois bassins en maçonnerie n° 1, n° 2, n° 3.

Les bassins n° 1 et n° 2 auront les mêmes dimensions ; ils seront établis au même niveau et ils seront contigus, mais complétement isolés. Chacun d'eux aura un mètre (1m) de profondeur et présentera une capacité suffisante pour contenir le produit des bains usés pendant plusieurs jours de travail.

Le bassin n° 3, de capacité inférieure à celle des deux précédents, sera placé contre eux de manière que son axe se trouve le prolongement de celui de leur côté mitoyen, et son fond sera établi à cinquante centimètres (0m,50) en contre-bas du leur. Par cette disposition, il pourra communiquer avec chacun d'eux et recevra leurs résidus au moyen de vannes de fond.

Ces vannes de fond établies dans les bassins n° 1 et n° 2 seront exclusivement destinées au versement des résidus dans le bassin n° 3 : l'écoulement des eaux clarifiées aura lieu au dehors par décantation, soit par d'autres vannes fonctionnant de haut en bas, soit simplement par des trous de cinq centimètres (0^m, 05) de diamètre pratiqués à quinze centimètres (0^m, 15) de distance verticale les uns des autres à travers un madrier en chêne scellé dans une des parois. Les trous seront bouchés par des chevilles de bois.

Les liquides provenant des bains usés seront versés dans le bassin n° 1, au fond duquel les matières insolubles se déposeront après quelque temps de repos du liquide. L'eau claire surnageant, contenant encore un peu d'indigo, pourra être décantée pour monter de nouvelles cuves; et le dépôt boueux sera, après cette opération, versé dans le bassin n° 3 par l'ouverture de la vanne de fond. Si l'on renonce à faire emploi des eaux clarifiées par dépôt, il faudra, avant leur départ du bassin, les traiter avec un lait de chaux en quantité suffisante pour les décolorer complétement et les rendre fortement alcalines; on les laissera reposer quelque temps après ce mélange et on ne les décantera que lorsqu'elles seront éclaircies.

Le dépôt boueux sera dans tous les cas versé dans le bassin n° 3 où il prendra une consistance, pour pouvoir être enlevé à la bêche et transporté dans les champs.

Quant aux eaux de rinçage et autres eaux de l'usine, elles seront recueillies dans le bassin n° 2 où on les traitera par un lait de chaux, comme il vient d'être dit pour les bains usés. Ces eaux, rendues aussi parfaitement claires et fortement alcalines pour éviter les décompositions ultérieures, seront décantées et leurs résidus boueux se rendront ensuite, par la vanne de fond, dans le bassin n° 3, comme ceux provenant du bassin n° 1.

En ce qui concerne les teintureries de la 2° catégorie, c'est-à-dire les teintureries en couleurs diverses où l'on ne dispose que d'un terrain restreint :

On construira trois bassins n° 1, n° 2 et n° 3.

Le bassin n° 1 sera contigu aux deux autres; il aura un mètre (1^m) de profondeur et présentera une capacité suffisante pour contenir le produit des bains usés pendant deux journées au moins de travail.

Le bassin n° 2, de dimensions beaucoup plus restreintes, est destiné à recevoir et à filtrer les eaux éclaircies à leur sortie du bassin n° 1 ; son fond sera établi à quatre-vingts centimètres (0ᵐ, 80) en contre-bas de celui de ce dernier bassin ; il aura un mètre (1ᵐ) de profondeur.

Le bassin n° 3, destiné à recevoir les résidus du bassin n° 1, présentera la même superficie que lui, mais son fond sera établi à un mètre (1ᵐ) plus bas et sa hauteur sera portée à un mètre cinquante centimètres (1ᵐ, 50). La communication entre les bassins nᵒˢ 1 et 3 aura lieu à l'aide d'une vanne de fond.

Les liquides provenant des bains usés, à l'exclusion des eaux de débouillissage, seront reçus dans le bassin n° 1, où ils subiront un triple traitement ; ils seront d'abord mélangés, par agitation, avec 1 kilogramme de chaux vive, à l'état de lait, par mètre cube de leur volume : on ajoutera à ce premier mélange, et d'après le même dosage, du sulfate de fer en continuant de mouvoir fortement la masse ; on complétera le traitement par l'addition de 1 hectogramme de chaux vive, à l'état de lait, par mètre cube de mélange, que l'on rendra parfaitement intime et homogène avant de le laisser reposer.

Après douze heures de repos, on décantera les eaux clarifiées au moyen d'une planche verticale scellée dans la paroi, dans le prolongement de l'axe du bassin n° 2, et percée sur toute sa hauteur de trous que l'on ouvrira successivement en procédant de haut en bas. Ces trous déboucheront tous dans une conduite verticale plongeant jusqu'au fond du bassin n° 2 qui sera rempli sur toute sa hauteur de bois de campêche râpé et épuisé. Les eaux de décantation seront forcées ainsi de traverser par siphonnement cette matière filtrante qui achèvera de les purifier ; au sortir du bassin n° 2, elles seront déversées dans les fossés ou canaux publics.

Le dépôt boueux qui restera au fond du bassin n° 1, après le départ des eaux claires, sera versé dans le bassin n° 3 par la vanne de fond ménagée à cet effet. Il s'y condensera et en sera ensuite extrait pour être répandu sur les champs.

Les eaux de débouillissage seront traitées par une quantité suffisante de chaux vive à l'état de lait, dans un bassin spécial destiné à leur clarification. Les eaux de rinçage, quand elles seront colorées, seront traitées de la même manière et dans le même bassin avant d'être déversées au dehors. Les liquides éclaircis seront décantés et les marcs ou dépôts seront emportés dans les champs.

Les dosages de chaux et de sulfate de fer indiqués ci-dessus ne sont pas absolus; mais il suffira, dans tous les cas, de quelques essais faciles pour les déterminer de manière à obtenir une décoloration parfaite et le degré d'alcalinité prescrit.

En ce qui touche les teintureries de la 3ᵉ catégorie, c'est-à-dire les teintureries en couleurs diverses disposant d'un vaste terrain où l'on peut opérer la purification des eaux colorées mélangées aux eaux de rinçage, de débouillissage et aux autres eaux industrielles :

On établira des bassins en terre ayant au moins un mètre cinquante centimètres (1^m, 50) à deux mètres (2^m) de profondeur et présentant une très-grande surface, de manière à faciliter les dépôts par l'anéantissement de la vitesse du courant. Le dernier de ces bassins à l'aval sera fermé et terminé par un déversoir de même superficie par lequel toutes les eaux sales de l'usine devront s'écouler. Ce déversoir sera construit en maçonnerie complétement étanche et terminé dans sa partie supérieure par un couronnement parfaitement horizontal, en pierres de taille ou en ciment. Il aura la longueur nécessaire pour que l'épaisseur de la lame d'eau déversante ne dépasse pas quatre millimètres (0^m, 004), quel que soit d'ailleurs le volume à débiter.

Les eaux de l'usine, à la sortie de l'atelier et aussi loin que possible des bassins épurateurs, se mélangeront à un courant de lait de chaux que l'on entretiendra d'une manière continue dans le canal de faîte et qui sera composé de manière que 1 kilogramme au moins de chaux vive soit employé par mètre cube de liquide.

Les bassins seront constamment entretenus par des curages fréquents dans un grand état de propreté et sur leurs dimensions primitives.

ART. 3. — Les rinçages dans les fossés ou cours d'eau publics sont absolument interdits pour chaque catégorie d'établissements.

L'efficacité certaine des procédés prescrits dans les articles précédents ayant en outre été établie d'une manière incontestable par des expériences faites sur la plus grande échelle et l'application de ces procédés étant aussi facile que peu onéreuse, il est également interdit de la manière la plus absolue de verser dans les fossés ou cours d'eau publics aucun liquide qui ne soit incolore et légèrement alcalin.

ART. 4. — Les propriétaires des teintureries actuellement en exploitation sont tenus de se conformer aux prescriptions qui précèdent, dans le délai de six semaines à partir du jour de la notification du présent arrêté.

Faute par eux de satisfaire à cette condition, leur fabrication pourra être interdite.

ART. 5. — Les prescriptions contenues dans les arrêtés d'autorisation pris antérieurement pour chaque teinturerie demeurent obligatoires en tout ce qui n'est pas contraire aux dispositions qui précèdent.

ART. 6. — L'administration se réserve d'ailleurs le droit de prescrire en tout temps les autres mesures de précaution et les dispositions qu'elle jugera utiles dans un intérêt public.

ART. 7. — MM. les maires et commissaires de police et M. l'inspecteur de la salubrité publique sont chargés, chacun en ce qui le concerne, de l'exécution du présent arrêté.

Fait à Lille, le 10 août 1864.

Signé : VALLON.

ARRÊTÉ DU PRÉFET DU NORD

CONCERNANT LA RÉGLEMENTATION DES BRASSERIES.

(Du 5 décembre 1864.)

ARTICLE PREMIER. — Les brasseries en exploitation dans la ville de Lille et dans les territoires qui en dépendent devront, ainsi que celles qui pourront y être établies à l'avenir, se conformer aux dispositions suivantes :

1° Les foyers de toutes les chaudières seront mis en communication, par des carneaux horizontaux, avec une grande cheminée en maçonnerie de 30 mètres de hauteur et de 1ᵐ,20 de diamètre intérieur à la base qui servira d'issue unique à la fumée de l'établissement.

Le carneau horizontal établissant la communication entre la cheminée et le foyer le plus proche de celle-ci ne pourra avoir moins de 10 mètres de longueur ; dans le cas où cette distance ne pourra pas être observée, on suppléera à cette condition par la construction d'une chambre close de 5 mètres cubes de capacité au moins, placée entre les foyers et la cheminée, établissant la communication entre eux et dans laquelle passeront les fumées avant de s'engager dans la cheminée.

2° L'atelier des chaudières, contenant l'eau et la bière en ébullition, n'aura point d'ouverture dans les murs latéraux ; et il se terminera supérieurement par une cheminée d'appel, qui donnera seule issue aux buées provenant de l'ébullition. Cette cheminée s'élèvera de 2 mètres au moins au-dessus des toits voisins, dans un rayon de 50 mètres.

3° La chambre contenant la touraille n'aura point d'ouvertures dans les murs latéraux ; elle se terminera supérieurement par une cheminée d'appel qui donnera seule issue aux gaz et vapeurs provenant de la touraille ; cette cheminée dominera de 2 mètres les toits voisins, dans un rayon de 50 mètres.

4° Les eaux provenant du mouillage des grains, du lavage des chaudières, tonneaux, ustensiles, ateliers, seront reçues dans un bassin en maçonnerie, bien cimenté et étanche, de 10 mètres cubes de capacité au moins ; elles y seront brassées avec 2 kilogrammes de chaux vive amenée à l'état de lait par mètre cube de liquide et abandonnées au repos jusqu'à ce que les matières insolubles se soient séparées par précipitation. Dans un des murs du bassin, on établira une ouverture verticale de 20 centimètres de large qui sera fermée par un madrier de chêne fixe ; ce madrier sera percé de 10 en 10 centimètres d'ouvertures circulaires qui seront fermées par des chevilles de bois. C'est par ces orifices, successivement ouverts de haut en bas au-dessus du dépôt, que les eaux clarifiées seront décantées et versées, non sur la voie publique, mais dans des aqueducs communiquant avec les égouts publics. Les matières déposées seront enlevées fréquemment et charriées dans la campagne.

Les drèches seront enlevées chaque jour.

5° Les murs mitoyens seront protégés par des contre-murs contre le voisinage des chaudières, bacs, carneaux, foyers et cheminées, de manière à les préserver de toute atteinte incommode provenant de la chaleur immédiate ou de l'humidité.

6° Le pavage des divers ateliers sera fait en pierres dures, rejointoyées au ciment hydraulique, avec pente convenable pour l'écoulement des eaux.

ART. 2. — Le maire de Lille est chargé de l'exécution du présent arrêté qui sera publié, affiché et notifié par ses soins aux intéressés.

Expédition en sera également adressée à M. l'inspecteur de la salubrité.

Fait à Lille, le 5 décembre 1864.

Signé : VALLON.

CIRCULAIRE

« La législation actuelle place le rouissage en grand du
chanvre et du lin dans la première classe des établissements
insalubres, dangereux ou incommodes. Ils doivent particulièrement être placés loin des habitations, et ils restent soumis,
en outre, à toutes les prescriptions que l'administration juge
convenable de leur imposer dans l'intérêt de la salubrité.

« Ces garanties, prises par le législateur contre les routoirs, sont motivées sur l'odeur désagréable qu'ils répandent,
sur l'altération profonde qu'ils font subir à l'eau qui les ali-
mente, altération qui va souvent jusqu'à faire périr les poissons.

« L'opération du rouissage, en effet, qui consiste à obtenir par la macération prolongée du chanvre et du lin la séparation de la fibre textile d'avec la partie ligneuse de la tige,
réalise, lorsqu'on agit sur de grandes masses, les conditions
les plus fâcheuses des eaux stagnantes marécageuses. Il n'y a
donc pas lieu de s'étonner qu'on ait pu attribuer au rouissage une influence nuisible pour la santé, la production de
fièvres intermittentes et tout le cortége des affections propres
à la cachexie palustre.

« On s'explique ainsi facilement et l'inquiétude des populations au sujet de cette industrie et l'emploi des mesures
restrictives que la loi autorise à son égard.

« Ces mesures gênantes et quelquefois très-onéreuses pour
les industriels qui les subissent suscitent de leur part des oppositions. Elles ont donné lieu à beaucoup d'observations dont
quelques-unes méritent d'être prises en considération.

« On a constaté d'une manière générale l'influence nuisible des routoirs, influence qui aurait été au moins singulièrement exagérée ; on est allé jusqu'à prétendre, en s'appuyant sur des travaux qui ont une certaine notoriété dans la science, que les opérations du rouissage, malgré l'odeur désagréable qu'elles développent, seraient d'une innocuité absolue pour les personnes qui les pratiquent comme pour celles qui habitent à proximité des routoirs ; que l'eau de macération elle-même ne renferme aucune matière toxique, qu'elle peut être prise impunément à dose assez considérable, que la mortalité du poisson dans le voisinage des routoirs n'est point due à une matière nuisible, spéciale au chanvre ou au lin, mais à cette simple circonstance que l'oxygène de l'air contenu dans l'eau étant absorbé par les matières organiques en putréfaction, la proportion de ce principe nécessaire à la vie s'y trouvait en trop petite quantité pour entretenir la vie du poisson ; que l'eau, d'ailleurs, ne tarde pas à rentrer en possession de ses qualités primitives par le contact de l'air auquel elle reprend la quantité d'oxygène qu'elle avait cédée à la matière organique.

« Quoi qu'il en soit de l'exactitude de ces assertions, c'est en se basant sur les considérations qui précèdent que des industriels, des hygiénistes dont la compétence ne saurait être contestée, ont demandé que l'industrie du rouissage fût descendue de la première à la deuxième classe des établissements classés, particulièrement lorsqu'on opère dans l'eau courante ou dans les routoirs alimentés par un courant régulier.

« Dans cette situation, et avant de prendre aucune décision, j'ai jugé utile de connaître l'avis des conseils d'hygiène et de salubrité des départements où l'industrie du rouissage est le plus développée, et de recueillir sous forme d'enquête toutes les observations que ces conseils pourraient transmettre.

« En conséquence, j'ai l'honneur de vous adresser plusieurs exemplaires d'un programme de questions en regard desquelles pourront se placer les solutions demandées... »

1° Quelles sont les quantités de chanvre et de lin qu'on fait rouir dans l'arrondissement pendant le cours d'une année ?

2° Quels sont les procédés de rouissage employés? Quels sont ceux auxquels on donne la préférence et pour quels motifs ?

3° Quelles sont les quantités de chanvre ou de lin qu'on fait rouir dans les eaux stagnantes? Combien dans les eaux courantes ou dans les routoirs isolés alimentés par un cours d'eau? Combien dans les ateliers où l'on emploie des procédés spéciaux?

4° Quels sont, au point de vue de l'hygiène et de la salubrité, les inconvénients propres à chacun des procédés de rouissage?

5° Le rouissage dans les eaux stagnantes a-t-il, indépendamment de l'odeur désagréable qu'il développe, tous les inconvénients qu'on lui reproche, notamment de donner naissance à des fièvres intermittentes?

L'eau de rouissage possède-t-elle des propriétés délétères qui devraient la faire rejeter absolument pour la boisson de l'homme et des animaux?

6° Dans le rouissage à l'eau courante, quelle est la quantité de chanvre et de lin qu'on peut rouir dans un temps donné et eu égard au volume d'eau dont on dispose, pour éviter la perte du poisson et pour conserver à l'eau ses caractères essentiels pour les usages domestiques et industriels?

7° Pour les routoirs pratiqués à proximité des cours d'eau et alimentés par une dérivation de ces eaux, quelles sont les conditions à remplir en ce qui concerne le renouvellement du liquide, pour éviter le plus possible l'infection des cours d'eau et les conséquences qu'elle entraîne ?

8° Pourrait-on utiliser pour l'agriculture les eaux des routoirs, soit en les employant en nature lorsqu'elles sont suffisamment concentrées, soit en réunissant sous un petit volume, par des procédés particuliers, la matière organique qu'elles contiennent? Quels succès les essais faits jusqu'ici ont-ils obtenus?

9° Y a-t-il des moyens pratiques d'atténuer l'influence fâcheuse du rouissage sur les eaux, de faciliter leur désinfection et de hâter leur retour à l'état naturel, c'est-à-dire à l'état de pureté que comportent les conditions dans lesquelles elles existent?

10° Le rouissage dans les ateliers, au moyen de l'eau employée dans des conditions particulières, donne lieu à des quantités considérables de liquide putrescible qui peut infecter les petits cours d'eau dans lesquels on les verse et devenir une cause grave d'incommodité ou d'insalubrité pour le voisinage. Comment pourrait-on utiliser ces eaux pour l'agriculture ou les désinfecter de manière à éviter les inconvénients signalés?

ORDONNANCE DU ROI

CONCERNANT

LA VENTE ET L'EMPLOI DES SUBSTANCES VÉNÉNEUSES.

(Du 29 octobre 1846.)

Palais de Saint-Cloud, le 29 octobre 1846.

LOUIS-PHILIPPE, ROI DES FRANÇAIS, à tous présents et à venir, salut.

Vu la loi du 19 juillet 1845, portant :

« ARTICLE PREMIER. — Les contraventions aux ordonnances royales, portant règlement d'administration publique sur la vente, l'achat et l'emploi des substances vénéneuses, seront punies d'une amende de 100 francs à 3 000 francs, et d'un emprisonnement de six jours à deux mois, sauf application, s'il y a lieu, de l'art. 463 du Code pénal.

« Dans tous les cas, les tribunaux pourront prononcer la confiscation des substances saisies en contravention.

« ART. 2. — Les art. 34 et 35 de la loi du 21 germinal

an XI seront abrogés, à partir de la promulgation de l'ordonnance qui aura statué sur la vente des substances vénéneuses ; »

Sur le rapport de notre ministre secrétaire d'État de l'agriculture et du commerce ;

Notre Conseil d'État entendu ;

Nous avons ordonné et ordonnons ce qui suit :

TITRE PREMIER

DU COMMERCE DES SUBSTANCES VÉNÉNEUSES.

Article premier. — Quiconque voudra faire le commerce d'une ou de plusieurs des substances comprises dans le tableau annexé à la présente ordonnance, sera tenu d'en faire préalablement la déclaration devant le maire de la commune, en indiquant le lieu où est situé son établissement.

Les chimistes, fabricants ou manufacturiers, employant une ou plusieurs desdites substances, seront également tenus d'en faire la déclaration dans la même forme.

Ladite déclaration sera inscrite sur un registre à ce destiné, et dont un extrait sera remis au déclarant : elle devra être renouvelée, dans le cas de déplacement de l'établissement.

Art. 2. — Les substances auxquelles s'applique la présente ordonnance ne pourront être vendues ou livrées qu'aux commerçants, chimistes, fabricants ou manufacturiers qui auront fait la déclaration prescrite par l'article précédent, ou aux pharmaciens.

Lesdites substances ne devront être livrées que sur la demande écrite et signée de l'acheteur.

Art. 3. — Tous achats ou ventes de substances vénéneuses seront inscrits sur un registre spécial, coté et parafé par le maire ou par le commissaire de police.

Les inscriptions seront faites de suite et sans aucun blanc, au moment même de l'achat ou de la vente ; elles indiqueront l'espèce et la quantité des substances achetées ou vendues, ainsi que les noms, professions et domiciles des vendeurs ou des acheteurs.

Art. 4. — Les fabricants et manufacturiers employant des substances vénéneuses en surveilleront l'emploi dans leur établissement et constateront cet emploi sur un registre établi conformément au premier paragraphe de l'article 3.

TITRE II

DE LA VENTE DES SUBSTANCES VÉNÉNEUSES PAR LES PHARMACIENS.

Art. 5. — La vente des substances vénéneuses ne peut être faite, pour l'usage de la médecine, que par les pharmaciens et sur la prescription d'un médecin, chirurgien, officier de santé ou d'un vétérinaire breveté.

Cette prescription doit être signée, datée, et énoncer en toutes lettres la dose desdites substances, ainsi que le mode d'administration du médicament.

Art. 6. — Les pharmaciens transcriront lesdites prescriptions avec les indications qui précèdent sur un registre établi dans la forme déterminée par le paragraphe 1er de l'article 3.

Ces transcriptions devront être faites de suite et sans aucun blanc.

Les pharmaciens ne rendront les prescriptions que revêtues de leur cachet, et après y avoir indiqué le jour où les substances auront été livrées, ainsi que le numéro d'ordre de la transcription sur le registre.

Ledit registre sera conservé pendant vingt ans au moins, et devra être représenté à toute réquisition de l'autorité.

Art. 7. — Avant de délivrer la préparation médicale, le pharmacien y apposera une étiquette indiquant son nom et son domicile, et rappelant la destination interne ou externe du médicament.

Art. 8. — L'arsenic et ses composés ne pourront être vendus, pour d'autres usages que la médecine, que combinés avec d'autres substances.

Les formules de ces préparations seront arrêtées sous l'approbation de notre ministre secrétaire d'État de l'agriculture et du commerce, savoir :

Pour le traitement des animaux domestiques, par le Conseil des professeurs de l'école royale vétérinaire d'Alfort ;

Pour la destruction des animaux nuisibles et pour la conservation des peaux et objets d'histoire naturelle, par l'École de pharmacie.

ART. 9. — Les préparations mentionnées dans l'article précédent ne pourront être vendues ou délivrées que par les pharmaciens et seulement à des personnes connues et domiciliées.

Les quantités livrées, ainsi que le nom et le domicile des acheteurs, seront inscrits sur le registre spécial dont la tenue est prescrite par l'article 6.

ART. 10. — La vente et l'emploi de l'arsenic et de ses composés sont interdits pour le chaulage des grains, l'embaumement des corps et la destruction des insectes.

TITRE III

DISPOSITIONS GÉNÉRALES.

ART. 11. — Les substances vénéneuses doivent toujours être tenues, par les commerçants, fabricants, manufacturiers et pharmaciens, dans un endroit sûr et fermé à clef.

ART. 12. — L'expédition, l'emballage, le transport, l'emmagasinage et l'emploi doivent être effectués par les expéditeurs, voituriers, commerçants et manufacturiers, avec les précautions nécessaires pour prévenir tout accident.

Les fûts, récipients ou enveloppes ayant servi directement à contenir les substances vénéneuses ne pourront recevoir aucune autre destination.

ART. 13. — A Paris, et dans l'étendue du ressort de la Préfecture de police, les déclarations prescrites par l'article 1er seront faites devant le préfet de police.

ART. 14. — Indépendamment des visites qui doivent être

faites en vertu de la loi du 21 germinal an XI, les maires ou les commissaires de police, assistés, s'il y a lieu, d'un docteur en médecine désigné par le préfet, s'assureront de l'exécution des dispositions de la présente ordonnance.

Ils visiteront, à cet effet, les officines des pharmaciens, les boutiques et magasins des commerçants et manufacturiers vendant ou employant lesdites substances. Ils se feront représenter les registres mentionnés dans les articles 1er, 3, 4 et 6, et constateront les contraventions.

Leurs procès-verbaux seront transmis au procureur du roi, pour l'application des peines prononcées par l article 1er de la loi du 19 juillet 1845.

ART. 15. — Notre ministre secrétaire d'État au département de l'agriculture et du commerce, et notre garde des sceaux, ministre secrétaire d'État de la justice et des cultes, sont chargés, chacun en ce qui le concerne, de l'exécution de la présente ordonnance.

Fait au palais de Saint-Cloud, le 29 octobre 1846.

Signé : LOUIS-PHILIPPE.

Par le roi :

*Le ministre secrétaire d'État de l'agriculture
et du commerce,*

Signé : L. CUNIN-GRIDAINE.

TABLEAU DES SUBSTANCES VÉNÉNEUSES A ANNEXER AU DÉCRET DU 8 JUILLET 1850, QUI REMPLACE CELUI ANNEXÉ A L'ORDONNANCE ROYALE DU 29 OCTOBRE 1846.

Acide cyanhydrique ;
Alcaloïdes végétaux vénéneux et leurs sels ;
Arsenic et ses préparations ;
Belladone, extrait et teinture ;
Cantharides entières, poudre et extrait ;
Chloroforme ;
Ciguë, extrait et teinture ;
Coque du Levant (décret du 1er octobre 1864) ;
Cyanure de mercure ;
Cyanure de potassium ;
Digitale, extrait et teinture ;
Émétique ;
Jusquiame, extrait et teinture ;

    Nicotiane ;

    Nitrate de mercure ;

    Opium et son extrait ;

    Phosphore et pâte phosphorée :

    Seigle ergoté ;

    Stramonium, extrait et teinture ;

    Sublimé corrosif.

Vu pour être annexé au décret du 8 juillet 1850, enregistré sous le n° 983.

Le ministre de l'agriculture et du commerce,
Signé : J. DUMAS.

ORDONNANCE

CONCERNANT

LES SUCRERIES COLORIÉES, LES SUBSTANCES ALIMENTAIRES, LES USTENSILES ET VASES DE CUIVRE ET AUTRES MÉTAUX.

Paris, le 28 février 1853.

NOUS, PRÉFET DE POLICE,

Considérant que de graves accidents sont résultés, soit de l'emploi de substances vénéneuses pour colorier les liqueurs, bonbons, dragées et pastillages, soit de la mauvaise qualité ou de l'altération des substances alimentaires, soit enfin du mauvais état ou de la nature même des vases dans lesquels les marchands de comestibles, les restaurateurs, les fruitiers, les épiciers, etc., préparent ou conservent les substances qu'ils livrent à la consommation;

Que des accidents ont été également causés par des papiers coloriés avec des substances toxiques, et dans lesquels on enveloppe des aliments pour les livrer au public ;

Vu : 1° la loi des 16-24 août 1790 et celle du 22 juillet 1791;

2° La loi du 3 brumaire an IX ;

3° La loi du 27 mars 1851 et les articles 319, 320, 417, § 15, et 477 du Code pénal ;

4° Les ordonnances de police des 20 juillet 1832, 7 novembre 1838 et 22 septembre 1841 ;

5° Les instructions ministérielles, en date du 25 octobre 1851, concernant les eaux de fleurs d'oranger, et celle des 20 octobre 1851 et 7 avril 1852, concernant la fabrication des sirops ;

6° Les rapports du Conseil d'hygiène publique et de salubrité du département de la Seine ;

ORDONNONS ce qui suit :

TITRE PREMIER

SUCRERIES, LIQUEURS ET PASTILLAGES.

ARTICLE PREMIER. — Il est expressément défendu de se servir d'aucune substance minérale, le bleu de Prusse, l'outre-mer, la craie (carbonate de chaux) et les ocres exceptés, pour colorier les liqueurs, bonbons, dragées, pastillages, et toute espèce de sucreries et pâtisseries.

Il est également défendu d'employer, pour colorier les liqueurs, bonbons, etc., des substances végétales nuisibles à la santé, notamment la gomme-gutte et l'aconit napel.

Les mêmes défenses s'appliquent aux substances employées à la clarification des sirops et des liqueurs.

ART. 2. — Il est défendu d'envelopper ou de couler des sucreries dans des papiers blancs lissés ou coloriés avec des substances minérales, le bleu de Prusse, l'outre-mer, les ocres et la craie exceptés.

Il est défendu de placer des bonbons dans des boîtes garnies, à l'intérieur, de papiers coloriés avec des substances prohibées, et de les recouvrir avec des découpures de ces papiers.

ART. 3. — Il est défendu de faire entrer aucune préparation fulminante dans la composition des enveloppes de bonbons.

Il est également défendu de se servir de fils métalliques comme supports de fleurs, de fruits et autres objets en sucre et en pastillage.

ART. 4. — Les bonbons enveloppés porteront le nom et l'adresse du fabricant ou marchand ; il en sera de même des sacs dans lesquels les bonbons ou sucreries seront livrés au public.

Les flacons contenant des liqueurs coloriées devront porter les mêmes indications.

ART. 5. — Il est interdit d'introduire dans l'intérieur des bonbons et pastillages des objets de métal ou d'alliage métallique, capables, par leur altération, de former des composés nuisibles à la santé.

Il ne pourra être employé que des feuilles d'or et d'argent fins pour la décoration des bonbons et pastillages.

Il en sera de même pour les liqueurs dans lesquelles on introduit des feuilles métalliques.

ART. 6. — Les sirops qui contiendront de la *glucose* (sirop de fécule, sirop de froment) devront porter, pour éviter toute confusion, les dénominations communes de *sirops de glucose ;* en outre de cette indication, les bouteilles porteront l'étiquette suivante : *Liqueur de fantaisie à l'orgeat, à la groseille,* etc., etc.

ART. 7. — Il sera fait annuellement des visites chez les fabricants et détaillants, à l'effet de constater si les dispositions prescrites par la présente ordonnance sont observées.

TITRE II

SEL DE CUISINE ET AUTRES SUBSTANCES ALIMENTAIRES.

ART. 8. — Il est expressément défendu à tous fabricants, raffineurs, marchands en gros, épiciers et autres, faisant le commerce de sel marin (sel de cuisine) dans le ressort de la Préfecture de police, de vendre et débiter, comme sel de table et de cuisine, du sel retiré de la fabrication du salpêtre ou extrait des varechs, ou des sels provenant de diverses opérations chimiques.

Il est également défendu de vendre du sel altéré par le mélange des sels précédents ou par le mélange de toutes autres substances étrangères.

Art. 9. — Il est défendu d'ajouter frauduleusement au lait, aux fécules, amidons, farines, ou à toute autre denrée, des substances étrangères, même quand ces substances n'auraient rien de nuisible.

Art. 10. — Les commissaires de police de Paris et les maires ou les commissaires de police dans les communes rurales feront, à des époques indéterminées, avec l'assistance des hommes de l'art, des visites dans les ateliers, magasins et boutiques des fabricants, marchands et débitants de sel et de comestibles quelconques, à l'effet de vérifier si les denrées dont ils sont détenteurs sont de bonne qualité et exemptes de tout mélange.

Art. 11. — Le sel et toutes substances alimentaires ou denrées falsifiées seront saisis, sans préjudice des poursuites à exercer, s'il y a lieu, contre les contrevenants, conformément aux dispositions de la loi précitée du 27 mars 1851.

Art. 12. — Il est défendu d'envelopper aucune substance alimentaire quelconque avec les papiers peints et notamment avec ceux qui sont défendus par l'article 2 de la présente ordonnance.

TITRE III

USTENSILES ET VASES DE CUIVRE ET AUTRES MÉTAUX ; ÉTAMAGES.

Art. 13. — Les ustensiles et vases de cuivre ou d'alliage de ce métal dont se servent les marchands de vins, traiteurs, aubergistes, restaurateurs, pâtissiers, confiseurs, bouchers, fruitiers, épiciers, etc., devront être étamés à l'*étain fin* et entretenus constamment en bon état d'étamage.

Sont exceptés de cette disposition les vases et ustensiles dits d'*office*, et les balances, lesquels devront être constamment entretenus en bon état de propreté.

Art. 14. — L'emploi du plomb, du zinc et du fer galvanisé est interdit dans la fabrication des vases destinés à préparer ou à contenir les substances alimentaires et les boissons.

ART. 15. — Il est défendu de renfermer de l'eau de fleurs d'oranger, ou toutes autres eaux distillées, dans des vases de cuivre, tels que les estagnons de ce métal, à moins que ces vases ou ces estagnons ne soient étamés à l'intérieur à l'étain fin.

Il est également interdit de faire usage, dans le même but, de vases de plomb, de zinc ou de fer galvanisé.

ART. 16. — On ne devra faire usage que d'estagnons neufs, ni bosselés ni fissurés ; ils seront marqués d'une estampille indiquant le nom et l'adresse du fabricant, ainsi que l'année et le mois de l'étamage, et garantissant l'étamage à l'étain fin, sans aucun alliage.

ART. 17. — Il est expressément défendu de fabriquer des estagnons en cuivre en dehors des conditions indiquées ci-dessus ; il est également défendu à tout distillateur ou détaillant d'en faire usage.

ART. 18. — Il est défendu aux marchands de vin et de liqueurs d'avoir des comptoirs revêtus de lames de plomb ; aux débitants de sel, de se servir de balances de cuivre ; aux nourrisseurs de vaches, crémiers et laitiers de déposer le lait dans des vases de plomb, de zinc, de fer galvanisé, de cuivre et de ses alliages; aux fabricants d'eaux gazeuses, de bières ou de cidre et aux marchands de vins de faire passer par des tuyaux où appareils de cuivre, de plomb ou d'autres métaux pouvant être nuisibles les eaux gazeuses, la bière, le cidre ou le vin. Toutefois les vases et ustensiles de cuivre dont il est question au présent article pourront être employés s'ils sont étamés.

ART. 19. — Il est défendu aux raffineurs de sel de se servir de vases et instruments de cuivre, de plomb, de zinc et de tous autres métaux pouvant être nuisibles.

ART. 20. — Il est défendu aux vinaigriers, épiciers, marchands de vins, traiteurs et autres de préparer, de déposer, de transporter, de mesurer et de conserver dans des vases de cuivre et de ses alliages, non étamés, de plomb, de zinc, de fer galvanisé, ou dans des vases faits avec un alliage dans lequel entrerait l'un des métaux désignés ci-dessus, aucuns liquides ou substances alimentaires susceptibles d'être altérés par l'action de ces métaux.

Art. 21. — La prohibition portée en l'article ci-dessus est applicable aux robinets fixés aux barils dans lesquels les vinaigriers, épiciers et autres marchands renferment le vinaigre.

Art. 22. — Les vases d'étain employés pour contenir, déposer, préparer ou mesurer les substances alimentaires ou des liquides, ainsi que les lames de même métal qui recouvrent les comptoirs des marchands de vin ou de liqueurs, ne devront contenir, au plus, que 10 p. % de plomb ou des autres métaux qui se trouvent ordinairement alliés à l'étain du commerce.

Art. 23. — Les lames métalliques recouvrant les comptoirs des marchands de vin ou de liqueurs, les balances, les vases et ustensiles en métaux défendus par la présente ordonnance, qui seraient trouvés chez les marchands et fabricants désignés dans les articles qui précèdent, seront saisis et envoyés à la Préfecture de police, avec les procès-verbaux constatant les contraventions.

Art. 24. — Les étamages prescrits par les articles qui précèdent devront toujours être faits à l'étain fin, et être constamment entretenus en bon état.

Art. 25. — Les ustensiles et vases de cuivre ou d'alliage de ce métal, dont l'usage serait dangereux, par le mauvais état de l'étamage, seront étamés aux frais des propriétaires, lors même qu'ils déclareraient ne pas s'en servir.

En cas de contestations sur l'état de l'étamage, il sera procédé à une expertise, et, provisoirement, ces ustensiles seront mis sous scellés.

Art. 26. — Il n'est rien changé aux dispositions de l'ordonnance de police du 19 décembre 1835, spécialement applicable aux charcutiers, et qui continuera de recevoir sa pleine et entière exécution.

TITRE IV

DISPOSITIONS GÉNÉRALES.

Art. 27. — Les fabricants et les marchands désignés en la présente ordonnance sont personnellement responsables des accidents qui pourraient être la suite de leurs contraventions aux dispositions qu'elle renferme.

Art. 28. — Les ordonnances de police des 20 juillet 1832, 7 novembre 1838 et 22 septembre 1841 sont rapportées.

Art. 29. — Les contraventions seront poursuivies, conformément à la loi, devant les tribunaux compétents, sans préjudice des mesures administratives auxquelles elles pourraient donner lieu.

Art. 30. — La présente ordonnance sera imprimée et affichée.

Les sous-préfets des arrondissements de Sceaux et de Saint-Denis, les maires et les commissaires de police des communes rurales du ressort de notre Préfecture, le chef de la police municipale, les commissaires de police de Paris, les officiers de paix, l'inspecteur général des halles et marchés et autres préposés de la Préfecture de police sont chargés, chacun en ce qui le concerne, de tenir la main à son exécution.

Le préfet de police,
Signé : PIÉTRI.

Par le préfet :
Le secrétaire général,
Signé : H. COLLET-MEYGRET.

CONSEIL D'HYGIÈNE PUBLIQUE ET DE SALUBRITÉ

DU DÉPARTEMENT DE LA SEINE

——

INSTRUCTION

———

§ Iᵉʳ. — *Des substances colorantes que peuvent employer les confiseurs ou distillateurs pour les bonbons, pastillages, dragées ou liqueurs.*

Pour faciliter aux confiseurs et liquoristes les moyens de reconnaître les substances colorantes qu'il est permis d'employer et celles qui sont défendues par la présente ordonnance, il est convenable de les désigner ici sous les divers noms qu'on leur donne dans le commerce et de faire suivre cette nomenclature de l'indication de quelques procédés simples et faciles.

COULEURS BLEUES.

L'indigo.
Le bleu de Prusse ou de Berlin.
L'outre-mer pur.
Ces couleurs se mêlent facilement avec toutes les autres et peuvent donner toutes les teintes composées dont le bleu est l'un des éléments.

COULEURS ROUGES.

La cochenille,
Le carmin.

La laque carminée.
La laque du Brésil.
L'orseille.

COULEURS JAUNES.

Le safran.
La graine d'Avignon.
La graine de Perse.
Le quercitron.
Le curcuma.
Le fustet.
Les laques *alumineuses* de ces substances.

Les jaunes que l'on obtient avec plusieurs des matières désignées et surtout avec les graines d'Avignon et de Perse sont plus brillants et moins mats que ceux que donne le jaune chrome, dont l'usage est dangereux et prohibé.

COULEURS COMPOSÉES.

Vert.

On peut produire cette couleur avec le mélange du bleu et diverses couleurs jaunes ; mais l'un des plus beaux est celui que l'on obtient avec le bleu de Prusse ou de Berlin et la graine de Perse ; *il ne le cède en rien, par le brillant, au vert de Schweinfurt, qui est un violent poison.*

Violet.

Le bois d'Inde.
Le bleu de Berlin ou de Prusse.
Par des mélanges convenables, on obtient toutes les teintes désirables.

Pensée.

Le carmin.
Le bleu de Prusse ou de Berlin.

Ce mélange donne des teintes très-brillantes.

Toutes les autres couleurs composées peuvent être préparées par les mélanges des diverses matières colorantes qui viennent d'être indiquées, et que le confiseur ou le distillateur sauront approprier à leurs besoins.

LIQUEURS.

Le liquoriste peut faire usage de toutes les couleurs précédentes ; mais quelques autres lui sont nécessaires ; il peut préparer, avec les substances suivantes, diverses couleurs particulières :

Pour le *curaçao de Hollande*, le bois de Campêche ;

Pour les *liqueurs bleues*, l'indigo dissous dans l'alcool ;

Pour l'*absinthe*, le safran mêlé avec le bleu d'indigo soluble.

SUBSTANCES DONT IL EST DÉFENDU DE FAIRE USAGE POUR COLORIER LES BONBONS, PASTILLAGES, DRAGÉES ET LIQUEURS.

Les substances minérales en général, et notamment :

Les *oxydes de cuivre*, les *cendres bleues* ;

Les *oxydes de plomb*, le *massicot*, le *minium* ;

Le sulfure de mercure ou *vermillon* ;

Le *jaune de chrome*, ou chromate de plomb ;

Le *vert de Schweinfurt*, le *vert de Scheele* et le *vert métis*.

Le *blanc de plomb*, connu sous les noms de *céruse* ou de *blanc d'argent*. (Voir, pour les substances minérales permises, celles qui ont été désignées plus haut.)

Les confiseurs et liquoristes ne doivent employer, pour mettre dans leurs liqueurs et décorer les bonbons, que des feuilles d'or et d'argent fins. On bat actuellement du chrysocalque presque au même degré de ténuité que l'or ; cette substance contenant du cuivre et du zinc doit être prohibée.

On ne devra jamais employer l'acétate de plomb ou sucre de Saturne dans la préparation des liqueurs, cette matière étant vénéneuse.

PAPIERS SERVANT A ENVELOPPER LES BONBONS.

Il faut apporter beaucoup de soin dans le choix du papier
colorié et du papier blanc qui servent à envelopper les bonbons. Les papiers lissés blancs ou coloriés sont souvent préparés avec des substances minérales très-dangereuses.

Ils ne doivent pas servir à envelopper les bonbons, sucreries, fruits confits ou candis qui pourraient, en s'humectant,
s'attacher au papier et donner lieu à des accidents, si on les
portait à la bouche.

Le papier colorié avec des laques végétales peut être employé sans inconvénients.

DES PROCÉDÉS A SUIVRE POUR RECONNAITRE LA NATURE CHIMIQUE DES PRINCIPALES MATIÈRES DONT L'USAGE EST INTERDIT AUX CONFISEURS ET LIQUORISTES

COULEURS BLANCHES.

Le carbonate de plomb, connu dans le commerce sous les
noms de *blanc de plomb*, *céruse*, *blanc d'argent*, étant appliqué
en couche mince, à l'aide d'un couteau, sur une carte non
lissée à laquelle on met le feu, donne naissance à du plomb
métallique qui se montre sous la forme de petits globules
très-multipliés, dont les plus volumineux égalent la grosseur
de la tête d'une petite épingle. En opérant cette combustion
au-dessus d'une feuille de papier blanc ou d'une assiette de
porcelaine, les globules y tombent et sont faciles à apercevoir.

Les papiers d'enveloppe lissés à la céruse et les cartes
dites *porcelaine* donnent aussi lieu, quand on les brûle, à la
production de globules de plomb; de plus, un cercle jaune
entoure les parties de carte ou de papier en combustion.

Enfin le carbonate de plomb et les papiers ou cartes qui

sont lissés avec ce corps brunissent quand on les touche avec de l'eau de Barèges non altérée (l'eau de Barèges non altérée dégage l'odeur d'œufs pourris).

COULEURS JAUNES.

Le *massicot* ou *oxyde de plomb* se comporte de la même manière que la céruse.

Il en est de même du *jaune de chrome* ou *chromate de plomb ;* mais il faut avoir soin de le mêler très-intimement avec un quart de son volume de sel de nitre en poudre ; le mélange est étendu sur la carte, on enflamme celle-ci, et les globules de plomb apparaissent à mesure que la combustion fait des progrès.

Cette couleur devient brune avec l'eau de Barèges ; il en est de même du *massicot*.

La *gomme-gutte* délayée dans l'eau donne un lait jaune qui rougit par l'addition de la potasse ou de l'ammoniaque : jetée sur les charbons rouges, elle se ramollit, puis brûle avec une flamme, et laisse un résidu de charbon et de cendres.

COULEURS ROUGES.

Le *vermillon* ou *sulfure de mercure*, jeté sur des charbons ardents, brûle avec une flamme bleu pâle et produit la même odeur que la partie soufrée d'une allumette pendant sa combustion ; une pièce de cuivre rouge nettoyée au grès étant tenue au-dessus de la fumée ou vapeur blanche, se couvre d'une couleur blanchâtre de mercure métallique.

Le *carmin*, mêlé de vermillon, se comporte de la même manière.

Le *minium* ou oxyde de plomb se comporte comme le *massicot* et la *céruse*.

COULEURS VERTES.

Les *verts de Schweinfurt, de Scheele* et *métis* sont des arsénites de cuivre ; mis en contact, dans un verre, avec de l'ammoniaque ou alcali volatil, ils s'y dissolvent en donnant lieu à une liqueur bleue.

Quand on en jette une très-petite quantité sur des charbons rouges, ils produisent une fumée blanche qui a une *odeur d'ail* très-prononcée : on doit s'abstenir de respirer cette fumée. Les papiers coloriés avec ces substances se décolorent au contact de l'ammoniaque ; une goutte suffit pour blanchir le papier dans le point qu'elle touche et elle prend ensuite presque instantanément la couleur bleue. Enfin ces papiers, en brûlant, dégagent l'odeur d'ail. Les cendres qu'ils laissent ont une teinte rougeâtre et sont constituées en grande partie par du cuivre métallique.

Une couleur verte est aussi préparée avec la gomme-gutte et le bleu de France ou indigo ; il est facile de reconnaître la gomme-gutte dans la couleur verte, en traitant cette dernière, réduite en poudre, par l'éther ou même l'alcool ; la gomme-gutte se dissout en colorant le liquide d'une couleur jaune d'or; une partie de ce liquide versé dans un peu d'eau donne une émulsion de couleur jaune ; un peu de potasse ou d'ammoniaque versé dans ce mélange et dans la dissolution de gomme-gutte avec l'alcool ou l'éther donne une coloration rouge foncé, ou orange, lorsque le liquide est étendu.

COULEURS BLEUES.

Les *cendres bleues* (*oxyde* ou *carbonate hydraté de cuivre*) donnent, avec l'ammoniaque, une couleur bleue.

L'*outre mer* pur ne colore pas l'ammoniaque; mais quand il a été falsifié par le *carbonate hydraté de cuivre*, il acquiert la propriété de communiquer à cet alcali liquide une couleur bleue, caractéristique de la présence d'un composé cuivreux.

FEUILLES DE CHRYSOCALQUE.

Elles se dissolvent facilement dans l'acide nitrique étendu de son volume d'eau, et donnent une couleur bleue par l'addition d'une petite quantité d'ammoniaque; elles se dissolvent aussi peu à peu dans l'ammoniaque, qui se colore en bleu.

§ II. — *Papiers peints.*

Des accidents graves ont été causés par l'emploi des papiers peints dont se servent quelquefois les charcutiers, les fruitiers, les épiciers et autres marchands de comestibles pour envelopper les substances alimentaires qu'ils livrent à la consommation.

Les papiers les plus dangereux sous ce rapport sont les papiers peints ou teints en vert et en bleu clair, qui sont ordinairement coloriés avec des préparations métalliques. Viennent ensuite les papiers lissés blancs et les papiers aurore. Ces papiers, mis en contact avec des substances molles et humides ou grasses, peuvent leur communiquer une portion de leur matière colorante; il peut dès lors en résulter, suivant la proportion de matière colorante mêlée à l'aliment, des conséquences plus ou moins graves.

Pour reconnaître la nature des substances qui colorent ces papiers, on peut consulter les renseignements qui ont été donnés ci-dessus.

§ III. — *Sel marin, sel de cuisine.*

Le sel marin livré au commerce est souvent falsifié : 1° avec de la *poudre de plâtre cru;* 2° à l'aide du *sablon;* 3° avec des *sels de varech;* 4° avec des *sels de salpêtre.*

On peut s'assurer que le sel est falsifié à l'aide du plâtre cru, en traitant le sel par quatre parties d'eau qui dissolvent le sel et qui laissent pour résidu le plâtre cru; on le lave, on le fait sécher et on le pèse; 100 grammes de sel non falsifié laissent un résidu qui pèse à peine 1 gramme; les sels mêlés de plâtre laissent des résidus qui pèsent ordinairement de 6 à 11 grammes. Dans ce dernier cas, les résidus, chauffés et mêlés à une petite quantité d'eau, donnent du plâtre gâché.

Le sel mêlé de plâtre cru peut encore être séparé des

matières insolubles, en agissant de la manière suivante :

, On prend 200 grammes de sel, on les introduit dans un petit tamis de crin à mailles serrées; on mouille ce sel, on y fait tomber de l'eau jusqu'à ce que cette eau, qui traverse le sel posé sur le tamis, en sorte claire ; on laisse alors déposer l'eau, on décante la partie qui s'est éclaircie, on recueille le résidu, on le lave, puis on le fait sécher et on le pèse.

On peut séparer de la même manière le sablon qui a été mêlé au sel.

Si l'on veut reconnaître si des sels ont été mêlés de sels de varech, on prépare une solution d'amidon, en prenant 1 gramme d'amidon et 50 grammes d'eau ; on fait bouillir, lorsque la solution est préparée, on la laisse refroidir, puis on l'aditionne de 20 gouttes de chlore liquide; on agite alors pour que le mélange soit bien exact.

Si l'on verse de cette solution amidonnée-chlorée sur un sel qui contient des sels de varech iodurés, on obtient une coloration qui varie du violet au bleu, selon que la quantité de sel de varech ajoutée au sel est plus ou moins considérable.

Les sels qui sont mêlés de sels de salpêtre présentent ce caractère que le grain d'une partie de ce sel est plus fin.

Ce sel, traité par l'eau amidonnée-chlorée, se colore; si l'on en prend une portion et qu'on la mêle dans un verre à expérience avec de la limaille de cuivre, et qu'on traite par l'acide sulfurique, on obtient assez souvent des vapeurs nitreuses rutilantes; ces vapeurs, reçues sur un papier qui a été enduit de teinture de gayac, prennent une teinte bleue.

§ IV. — *Étamage, étain, fer galvanisé, zinc, etc.*

Il est indispensable de soumettre de nouveau les vases de cuivre à l'étamage, lorsque ce dernier vient à être enlevé sur quelque endroit ; il suffit souvent d'un point peu étendu pour déterminer des accidents; ce n'est pas seulement en laissant séjourner des aliments dans les vases de cuivre mal étamés que le cuivre peut se mêler à ces aliments et causer des empoisonnements; ce mélange peut se produire même pendant la cuisson de certains aliments, et la précaution de les retirer de ces vases immédiatement après leur coction ne produirait qu'une fausse sécurité.

Dans tous les cas, il n'est jamais prudent de laisser séjourner des aliments dans les vases de cuivre, même les mieux étamés ; car il est certains condiments qui peuvent attaquer l'étamage et le cuivre qui est au-dessous ; des accidents ont été déterminés par cette négligence.

Il est surtout fort dangereux de faire bouillir du vinaigre dans des bassines de cuivre, ou de laisser dans ces bassines du vinaigre bouillant, dans le but de donner aux légumes ou fruits que contient cette bassine un belle couleur verte ; il est plus dangereux encore, ainsi que cela se pratique souvent, de faire rougir d'abord la bassine, d'y introduire le vinaigre, et de l'y faire bouillir.

Dans l'un et l'autre cas, il se forme des sels solubles de cuivre qui s'introduisent dans les produits et qui peuvent déterminer des accidents.

Les observations qui précèdent s'appliquent également aux vases de maillechort et d'argent au second titre. Les substances acides et le sel de cuisine qui sont mêlés aux aliments peuvent les altérer par la formation des composés de cuivre qui, tous, sont de véritables toxiques.

Le plaqué d'argent lui-même ne doit inspirer de sécurité qu'autant que la couche d'argent est d'une épaisseur convenable, et qu'aucun point rouge n'apparaît dans l'intérieur des vases.

Le zinc et le fer galvanisé ne peuvent être employés pour les usages alimentaires, parce que le zinc forme, avec les acides, des sels émétiques dont l'usage est dangereux.

L'étain de bonne qualité peut toujours être employé sans danger pour les usages alimentaires.

L'étain fin est blanc, brillant, lorsqu'il est neuf, et rappelle la couleur de l'argent ; lorsqu'on le ploie, il fait entendre un bruit particulier qu'on appelle *cri de l'étain* ; l'étain allié avec le plomb est gris bleuâtre, et cesse de faire entendre le cri que nous venons d'indiquer lorsqu'il y a plus de 20 %, de plomb.

L'étamage à l'étain fin est blanc, brillant, et a un aspect gras; l'étamage à 75 °/₀ d'étain pour 25 °/₀ de plomb est moins blanc ; celui à 50 °/₀ est bleuâtre.

Pour que l'étamage soit bien fait, il faut que le métal soit répandu sur la pièce à étamer d'une manière égale et sans une trop grande épaisseur; le poids de l'étain employé pour une surface assez étendue est très-peu considérable, environ 5 décigrammes par décimètre carré; on voit que la pureté et le prix de l'étain ne sauraient augmenter d'une manière notable le prix de l'étamage.

§ V. — *Eaux distillées.*

MOYENS DE RECONNAITRE DANS LES EAUX DISTILLÉES LA PRÉSENCE DES SELS MÉTALLIQUES.

L'expérience prouve que les eaux distillées, préparées ou conservées dans des vases métalliques, dissolvent une certaine quantité de métal avec lequel elles sont en contact.

Les eaux distillées de fleurs d'oranger et de rose doivent être claires, limpides ; leur saveur ne doit pas être acide : elles ne doivent pas rougir fortement le papier de tournesol.

Ces eaux ont été trouvées altérées par des sels de fer, de zinc, de cuivre, de plomb ; on reconnaît la présence de ces sels :

1° Par *le ferro-cyanure de potassium* (prussiate jaune de potasse), qui donne :

Avec l'eau de fleurs d'oranger, altérée par un sel de fer, une couleur bleue ;

Avec l'eau de fleurs d'oranger, altérée par un sel de zinc, un précipité blanc ;

Avec l'eau de fleurs d'oranger, altérée par un sel de cuivre, une coloration en rose ;

Avec l'eau de fleurs d'oranger, altérée par un sel de plomb, un précipité blanc;

2° Par *le sulfure de sodium*, qui donne :

Avec l'eau qui contient des sels de fer, de cuivre, de plomb, une coloration brune plus ou moins foncée, puis des précipités qui varient du brun au noir;

Avec l'eau qui contient un sel de zinc, un précipité blanc de sulfure de zinc.

Pour priver les eaux distillées des sels métalliques qu'elles contiennent, il faut y ajouter du noir animal purifié, c'est-à-dire privé par l'acide chlorhydrique du carbonate et de tout le phosphate de chaux qu'il renferme.

Le charbon animal doit, après son traitement à plusieurs reprises par l'acide chlorhydrique bouillant, être lavé à l'eau de pluie, jusqu'à ce qu'il ne renferme plus d'acide.

On peut, à défaut de charbon animal, employer de la braise de boulanger pulvérisée, lavée et séchée.

On agite fortement pour que le charbon ou la braise se répande également dans l'eau de fleurs d'oranger.

L'agitation ayant été répétée huit ou dix fois dans le courant de la journée, on laisse le liquide en repos, puis on décante et on filtre le lendemain.

2 grammes de charbon animal ou 10 grammes de braise sont plus que suffisants pour traiter 25 litres d'eau de fleurs d'oranger ou toutes autres eaux distillées.

Indépendamment des précautions ci-dessus indiquées, il importe que les personnes qui reçoivent de l'eau de fleurs d'oranger dans des estagnons de cuivre la mettent immédiatement dans d'autres vases qui ne soient pas métalliques (des vases de verre, par exemple) et qui soient hermétiquement bouchés et placés à l'abri de l'influence de la lumière et de la chaleur [1].

Lue et approuvée dans la séance du 4 février 1853.

Le vice-président,
Al. DEVERGIE.

Le secrétaire,
Ad. TRÉBUCHET.

Vu et approuvé l'instruction qui précède pour être annexée à notre ordonnance en date de ce jour.

Le préfet de police,
PIÉTRI.

---

1. Pour les personnes étrangères à la chimie, nous croyons devoir indiquer ici une des manières d'exécuter la petite expérience propre à reconnaître la présence des sels métalliques : on prend un demi-verre

INSTRUCTION

CONCERNANT

LES PRÉCAUTIONS A PRENDRE LORSQU'ON DOIT FAIRE DES RÉPARA-
TIONS AUX CHAMBRES DE PLOMB DANS LES FABRIQUES D'ACIDE
SULFURIQUE, APPROUVÉE PAR LE PRÉFET DE POLICE LE 14 FÉ-
VRIER 1863.

Des accidents, suivis de mort d'homme, ayant eu lieu
dans des fabriques d'acide sulfurique par le dégagement des
gaz des chambres de plomb mises en réparation, il importe,
pour en prévenir le retour, de faire connaître les précautions
qu'il convient de prendre en ces circonstances.

Lorsque l'arrêt d'une chambre a été fixé, on doit cesser
l'enfournement du soufre ou des pyrites, et laisser ce qu'on
appelle en termes d'atelier *mourir les fours*. Si la chambre
marche au soufre, c'est l'affaire de quelques heures ou d'une
journée au plus. Si elle marche aux pyrites, la masse en
combustion étant très-considérable, il faut d'ordinaire trois
jours pour que le four ne dégage plus d'acide sulfureux.
Ainsi le quatrième jour est pour une chambre à pyrites le
véritable jour *d'arrêt*. Mais la chambre est encore pleine de

---

de l'eau distillée à essayer, et l'on y fait tomber cinq à six gouttes d'eau
de Barèges ou d'Enghien ; après cette addition, l'on remue pendant
quelques instants avec une petite baguette de verre, afin d'opérer
complétement le mélange. Si la coloration produite est très-légère, on
la rend plus apparente en posant le verre sur un carré de papier blanc
et en regardant le liquide de haut en bas à travers le fond du vase. Enfin
la teinte devient encore plus sensible, si l'on place à côté, sur le même
papier, un second verre renfermant une égale quantité de la même eau
non additionnée d'eau sulfureuse.

Les eaux distillées qui contiendraient des sels de zinc donneraient un
précipité blanc.

vapeurs et de gaz susceptibles d'être condensés par un abaissement de température ou d'être recueillis par les colonnes absorbantes ou des appareils analogues, et si on ouvrait la chambre à ce moment, non-seulement les gaz seraient perdus, mais ils se répandraient dans les ateliers et seraient dangereux pour les ouvriers. On doit donc laisser reposer la chambre pendant trois jours.

Après ce délai, c'est-à-dire le huitième jour, la température de la chambre étant à peu près en équilibre avec celle de l'air extérieur, on établira un courant d'air en pratiquant, aux deux extrémités de la chambre et dans les parois latérales, quatre ouvertures ou trous d'homme de 1^m,30 de hauteur sur 80 centimètres de largeur. En même temps, on ouvrira les robinets par lesquels s'écoule l'acide sulfurique contenu dans la chambre; quand l'acide sera écoulé, il ne restera plus sur le plancher que du sulfate de plomb mélangé d'acide sulfurique à l'état de bouillie.

Cette bouillie de sulfate de plomb pouvant retenir, à l'état d'interposition, des quantités assez considérables d'acide azotique que le courant d'air seul ne pourrait entraîner, on se débarrassera de la presque totalité de ce gaz par le procédé suivant : après avoir percé sur les parois latérales de la chambre des ouvertures de 30 centimètres de côté, on agitera le sulfate de plomb avec de longs ringards en bois, que l'on introduira par les ouvertures ci-dessus décrites, et on dégagera ainsi la presque totalité de l'acide hypoazotique, qui sera entraîné par le courant d'air.

Ce n'est que quinze jours après sa mise en chômage que l'air d'une chambre de plomb est complétement renouvelé et devenu respirable.

Ce délai atteint, on pourra, sans inconvénient, entrer dans la chambre pour la débarrasser du sulfate de plomb, travail qui devra être exécuté par un ouvrier chaussé de sabots très-couverts. Ce travail est le seul pénible pour cet ouvrier, à cause des petites quantités d'acide hypoazotique qui peuvent encore se dégager, et il doit être fait par des hommes qui se relaient fréquemment. Du reste, quand un ouvrier commence à tousser, il est nécessaire de le remplacer immédiatement. Le sulfate de plomb une fois enlevé, il ne reste plus qu'à laver la chambre à grande eau, et les plombiers peuvent y entrer.

Quant aux fabricants d'acide sulfurique qui emploient de petites chambres dites *tambours*, en avant ou à la suite de la grande chambre, ils devront observer pour chacune de ces chambres, grandes ou petites, les mêmes précautions que celles qui sont indiquées dans cette instruction.

Les membres de la Commission :
BOUSSINGAULT, PAYEN, CHEVALIER, TARDIEU,
BOUTRON, *rapporteur.*

Lu et approuvé dans la séance du Conseil de salubrité du 16 janvier 1863.

Le vice-président,   *Le secrétaire,*
DUCHESNE.   A. TRÉBUCHET.

FIN.

TABLE DES MATIÈRES

A

D

E

P